国家出版基金项目
NATIONAL PUBLICATION FOUNDATION

21世纪中国城市图书馆丛书

宁波市图书馆

NINGBO SHI TUSHUGUAN

主　编　徐益波
副主编　徐　岚　乔津晶

天津大学出版社
TIANJIN UNIVERSITY PRESS

图书在版编目（CIP）数据

宁波市图书馆／徐益波主编．—天津：天津大学出版社，2017.11

（21世纪中国城市图书馆丛书）

ISBN 978－7－5618－5933－9

Ⅰ.①宁…　Ⅱ.①徐…　Ⅲ.①市级图书馆—介绍—宁波　Ⅳ.①G259.252.2

中国版本图书馆CIP数据核字（2017）第273236号

出版发行　天津大学出版社
地　　址　天津市卫津路92号天津大学内（邮编：300072）
电　　话　发行部：022－27403647
网　　址　publish.tju.edu.cn
印　　刷　北京华联印刷有限公司
经　　销　全国各地新华书店
开　　本　202mm×265mm
印　　张　28.75
字　　数　557千
版　　次　2017年11月第1版
印　　次　2017年11月第1次
定　　价　190.00元

总　序

中华文化源远流长，历久弥新。中华优秀传统文化是我们最深厚的文化软实力，也是中国特色社会主义植根的文化沃土。要实现“两个一百年”的奋斗目标、实现中华民族伟大复兴的“中国梦”，就必须充分运用中华民族数千年来积累下的伟大智慧。图书馆作为文献机构，汇集了由中华文化五千年精华浓缩而成的一本本图书，具有极高的文化价值。自古代的藏书楼发展至今天的公共图书馆，图书馆的本体在不断生长和变化着，图书馆事业在党和政府的积极扶持下，蓬勃发展，呈现出一片欣欣向荣的景象。

与此同时，我国正在努力构建的公共文化服务体系，是中国特色社会主义事业总体布局的重要内容，是实现经济、政治、文化、社会协调发展战略布局的重大安排。公共文化服务体系的建设关系到最广大人民群众的利益，是促进社会和谐稳定、建构中华民族共有精神家园的重要保障。而公共图书馆服务体系作为其中的重要组成部分和支撑力量，在公共文化服务的标准化、均等化建设和公共文化网络的布局上有其天然优势，责无旁贷。现代图书馆虽然延续了传统图书馆的储存功能，但更加偏重于知识的传播。面向大众的公共图书馆以阅读为中心功能，跳出了传统的知识特权与垄断，实现了书籍和知识的社会化和民主化。在中国当今的图书馆事业中，最具活力的当推公共图书馆，而在公共图书馆之中，又以大中城市的图书馆最有特色。

城市图书馆总是与文化生活联系在一起。城市图书馆是隐藏在喧闹匆忙城市中安静隽永的一隅，巧妙融合传统文明与现代化都市时尚，镌刻属于一座城市的特有的文化印记。在这里，一缕书香、一次活动就将城市的文化生活唤醒了。市民们在图书馆中畅享活色生香的世俗生活与传统民族文化，感受着城市图书馆对于城市文化的保存与维护、传承与发扬。

城市图书馆及其体系是城市化进程中的重要一环。城市中由公共图书馆组成的公共图书馆服务体系和以公共图书馆等公共文化设施为重点构成的公共文化设施网络，是全面推进基本公共文化服务标准化与均等化的重要措施与手段。通过城市图书馆与公共图书馆服务体系建设推动现代公共文化服务体系的发展、提高公共文化服务效能，是当代中国图书馆的发展目标之所在。

城市图书馆是集中展示图书馆职业专业性的场所。图书馆职业从诞生至今一直与非专业化的职业刻板印象进行抗争，我国的图书馆员也在为职业形象的专业化不懈奋斗。好在这样的付出已经收获了回报，我国图书馆职业的专业性已经得到读者的广泛认同。这之间，城市图书馆与图书馆员功不可没。图书馆员将专业性融入图书馆的愿景、规划、改革举措、日常运行、读者活动之中，让市民体会着职业专业性为城市文化生活带来的亮色。

中国的城市图书馆是对外宣传的文化名片。提高国家文化软实力，是党和国家的一项重大战略任务。作为公共文化设施之一的城市图书馆，一直履行着夯实国家文化软实力根基的责任，使中华民族最基本的文化基因与当代文化相适应、与现代社会相协调。在本套丛书中，我们不难发现城市图书馆在此方面付出的努力，这也是我们想要通过本套丛书向外传达的信息。

“21 世纪中国城市图书馆丛书”第一批收录的 12 个图书馆是我国 21 世纪城市图书馆整体风貌的缩影，由南至北分布在近 10 个省，具有很强的代表性。这 12 个图书馆各具特色，在管理运营、文化活动、资源开发与服务等众多方面有许多创新之处被总结积累下来。值此“一带一路”倡议推广之际，双语版的形式能更好地将我国城市图书馆在 21 世纪的创新与特色与世界分享，将优秀文化传播出去，让更多的人了解中国的城市图书馆，进而了解中国。

吴慰慈

2017 年 9 月 20 日

General Preface

Chinese culture has a long and eternally renewed history. Excellent Chinese traditional culture is the most profound cultural soft power and the cultural fertile soil where the socialism with Chinese characteristics is rooted. In order to achieve "Two Centenary Goals" and realize the "Chinese Dream" of the great rejuvenation of the Chinese nation, we must make full use of the great wisdom that the Chinese nation has accumulated for thousands of years. The library, as the institution of literature, which has collected a large number of books involving the essence of Chinese culture with five thousand years, has high cultural value. The library has been evolving from the ancient library to the public library today. The librarianship, supported by the Communist Party of China (CPC) and Chinese government, shows a vigorous and flourishing trend.

At the same time, China is trying to construct a public cultural service system, which is an important part of the overall layout of the cause of socialism with Chinese characteristics and the important arrangement of the strategic layout to achieve the coordinated development of economy, politics, culture and society. The construction of the public cultural service system, closely related to the people's interests, is an important guarantee to promote social harmony and stability and build the common spiritual home of the Chinese nation. The public library service system, as an important part and supporting strength of the public cultural service system, has its own natural advantage and responsibility in the construction of standardization and equalization of public cultural services and the layout of the public cultural network. Although modern libraries retain the storage function of traditional libraries , they focus more on the spread of knowledge. With reading as the core function, public libraries are open to the public. They get rid of the traditional privilege and monopoly on knowledge and realize the socialization and democratization of books and knowledge. The most dynamic libraries in Chinese modern librarianship are public libraries , among which the ones in the large and medium-sized cities are the most distinctive.

City library is always associated with cultural life. As a quiet and meaningful place hidden in the noisy and busy city, city library offers a subtle blend of traditional civilization and modern urban fashion, engraved with the unique cultural mark belonging to a city. One book or one activity will wake up the cultural life of a city. Citizens in the library can enjoy the rich and colorful secular life and the traditional culture, and feel the efforts of the city library in preservation and maintenance, the inheritance and spread of urban culture.

City libraries and their system are an important part of the process of urbanization. The public library service system composed of public libraries in cities, and the public cultural facilities network focusing on the public cultural facilities such as public libraries, are the important measure and means to comprehensively promote the standardization and equalization of the basic public cultural services. To promote the modern public cultural service system and improve the efficiency of the public cultural services by constructing the service system of city library and public library is the goal of Chinese libraries.

City library is a place to intensively show the professionalism of the library profession. Since the birth of the library profession, it has been resisting against the non-professional stereotypes. Librarians also strive to establish a professional image. Fortunately, such efforts have been paid off. The library profession has been widely recognized by readers. City libraries and their librarians have made a great contribution to it. Librarians integrate the professionalism into the vision, planning, reform initiatives, daily operation and reader activities of their libraries, so that the public are able to enjoy the beauty of urban cultural life created by the professionalism.

City library in China is a cultural card for publicity. Improving the national cultural soft power is a major strategic task of the CPC and the nation. City library, as one of the public cultural facilities, has been performing the duty to consolidate the foundation of the national cultural soft power, and coordinate the most basic cultural genes of the Chinese nation with contemporary culture and modern society. It is not hard to find the great efforts of city libraries, which we want to spread through the series.

12 libraries of the first batch included in "Series of China's City Libraries in the 21st Century" are the epitome of the overall scene of China's city libraries in the 21st century. From the South to the North, they are distributed in nearly 10 provinces and have strong representativeness. These 12 libraries with their own characteristics have a lot of innovations in various aspects such as management and operation, cultural activities, resource development and service. On the occasion of promoting the Belt and Road Initiative, the bilingual version will be helpful in sharing the innovations and characteristics of China's city libraries in the 21st century with the world, and spreading the excellent culture, trying to enable more people to know China's city libraries and to know China well.

Wu Weici

Sept. 20, 2017

目 录

传承篇

目　录

功用篇

目录

CONTENTS

Inheritance

CONTENTS

Function

CONTENTS

宁波市图书馆 包玉刚图书馆

传承篇

从文献之邦中走出的图书馆

用“书藏古今，港通天下”来定位宁波是恰如其分的。宁波既是海上丝绸之路的始发港，又处于大运河南端的入海口，自古以来都是对外贸易与交流的重要口岸。宁波拥有绵延千年的藏书之风。自北宋以来，甬城私家藏书楼名楼迭现，名家辈出，尤其值得一提的是，建于明代嘉靖年间的藏书楼——天一阁经历四百余年留存至今，堪称典范。藏书楼的次第出现延续了城市文脉，也助推了首座公共图书馆的诞生。截至2017年，宁波市图书馆已经有90年的历史，它应城市的需求而生，保留了城市的发展印记，并与这座城市中众多图书馆共同成长，承担着向当代公众传播文化、为后世读者传承文明之责任。

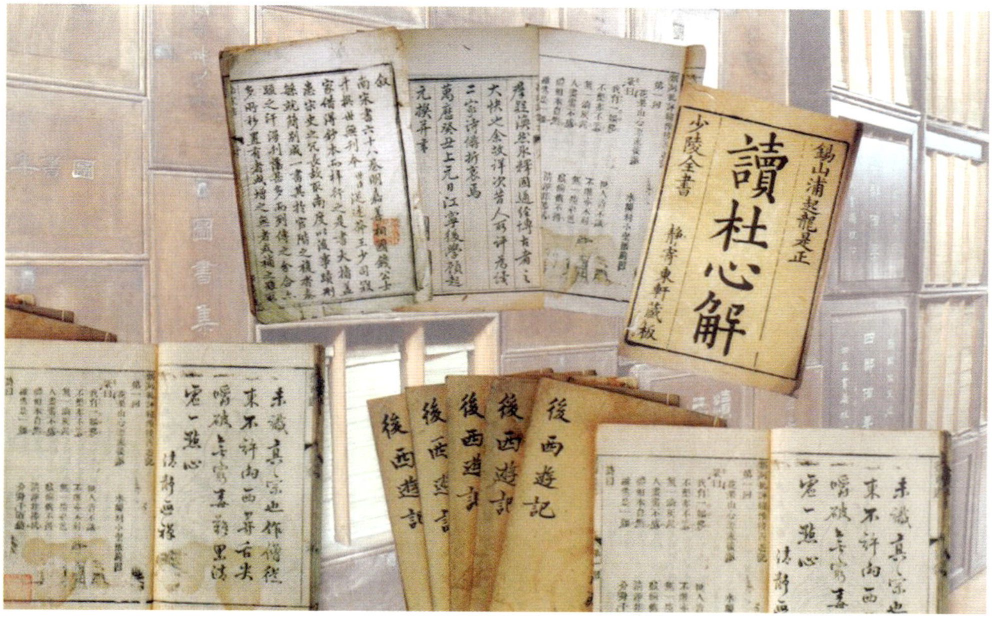
錫山浦起龍是正
讀杜心解
少陵全書
靜寄東軒藏板
後西遊記

01

第一章

认识宁波这座城

宁波，得名于“海定则波宁”，从中不难看出城市与大海的关联。它位于中国东部海岸线的中段、长江三角洲的南翼，从世界地图看，又是太平洋西岸的一个重要的港口城市。

宁波是海港，也是水乡。“三江六塘河，一湖居城中”，姚江、奉化江、甬江汇合之处——三江口至今依然是城市最繁华的所在，而嵌在城市中心的月湖，不单是城市水景，也是公众乐园，在这里，有宋代以来保留的众多月湖人家著书讲学的故事，它犹如明珠，光华内敛。

一

宁波的历史，可以追溯到7000年前的河姆渡文化。1973年在宁波余姚河姆渡地区进行的考古发掘中，发现了大量的人工栽培水稻和大片的木构建筑的遗迹，证明在7000年前这里就是先民生活、居住的所在。发达的耜耕农业和先进的榫卯木作技术也进一步证明长江流域与黄河流域一样，都是中华民族远古文明的发源地。

河姆渡人的后裔越人在这片土地上聚居形成“鄮”“鄞”“句章”这三个人口密集的聚落，它们是宁波建城前的雏形，分别位于今日宁波平原的东部、南部、北部，均在淡水资源丰富的山谷口的溪流之上——淡水水源对于洗涮海水倒灌后的盐碱地意义重大。公元前221年，秦兵南下占据了三处聚落，以原来的地名建立了三个县：鄮县、鄞县和句章县。

东晋隆安四年（400年），孙恩带领农民起义军围攻句章，当时句章故城不仅“卑小”，而且“战士不盈数百”，于是守将刘裕改筑句章新城于小溪镇，后来改称为鄞江桥，这里是四明山东麓的山口，发源于四明山的溪水流经此处，水源充足，进退自如。这一次迁址，令句章县一时成为强县。

到了隋开皇九年（589 年），鄞县、郧县、余姚县一起并入句章县，这一次行政合并使城市整体开发的战略需求突显出来。在以水路航运为主要交通方式的时代，三江口连通内河与外海的区位优势逐渐显现，新的城市中心渐渐走上了历史舞台。

唐长庆元年（821 年），明州刺史韩察在三江口筑城，标志着宁波城的初步形成。这是宁波（时称明州）子城的雏形，子城范围大概在今宁波中山公园一带，东起今天的蔡家弄，南到中山路，西沿呼童街，北到中山公园大门。当时的明州城占地约 10 公顷，城墙的周长为 420 丈（大约 1400 米），现存的鼓楼就是当年子城的南门。到了唐末，明州刺史黄晟又在子城的外面建起罗城，罗城的大概位置在今天的环城路，即东渡路—和义路—望京路—长春路—灵桥路一带，围城长 2520 余丈（大约 8400 米），以奉化江、姚江等天然河道及护城河为城墙外屏障。罗城的建立对于保护子城周围百姓与防御外敌入侵意义重大。至此，明州城基本上形成了由子城与罗城组成的两重城市格局。今日的宁波城在此基础上拓展开来。

二

宁波近海，城内又水系发达，所以发展航运就是城市的自然选择。

假如把河姆渡出土的木桨看作宁波先民畅行于江海之上的证据，把春秋时期句章港的造船工场看作军事战备的起步，那么在三江口建城后，尤其是进入宋元时期，宁波的港口城市地位更为突显，成为航运要冲。

今日宁波三江口

宋元时期的宁波港，处于河海交汇的黄金地段，东出大洋、西连江淮、转运南北。这里是海上丝绸之路的重要始发港，由此出发，可以抵达日本、高丽及东南亚诸国；这里也是大运河南端唯一的出海通道，是浅水河运与深水海运的中转站。客商乘坐内河航船到达明州后，一般从东渡门外的三江口换乘海船经甬江出海。同样，从岭南、福建等地以及日本、高丽来的海船，在明州驻泊后，客商改乘内河船，经浙东运河至杭州，与大运河对接，直达当时的最大商业城市——扬州。宁波港熙熙攘攘，车船往来，成为中国使团和商团出海的主要通道，也成为外国来使与贸易商团的重要登陆口岸和通往中原的运河航道。

在宋元鼓励海外通商观念的导引下，明州（元代称庆元）港的海外贸易空前繁荣。陶瓷、丝绸、茶叶是当时出口贸易的大宗商品，龙泉瓷、湖州丝、西湖茶、明州席都经由明州港出发，运往海外。1987 年，在宁波宋元市舶库附近的东门口海运码头遗址中出土了大量宋元时期的龙泉窑青瓷，而在东亚的朝鲜，南亚的印度，东南亚的菲律宾、缅甸等地也曾发现龙泉窑青瓷碎片，据考古证实，这批外销瓷正是在明州港出发的。对应地，进口商品交易同样活跃，新罗漆、高丽瓷、交趾香、天竺黄这些出产亚洲诸国的漆器、瓷器、香料、药材等也在明州港上岸后分运到内地。

发达的航运带动了宁波与海外的文化交流。日本禅宗中的临济宗创办人明庵荣西和曹洞宗创办人希玄道元两位禅师曾来到宁波天童寺取经学习；明州人金大受绘制的佛画《十六罗汉图》备受日本佛画匠师的推崇，现存 11 幅分藏于东京国立博物馆、日本群马县立近代美术馆；日本高僧重源自南宋乾道四年（1168 年）起两次入明州，于阿育王寺舍利殿的建造中学习了土木建筑技术，并从日本运来大批木材助建舍利殿，回国后，他主持重建日本东大寺，委任中国铸造师陈和卿铸佛造像，并将中国的石雕技术和样式引入日本。除了著名的佛教文化交流，也有绘画、书法、建筑、医药等领域的内容。

三

城中之湖——月湖，从宁波子城的南门鼓楼往南，步行五分钟即可到达。月湖传说始凿于唐代。湖面似弯眉月，故名“月湖”。这一面湖水不仅建构了水城风貌，而且留下了众多月湖人家的故事。

北宋元祐八年（1093 年）至绍圣元年（1094 年），为增加月湖的蓄水量，明州知州刘淑、刘理先后疏浚月湖，将湖底挖出来的淤泥用于加高环湖的湖堤，还用多余的泥土在湖内垒成十洲。湖中四洲，从南到北分别取名为松岛、花屿、柳汀、芳草洲；环湖六洲，东岸由北而南为菊花洲、月岛和竹屿，西岸则是烟屿、雪汀和芙蓉洲。十洲的命名令月湖更富诗意，湖边遍植松柳，成为市民喜爱的游憩之处。北宋文人舒亶写下当时月湖盛景，“方春夏时，士女相属，鼓歌无虚日”，此时的月湖，已由城市水源变为大众乐园。

宋室南迁时期，大批北方士族迁徙至宁波。在风光秀美的月湖地区，世家大族纷纷择湖边而居，文人墨客、名流宿儒、僧侣道士因此多会于此，令月湖成为浙东学术中心。北宋名臣王安石，南宋宰相史浩，并称“甬上淳熙四先生”的学者杨简、袁燮、舒璘、沈焕等，均曾在月湖地区定居或流寓讲学，月湖十洲之上世家宅第林立，书楼讲舍遍布，加之讲学著书之风盛行，博得“浙东邹鲁”之美誉。

至今环布在月湖周边的，仍有贺秘监祠、水则碑、湖心寺、关帝庙、银台第、佛教居士林、高丽使馆等大量历史文化遗存。值得一提的是，素负“南国书城”之誉的我国最早的私人藏书楼天一阁也隐身于月湖西岸，而另一位藏书家徐时栋的藏书处烟屿楼仍坐落在月湖边上。月湖文脉，可以说传承至今。

月湖及徐时栋的藏书处烟屿楼

宁波，有着水城的精致内敛，也有着海港的开放通达。涌动的海水，在潮汐起伏间吐故纳新，宁波这座海边的城市依海而生，因港而兴，在变化中生生不息。

02

第二章

绵延千年的藏书之风

用“书香之城”来形容宁波并不为过，这不仅是因为月湖之畔保留了我国现存最古老的私家藏书楼——天一阁，更是因为历代藏书家坚守的人文精神绵延千年，令这个城市散发出独特的书香味道。藏书家们孜孜以求寻访好书、苦心孤诣珍藏典籍、藏以致用发挥所长、诗书传家传递文明……有形的藏书楼与无形的藏书精神，至今与城中的每一个人相伴。

一

宁波曾涌现出许多优秀的哲学家、思想家、文学家、史学家，诸如唐代的虞世南，北宋的杨适，南宋的楼钥、杨简、王应麟，元朝的袁桷，明清的方孝孺、王阳明、屠隆、黄宗羲、万斯同、全祖望、姚燮等。

宋室南渡后文化中心南移，兼之刻书业兴起，为宁波藏书事业的发展打下了良好基础，明清时期宁波造纸业、印刷业的快速发展更为宁波藏书事业的发展和藏书家涌现创造了物质前提。清军入关后，随着清政府的“怀柔政策”的实施和《四库全书》的编纂，宁波地区文人学者藏书风气愈盛，藏书家之多超过元明等前代，且多集中于鄞地。

在宁波历代藏书楼中，按藏书量和社会影响来看，北宋以楼郁和陈谧的藏书楼为最；南宋楼钥的“东楼”和史守之的“碧沚”并称“南楼北史”；元以袁桷的“清容居”甲浙东；明初以丰坊的“万卷楼”居魁首，后数范钦的“天一阁”为第一，范大澈的“卧云山房”、陈朝辅的“四香居”、陆宝的“南轩”次之；清代黄宗羲的“续钞堂”、万斯同的“寒松斋”、郑性的“二老阁”、全祖望的“双韭山房”、卢址的“抱经楼”、姚燮的“大梅山馆”、黄澄量的“五桂楼”、徐时栋的“烟屿楼”、蔡鸿鉴的“墨海楼”、董沛的“六一山房”等一批藏书楼，其藏书量均在五万卷至十万卷之间；民国时期影响较大的有秦润卿的“抹云楼”、李庆城的“萱荫楼”，张之铭的“古欢室”、曹炳章的“集古阁”、孙家溎的“蜗寄庐”、冯贞群的“伏跗室”、张季言的“樵斋”、童保暄的“止园”、徐履廉的“夕可轩”等十多家，其藏书活动除传统古籍集藏外，或贮存戏曲、小说以及关于逸闻琐事的著作，或发展为专门的学科藏书，甚至打破传统封闭状态而试图面向公众开放。

宁波历代私家藏书楼中迄今书楼尚存者唯“天一阁”“五桂楼”“伏跗室”三家。至于官方藏书楼，今所知者有宁绍台道的“揽秀堂”和宁波府的“储才学堂书斋”两家，其后演变为宁波市图书馆与宁波中学图书馆。宁波历代藏书楼虽然大多烟消云散，但其藏书大多辗转递藏，成为当代多家图书馆的镇馆之宝。如清初姚燮的“大梅山馆”藏书，光绪年间多流入蔡鸿鉴的“墨海楼”，到民国时期转入李庆城的“萱荫楼”，中华人民共和国成立后“萱荫楼”藏书无偿捐献给国家，分别藏于北京图书馆和浙江图书馆，其书目在“伏跗室”有传抄本；民国时期，孙家溎的“蜗寄庐”、冯贞群的“伏跗室”、朱鼎煦的“别宥斋”、张季言的“樵斋”、杨容林的“清防阁”等家藏书亦先后捐给天一阁入藏。

二

当我们把目光停留在一座藏书楼时，往往会感慨于藏书楼的兴废故事，战争、水火、窃盗……种种外力会让藏书家的坚守毁于一旦，苦心经营的藏书散失殆尽。然而，当我们把目光放到更宽广的时间长河中，就会发觉宁波的藏书之风绵延不绝，历代藏书家名家辈出，藏书楼名楼迭现，这是另一种意义上的文化传承、书香有续。

楼钥之东楼

楼钥（1137—1213），字大防，又字启伯，号攻媿主人，南宋鄞县人。隆兴元年（1163年）进士。楼钥出身书香门第，资禀高明，风采峻仪，琐碎事务不常挂于心。潜心经学，旁贯史传以及诸子百家，识古奇文，精小学，善大字。对人和乐平易，善引导扶持后进。乾道五年（1169年），以随员身份使金，任书状官。绍熙元年（1190年）任起居郎兼中书舍人。庆元元年（1195年），宁宗即位，外戚大臣韩侂胄专权，指理学为伪学，楼钥屡奏议治国之道，推崇朱熹，反对韩侂胄，终被罢逐回里，于月湖南岸（今桂芳桥巷与梅园巷之间）建“东楼”。开禧三年（1207年），韩侂胄被杀，楼钥被重新起用，累官至参知政事。

楼钥素好藏书，凡精椠著本、刻本、抄本，必一一收藏，亲手校雠。至晚年为得潘景宪的八十二篇《春秋繁露》一书，辗转访求，得而后快。历几十年之聚集，东楼藏书逾万卷。内有楼钥随使金时所撰《北行日录》和深得世人推崇的楼钥名著《攻媿集》一百二十卷。时东楼经常接待读者，“客有愿传者，辄欣然启帙以授”“门前莫约频来客，坐上见观未见书”。南宋末年，元兵南下，东楼藏书终随改朝换代而渐渐散失。至明末更全数败落，旧宅多归王家墩汤氏所有。

月湖之畔多藏书人家

史守之之碧沚

史守之，生卒年不详，字子仁，南宋鄞县人，右丞相史浩之孙，史弥大之子。以承事郎监平江府粮料院，从杨简、袁燮游学，又学古文于楼钥，以朝奉大夫致仕。史守之为人耿介清正，因不满其叔父史弥远对金屈膝求和，退居月湖，闭门讲学。

楼钥的“东楼”与史守之的“碧沚”并峙于月湖南北两岸，清代学者全祖望在《湖语》中云“藏书之富，南楼北史”，赞叹两者藏书规模之大。碧沚不仅是史守之的藏书之地，而且是文人学士讲学、治学之所，“沈焕、杨简、袁燮尝讲学于此”。史守之的藏书后多流往江苏。

袁桷之清容居

袁桷（1266—1327），字伯长，元庆元鄞县人。师事王应麟，精史学，习掌故，长考据，通诗文，工书法。初任丽泽书院山长，后被荐为翰林国史院检阅官，终为侍讲学士。

袁桷出身世家，其曾祖父袁韶即喜藏书，“时贫不能得书，书多手抄强记”。袁桷继承曾祖父袁韶、祖父袁似道、父袁洪爱书之风，广藏书卷，藏书之富，元代一度甲于浙东。编有《袁氏新旧书目》，著有《〈易〉说》《〈春秋〉说》《清容居士集》《延祐四明志》，前两部已失传，后两部尚存。袁桷过世后，后人未能继守祖业，所藏之书逐渐散失，“子孙不肖，尽为仆干窃去，转卖他人，或为婢妾所毁者过半”。又因元朝廷议修宋辽金三史，其孙袁曮将遗存数千卷全部上呈。

丰坊之万卷楼

丰坊（1492—1563），字存礼，又字存叔、人翁，号南禺外史，后更名道生，明鄞县城西隅马园人。其少警敏好学，喜书法。正德十四年（1519 年）中乡试第一（解元），嘉靖二年（1523 年）中进士，授礼部主事。

丰坊出生于藏书世家，丰氏藏书起自北宋，历元迄明，收藏愈富。丰坊喜好藏书，且嗜碑帖，不惜售出田地千余亩，购入法书名帖。聚书达五万卷，因名藏书楼为“万卷楼”，其藏书有唐贺秘监《千字文》《孝经》《龙瑞宫记》和许多宋元珍贵刻本、抄本、碑帖，乃海内瑰宝。然而丰坊只知买书读书，不理家业，景况渐衰，晚年多病至穷困潦倒，藏书管理松弛，所藏宋版书与珍贵抄本为其门生之辈及邻里窃去十之六七，后复遭大火，所存无几，最后将幸存之书籍珍帖尽售予天一阁范钦。

范钦之天一阁

范钦（1506—1585），字尧卿，号东明，明鄞县人。嘉靖十一年（1532 年）进士，累官至兵部右侍郎。

范钦酷爱读书，任职期间每到一处，总是留心搜集当地的公私刻本，对无法买到的书，就雇人抄录，经史百家之书，兼收并蓄，不薄今厚古，比较重视当代文献的收藏。在他的藏书中，明代地方志、政书、实录、明人诗文集和历科试士录（即科举题名录）占很大比重。此外，还搜集了许多有价值的碑帖，其中著名的有北宋拓本《石鼓文》（已佚）等。范钦藏书楼天一阁建于明嘉靖四十年至四十五年（1561—1566），距今已

天一阁

有四百余年的历史，是我国现存最古老的私家藏书楼。

黄宗羲之续钞堂

黄宗羲（1610—1695），字太冲，号南雷，人称梨洲先生，余姚人。著有《宋元学案》《明儒学案》《南雷文案》等111种1300余卷图书。他愤科举之业，思所以变之，劝学者“当以书明心，无玩物丧志也”，为明清之际杰出的史学家、藏书家，浙东学派之鼻祖。

黄宗羲像

黄宗羲自幼好学，博览群书，于天文、算学、乐律及释道之书，无所不读。他阅尽家中藏书尤觉不足，复四处访求借读、借抄图书，足迹遍及长江以南著名藏书楼。康熙四年（1665年），黄宗羲建藏书楼“续钞堂”于南雷（今宁波余姚市明伟乡黄家竹桥附近）。明末战乱之际，山阴（今绍兴）祁承㸁的“澹生堂”藏书楼迁于云门山化鹿寺。二十多年后，黄宗羲于化鹿寺翻检图书三昼夜，挑得珍本、善本载十捆而归，其中经书近百种，稗官野史百多册，成为黄宗羲藏书的重要组成部分。其他得自钮石溪的“世学楼”、钱谦益的“绛云楼”、黄居中的“千顷堂”、郑氏的“丛桂堂”以及焦氏藏书楼和胡孝辕、孙月峰等名家的藏书。晚年仍到范氏“天一阁”、曹氏“静惕堂”、徐氏“传是楼”读书、抄书。历几十年辛勤收集和整理勘校，藏书达六七万卷之富，“所藏宋元文集极多”，而“明文集约五六千本”，尤以薛居正《旧五代史》为珍贵。未及编目，藏书遭大水，卷轴尽坏，身后又遭大火，所藏失去大半。其再传弟子郑性经整理得三万卷，入藏“二老阁”。

郑性之二老阁

郑性（1665—1743），字义门，号南溪，清慈溪人。黄宗羲再传弟子，终身布衣，立志游走五岳，自署“五岳游人”。

郑氏藏书始于郑性祖父郑溱。郑溱与黄宗羲同学，其子郑梁师从黄宗羲。郑性遵其父郑梁遗嘱建藏书楼，以纪念黄宗羲与郑溱两位老人，故称“二老阁”。阁中藏书主要有两家之书，一是郑氏先代遗书两万卷，二是黄宗羲续钞堂三万卷。郑性不仅建阁藏书，还以二老阁藏书为底本刻印黄宗羲《明儒学案》六十二卷，并刻印父著《寒村集》三十六卷及自著《南溪偶刊》四卷。二老阁藏书历时近两百年，中经盗劫、火厄，藏书陆续流散，至1943年，二老阁楼房被郑氏后裔拆毁变卖。

徐时栋之烟屿楼

徐时栋（1814—1873），字定宇，又字同叔，号柳泉，清鄞县人。道光二十六年（1846年）举人，赐内阁中书。同治七年（1868年）主持《鄞县志》编纂总纲至同治十二年（1873年）殁止。

徐时栋酷爱藏书，手抄校勘，通宵达旦，著述三十余种，刻宋元四明六志，考异订误，堪称善本。寓居鄞城月湖西畔烟屿，故名藏书处为“烟屿楼”。藏书十万卷，多得自慈溪郑性的二老阁，其次得自范峨亭、邱学敏、胡鹿亭等故家藏书散出者。咸丰十一年（1861年），太平天国军入宁波城，因盗贼横行，烟屿楼大部分藏书被窃掠贩卖。次年，徐时栋迁居宁波西门外“城西草堂”重新整理旧编，访求散失，得书四万卷，不料同治二年（1863年）又遭火灾，藏书付之一炬。徐时栋藏书两遭劫难后，他没有放弃，重新投入到访书、购书、藏书、理书中去。同治三年（1864年），他在城西草堂故址重建新宅，书楼设于北面河旁，取名“水北阁”，经苦心收聚，藏书三十橱，计798种，9815册，44000卷，编列经、史、子、集、丛书五部，渐渐恢复旧观。同治七年（1868年）鄞县修县志，徐时栋参与并主事。次年，志局迁至水北阁，徐出示所藏以供所需。徐氏水北阁藏书于宣统三年（1911年）售予上海书贾，少量流入宁波藏家和天一阁。1994年，水北阁复建于今天一阁南园。

秦润卿之抹云楼

秦润卿（1877—1966），名祖泽，字润卿，以字行，晚号“抹云老人”，慈溪县孝中镇（今宁波市江北区慈城镇）人，旅沪金融界知名人士。

秦润卿藏书楼曰“抹云楼”，在慈溪县学宫侧，建于民国20年（1931年），购藏慈溪冯氏醉经阁藏书，并收集各类珍本。所藏有浙江省各县方志、《普陀山志》《赵文愍公全集》等。抗战期间藏书全部转移乡间保存，抗战胜利后归楼，总藏书42226册（件），其中线装古籍 32996 册。民国 36 年（1947 年）元旦起，抹云楼对外开放阅览，楼下为近代图书和报刊阅览室，楼上为古籍书库，至此抹云楼已不是传统意义上的藏书楼，而转变为一座近代图书馆。1952 年，秦润卿将抹云楼及全部藏书捐献给浙江省人民政府。

冯贞群之伏跗室

冯贞群（1886—1962），字孟颛，号曼孺。1932—1941 年任鄞县文献委员会委员长期间，参与重修天一阁，协助张寿镛编辑《四明丛书》。1944—1949 年间，与马涯民合编《鄞县通志·文献志》中人物、艺文两编。

伏跗室

冯贞群藏书楼名“伏跗室”，出自东汉辞赋家王延寿《鲁灵光殿赋》中“狡兔跧伏于柎（通跗）侧”之句，寓伏处乡里不求显，而致力于学之意。伏跗室藏书，汇集甬上明清以来多家藏书楼散出之书，如董氏“六一山房”、柯氏“近圣居”、徐氏“烟屿楼”、赵氏“贻谷堂”、陈氏“文则楼”等，总数达十二万余卷，另有碑帖拓本四百余种。所藏珍本，有宋刻本《名臣碑传》十六册，墨香纸润，秀雅古劲，为海内珍品，另有元刻本《〈春秋〉属辞》、明正德刻本《孔圣宗师出身全传》等。1962 年，冯贞群病重弥留之际，嘱其家属将伏跗室藏书财产无偿捐给国家，现藏书保存于天一阁内，伏跗室仍屹立于孝闻街。

三

若留意历代藏书家的生平，就会发现“藏书家”通常不是他们唯一的身份，藏书之外，往往学有专攻。元代袁桷，精于史学；明代丰坊，工于书法；清代黄宗羲开创浙东学派，更是一代思想家与史学家。出于治学需要，他们尽其所能四处寻访、抄录、积累好书，开阔眼界；而学有专攻，让他们的收藏活动带有针对性和鉴赏力，无论是内容选择、版本比较，还是眉批评点、著录题跋，无一不带有个人治学风格。

宁波藏书家大多藏用并重。楼钥初得《华氏中藏经》闽中仓司刊本时，发现此书未善，就借用姚江名医陆从老之家藏抄本来校订，从而成为善本；丰坊刻苦学习所收藏的法书名帖，终于成为书法名家；“代不分书、书不出阁”的天一阁首次为外姓人黄宗羲破例，许其多次登楼读书抄书，成就其学问；万斯同以布衣身份进京参加《明史》编修工作，他的十几万卷藏书便是他史学撰述的重要资料；黄澄量的“五桂楼”提倡“恣其阅览且供膳宿”，不仅自己、儿孙们共同学习，还欢迎各地读者来五桂楼阅览，并刻印稿本资料，赠送给朋友和学者……可见，宁波藏书家的藏书绝非耽于独自玩味，更致力于校勘考订、著书立说、传布育才等文化发展。

学者虞浩旭在《智者之香：宁波藏书家藏书楼》一书中对历代藏书家的精神归结为以下六种：“崇文尚学的好读精神、嗜书如命的收藏精神、世代相传的克守精神、爱书以德的开放精神、留意桑梓的爱乡精神、化私为公的爱国精神。”这笔精神财富留存至今，令后来的图书馆人受益匪浅。

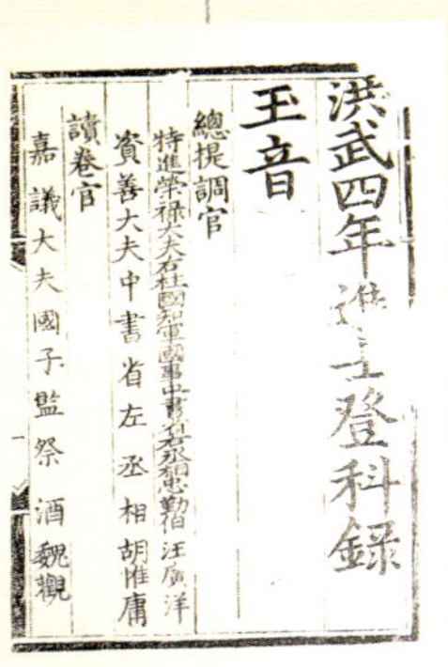

洪武四年進士登科錄

玉音

總提調官

特進榮祿大夫右柱國知軍國事中書右丞相忠勤伯汪廣洋

資善大夫中書省左丞相胡惟庸

讀卷官

嘉議大夫國子監祭酒魏觀

03

第三章

现存藏书楼之典范

——天一阁

黄宗羲《天一阁藏书记》开篇有云：“尝叹读书难，藏书尤难，藏之久而不散，则难之难矣！”世代相守久藏不散，被认为是藏书活动中最困难的一环。较之众多藏书楼不过百年而烟消云散，有一座藏书楼独独坚守四百余年，至今屹立于宁波月湖西岸的群荫环抱之中，这便是中国现存也是亚洲现存最古老的藏书楼——天一阁。自建阁以来的四百余年间，若以 1949 年中华人民共和国成立为界，天一阁的藏书历史可分为私藏与公藏两个时期。私藏时期，天一阁及藏书留存是范氏十三代人的文化接力；化私为公后，天一阁不独是范氏天一阁，更是众多藏书人家的向心之所，众多藏家乐于将书捐予天一阁，而天一阁既聚天下之书，又开放所藏为天下所用。

范钦像

一

天一阁为明代兵部右侍郎范钦所建。范钦生于正德元年（1506 年），卒于万历十三年（1585 年）。嘉靖十一年（1532 年），时年二十七岁（此处为虚岁）的范钦考中进士，之后，开始在全国各地做官，足迹遍及江西、广西、福建、陕西、河南数省。为官不惧冒犯权宦，勇于抗击外敌，嘉靖三十九年（1560 年）升任兵部右侍郎，同年十月辞官归里。

范钦自嘉靖初年开始藏书，经史百家兼收并蓄。为官期间，每到一地都留心收藏。他的藏书中虽然也有宋元精本，但与那些偏重版本的藏书家不同，范钦比较重视收集当代人的著作，所以在他的藏书中，明代地方志、政书、实录、诗文集特别多。明代修志兴盛，范钦前后搜求省、府、州、县志四百三十五部，比《明史·艺文志》著录的还多。所收《军令》《营规》《大阅录》《国子监监规》《武定侯郭勋招供》等行政管理类文献为一般藏书家所忽视。范钦还收藏了明代进士登科录、会试录、乡试录、武举录共四百六十册，约五百种。留存至今的有三百七十种，九成以上为海内孤本，成为后人研究明代科举制度及其人物的宝贵资料。

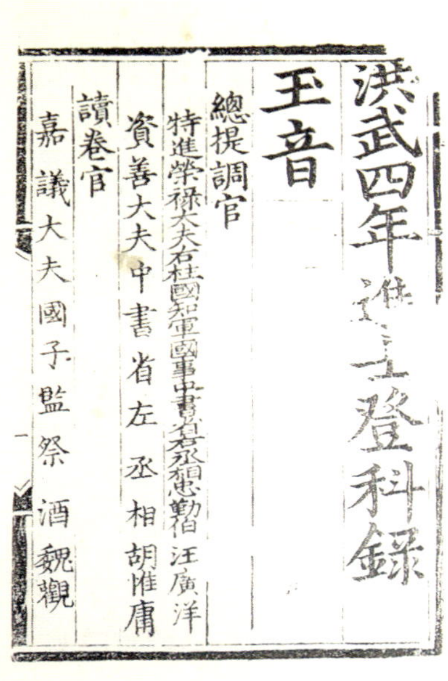
洪武四年進士登科錄
王音
總提調官
特進榮祿大夫右柱國知軍國事中書省右丞相忠勤伯汪廣洋
資善大夫中書省左丞相胡惟庸
讀卷官
嘉議大夫國子監祭酒魏觀

天一阁藏书书影

范钦隐退回乡后，于1561—1566年间，在宅东月湖深处修建藏书楼，取《易经》郑玄注“天一生水，地六成之”之意，为藏书楼取名“天一阁”，阁前所凿水池为“天一池”，以水制火。藏书楼设为两层，上层不分隔作藏书之用，以体现“天一生水”之说；下层分为六间，以合“地六成之”之意。

为了使天一阁藏书得到长久保存，范钦费尽苦心。营建之初，为防火患，即明确藏书楼与住宅不相毗连，远离炊火，又明令严禁烟火入阁；在书楼设计上注重防潮防蠹，藏书楼南北有窗，书橱前后有门，以利通风；内置芸草用以防虫。更重要的是，范氏“代不分书，书不出阁”的家训被严格地执行下来。范钦认为书不可分，遂将家产分成两份，一份是藏书，一份是万两黄金，由长子范大冲与次儿媳选择。长子大冲毫不犹豫地选择了藏书。

天一阁藏书楼

范钦进一步明确藏书不分散，为子孙共有。子孙各房相约：阁橱锁钥，分房掌握；禁以书下阁梯，非各房子孙齐至不开锁；子孙无故开门入阁者，罚不与祭三次；私领亲友入阁及擅开橱者，罚不与祭一年；擅将书借出者，罚不与祭三年；因而典鬻者，永摈逐不与祭。

如果把“代不分书，书不出阁”的家规看作天一阁为免藏书流失而采取的“保守”做法，那么康熙三十二年（1693 年），范氏后裔一致同意黄宗羲登楼读书，又表现出范氏藏书楼藏以致用的发展视野。黄宗羲在天一阁读书抄书，并编写《天一阁书目》，六年后还撰写了后来广为流传的《天一阁藏书记》。至此，登天一阁观书便成为江浙一带文人学者的向往之事。继黄宗羲之后，李邺嗣、朱彝尊、徐乾学、万斯同、全祖望、翁方纲、袁枚等人相继登楼，续写天一阁藏书惠泽学人的佳话。

乾隆年间，为纂修《四库全书》，以范钦八世孙范懋柱为代表的范氏后人应诏呈书，共呈书六百三十八部，为藏书家之冠。其中收录在《四库全书》总目里的书有九十六部，入其存目的书有三百七十七部，合计四百七十三部，对《四库全书》的编成确是一大贡献。天一阁也由此获乾隆御题，奖《古今图书集成》一部，这部铜活字印书共一万卷。乾隆还特派杭州织造寅著到天一阁查看书楼建筑和书架样式，后来庋藏《四库全书》的文渊、文源、文溯、文津、文汇、文澜、文宗七阁，就是仿造天一阁的形制建造的，天一阁的营造格式因此成为传统藏书楼建筑经典。

为纂修《四库全书》呈送珍籍令天一阁声名远播，同时也留下隐患，成为天一阁图书散佚的缘起。范家进呈图书六百三十八部，虽然当初有录抄后归还的上谕，然事后为承办者擅留，绝大多数未返还。至道光二十年（1840 年）第一次鸦片战争，英军入侵宁波，掠去《一统志》和其他舆地志书数十种。咸丰十一年（1861 年），太平军攻入宁波，游民从阁后破墙而入，潜运大量藏书，一部分贱价售予江北外国传教者，大部分论斤售予奉化棠岙造纸商人，不少珍贵书籍化为造纸原料。民国 3 年（1914 年），上海不法书商与外国书商勾结，雇用大盗薛继渭，潜入阁内，窃去珍藏图籍一千余种，其中宋元明集最多，明末杂史次之，登科录地方志百余种。后来商务印书馆搜集了数百种，存放于涵芬楼，1932 年经“一·二八”之役，不幸焚毁。经过数次浩劫，加上零星的散佚，到中华人民共和国成立前夕，除清代续增的《古今图书集成》外，只剩下一万三千多卷，仅及范钦在世时藏书的五分之一，而且不少遭受虫蛀霉烂，沦为断编残简。

三

1949 年 6 月 9 日，宁波军事管制委员会文教部接管范氏天一阁，自此，天一阁正式进入公藏时期，守阁的范钦十二代孙范盈泩和十三代孙范鹿其也成为公职人员。自20 世纪50 年代以来，宁波许多著名的藏书家纷纷将自己珍藏多年的图书、绘画、碑帖等文物捐给天一阁，天一阁成为宁波私家藏书的汇聚中心。

20 世纪 50 年代初，张侗捐献其父张琴所藏书帖；张伯觐捐献其父张申之书籍；刘同坡兄弟捐赠其父刘楚芗书籍；张爽清捐赠其父张世训书籍；李蕴女士捐赠己有书籍百余箱之多。随后又有徐荣增、荣辉、荣棠兄弟将徐余藻先生遗书捐赠天一阁。1957 年 7 月，张季言先生捐赠樵斋藏书五万七千卷；1979 年，朱赞卿先生家属赠送别宥斋藏书十余万卷，字画文物一千七百余件。同年，孙定观先生赠送蜗寄庐藏书、杨容林先生家属捐赠清防阁藏书，均在万卷以上。

经过藏书家们的慷慨捐赠，加上天一阁工作人员的精心搜集，天一阁的藏书数量更胜从前。目前，天一阁古籍藏品达到十六万册三十余万卷，其中善本达到三万册八万余卷。

天一阁藏书吸引了大量学者，为众多研究者解答了疑难，提供了资料。天一阁先后编制了《天一阁遗存书目》《天一阁新增书目》《伏跗室藏书目录》《别宥斋藏书目录》《清防阁、蜗寄庐、樵斋藏书目录》等，并出版影印了《天一阁藏明代地方志选刊》《天一阁藏明代地方志选刊续编》《天一阁范氏奇书》《明史稿》《天一阁藏明钞本〈天圣令〉校证》等，将珍贵的藏书陆续展现于读者面前。

近年来，天一阁博物馆开始对馆藏古籍进行有计划、分步骤的数字化转换。读者可以通过天一阁网站查阅数字化古籍文献。

今天的天一阁集文献收藏、典籍研究、文物保护、陈列展示、社会教育、旅游休闲于一体，成为以藏书文化为核心的专题博物馆，吸引当代社会的人们前来品味传统文化，寻觅属于这座城市的书香古韵。

NT
借书亭
JIE SHU
TING

04

第四章

公共图书馆的诞生与发展

1884 年，宁绍台道员薛福成建立“揽秀堂”藏书楼，开启了近代宁波建新式藏书楼之先河，在传统藏书楼向近代图书馆转轨过程中扮演了重要角色。揽秀堂藏书几经传承增益，至 1927 年归入宁波市首家公共图书馆——宁波市市立图书馆收藏。之后，因建制变化，宁波市市立图书馆曾更名为鄞县县立图书馆、宁波市图书馆、宁波市图书文物馆等，至 1978 年恢复为“宁波市图书馆”并沿用至今。

第一节

溯源 · 自揽秀堂到薛楼（1884—1927.9）

清朝末年，受“西学东渐”的影响，传统的文化垄断被打破，具有近代图书馆特征的公共藏书楼在各地陆续萌芽。

清光绪十年(1884 年)，宁绍台兵备道道员薛福成在官署西侧辟地建后乐园为课士场所，内设藏书楼揽秀堂，用洋药（即鸦片）税余款购买了一批藏书供士子研习，开创了近代宁波地区建立新式藏书楼的先河。薛福成不仅把揽秀堂作为藏书场所，更把它作为一个培养人才的基地。他公开选拔宁、绍、台三地优秀学生就学深造，利用揽秀堂藏书楼来整理讲授自己的主张，如《治平六策》《海防十议》等，并把自己的这些主张连同学生的 97 篇杂稿，汇刻成《浙东课士录》。

薛福成像

光绪二十年（1894 年），书院藏书楼由宁绍台道继任道员吴引孙续办，把揽秀堂藏书楼改为崇实书院藏书楼，继续购置图书，还将自己藏书的复本捐赠给藏书楼。在今天的宁波市图书馆古籍部，尚有钤盖“真州吴氏有福读书堂藏书”朱印的古籍。

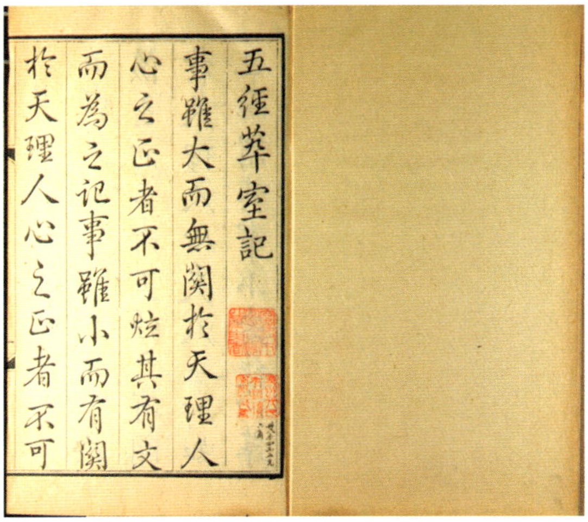

宁波市图书馆古籍部现存的吴引孙藏书（一），留有“真州吴氏有福读书堂藏书”印

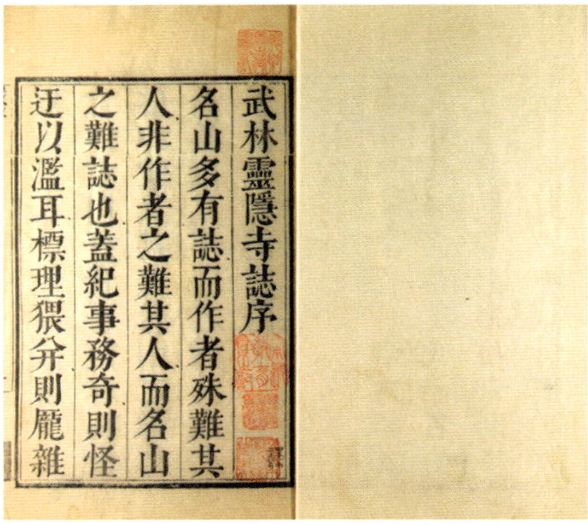

宁波市图书馆古籍部现存的吴引孙藏书（二），留有“真州吴氏有福读书堂藏书”印

光绪三十一年（1905 年），崇实书院藏书楼改为宁波府教育会藏书楼，副会长陈训正购进中日新书两千余册，充实藏书，以应时需。辛亥革命后，六邑公会（六邑即原宁波府所属之鄞县、慈溪、镇海、奉化、象山、定海六县）于 1913 年在后乐园建造西式楼房三楹，将薛福成及后来各时期添置的图书全部庋藏其中，为纪念薛福成之功绩，为藏书楼命名为“薛楼”。

薛楼外景
（图片来源：民国 25 年（1936 年）鄞县县政府《鄞县小学乡土教材》）

民国 7—8 年（1918—1919），地方志士建议收赎墨海楼藏书和改建四明书库为宁波公共图书馆未果；民国 11 年（1922 年），乡绅张美翊在薛楼养病，与友人子弟朝夕相处，整理藏书，编就手抄目录一部，预备开放以惠读者，然未竟而终。在此期间，一些群众团体和有识之士自发办起小型图书馆和私立图书馆，诸如宁波少年图书馆和甬籍旅外大学生组织的四明学会图书馆，陈荇荪办的通俗书报社和鄞东戴东原四兄弟办的邻湖图书馆等。四明学会图书馆为提供学术、改进社会和促进公共图书馆之实现而成立，馆址设于董孝子庙内（今宁波火车站西南侧），藏书千余册，备有日报、杂志，每日开放阅览。

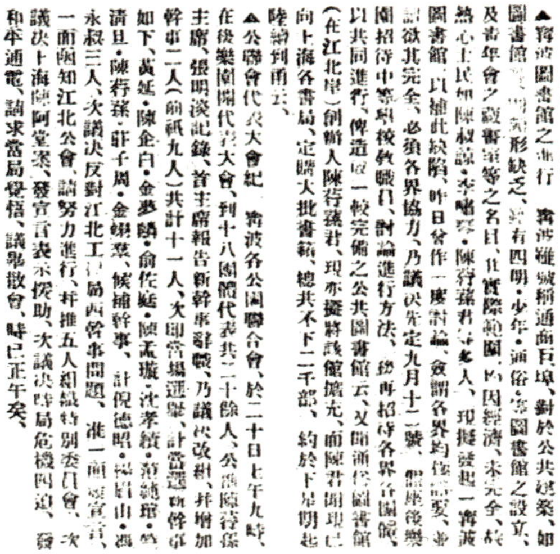

寧波

▲寧波圖書館之進行　寧波雖號稱通商巨埠、對於公共建築、如圖書館[illegible]形缺乏、[illegible]有四明・少年・通俗・[illegible]圖書館之設立、及青年會之設[illegible]等之名目、其實際範圍、[illegible]因經濟、未完全、故熱心士民如陳叔諒・李[illegible]・陳荇蓀君等多人、現擬發起一寧波圖書館、以補此缺陷、昨日曾作一度討論、僉謂各界均[illegible]要、並[illegible]欲其完全、必須各界協力、乃議決先定九月十二號、[illegible]後樂園招待中等學校教職員、討論進行方法、然再招待各界[illegible]、以共同進行、俾造成一較完備之公共圖書館云、又聞通俗圖書館（在江北岸）創辦人陳荇蓀君、現亦擬將該館擴充、而陳君[illegible]現已向上海各書局、定購大批書籍、總共不下二千部、約於下星期起陸續到甬云、

▲公聯會代表大會紀　寧波各公團聯合會、於二十日上午九時、在後樂園開代表大會、到十八團體代表共二十餘人、公推陳荇蓀主席、張明淡記錄、首主席報告新幹事辭職、乃議決改組、并增加幹事二人（前祇九人）共計十一人、次即當場選舉、計當選新幹事如下、黃延・陳企白・金夢麟・俞佐庭・陳孟璇・沈孝績・[illegible]・[illegible]清旦・陳荇蓀・莊子周・金蛛葉、候補幹事、計倪德昭・[illegible]山・馮永叔三人、次議決反對江北工[illegible]局西營事問題、推一面[illegible]宣言、一面函知江北公會、請努力進行、并推五人組織特別委員會、次議決上海陳阿堂案、發宣言表示援助、次議決時局危機四迫、發和平通電、請求當局覺悟、議畢散會、時已正午矣、

《申报》1926 年 8 月 22 日载《宁波图书馆之进行》

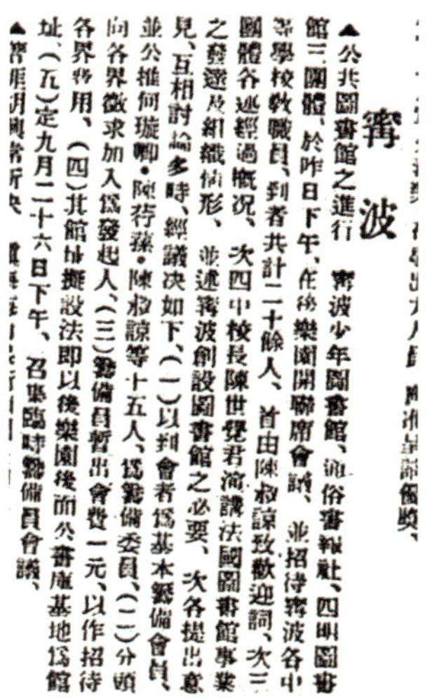

寧波

▲公共圖書館之進行　寧波少年圖書館、通俗書報社、四明圖書館三團體、於昨日下午、在後樂園開聯席會議、並招待寧波各中等學校教職員、到者共計二十餘人、首由陳叔諒致歡迎詞、次三團體各述經過概況、次四中校長陳世覺君演講法國圖書館事業之發達及組織情形、並述寧波創設圖書館之必要、次各提出意見、互相討論多時、經議決如下、（一）以到會者為基本籌備會員、並公推何璇卿・陳荇蓀・陳叔諒等十五人、為籌備委員、（二）分頭向各界徵求加入為發起人、（三）籌備員暫出會費一元、以作招待各界等用、（四）其館址擬設法即以後樂園後面公書庫基地為館址、（五）定九月二十六日下午、召集臨時籌備員會議、

《申报》1926 年 9 月 22 日载《公共图书馆之进行》

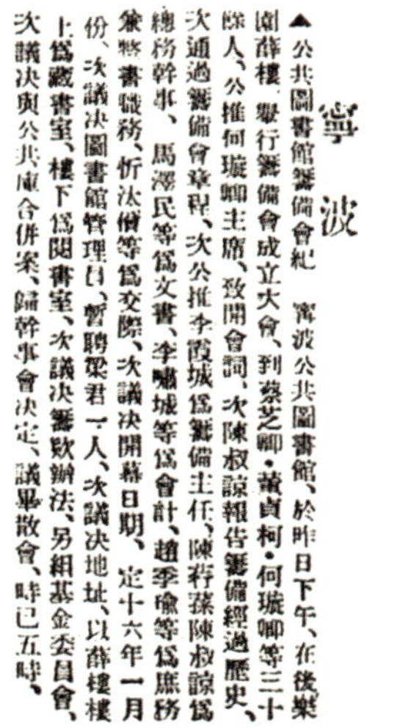

寧波

▲公共圖書館籌備會紀　寧波公共圖書館、於昨日下午、在後樂園薛樓、舉行籌備會成立大會、到蔡芝卿・黃貞柯・何璇卿等三十餘人、公推何璇卿主席、致開會詞、次陳叔諒報告籌備經過歷史、次通過籌備會章程、次公推李霞城為籌備主任、陳荇蓀陳叔諒為總務幹事、馬瀞民等為文書、李嘯城等為會計、趙季愉等為庶務兼整書職務、忻汰儕等為交際、次議決開幕日期、定十六年一月份、次議決圖書館管理員、暫聘梁君一人、次議決地址、以薛樓樓上為藏書室、樓下為閱書室、次議決籌款辦法、另組基金委員會、次議決與公共庫合併案、歸幹事會決定、議畢散會、時已五時、

《申报》1926 年 12 月 1 日载《公共图书馆筹备会纪》

民国 15 年（1926 年），四明学会图书馆、宁波少年图书馆和通俗书报社在后乐园召开联席会议，邀请宁波社会名流和各中学教职员三十余人参加，共商创立宁波公共图书馆事宜，成立了筹备会，主任为李霞城，通过了筹备会章程，推选了总务干事、文书、会计、庶务等人选，议决以薛楼为馆址、公共藏书楼合并、聘任图书管理员等事宜。后虽因孙传芳部驻扎薛楼未能建馆，但这些准备工作却为后来的宁波市市立图书馆的建立打下了一定的基础。直至民国 16 年（1927 年）宁波市第一个公共图书馆——宁波市市立图书馆才得以真正诞生。

第二节

创立·宁波市市立图书馆（1927.9—1931.2）

1927 年，宁波设市。同年 5 月，时任市长罗惠桥决定将薛楼改为宁波市市立图书馆，委任张汝钊为筹备主任。同年 9 月，宁波市市立图书馆正式开馆，张汝钊任馆长，叶鸣之任助理。宁波公共图书馆事业由此书写新的篇章。

张汝钊像

宁波市市立图书馆位于中山公园北面的薛楼旧址，有西式楼房三楹，楼旁尚有平屋五间，为职员寄宿和厨房之用。同时，馆长张汝钊之胞弟张咀英捐资银元三千元，于公园荷池旁建立中式楼阁一座，名为“范阁”，分藏薛楼图书。至民国 19 年（1930 年）图书馆馆舍出现蚁患，改以范阁为馆舍，上层藏书，下层供成人阅览。

宁波市市立图书馆藏书为多年积累而成。自清光绪十年（1884 年）先辈苦心经营之后乐园，历经崇实书院、宁波府教育会等阶段补充积累，于民国 2 年（1913 年）汇集于薛楼，至民国 16 年（1927 年）均归宁波市市立图书馆。

据张汝钊《整理薛楼藏书记》所述，“供职伊始，见薛楼藏书八九万卷，多被尘封而鼠啮蠹蚀，几十之三；简断篇残丹铅剥落者，复占一半”。更因北洋军阀混战时期，孙传芳军队驻扎楼内，以书为薪或作便纸，随扯随拭，到处乱丢，狼藉遍地，污秽不堪。后经张汝钊与助手叶鸣之（还有 12 岁的男孩周劭相助）不避秽臭，拭去秽积，悉心整理，损坏者补缀，脱篇者装订，残缺者补抄，而后按四库分类法一一汇编书目，每部夹以木板，每种表以布签，每册付以书号，详载其著者姓名、出版年月、地点、购入时间及价格等项，按序入藏并制定章则。据周劭回忆："如是者年余，当时工作之艰辛，反引以为荣。"究其意，乃时任市长罗惠桥曾示："欲增进市民知识非建立图书馆不可。"惜当时所编就书目和章则至今片纸无存。据相关资料记载，时整理开放之藏书为一万五千四百二十二册，除古籍外，尚有新书两千余册。此批新书系宁波府教育会副会长陈训正于1905年购进，为藏书建设注入新的活力。据前述张汝钊《整理薛楼藏书记》披露，薛楼当初多"藏四部普通书籍"，且"照《四库全书目录》分类编制"，开始"供士人阅览"。民国17年（1928年）至民国19年（1930年），又采访入藏图书九千一百五十九册。

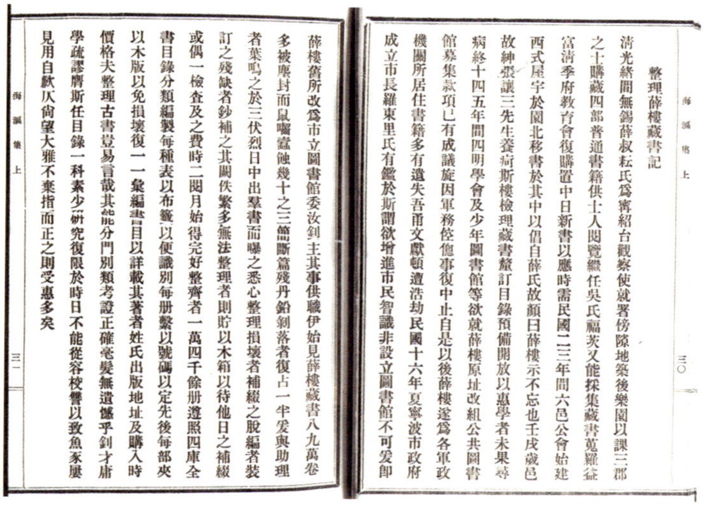
整理薛樓藏書記

清光緒間無錫薛叔耘氏爲甯紹台觀察使就署傍隙地築後樂園以課三郡之士購藏四部普通書籍供士人閱覽繼任吳氏福茨又能採集藏書蒐羅益富清季府教育會復購置中日新書以應時需民國二三年間六邑公會始建西式屋宇於園北移書於其中以倡自薛氏故顏曰薛樓示不忘也壬戌歲邑故紳張讓三先生養疴斯樓檢理藏書釐訂目錄預備開放以惠學者未果尋病終十四五年間四明學會及少年圖書館等欲就薛樓原址改組公共圖書館募集款項已有成議旋因軍務倥偬事復中止自是以後薛樓遂爲各軍政機關所居住書籍多有遺失吾甬文獻頓遭浩劫民國十六年夏寧波市政府成立市長羅東里氏有鑑於斯謂欲增進市民智識非設立圖書館不可爰即

海漚集　上　三〇

薛樓舊所改爲市立圖書館委汝釗主其事供職伊始見薛樓藏書八九萬卷多被塵封而鼠嚙蠹蝕幾十之三簡斷篇殘丹鉛剝落者復占一半爰與助理者葉鳴之於三伏烈日中出羣書而曝之悉心整理損壞者補綴之脫編者裝訂之殘缺者鈔補之其闕佚繁多無法整理者則貯以木箱以待他日之補綴或偶一檢查及之費時二閱月始得完好整齊者一萬四千餘册遵照四庫全書目錄分類編製每種表以布籤以便識別每册繫以號碼以定先後每部夾以木版以免損壞復一一彙編書目以詳載其著者姓氏出版地址及購入時價格夫整理古書豈易言哉其能分門別類考證正確毫髮無遺憾乎釗才庸學疏謬膺斯任目錄一科素少研究復限於時日不能從容校讐以致魚豕屢見用自歉仄倘望大雅不棄指而正之則受惠多矣

海漚集　上　三一

张汝钊《整理薛楼藏书记》

民国19年（1930年）春，宁波市府秘书长杨铁夫登市图书馆原薛楼，查知尚有古书八大橱封贮，经启观得知全是经史诸大部要籍，当时概以不合时宜而弃之，深感痛惜。及秋间，欣逢市长令其兼任馆长，即日乃勉励馆员启封整理，经过制板、贯绳、题签、编码、制目片、插目片，而后分编入册，历时六月余，"馆中人员下至馆役几乎无一时之宁息"。年末，编就《宁波市市立图书馆书目》一册。时值废市复县，故后来书名改成《鄞县县立图书馆书目》，于民国21年（1932年）4月印行。

于民国21年（1932年）印行的《鄞县县立图书馆书目》

1932年印行的《鄞县县立图书馆书目》使用了王云五《中外图书分类法》。计刊入：一、总类129种8534册；二、哲学

248 种 551 册；三、宗教 35 种 128 册；四、社会科学 994 种 1827 册；五、语文 128 种 298 册；六、自然科学 317 种 589 册；七、应用科学 293 种 573 册；八、美术 137 种 589 册；九、文学 1136 种 4965 册；十、史地 580 种 3344 册；十一、丛书 65 部 6031 册。据此，藏书总计 27429 册。另订有杂志 51 种和日报 5 种，后者从民国 17 年（1928 年）至民国 19 年（1930 年）每日俱全。

据书目揭示，1928—1930 年宁波市市立图书馆入藏的 9159 册新书，以文学类书居多，史地和社会科学类书次之。诸如，总类书入藏有《笔记小说大观》《通俗教育丛书》《儿童读物》，哲学类书入藏有胡适的《中国古代哲学史》，文学类书入藏有王国维的《宋元戏曲史》及蒋景缄的《妖像记》、不肖生的《江湖奇侠传》与《近代侠义英雄传》、陈扫花的《平阳传》、朱霞天（镇海人）的《五岳奇侠传》等。

按进馆阅览登记簿计算，1927 年至 1930 年，宁波市市立图书馆以提供阅览为主，阅览人数最高年度为 16801 人次，日均 56 人次，外借仅限于库藏复本，出借最多的年度月均31 册。

1929 年，宁波市市立图书馆制定出《寄存图书办法》（8 条）、《捐赠图书办法》、《联络市区内各图书馆暂行办法》（9 条）。通过这三个规章制度，不仅在制度上保证了对私人捐赠图书的接受和褒扬，而且开启了图书馆馆际协作的发展模式。

第三节

易名·鄞县县立图书馆（1931.2—1949.5）

民国20年（1931年）废宁波市建制，恢复鄞县。宁波市市立图书馆与鄞县县立流通图书馆合并为鄞县县立图书馆，规模逐渐扩大。

自1931年至1949年，图书馆馆址曾几度迁移。民国20年（1931年）馆址仍在中山公园，有中式楼阁一座，下层为成人阅览室，上层为书库；西式楼房一幢，下层为儿童阅览室，上层为地方教育参考室。

民国21年（1932年）8月，因馆舍狭窄，藏书处、阅览处均不敷应用，经与县教育局和宁波商会协商，将馆舍与国货陈列馆（今府桥街10号）西式水泥楼房一幢对换。计有二厅十四间，设置东二楼为阅报处，西二楼十间为职员办公室，楼下西大间南部分为儿童阅览

鄞县县立图书馆府桥街馆舍外景
（来源：1936年版《浙江鄞县县立图书馆图书目录》）

室，北部分为藏书室，其余设置为小说库、杂志室、陈列室、碑帖室、目录处等，另有四小间为会客室、膳厅、工役寝室及贮藏室用房。

民国 26 年（1937 年）抗日战争全面爆发，府桥街馆舍为国民党三民主义青年团占用，图书馆又迁回中山公园旧馆舍。民国 30 年（1941 年）4 月 19 日日军入侵宁波，图书馆撤至宁海。同年 9 月，日伪宁波乡镇联合会在中山公园旧馆舍建立“宁波公立图书馆”，府桥街馆舍被日伪联合会占用为“公会堂”。至民国 34 年（1945 年），日本投降，鄞县县立图书馆复馆于中山公园。

凌仁榆于 1936 年重编《浙江鄞县县立图书馆图书目录》

战前的鄞县县立图书馆分总务、管理、推广三组。有馆长 1 人，下设指导员 2 人，事务员 1 人。战后至民国 38 年（1949 年）5 月，有馆长 1 人，职员 5 人，设总务、编藏、阅览三部。据《鄞县通志》记述，民国 21 年（1932 年），鄞县县立图书馆经常经费为 3609 元，开支于薪俸、设备、办公费、巡回文库陈列处办公津贴费等项。其中薪俸 1788 元，占总数的 49. 54%，设备（含购书）1260 元，占总数的 34. 91%。

民国 20 年（1931 年），鄞县县立图书馆藏书 27946 册；民国 22 年（1933 年）藏书增至 30786 册，订杂志 53 种，日报 15 种。至抗日战争前的藏书情况，据民国 25 年（1936 年）凌仁榆重编的馆藏书目如下表所示。

类 别	种 数	部 数	册 数
总类	237	276	4188
哲学	477	620	1252
宗教	188	241	527
社会科学	2229	2999	4149
语文学	244	282	618
自然科学	621	708	1018
应用科学	899	997	1408
美术	459	486	896
文学	2232	2447	8129
历史地理	945	1258	4876
合计	8531	10314	27061

据书目附注，本目录自民国 24 年（1935 年）8 月起着手编辑，以后增添各书，多不及编入。而旧有图书，因改正分类不及排入者，为数亦不少。此项漏刊各书，容后续编补编外，兹将大部分图书补刊于下表。

图书名称	册数
《图书集成》	1589（稍有残缺）
《九通》	911（《续通考》缺 9 册）
《佩文韵府》	95
《清朝耆献》	300（“清朝”原作“国朝”）
《稗海》	80
《说郛》	122
《武林掌故丛书》	112
《剿匪纪略》	1150
合计	4359

此外，尚有巡回文库之《万有文库》第一集第一部（稍缺）以及儿童图书未编入。据《鄞县通志》记述儿童图书计 8880 册。据此，藏书总量为四万余册。

据《浙江鄞县县立图书馆图书目录》揭示，1933—1936 年鄞县县立图书馆采访入藏图书 2840 册。这批图书总体上以文学类书为大宗，历史地理及总类、社会类书稍殿其后。其中，文学类目“小说研究、小说评考”类书入藏有鲁迅的《中国小说史略》，“历史演义”类书入藏有钟毓龙（杭州人）的《上古神话演义》，“章回小说”类书入藏有陈霭麓（南社名家）的《天南地北》、赵仲熊的《希奇古怪》，小说类书入藏有洪佛矢（鄞县人）的《洪佛矢先生小说》，这些新文化大师经典、民国章回小说杰作、现代浙江新文学小说的入藏，表明宁波市市立图书馆开馆以后，馆藏文献逐渐由传统文化向新文化转移的趋向。

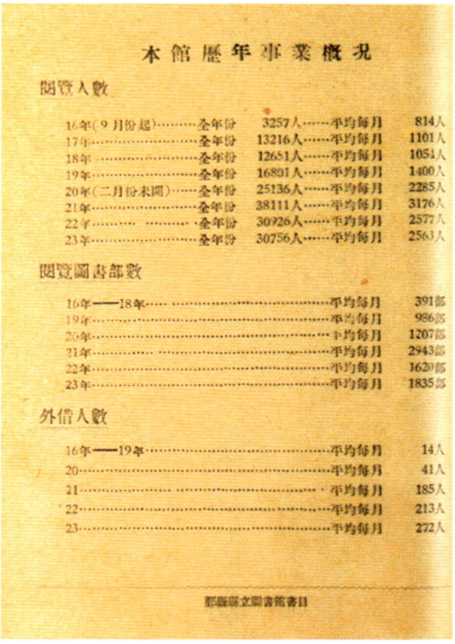
本館歷年事業概况

閱覽人數

16年（9月份起）……全年份　3257人……平均每月　814人
17年……全年份　13216人……平均每月　1101人
18年……全年份　12651人……平均每月　1051人
19年……全年份　16801人……平均每月　1400人
20年（二月份未開）……全年份　25136人……平均每月　2285人
21年……全年份　38111人……平均每月　3176人
22年……全年份　30926人……平均每月　2577人
23年……全年份　30756人……平均每月　2563人

閱覽圖書部數

16年——18年……平均每月　391部
19年……平均每月　986部
20年……平均每月　1207部
21年……平均每月　2943部
22年……平均每月　1620部
23年……平均每月　1835部

外借人數

16年——19年……平均每月　14人
20……平均每月　41人
21……平均每月　185人
22……平均每月　213人
23……平均每月　272人

鄞縣縣立圖書館書目

自民国 16 年（1927 年）至民国 23 年（1934 年）本馆阅览人数、阅览图书部数以及外借人数（图片来源：1936 年版《浙江鄞县县立图书馆图书目录》）

民国 26 年（1937 年）抗日战争全面爆发，鄞县县立图书馆将贵重图书 385 种移藏于姜山镇中心小学。民国 30 年（1941 年）4 月 19 日鄞县沦陷，留在府桥街馆舍的图书被掠一空，损失不下两万余册。据宁波市档案馆藏日伪档案材料记载，日伪“宁波公立图书馆”收回当年鄞县县立图书馆散失的图书共14100多册。内含古籍6339册，平装书2602册，儿童图书1340册，参考书105册，所谓“作废书”500多册。

民国32年（1943年）4月，鄞县县政府派员到姜山镇秘密抢运藏于镇中心小学的贵重图书，包装了45蒲包，约4000斤，雇船运至韩岭，又于同年6月从东钱湖辗转航运至宁海黄墩，搬运至前童，在宁海重组县立图书馆。民国34年（1945年）8月日本投降，鄞县县立图书馆回迁宁波，9月接收日伪“宁波公立图书馆”，12月复馆于中山公园，此时藏书16 073册，杂志40册，日报合订本22册。

20世纪30年代前期，鄞县县立图书馆提供的服务项目有成人阅览、儿童阅览、图书外借、巡回文库等。民国25年（1936年）添办巡回书车一辆。据馆长凌仁榆《本馆历年事业概况》统计，民国23年（1934年）全年阅览30756人次，日均107人次；全年借书3311人次，日均11人次。巡回文库于民国20年（1931年）至抗战爆发前，轮流到交通便利、市民众多并且管理机构健全的乡、镇，供民众借阅。其中石碶（县立石碶小学）、凤岙市（县立凤岙市初小）、鄞江桥（私立培才小学）、胡家坟（私立文山小学）、桃江（县立桃江小学）、陶公山（县立陶公山小学）、韩岭市（县立韩岭民教馆）、邱隘（县立邱隘小学）、五乡、樟村等10所，均为县立图书馆附设机构，无特定经费，服务人员也是义务兼职。此外，还发展了姜山（区）巡回图书馆、韩岭民教馆书报阅览室、古林民教馆图书流通处等。韩岭民教馆有藏书12500册，杂志8种，报纸10种。韩岭和古林两所民教馆，还在内河客运汽船上设立了水上文库。抗日战争之前，全县设有阅报所137所（其中县立者120所，私立者17所）。

鄞县县立图书馆制定的管理规章有：《鄞县县立流通图书馆规程》（12条）、《鄞县县立流通图书馆借书规则》（8条）、《鄞县县立图书馆阅览规则》（含签名、查目录卡找自己要看的书之类号、参照目录卡填写借书片、凭借书片向出纳处领书、入座阅览以及注意事项，如每小时以一种为限，在半天内不得超过三次借阅）、《鄞县县立图书馆借书规则》（范围：以现版出售者为限，但字典、辞书、长篇小说等禁借；册部：每次不得超过四册；时间：一星期为限；保证：缴纳与书价相等之保证金或殷实商铺之保证书；手续：签名、查阅目录卡、填借书单、交保证金或保证书、领书及保证金收据）、《鄞县县立图书馆寄存图书办法》（8条）（注：此系对私人图书寄存于图书馆以提供民众借阅之规定）、《鄞县县立图书馆捐赠图书办法》（注：此系对私人捐赠图书给图书馆予以褒扬之办法）、《鄞县县立图书馆联络县区内各图书馆规程》（9条）、《鄞县第一区区立农村图书馆规程》（12条）、《鄞县第六区区立农村图书馆章程》（12条）。

第四节

重建·宁波市图书馆（1953.10—1970.2）

1949 年 6 月，宁波解放，宁波市军管会文教部接管鄞县县立图书馆。经清点，藏书共有 1.5 万余册，古籍占半，职员尚余 3 人。12 月，宁波人民文化馆成立，设图书阅览室，后设图书股，在过渡时期履行图书馆职能。

1953 年 4 月，宁波文教局组织人员整理解放初军管会接管的原鄞县县立图书馆藏书，将可用之书移交市人民文化馆阅览室，古籍移藏于天一阁古物陈列所。6 月，宁波人民政府在《文教工作重点》中，将建立宁波市图书馆提上工作日程。8 月，筹建宁波市图书馆，馆舍位于中山公园，有中式楼阁 1 座，平房 3 间，使用面积约 660 平方米。

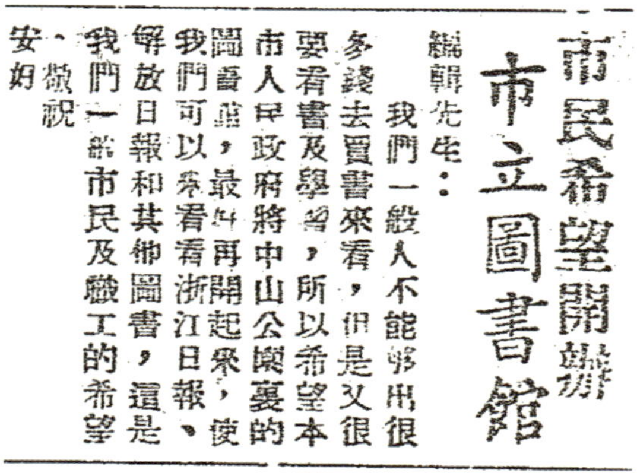

市民希望開辦
市立圖書館

編輯先生：

我們一般人不能夠用很多錢去買書來看，但是又很要看書及學習，所以希望本市人民政府將中山公園裏的圖書館，最好再開起來，使我們可以來看看浙江日報、解放日報和其他圖書，這是我們一般市民及職工的希望、敬祝

安好

1950 年 3 月 8 日，《宁波人报》刊登读者来信，希望开办市立图书馆

1953 年 10 月 29 日，浙江省文化事业管理局批准宁波市图书馆成立。由省文化事业管理局拨 5000 元用于开办及购书，由浙江图书馆赠送金额为 3000 元的图书，同时接收市人民文化馆移交的数千册图书。馆长由市文教局文化科科长洪水兼任，并调原在浙江图书馆任职的唐贡新和在省培训班结业的骆兆平、陈次宏、陈鸿发、费迓棣（女）、宋赛珠（女）到市图书馆工作。

1954 年元旦，由浙江图书馆馆长张宗祥先生题写馆名的宁波市图书馆正式向全市人民开放。设有外借处、综合阅览室、儿童阅览室，开展图书借阅、讲座和对基层图书室辅导服务。1 月重建开馆后，至 3 月读者阅览即出现高峰，达 14038 人次，日均 625 人次；外借图书5606册次，日均239册次。

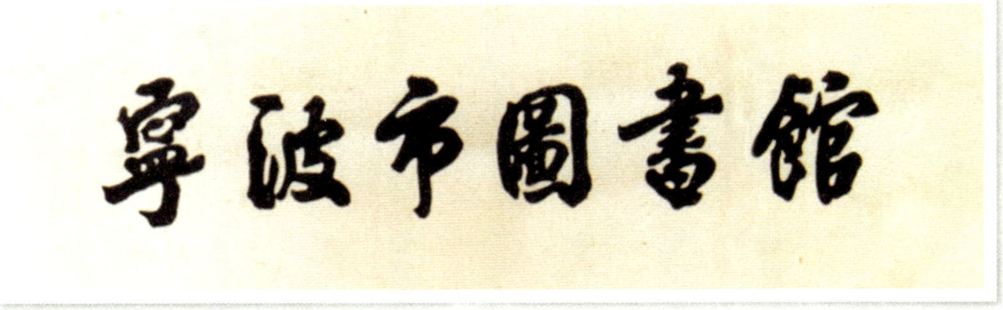

1954年元旦宁波市图书馆正式开放时由知名学者、浙江图书馆馆长张宗祥先生题写的馆名

1956年10月，宁波市图书馆筹设科技图书资料室，中共宁波市委拨专款5000元购入大批科技图书。1957年元旦，科技图书资料室对外开放。同年9月，因“整风运动”开始撤销科技图书资料室，将其归并到普通阅览室。

1957年7月，宁波市图书馆派员整理市古物陈列所所藏之鄞县县立图书馆遗留之古籍以及张侗、徐余藻等藏书家所赠古籍，共6万余册，筹设宁波市图书馆古籍阅览出借处。1958年1月，位于天一阁尊经阁内的宁波市图书馆古籍阅览出借处对外开放，每周开放两天，提供文学、医学、科技等古籍共18500册，外借占古籍总藏的1/3，其他古籍仅供阅览。

1962年9月9日，宁波市图书馆迁馆至药行街119号（前桑园巷仁慈堂旧址），设于尊经阁的古籍阅览出借处和设于儿童公园内的儿童图书室同时迁入，馆舍1400平方米，工作人员10人，设采编室、外借处、古籍部、少年儿童阅览室、流通辅导组。

至1965年“文革”前，藏书159249册，内有古籍73000册。1969年10月，图书馆关闭，馆舍被改为市文化系统“斗、批、改干校”。

第五节

归并·宁波市图书文物馆（1970.2—1978.9）

1970年2月21日，宁波市革委会核心小组做出撤销宁波市文化馆、宁波市图书馆、市文物管理委员会、市展览馆、市工人俱乐部和市文物商店单位建制，建立毛泽东思想宣传站和图书文物馆并设立古书文物收购站的决定。宁波市图书馆归于宁波市图书文物馆，设宁波市图书文物革命领导小组，隶属市革命委员会政工组。

1972年，宁波市图书文物馆翻建原馆舍，新楼共两层，一层为科技图书基藏书库，二层为少年儿童阅览室，馆舍面积扩大到1688平方米，于10月1日开放使用。

1977年，宁波市图书文物馆开始根据港口城市特点增加新书刊，至年末，图书文物馆藏书213909册，采用《中小型图书馆图书分类法》进行图书分类编目，设有分类目录卡片一套，持证读者有2062人。

第六节

恢复·宁波市图书馆（1978 年 9 月至今）

“文革”结束后，随着经济与社会的逐渐复苏，图书馆事业也进入恢复与全面发展时期。1980 年，文化部、浙江省文化厅相继设立图书馆事业管理机构。

位于药行街 119 号的宁波市图书馆借书处

宁波市图书馆设立街头书亭，服务馆外读者（摄于 1980 年）

1978 年 9 月，宁波市图书文物馆撤销建制，恢复宁波市图书馆，时有工作人员 14 人。宁波市图书馆应用《中国图书馆图书分类法》整理改编全部馆藏。至 1983 年，有工作人员 24 人，藏书 31.6 万册，设有古籍书库、基藏书库、外借书库和农村书库以及古籍阅览室、少儿阅览室、社科阅览室、科技阅览室。业务机构有采编组、社科组、科技组、宣传辅导组、后勤组等。

1984 年 2 月，建造宁波市图书馆新馆计划提出，1985 年 11 月，宁波市图书馆新馆一期工程——阅览楼破土动工，系将原馆（药行街 119 号）旁的药行街 117 号市展览馆旧房拆除重建，新馆为钢筋水泥结构，共五层楼，高 22 米，建筑面积 4300 平方米。阅览楼于 1987 年 1 月竣工，农历正月初一至初五试开放，4 月 1 日正式对外开放。开放首日清晨 4 点半起，宁波市图书馆新阅览楼门外逐渐聚起前来领借书卡的读者，数百名读者在宁波市图书馆外的广场上排起长龙，等待开馆的一刻。

宁波市图书馆新阅览楼开放首日，数百名读者迎着寒风细雨，在图书馆外的广场上排起长龙，等待开馆发证（摄于 1987 年 4 月 1 日。图片来源：1987 年 4 月 2 日《宁波日报》头版，记者张波）

位于药行街 117 号的宁波市图书馆阅览楼（摄于 1988 年）

宁波市图书馆阅览楼青年自修室（摄于 1988 年）

在药行街阅览楼建成的同一年，祖籍宁波镇海的香港环球航海集团监事会主席包玉刚先生将爱女祝贺其七十寿辰的 500 万元港币捐给宁波市，用于建造图书馆。为了褒扬包玉刚先生的爱乡情怀，图书馆以包玉刚名字命名，选址于姚江南岸的永丰路上。永丰路馆舍建成后，原药行街馆舍转交市展览馆。

1988 年 9 月 20 日，包玉刚图书馆竣工，馆舍占地面积 8328 平方米，建筑面积 7061 平方米，由书库五层、阅览楼四层、多功能厅三层、门厅两层组成。总施工时间 286 天，造价 650 万元，其中包玉刚先生捐资 500 万港币（折合人民币 404 万元），文化部拨款 25 万元，省文化厅拨款 4 万元，市政府拨款 217 万元。

1987 年 10 月 2 日，包玉刚先生及夫人（左二、左三）参加新馆奠基仪式

包玉刚先生及夫人在新馆落成典礼后参观书画展览（摄于 1988 年 10 月 17 日）

1988 年 10 月 17 日，包玉刚图书馆举行落成典礼，时任国务院宁波经济开发协调小组顾问的卢绪章出席，包玉刚先生偕夫人及女儿出席典礼并剪彩。省、市领导和社会各界人士数百人参加典礼。次年 5 月 1 日，包玉刚图书馆对外开放。自此，宁波市图书馆又称包玉刚图书馆。

宁波市图书馆外观（摄于 1991 年 9 月）

宁波市图书馆多功能楼及后庭院(摄于 1991 年 9 月)

读者使用卡片目录查找图书（摄于 1991 年）

图书馆开展的少儿游艺活动（摄于 1991 年）

宁波市首次科普宣传周展览在宁波市图书馆展出（摄于 1989 年）

宁波市图书馆建馆七十周年庆典（摄于 1997 年）

2001 年，宁波市政府对永丰路市图书馆馆舍进行了扩建改造，扩建后的馆舍面积增加到 12000 平方米。

近年来，宁波市图书馆的新增藏书量、读者量、借阅量等指标逐年上升，而现有馆舍的内部结构、功能布局、服务设施已无法满足新时期图书馆全面开放、多功能、个性化的需求，制约了图书馆多元化服务的拓展空间。作为市级中心图书馆，现有馆舍与市民需求已不相适应。

2011 年，宁波市图书馆新馆建设被列入宁波市“十二五”规划重点项目；2013 年，市政府工作报告将其列为年度重点任务；同年 11 月，宁波市图书馆新馆项目获准立项。项目总用地面积约 16395 平方米，总建筑面积 30000 平方米，包括藏书区、借阅区、咨询服务区、公共活动与辅助服务区、业务区、行政办公区、技术设备区、后勤保障区等。项目总投资控制在 24000 万元以内。

2013 年年底，由 6 家设计公司制作的新馆设计模型在公众面前亮相，呈现出设计者对新时期图书馆功能定位的探索。在方案公开期间，数千名读者投票留言，表达了对图书馆新馆的期许盼望。

新馆设计入选 6 方案

经专家、读者评判后胜出的 3 号方案

05

第五章

图书馆，城市的公共书房

在“公共书房”里寻找宁静与安逸

城市在人类文明发展过程中占有重要地位，法国著名城市地理学家什梅尔说：城市既是一处景观，一个经济空间，一种人口密度，也是一个生活中心和劳动中心。城市更是一种文化空间，公共图书馆是城市化的产物，它的发展与城市发展紧密结合。公共图书馆的建筑成为一种城市标识，它的发展脉络与整个城市文脉的发展是一致的。城市发展带动着公共图书馆繁荣，作为城市的“公共书房”，图书馆大门敞开，谁都可以自由出入；“公共书房”灯火长明，是城市公众心灵中的休憩场所。

每逢假日，宁波宁图书馆自修大厅内一座难求

一

作为“公共书房”，图书馆首先得有足够数量的书籍，用于满足读者需求。2014 年年底，宁波市图书馆图书总藏量为 188.7 万册，年新增图书 10.6 万册，宁波市、县两级公共图书馆的图书总藏量是 719.4 万册，年新增图书 50.3 万册。虽然藏书量看起来惊人，但将全市公共图书馆的 719. 4 万册图书总量和宁波市的 766 万常住人口放在一起，人均图书拥有量尚不足 1 册。宁波市图书馆的应对措施是：在实体图书馆藏之外，发展虚拟形态的“宁波网络图书馆”，并通过馆际合作，分享国家数字图书馆、浙江网络图书馆的网上资源，服务本市读者的阅读需要。此外，宁波市图书馆还参加了全省公共图书馆的通阅互借网络、长三角及全国讲座联盟，参与国际联机图书馆中心等跨系统、跨区域的图书馆合作服务，扩大了宁波市图书馆的资源保障和服务范畴。

宁波网络图书馆涵盖电子报纸、电子期刊、电子图书、视听多媒体等多种类型的数据库资源。以中国期刊全文数据库为例，可供下载的文章篇数达到 4251 万篇，截至 2014 年年底，已上线电子图书 210 万种、电子报刊 1 万余种，资源总量超过 30TB。

作为区域公共图书馆，宁波市图书馆注重收藏反映历史变迁和当代城市发展的地方文献，构建特色化、连续性、多样化的藏书体系。自 2004 年起，宁波市图书馆开始了地方志、专业志、年鉴的征集和完善活动，增补收藏近百种宁波各时期的地图资料。同时对 20 世纪 80 年代以来宁波各行业的业绩汇编、宁波籍中科院院士著述、宁波新编家谱等文献进行了重点收集。

内报内刊是城市图书馆独特的藏品种类，系统集藏会得到一个观察城市经济社会发展的独特视角。宁波市图书馆重点收藏本地社会团体和民营企业的内部出版报刊，并尽可能地回溯到创刊号，保证文献资源的连续性和完整性。截至 2014 年年底，宁波市图书馆已拥有内部刊物 300 余种、报纸 100 余种。同时，宁波市图书馆还关注非印刷型的地方性文献，这些满载地域文化信息的电子文献和音像制品，如城市风光、地方戏曲、影视作品、统计报告类光盘资源迅速增加，以其原始、生动、鲜明的特点成为地方史实记录的第一手资料。

图书馆的“天一展览”常换常新，绘画、书法、摄影、手工作品展让读者与静态艺术展开对话；每周六下午，历史、文化、军事、经济等各领域的学者名家在“天一讲堂”与市民分享各自的研究思考。每月举办一次的“悦读有约”读书沙龙，让所有参与者都成为思想分享者，在交流中获得文化的洗礼。

从世界读书日到未成年人读书节，从全民读书月到图书馆服务宣传周，图书馆推出不同主题、不同形式的互动活动，吸引着人们亲近图书馆。形式多样的少儿活动让孩子们从阅读中得到乐趣、发现疑问，并尝试着通过阅读去解决问题。元宵节，这儿有灯谜邀你来猜；端午节，图书馆的诗歌雅集等你大显身手；漫长假日里，暑期夏令营和袖珍科技馆向你敞开大门；“相约故事里的四季”亲子阅读活动邀请家长携孩子参加，或画出眼中的春天，或用彩纸折知了，或拿落叶做手工，或制作纸片雪花……孩子们通过听故事、做手工、玩游戏，感知四季的不同，感受大自然的美好，也感受阅读的快乐。

二

在城市规模不断扩张的情况下，建设有分工又有协作的图书馆服务网络，是宁波市图书馆的建设目标之一。

自2008年3月起，宁波市图书馆联合10家县（市）、区图书馆，共同推出了包含通借通还和数字资源获取在内的惠民服务“一卡通”。“一卡通”包括两部分服务内容：一是宁波全市公共图书馆馆藏图书的“通借通还”，形成一个突破地域限制、辐射宁波全境的“超级图书馆”；二是网络数字资源的共享，宁波市11家公共图书馆的读者，可以凭借手中的借阅卡，通过登录宁波网络图书馆，获取宁波市图书馆的数字电子文献。“一卡通”盘活了宁波全市的文献信息资源，提高了文献的利用率。与前一年相比，2008年宁波全市公共图书馆外借人次增长了37%，外借册次增加了62%，其中市图书馆的增幅最大，外借人次增加了83%，外借册次增加了113%。“一卡通”也为中小图书馆注入了活力。网络一体化管理有效改善了资源匮乏、技术不足等状况。

行业分馆、新区分馆、自助分馆、流动分馆则进一步细化了全市图书馆服务网络。行业分馆是指在需求相对集中的企业中建立企业分馆，在远离市区又相对封闭的军营建部队分馆，或在公安、武警、工商、残联等不同机构建立相应的分馆，以提高宁波市图书馆资源的社会利用率。

新区分馆，指在宁波的东钱湖旅游度假区、保税区、大榭开发区内建立分馆。所在地政府部门负责场地、人员、设备及日常维护，市图书馆负责图书配送与业务指导，推动了新区的图书馆服务快速实现。

自助分馆，即在城市人流密集、交通便利的场所，如广场、超市、公园、商圈等地设立 24 小时自助图书馆装置，读者可在自助分馆自助完成借书、还书、办理读者证等事项。

流动分馆，即使用一辆连接无线网络的流动图书服务车，把图书馆服务触角伸向工地、社区、机关、写字楼、农村、边远学校。读者在图书流通服务车上可以借还书刊，办理证件，预约图书。

宁波市图书馆 包玉刚图书

功用篇

因城市需求而成长的图书馆

宁波市民多样的、发展的阅读需求引领着图书馆人去思考怎样打破技术的、人为的藩篱，更好地实践图书馆为读者服务的社会使命。从全免费开放，到提供24小时数字文献远程传递服务，建立图书馆与读者间的良性互动与共同成长关系。创新服务、完善图书馆功能是宁波市图书馆持续发展的内在动力。

宁波市图书馆全景

06

第六章

公益立馆，服务市民的阅读需求

近年来，宁波市图书馆为推进免费开放，转变工作思路，创新阅读模式，丰富阅读内容，打造遍及全市的阅读网络，举办各种形式的阅读推广活动，带读者一起进入“悦读”新时代。

零门槛全免费激发读者办卡热情

一

宁波市图书馆现有社科阅览室、综合阅览室、少儿阅览室、报刊阅览室、电子阅览室、地方文献参考阅览室、古籍艺术阅览室、盲人阅览室、读者服务台、读者自修室、天一音乐馆等10余个服务窗口。其中，盲人阅览室于2008年6月增设；社科阅览室及综合阅览室于2014年6月调整完成；天一音乐馆于2015年向读者开放。自2014年6月起，宁波市图书馆正式开启图书借阅一体化服务模式，将普通中文图书统一开放借阅，按读者使用频率，将借阅量大的文史哲类图书调入社科阅览室，其他类调入综合阅览室，读者既可入内阅读，也可将书借走。调整后，可供读者外借的图书增加近20万册。

社科阅览室

综合阅览室

少儿阅览室

盲人阅览室

报刊阅览室

电子阅览室

古籍艺术阅览室

地方文献参考阅览室

二

作为公共图书馆，宁波市图书馆近年来在推进免费开放的工作中努力实践，保障市民的阅读需求。

重心倾斜，关注困难阅读人群

自 2008 年 1 月 10 日起，宁波市图书馆全面免费开放，所有市民凭身份证件就可免费办理借书证，获得服务的范围包括借阅图书、检索数字资源、听讲座、看展览、参与各种读书活动等。此举吸引了无数渴望知识的读者。每天到图书馆办卡、看书、借书的读者络绎不绝。自2007年至2014年，宁波市图书馆的到馆读者人次和图书流通册次逐年递增，以2014年为例，全年服务到馆读者136.4万人次，图书流通342万册次。

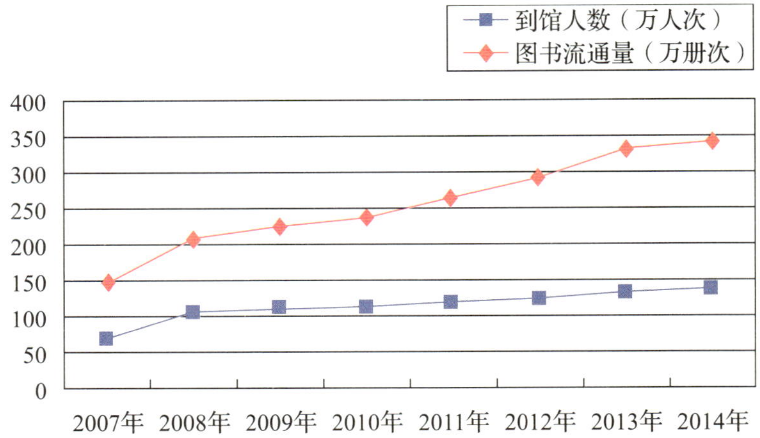

2007—2014年宁波市图书馆到馆人数及图书流通量曲线图

零门槛开放促成市民读书热

2008年6月，宁波市图书馆开辟了盲人阅览室，配备盲文图书、有声读物、录音机及专用电脑，并安排专门工作人员辅导视障读者使用。2008年10月，台北市宁波同乡会理事长毛葆庆先生向图书馆捐赠了一台扩视机，以帮助视障读者提高阅读和书写能力。2013年9月，宁波市图书馆在市聋哑学校建立盲文流动图书馆，将首批200余册盲文图书送入学校，并定期更换书籍，让孩子们“足不出校”即可看到自己喜爱的图书。在2013年10月15日第三十届国际盲人节上，宁波市图书馆被浙江省公共图书馆视障信息无障碍服务联盟评为“2013年度浙江省优秀视障信息服务单位”。

视障读者使用扩视机阅读文章

在宁波市图书馆工作人员的辅导下，视障读者能借助电脑屏幕朗读软件听取网页信息

宁波市图书馆在江北灵峰学校、鄞州长丰学校、象山石浦蓝天学校、奉化育才学校等 8 所外来务工子弟学校建立“希望书屋”，定期更换新书。同时，在图书馆大厅设立“爱心捐书箱”，接受社会各界的捐赠，图书馆定期对捐赠图书进行统一整理、分类，然后送到外来务工子弟学校。2009 年 5 月，在汶川地震过后一周年，宁波市图书馆联合《宁波日报·城事帮办》及多所学校举行图书义卖活动，将义卖及受捐所得 2161 元捐给汶川灾区的孩子们。2010 年 10 月，宁波市图书馆联手《宁波晚报》推出“童书漂流”，将收到的 8000 册图书义务打包、分编，为云南东川红土地镇 5 所贫困小学援建图书室。

为汶川地震灾区筹款的图书义卖现场

小读者也参与到图书义卖活动中

形式多样，营造快乐阅读氛围

2006 年 4 月，在宁波市文化广电新闻出版局的全力支持和精心指导下，宁波市图书馆创办“天一讲堂”。讲堂以“搭交流平台，激智慧火花，播人文精神，扬宁波文化”为宗旨，以图书馆报告厅作为常设地点，每周六下午作为固定时间，向社会公众免费发放入场券，邀请国内外知名专家举办专题讲座，就前沿、热门的话题与听众进行面对面的交流。截至 2014 年底，天一讲堂 8 年间已举办讲座 450 余场，实现了“周周有讲座”，现场听众总计 20 万余人，电视、网络受众不知凡几。天一讲堂在追求完美的历程中，赢得了社会良好的口碑。如今，天一讲堂已成为宁波市公共文化服务中的文化品牌，先后荣获“浙江省优秀讲座品牌”“浙江省全民阅读活动优秀项目”“浙江省社会科学普及基地”“全国优秀人文社科普及基地”等荣誉称号。如今，周末到图书馆听讲座，与专家共度智慧与乐趣并存的午后时光已成为市民生活的新时尚。

天一讲堂现场

著名作家、心理学家毕淑敏做客天一讲堂，主讲《当代人的心理救赎》

宁波市图书馆常设图书交换活动，以“好书互换　真情互动”为主题，以每月最后一周的周六为图书交换日。“好书互换”以读者自愿交换图书为主，原则上一册交换一册，活动现场开设少儿、成人两个图书交换区，并开通网上“好书互换”QQ群，希望交换好书的市民可以预先通过网络达成交换意愿，再到市图书馆进行交换。“好书互换”自2007年2月开设以来，每月举行一次，至2014年底，已成功举办90余次，市民成功交换图书5000余册，接受图书捐赠12000余册。好书交换活动搭建了一个以书会友、交流思想的平台，串联起了众多职业不同、背景不同的爱书之人，让志趣相同的读者结缘，畅谈对书的体会和感受，分享读书的快乐和感动。

每个月底，宁波市图书馆都会开展“好书互换”活动，鼓励读者将家中的闲置图书带到现场，为旧书寻找一位新主人

青少年好书交换专场，让闲置图书流动起来

宁波市图书馆自2008年11月起推出的公益性文化活动项目“天一展览”，以一楼大厅为常设展览场所，跟踪社会热点，每月策划、推出不同主题的展览活动。至2014年底，已推出展览97期，包括高棉印象——柬埔寨风情展、台湾映象摄影展、“读书乐”全国摄影比赛优秀作品展、“夜色涌动”之绚丽宁波摄影大赛作品展、“绘出心中的童谣”宁波少年儿童童谣绘画优秀作品展等，吸引了众多市民前来观看，取得了良好的效果。

天一展览“画之韵”

天一展览“中国梦”

宁波市图书馆针对不同年龄层次和知识结构的读者，举办各类读书节和主题阅读竞赛、读书感悟评比等活动，带动全社会多读书、读好书。如宁波市十佳藏书家庭评选活动、农民读书节活动等取得了良好的社会效益。自2005年起，推出以“我读书、我快乐、我智慧”为主题的未成年人读书节活动，引导孩子们亲近书本、爱上阅读；自2008年起，每年暑期推出青少年读书夏令营活动，让孩子们度过一个轻松快乐的暑期；自2009年起，“全民读书月”活动红红火火，书香进学校、进企业、进机关、进社区、进家庭，“人人读好书，好书人人读”的口号日益深入人心；“我爱记诗词”读书擂台赛，让市民感受诗歌的魅力，激发起学习传统文化的热情；“小小讲书先

未成年人读书节活动之“小小讲书先生”

生”活动，以“说书”的方式让孩子讲述历史故事，锻炼孩子们的口头语言和肢体语言表达能力、现场应变能力等等。

2009—2010 年，宁波市图书馆连续两年荣获中国图书馆学会授予的“全民阅读先进单位”荣誉称号。2011 年，由中国图书馆学会授予“全民阅读示范基地”荣誉称号。

走近读者，打造便捷服务网络

2008 年，宁波市图书馆统筹协调，联合各县（市、区）图书馆共同推出文献借还“一卡通”服务。全市读者可凭同一张借阅卡，在全市各公共图书馆享受文献通借通还的服务，共享全市公共图书馆 520 万册文献资源。目前，服务网络正逐步向全市众多的乡镇（街道）、社区（村落）、企业图书室延伸，有越来越多的基层图书馆加入了这一网络。

宁波市江东区划船社区阅览室

宁波市图书馆工作人员演示“一卡通”的使用方法

江东区划船社区成为全市首家联网社区图书馆

2009 年，宁波市图书馆在全馆范围内实现了无线网络覆盖，读者凭借阅卡登记后就可实现无线上网。截至 2014 年底，馆内共提供无线节点 8 个，可同时满足 200 位读者的移动上网需求。

为解决各类特殊社会群体的阅读需求，扩大图书馆服务的覆盖面，宁波市图书馆建立起

“宁波流动图书馆”，配备图书流动车，定期上门为服务点调换图书，就近满足读者的阅读需求。2010 年，将图书送到东部新城、轻轨鼓楼站、来福士广场、和丰创意广场等工地。2011 年，在保税区、东钱湖、高新区梅墟街道等图书馆服务空白点建立分馆。2012 年，送书到象山社会职业学校、石浦蓝天学校、奉化育才学校等农民工子弟学校。2013 年，又在世界 500 强企业宁波奥克斯公司建立了流动图书馆。截至 2014 年底，已在全市建立了 175 个流动图书馆服务点，范围遍布社区、村落、学校、重点工程建设基地、部队、监狱、企事业单位等各行各业。

流动图书馆进企业

流动图书馆进工地

2009 年 12 月起，宁波市图书馆推出汽车图书馆定点服务。车内陈列图书、期刊 2000 余册，配备笔记本计算机、无线移动网络、空调等设备。开进企业、社区和政府部门等单位，以方便、快捷、灵活的方式为用户提供借阅证办理、图书阅览借还、信息咨询解答等服务。先后开通了驻宁部队、市公安局、市法院、市检察院、宁波科丰燃机热电有限公司等 18 个汽车图书馆服务点。

汽车图书馆进社区

汽车图书馆进军营

应用网络，发展新型阅读模式

2008 年 7 月，宁波网络图书馆开通，标志着宁波 24 小时图书馆时代的来临。凡持宁波市公共图书馆借阅卡的读者，均可通过网络入口，访问包括中国知识资源总库、读秀学术搜索、书生之家、北大方正 Apabi 数字资源平台、宁波市图书馆馆藏地方报纸（1899—1999）等数据库资源。这一服务模式，使图书馆突破了时空局限，成为市民“掌上的图书馆”。2010 年，“24 小时网上书房——宁波网络图书馆”被评为宁波市十佳网络文化创新发展项目。

24 小时自助图书馆

2012 年 9 月，宁波市图书馆开通“24 小时自助图书馆”，市民可以通过设在宁波市图书馆门口、中国联通宁波通讯综合大楼、联盛广场 B 区的自助图书馆实现 24 小时借还图书，截至 2015 年 2 月底，宁波市的海曙、江东、江北、鄞州、高新区、镇海、北仑等地共设置了 26 座自助图书馆服务机，可以自助办理读者证。借还图书就像在银行 ATM 机上取钱、存钱一样便利。

网络图书馆首页

用户第一，满足特定阅读需求

2006 年，宁波市图书馆推出了“你点书，我买单”服务，读者点出自己喜爱的书籍，图书馆负责购买，这项服务使读者拥有了图书采购的“点单”权。至 2014 年底，共有 1240 种书通过点购方式交到读者手中。

2009 年，宁波市图书馆推出了参考咨询网上实时服务，读者可以就馆藏服务、资源利用、信息检索、原文传递等实时提问并得到回复。2009 年，美国国会图书馆读者通过网络咨询方式提出了两个问题，由广东省立中山图书馆的工作人员通过查找宁波地方老报纸数字资源库得到了解决。

点书买单

同年，宁波市图书馆推出手机短信提醒服务，对留有手机号的读者，在所借图书借期将满的前两天，系统会主动发短信提醒读者，收到短信后，读者也可通过回复指定内容完成图书续借工作。这项服务缩短了图书馆和读者之间的距离，给读者带来了续借的便利。

网友发微博赞叹图书馆的短信提醒服务

2009年11月，宁波市图书馆计划在宁波市鄞州华友水暖器材厂建立流动图书服务点，王国飞总经理说：“我们厂机械制造、模具设计等技术类的图书比较缺，因为该类图书专业性强、价格不菲，非常想得到一批这类的图书。”宁波市图书馆就邀请企业员工到图书馆，现场挑选了700余册需要的图书。

三

随着时代变化，读者对阅读的形式和内容有了多样化的需求，宁波市图书馆因时而变，推出网络阅读、名家讲座、视觉展览，努力将服务送到读者身边，让“处处都可读书”“时时方便读书”成为现实。

看书入迷

用户登录宁波市图书馆网站，在线阅读数字期刊

近年来，宁波网络图书馆为新添库客（KUKE）数字音乐图书馆、起点自主学习考试系统、天方有声图书馆、艺术博物馆、少儿多媒体图书馆等多个数据库。利用先进技术拓展阅读形式，移动阅读、网上讲堂、网上展览、网络咨询等令不同市民群体找到了属于自己的阅读乐趣。

附表　宁波市图书馆服务窗口一览（2014 年 12 月）

窗口名称	地　点	电　话	开放时间
读者服务台	主楼大厅	0574 -87361567	星期一 13:00—20:30 星期二至星期五 8:00—20:30 星期六、星期日 8:30—17:00
社科阅览室	主楼一层	0574 -87368506	
报刊阅览室	主楼一层	0574 -87362938	
电子阅览室	西楼三层	0574 -87364116	
读者自修室	主楼二层		
综合阅览室	主楼三层	0574 -87262367	星期一 13:00—17:00 星期二至星期五 8:00—17:00 星期六、星期日 8:30—17:00
少儿阅览室	东楼一层	0574 -87265115	星期一 13:00—17:00 星期二至星期五 8:00—11:30　13:00—17:00 星期六、星期日 8:30—11:30　13:00—17:00 （暑假期间中午不间断开放）
盲人阅览室	东楼一层	0574 -87265115	星期一 13:00—17:00 星期二至星期五 8:00—11:30　13:00—17:00 星期六、星期日 8:30—11:30　13:00—17:00
古籍艺术阅览室	主楼四层	0574 -83893715	星期一 13:00—17:00 星期二至星期五 8:00—11:30　13:00—17:00
地方文献参考阅览室	东楼二层	0574 -87366640	星期一 13:00—17:00 星期二至星期五 8:00—11:30　13:00—17:00 星期六 8:30—11:30　13:00—17:00
外文阅览室	东楼二层	0574 -87366640	星期一 13:00—17:00 星期二至星期五 8:00—11:30　13:00—17:00
天一音乐馆	主楼一层	0574 -87362346	音乐视听室：周三、周五 14:30—15:30 音乐欣赏区：周一至周日 13:30—17:00

07

第七章

开门办馆，走出去做加法与乘法

20 世纪 30 年代，宁波市图书馆（时名鄞县县立图书馆）的巡回书车已经开出馆门，在交通便利、人口众多的乡镇来回送书，谓之“巡回书库”。在往返于鄞县韩岭与古林之间的船只上，更有图书馆设立的“水上文库”供来往乘客取阅。80 年过去了，图书馆把服务送出去的想法依然不变，只是怎样“走出去”，“走出去”做些什么，如何让“走出去”更有成效，当代图书馆人有属于自己的新思考和新选择。为此，宁波市图书馆进行了一系列尝试，既做加法，也做乘法，把图书馆服务辐射出去。

一

做加法，就是建立馆外服务点，每增加一处服务点，就意味着增加一个小型图书馆。到 2014 年底，4 家直属分馆、26 座街头自助图书馆、170 余家流动图书馆、20 个汽车图书馆流动服务点，让宁波市图书馆在姚江畔永丰路馆舍这个大本营以外，有了服务读者的新阵地。200 余处馆外服务点建立后，宁波市图书馆提供四类服务：免费借阅、按需定制、定点配送和阅读推广。

免费借阅有两层意思。第一层意思是，有意建立小型图书馆的企事业单位只要在员工人数、阅读场地、管理制度上符合条件，都可以申请建立宁波流动图书馆，宁波市图书馆将提供流动图书，帮助其培训图书管理员，并提供后续的图书更换服务，这些服务都是免费的；第二层意思是，前往馆外服务点的读者，与到馆读者一样，享受图书馆同等的服务，包括办证、借阅纸质图书、使用宁波网络图书馆内的电子文献等。

按需定制主要指定向提供文献服务。建在社区、企业、部队、医院、建筑工地等不同场所的流动图书馆，所面向的读者群体的需求存在一定差异。比如，金田铜业集团对专业技术类图书需求量比较大，这类书不好买，让企业感到困扰。宁波市图书馆按照企业的需求挑选了1000余册图书送到企业。2010年，得知宁波轨道交通指挥部需要轨道交通建设类书籍时，市图书馆通过多种途径，采购了《城市轨道交通机电设备》《新型城市轨道交通》《轨道交通建设与发展》等与轨道交通相关的图书500余册，送往工程指挥部。宁波市图书馆还先后为宁波通商银行、宁波广天赛克思液压有限公司、宁波市港务局等多家单位专门采购图书，满足其需求。

宁波汽车图书车首站进天水家园

定点配送是针对特殊群体开展的送书上门服务。2009年7月，宁波市图书馆在养老机构颐乐园中建立流动图书馆，送去3000余册文学、保健类读物；2010年夏，宁波市图书馆三次主动送书到和丰创意广场工地、轻轨鼓楼站建筑工地、江北来福士广场工地，为一线的建筑工人送去文学读物。宁波市图书馆每年选择一至两所农民工子弟学校作为送书对象，先后为鄞州长丰学校、奉化育才学校、江北灵峰学校等8所农民工子弟学校配送图书。2013年9月，宁波市图书馆在市聋哑学校也建立了图书馆。

满满一车书，吸引着孩子们流连其中

流动图书馆进工地

阅读推广是书刊服务的延伸。馆外服务点通过开展多样的活动来激发读者的阅读热情。2010 年元宵节，宁波市图书馆带上象山剪纸名家谢才华先生最新创作的 80 余幅祥虎剪纸作品来到宁波吉品信息科技公司，红纸剪出的“如意虎”“回头虎”“寿虎”“喜虎”“太平虎”形态各异，为企业员工带去浓浓的新春喜庆气氛。2011 年 7 月，宁波市图书馆把红帮裁缝第六代传人、高级服务技师江继明老先生请到了海曙胜丰社区，现场讲解折纸打样的技巧，边说边裁，既做童装又裁马甲，还以 1:1 的比例做成了一条优雅的吊带裙。在社区里听讲座，成为居民轻松自然的“悦读”方式之一。宁波市图书馆还通过举办读书演讲比赛的方式带起流动图书馆读者群的阅读之风。2011 年 5 月，在方太集团开办的“青春畅想——书华方太”读书主题演讲比赛上，演讲者与大家分享自己的阅读体会，传递智者心声。

图书馆工作人员将剪纸作品装裱入框，准备在宁波吉品信息科技公司举办祥虎剪纸作品展

红帮裁缝传人江继明先生在社区传授折纸打样技巧

截至2014年底，宁波市图书馆有26余万册书籍经由馆外服务点流入读者手中。馆外服务一方面满足了更多市民的读书需要，另一方面解决了馆舍有限的难题，并提高了图书的利用率。

二

做乘法，就是同城图书馆通力合作。在图书馆集群管理系统的支撑下，宁波市图书馆与同城11家县市区图书馆实现通借通还，还与县级馆所建立了馆外流通点，实现了通阅互借。县级馆在所属区域内优先发展流动图书馆服务，而市级馆则在空白地区建立直属分馆给予补充。到了2014年底，全市2048个馆外流通点星罗棋布，无论是城区闹市，还是山乡海岛，都可以享受到图书馆服务。

县级图书馆建流动点，重心在于“三农”服务，地域不同，读者需求不一。比如宁海县东部沿海，西部靠山，宁海县图书馆因地制宜，采购农技书籍充实流动图书馆，为西部山区送去高山蔬菜种植、畜牧养殖技术等书籍，为东部沿海地区送去海水养殖、大棚西瓜栽培技术等书籍，宁海县群英塘养殖大户田齐太养了50多亩对虾，每到高温季节，对虾常出现缺氧死亡现象，流动图书馆开通后，他借来海水养殖书籍进行研究，解决这一难题。又如，象山县图书馆对馆内文献资源进行整合，建立流动书库，结合各地农村经济特色及村民的阅读实际，有针对性地送书。晓塘乡是象山县葡萄主产区，种植的“海山明珠”“美人指”等品种先后在省、市级水果展销会上获金奖、优质奖。象山县图书馆于2005年9月在该乡西边塘村建立农村流动图书馆，送去500册流动图书，其中有关种植方面的书籍120余册。该村村长孙根法说：“我们村葡萄丰收并获得省、市级奖项，这里有流动图书馆的功劳呢！”

送书到慈溪农村

2009年起，宁波市图书馆把直属分馆开到全市公共图书馆服务的空白地带，如东钱湖旅游度假区、大榭开发区、梅山岛保税区、杭州湾新区等。拥有300平方米面积、1万册图书的大榭分馆于2009年12月开放；拥有400

平方米面积、1.5万册图书、114种期刊的梅墟分馆于2011年6月开馆；拥有300平方米面积、8000册图书、200余种期刊的保税区分馆在2011年12月迎接读者；拥有400平方米面积、1.2万册图书的东钱湖分馆于2012年1月开馆……直属分馆的陆续开放，使公共图书馆的服务覆盖地域更宽，服务人群更多。

三

从2010年起，宁波市图书馆出台了一系列针对流动图书馆服务的规章制度，通过持续的主动服务和跟踪服务，寻求流动文化长期健康有序的发展。

2010年2月，宁波市图书馆出台《宁波流动图书馆设立管理办法》，按照"成熟一家，发展一家"的原则，明确流动图书馆设置达到"六个一"条件，即一间面积大于20平方米的专用图书室、一台可以联网的计算机、一名专（兼）职图书管理员、一套书架阅览桌椅、一套图书室管理制度、一定的读者数量（300名以上）。同时图书室须达到"美化、净化、亮化、管理规范化"的要求。企事业单位内所建流动图书馆可以与市图书馆借还系统联网，实现"一卡通"通借通还。有意建立流动图书馆的单位，可向宁波市图书馆提出申请。收到申请后，宁波市图书馆即派员进行实地考察，如符合"六个一"条件，双方即签订《宁波流动图书馆协议书》，明确各自的权利与责任，严格落实协议条款，保证了流动图书馆的稳定服务。

2011年初，宁波市图书馆继续推出《宁波流动图书馆考核办法》（简称《考核办法》），每年年初对流动图书馆进行一次实地"回头看"，了解运行管理情况，年底进行一次考核，考核内容包括流动图书馆设施设备、每周开放时间、年度读书活动开展、借阅人次册次等内容。以"借阅人次册次"这条来说，《考核办法》中要求：员工人数不足500的，年度借阅人次在500人次以上、借阅册次在1000册次以上；员工人数在500以上的，借阅人次在1000人次以上、借阅册次在2000册次以上。为考核优秀的单位增加图书藏量，提供"你点书，我买单"等重点帮扶服务。对考核不合格的单位，告知其失分点并给予3个月的整改期，如逾期仍然改不到位的，撤销流动服务点。几年来，宁波市图书馆先后为宁波赛克思液压有限公司、宁波轨道交通建设指挥部、宁波通商银行等多家单位提供了"你点书，我买单"服务，也撤销了设立于8家单位的未开展读书活动、借阅人次不达标的流动图书馆。

宁波市图书馆将免费借阅、数字阅读、讲座资源等内容制作成宣传册和展板，每到一处流动服务点，即将宣传资料发放给读者，并进行现场演示。宁波市图书馆还与流动图书馆所在企事业单位合作，通过组织读书征文、演讲比赛、心得交流等活动，让流动图书馆的服务通过生动的形式进入读者视野。

宁波市图书馆为保障流动图书馆的有序发展，积极主动做好服务。建点之初，帮助设计布置图书室、培训图书管理员、更换图书等。平时利用电话、QQ、邮箱等方式主动了解流动图书馆情况，倾听读者的需求，及时帮助解决技术、管理等问题。

宁波流动图书馆的服务赢得了读者的肯定。宁波金田铜业股份有限公司工会主席丁利武说："你们送来的书对我们管理人员、科技人员、研发人员非常有用。"流动图书馆不单送书，更将读书的种子四处撒播。某部队战士武欢欢在"我与宁波流动图书馆"演讲比赛中谈体会说："不出陋室就能感受到四季更替、异域风情、历史兴衰，这样的乐趣只有书才能让人体会到。"让更多的读者遇见适合的书，为更多的书找寻到合适的读者，这是图书馆人的最大乐趣。

宁波市24小时自助图书馆欢迎您
自助图书馆

08

第八章

科技兴馆，开启 24 小时服务时代

数字信息和通信技术的进步，使得文献载体发生了颠覆性变化，非印刷型的电子文献在读者阅读文献中所占的比例日渐加大，也推动了图书馆管理方式的变化，打破了图书馆为读者服务的时空界限，让市民获得 24 小时全天候服务。

一

2008 年 7 月，宁波网络图书馆开通，标志着宁波市 24 小时图书馆时代的来临。凡持宁波市公共图书馆借阅卡的读者，均可凭卡号、密码登录宁波网络图书馆，通过互联网检索宁波市图书馆所拥有的 210 多万种中文图书全文、1 万多种报刊，宁波全市 11 家公共图书馆的读者都可以通过网络共享自建或外购的数字文献，宁波网络图书馆成了市民的“网上书房”。

24 小时网络图书馆

到2014年12月，宁波网络图书馆已拥有45个数据库，分为电子图书、电子报纸、电子期刊、视听多媒体、综合数据库等五类，数据按来源主要分为三类：一是由宁波市图书馆自行采购的数字资源；二是依托宁波市图书馆馆藏资源制作的数据库；三是与国家数字图书馆、浙江网络图书馆联网后共享的数字资源。

外购数据包括中国知识资源总库、读秀学术搜索、北大方正Apabi电子图书、中宏决策信息系统、《人民日报》图文数据库、龙源电子期刊、万方数据库、超星学术视频等资源。其中中国知识资源总库颇受学习型与研究型读者的喜爱，在宁波市图书馆采购的两个子库（即中国期刊全文数据库和中国重要报纸全文数据库）当中，读者均可以设定检索条件，从主题、题名、作者、全文、出版时间等入口来检索所需的文章。打开任意一条记录，不仅可以下载到文章全文，还可以看到与论文主题较接近的文献，从而得到同一主题的其他研究成果。中国期刊全文数据库因为数据量大、更新及时而成为众多读者做课题、写报告的首选参考工具。

读秀学术搜索具有图书、期刊、报纸等各类型学术文献资源“一站式”检索的功能，如键入“天一阁”三个字，用时0.033秒便出现了相关条目10243条，其中图书1498种，中文期刊相关文献943篇，报纸收录文章1011篇……如同一部关于天一阁的“百科全书”。它不仅提供资源目录，而且对部分图书还提供在线试读或全文阅读服务。在1498种“天一阁”相关书籍中，有139本可以提供电子全文阅读，1245本可以提供部分章节的在线试读，480本可以提供本馆纸书馆藏地址。

宁波市图书馆自建数据库包括宁波市图书馆馆藏地方报纸（1899—1999）检索系统、《申报》宁波史料（1872—1949）、《四明丛书》、宁波文史资料等。

2006年12月推出的宁波市图书馆馆藏地方报纸（1899—1999）检索系统是宁波市图书馆依托馆藏资源自主开发的首个地方文献专题图文数据库。该数据库系统整理了宁波市图书馆馆藏的刊发于1899—1999年间的29种地方老报纸，包括《德商甬报》《甬江日报》《四明日报》《时事公报》《民声报》等。用户可以根据报纸种类、出版日期、作者、文章标题等条件进行组合检索，查找近百年发生的本埠新闻。民国时期的报纸是研究宁波近百年来政治史、经济史、文化史和军事史的重要资料，其中包括新闻事件、统计资料、社会评论甚至广告图录。

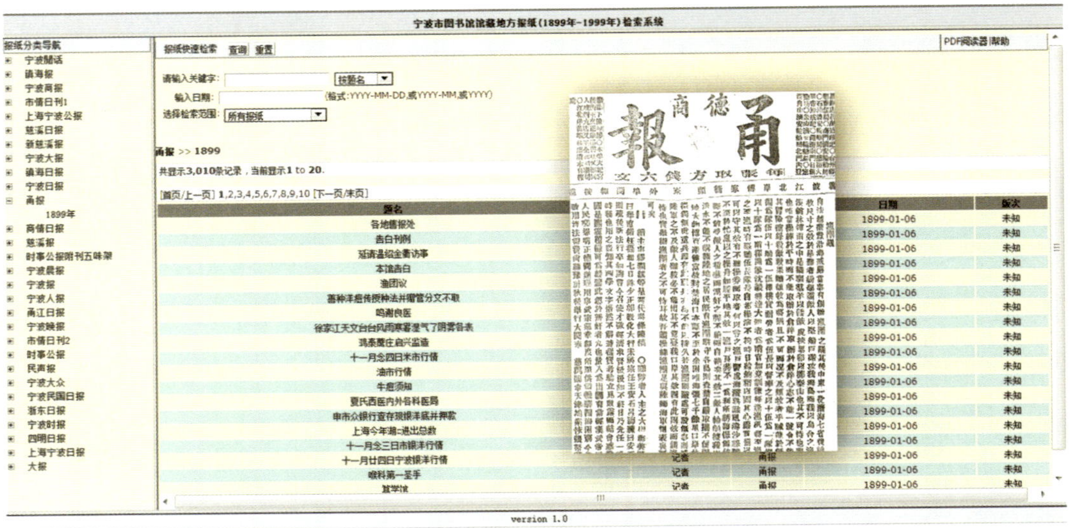

馆藏 1899 年《德商甬报》可以通过老报纸数据库查询阅览

2010 年，宁波网络图书馆推出了自建的另一个地方文献类数据库——《申报》宁波史料（1872—1949）全文数据库。它主要收录了《申报》（影印本）有关宁波的报道与记载，地域范围包括旧属宁波的鄞县、镇海、奉化、象山、慈溪、定海及现属宁波的余姚、宁海，并对《申报》中所有宁波史料进行摘录、分类、整理和校对。《申报》宁波史料（1872—1949）全文数据库的建成有助于增加读者对清末、民国时期宁波社会的了解，该数据库也成为宁波地方文化研究的资源支撑。

2011 年，宁波文史资料数据库上线，该数据库共收入《宁波文史资料》32 辑，读者可进入单册进行浏览或输入关键词进行全文检索。《宁波文史资料》主要记录了 1898 年以来发生在宁波的重大历史事件和重要历史人物的活动史实，也反映了宁波籍人士的海内外创业史和爱国爱乡事迹等。

2012 年，宁波网络图书馆新添数字文献——《四明丛书》数据库，这是民国张寿镛辑刊的郡邑类丛书《四明丛书》的数字化成果。读者可根据题名、作者、正文对《四明丛书》内容进行检索。该书以其对宁波历代先贤著述的搜集整理，为后人勾勒出四明学术的流变，成为了解与研究宁波传统文化的必读经典，数据库的建成则为读者检索、利用提供了便利。

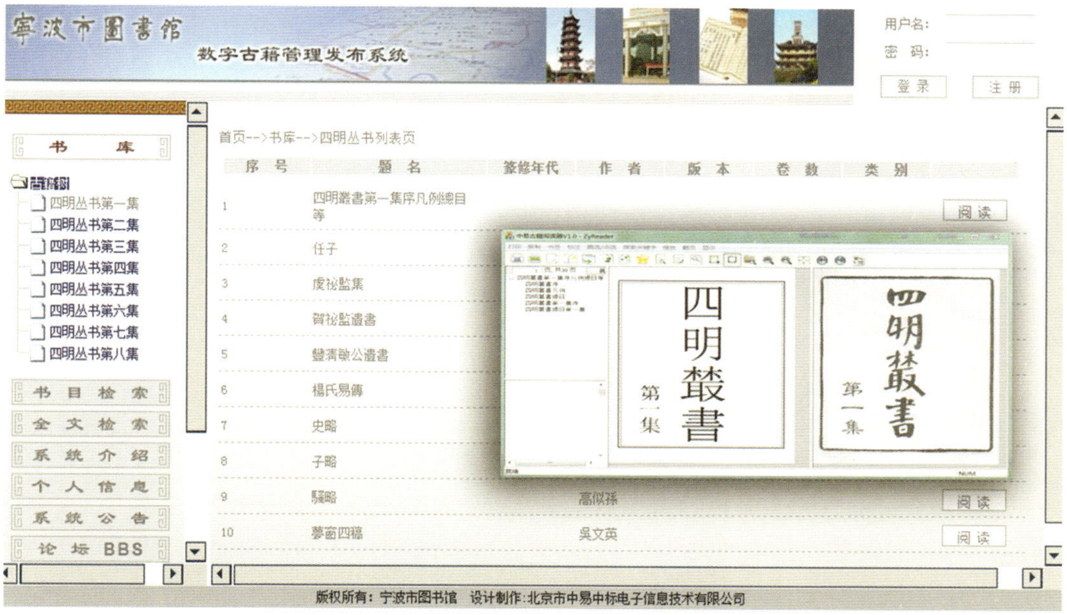

《四明丛书》全文数据库

二

在数字资源日渐丰富的情况下，宁波市图书馆加强了图书馆网络资源检索及利用的针对性服务。一是注重界面设计和功能集成，把资源分类、内容简介、阅读器下载和常见问题解答等基础性服务做好，让研究型、决策型、学习型、娱乐型用户能够各取所需。二是在宁波网络图书馆中接入图书馆员的参考咨询服务，读者可以将数字阅读中遇到的问题，通过在线、邮件、表单咨询等形式向图书馆员提问，参考馆员在图书馆的网络端答复读者咨询，诸如寻找国外交易所发展历史图片、美国教育部 VRD、国际贸易论文参考资料等等。除了解答咨询外，参考馆员还提供课题代检索、文献远程传递服务，以满足用户的个性化需求。据不完全统计，2014 年宁波市图书馆参考馆员共答复国内外用户各类咨询 600 余件。

举办用户培训，推广宁波网络图书馆数字资源

2010 年，宁波网络图书馆加强了与实体图书馆借阅服务的对接，与全市的 11 家公共图书馆联网，共同推出手机短信提醒和短信续借服务，这样读者可以在网络图书馆实现个

人信息管理，如借阅历史查询、图书预约等，还可及时收到手机短信提醒归还，并通过回复短信完成图书续借工作，虚拟图书馆与实体图书馆的服务实现了联动。

开展宁波网络图书馆资源检索比赛

向社区居民推介宁波网络图书馆资源

三

2012 年，结合智慧城市建设，宁波市图书馆推出了 24 小时街区自助图书馆。24 小时街区自助图书馆被称为“第三代图书馆”。读者可以通过直观的操作界面和简单的语音提示自助完成操作，借书还书只需要几分钟，不再受图书馆开、闭馆时间的限制，缩短了读者与图书馆的距离。

2012 年 9 月，宁波市图书馆在宁波市图书馆广场、联盛广场、中国联通宁波通讯综合大楼率先投放了 3 台 24 小时自助图书馆，吸引了读者的关注。随后，宁波市图书馆密切跟踪自助图书馆的运行情况，根据试运行中出现的问题和读者需求，与项目建设方沟通，定期反馈，不断改进，并做好相应的图书更新、技术支持、设备运行保障等工作。到 2015 年 2 月底，宁波市已在海曙区、江东区、江北区、鄞州区、高新区、镇海区、北仑区建立了 26 座 24 小时自助图书馆。2014 年，自助图书馆总共接待读者 6.8 万人次，借还图书 14.4 万册次。

2013 年，宁波市图书馆尝试针对手机用户推出手机图书馆服务，包括书目查询、逾期查询、图书续借等操作。2014 年，宁波市图书馆升级了移动图书馆服务，重点新增了移动阅读功能，服务对象也从手机用户扩展到了主流移动设备用户，为 iOS、Android 系统用户提供了不同的应用下载入口。

读者在安装超星移动图书馆的 APP 后，即拥有了一个随身的图书馆。在选择所属馆宁波市图书馆并输入借阅证号及密码后，不仅可以在馆内安放的电子书借阅机上扫描二维码

“刷”书看，还可通过 APP 内置的在线书城“搜”书读。电子书借阅机的特点是书“新”，内容新，上架快，总数 3000 种，每月更新 150 种；而 APP 内置资源的特点是书“多”，共有 3 万种 epub 格式的电子图书等待读者到来。因此，经常访问图书馆的读者能在借阅纸书的同时“刷”几本电子版新书带走，而未能到馆的读者也能远程搜书下载，更为便利地使用图书馆资源。

24 小时自助图书馆

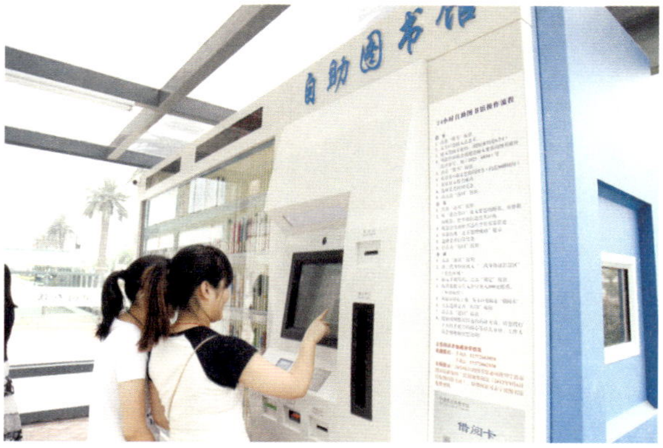

读者使用 24 小时自助图书馆

2014 年 10 月，宁波市图书馆开通官方微信。读者打开微信搜索“宁波市图书馆”并添加为“好友”，在完成个人借阅证与微信链接后，即可完成图书检索、续借、点购等操作。官方微信是第一时间发布图书馆讲座、展览、活动信息的窗口。读者如要了解图书馆的讲座安排情况，只需在“甬图活动”下轻点“天一讲堂”，近期讲座信息跃然掌上。以微信为平台开展的“‘微卡’好声音大赛”“最浓年味随手拍摄影比赛”等随之展开。

2015 年 2 月，宁波市图书馆将移动图书馆服务带到“两会”现场，受到代表委员欢迎

借助科技的力量，宁波市图书馆正努力编织一张立体的、突破时空界限的 24 小时服务网络，将馆内的、馆外的，实体的、虚拟的图书馆服务送到读者的身边。

附表1 宁波网络图书馆数字资源一览（2014年12月）

1. 宁波市公共图书馆联合目录	23. 宁波市政府信息公开
2. 书生之家	24. 文化信息资源共享工程
3. 北大方正 Apabi 电子图书	25. 银符在线考试库
4.《四明丛书》	26. E线图情
5. 瀚堂典藏	27. Google 学术搜索
6. 龙源电子期刊	28. EPS 全球统计数据分析平台
7. 中国知识资源总库	29. 中宏决策信息系统
8. 万方数据	30. 起点就业培训信息网
9. 全国报刊索引镜像网站	31. 国研网
10. 宁波市图书馆馆藏地方报纸（1899—1999）	32. 浙江网络图书馆
11.《人民日报》图文数据库	33. 方略学科导航系统
12. 中华数字书苑	34. MDC&FC
13. 慧科搜索	35. Elsevier Scirus 数据库
14. 慧科大中华资讯	36. 宁波文史资料
15. 慧科新闻	37. 美国电子图书馆
16.《申报》宁波史料（1872—1949）	38. The World Digital Library
17. 库客（KUKE）数字音乐图书馆	39. OhioLink ETD
18. 中华连环画数字阅览室	40. 英文科技期刊全文数据库
19. 少儿多媒体图书馆	41. NAP 美国学术出版社电子书
20. 天方有声图书馆	42. HighWire Press 全文数据库系统
21. 超星学术视频	43. MEDLINE with Full Text
22. 读秀学术搜索	44. 国家数字图书馆推广工程资源

附表 2　宁波市 24 小时城市街区自助图书馆分布一览（2015 年 2 月）

序号	区　域	地　址
1	海曙区	宁波市图书馆正大门右侧
2		海曙区鼓楼步行街（海澜之家旁）
3		高鑫广场内
4	江东区	中山东路 1095 号世纪东方商业广场
5		白鹤公园内
6		文化广场科学探索中心旁
7	江北区	洪塘中路 258 号银亿海德商业中心内
8		天水广场世纪联华大门旁
9	鄞州区	联盛广场 3 号门（万达广场西面）
10		秋实路 555 号杉井奥特莱斯广场
11	高新区	联通大厦大厅（凌云路）
12	镇海区	骆驼街道荣骆路（中国银行旁）
13		骆驼街道骆驼小学旁
14		骆驼街道芳洲中心幼儿园旁
15		骆驼街道海尚广场
16		招宝山街道城墙旁
17		招宝山街道金阁俱乐部旁
18		澥浦镇澥浦中学旁
19		九龙湖镇长石小学旁
20		庄市街道明海商业中心
21		庄市街道兆龙路阳光房
22		庄市街道拉菲庄园阳光房
23		蛟川街道金丰路阳光房
24	北仑区	霞浦街道凤凰社区公共服务中心广场
25		明州路小山公园大门右侧
26		四明山路泰河商务楼斜对面

天一展览

09

第九章

特色亮馆，打造“天一”品牌服务

2006 年，宁波市图书馆将每周一期的公益文化讲座更名为“天一讲堂”，取名“天一”，意在展示当代图书馆在文明传承与知识传递上的愿景。宁波市图书馆对“天一讲堂”在视觉形象设计、服务优化延伸等各方面进行了深入挖掘和持续探索。

在“天一讲堂”被公众熟知后，宁波市图书馆继续将“天一”品牌引入其他服务项目。宁波市图书馆以往编制过多种文摘，刊物用过多个刊名，自 2012 年起，图书馆将多种刊物合并定位为为社会发展决策服务的新刊物，命名为《天一文荟》，寓意“汇聚天下，荟萃思想”。同样，还以“天一”命名了甬图“天一展览”。

天一讲堂 Logo　　天一文荟 Logo　　天一展览 Logo

第一节

天一讲堂：名家云集的公益讲座

自2006年起，宁波市图书馆以打造宁波文化品牌为目标，精心策划，周密组织，推出公益讲座“天一讲堂”，至2014年底已举办讲座452场，现场听众总计约20万人，还有更多的电视、网络受众，赢得了良好的社会口碑，先后荣获“浙江省优秀讲座品牌”“浙江省全民阅读活动优秀项目”“浙江省社会科学普及基地”“全国优秀人文社科普及基地”等荣誉称号。

天一讲堂现场

一

适应形势、贴近实际、贴近生活、贴近听众，讲座才有生命力。因此，“天一讲堂”从选题到选人，都以公众的需求为导向，努力做到内容丰富多样、形式生动活泼。

当代市民期望多接触新思想、新理念，对高端、前沿信息有更多的渴望。“天一讲堂”

就此推出了“外地名家”系列，邀请国内各个学科领域的知名学者到宁波讲学，传承中国传统学术的薪火，传播当代社会发展的新思想，营造了良好的文化学术氛围。易中天、纪连海、傅佩荣、郦波、阎崇年、茅于轼、周国平、易宪容、叶永烈、钱文忠、曹景行、梅子涵、毕淑敏等众多名家都曾在“天一讲堂”一展风采。

易中天先生做客“天一讲堂”，主讲先秦诸子

易中天做客天一讲堂，现场座无虚席，连讲台两侧也挤满了听众

“天一讲堂”还推出了“本地名家”系列，邀请宁波学者名人探讨城市规划、衣食住行、就业寻医、子女教育、法律维权、环境污染、养生保健等民生话题。作家艾伟、琵琶演奏家傅丹、文保名人杨古城、牙医贺刚、舞者郁春晖、律师段逸超等，都曾在“天一讲”堂演讲并与听众进行互动，答疑解惑乃至帮助解决生活中的具体问题。

“天一讲堂”在确定讲座主题时，注重贴近生活，抓住时事热点。如在全球关注北极之争时，“天一讲堂”适时邀请我国著名海洋学家、极地科学家王自磐教授带来《南北极——大国博弈》的精彩讲座；房地产宏观调控政策出台后，“天一讲堂”随即推出《中国当前房地产市场形势的保护和发展》的讲座；针对市场经济波动，适时推出《当前中国经济形势及通胀预期》的讲座；在超女、快男等大众选秀节目盛行时，推出《漫谈中国大众娱乐文化》的讲座；在大运河申遗结果公布之前，率先推出《大运河与我们的生活》的讲座等。适时推出公众喜闻乐见的话题，赢得社会更多的关注。

把讲座办成“音乐会”是“天一讲堂”的一种尝试。“音乐之车”开进课堂，为听众带来新鲜感的同时，也为“天一讲堂”增添更多的新鲜元素。如“中国音乐风情”之中国古典音乐视听会，特邀留德钢琴家郑洁现场演绎古典钢琴；别开生面的“越听越聪明——

最适合孩子们的古典音乐小品”音乐视听会，请来资深音乐主持周月播放、讲解圣桑的《天鹅》、柴可夫斯基的《天鹅湖》等古典音乐小品，并特邀艺术学校的小朋友现场表演舞蹈、演奏双排键等，让家长和孩子们体会到不一样的古典音乐；邀请古琴大师、中央音乐学院教授李祥霆现场弹奏古琴，阐释古琴与传统文化的关联。听众对此赞赏不已：“意外地听了一场别开生面的音乐会，过了一把高雅艺术的瘾。”

古琴大师、中央音乐学院教授李祥霆现场演奏古琴

剪纸艺术家谢才华先生在“天一讲堂”展示剪纸作品

马颖会老师的现场插花

“天一讲堂”突破“一言堂”习惯模式，尝试多人同台演讲，如特邀王文娟、金采风、吕瑞英、毕春芳四位越剧名家做客“天一讲堂”，四位名家与主持人同台对话，以访谈的形式使讲座的氛围更加轻松活跃；青少年教育专家叶小平、萧芸为听众带来《只有问题家长，没有问题孩子》的精彩讲座，两位专家围绕同一主题，分别从父亲和母亲的角度结合各自的亲身经历，针对家长在教育孩子过程中存在的种种误区，讲解应该如何引导孩子。

天一讲堂邀请越剧名家王文娟、金采风、吕瑞英、毕春芳漫谈越剧人生

越剧名家的到来令观众激动不已

讲堂内花香弥漫，百余位听友在讲座结束后围拢到台前，共同观赏由中国插花协会会员马颖会女士现场制作完成的六盆插花作品

在天一讲堂欣赏“格斗中的芭蕾”——击剑运动

“天一讲堂”的讲座一般历时两个小时，其中主题演讲一个半小时，其余半个小时主讲人与听众进行互动交流。同时，“天一讲堂”还尝试了多向交流模式。如在伦敦大学亚非学院教授苏立群讲完《留学海外的现状与担忧》后，就读于伦敦大学亚非学院的朱策作为受邀嘉宾参与听众交流环节，师生分别从不同的视角就听众感兴趣的话题展开对话，在主讲人、嘉宾、台下听众之间形成多向交流。讲座结束后，众多听众继续围着老师和嘉宾交流、签名、留影等，气氛热烈。

二

能来现场参与“天一讲堂”的听众是有限的，“天一讲堂”就尝试将“流动课堂”开进高校、社区、企业，送去了《非物质文化遗产保护》《服饰时尚》《红学》和法制宣传等系列讲座。还通过出版图书、制作光盘、发送短信以及在报刊、网站、电视台、电台开设专栏等方式进行多途径传播，扩大“天一讲堂”的受众面。

在每一期讲座开讲前，“天一讲堂”均在《宁波日报》《宁波晚报》《东南商报》《现代金报》《新侨报》《宁波广播电视报》等媒体刊登讲座预告信息，与《宁波日报》《宁波晚报》《东南商报》合作开设《天一讲堂》专栏，并在《钱江晚报》《都市快报》等报刊进行宣传，并发表讲座后续报道。此外，《光明日报》《文汇报》等报纸也多次整版刊登讲座内容，使全国更多的读者能受益于专家学者的精彩演讲。

自 2007 年起，汇集专家学者精彩演讲的《天一讲堂》系列丛书，由中国文史出版社出版，每年一册。此书面世后，受到公众的欢迎和好评。以书本的形式再现讲座，不仅可让更多的人一书在手得以随时翻阅，还可使讲座内容得以广泛传播并传承于世。

从2010年10月起，“天一讲堂”登陆宁波电视台，每周两次播放精彩讲座内容。此举使讲堂的传播力和覆盖面有了飞跃式的提升，成了宁波的“百家讲坛”。开播以来，在没做任何宣传预告的情况下，收视率逐步攀升，稳居本地同时段各类节目的前五位，截至2014年底，宁波电视台已播出天一讲堂讲座394场，令甬城百姓通过电视受益于专家学者的精彩演讲。

2011年3月，宁波市图书馆每周一次在宁波电台开设“天一讲堂”收听时段，市民足不出户便可聆听专家、学者的演讲。

《天一讲堂》讲稿结集成册，一年一册，至今已出版八册

甚至互联网上也能听到“天一讲堂”的声音。从创办之初，“天一讲堂”便在宁波文化网、宁波市图书馆网站开辟讲座专栏，及时发布讲座动态，揭示每期讲座的要点。随着讲座的逐步升温，中国宁波网、宁波干部党员学习网（宁波公务员学习网）等网站相继开辟了《天一讲堂》专栏，公众点击链接可观看讲座视频，专家、学者的讲演走出会场的有限空间，通过网络进入千家万户。

上网观看讲座视频

宁波市图书馆还积极向全国文化信息资源共享工程提供讲座视频。截至2014年底，已有27场讲座被文化信息资源共享工程国家中心征集，使讲座的传播范围和宣传力度得到了极大的提升。

三

为了让讲堂持久保持鲜活的生命力，宁波市图书馆“天一讲堂”策划团队开拓创新思路，依托讲座平台，组建听友会，推出“我要上讲堂”活动，促进听讲互动，使“天一讲堂”的服务深度得以进一步拓展。

2009年10月，宁波市图书馆组建了“天一讲堂”听友会，以座谈研讨、读书交流为主要活动形式，受到了各界听友的广泛关注，教师、机关干部、高校学生纷纷加入听友会，表达对“天一讲堂”讲座内容的看法、参加听友会活动的感想等。听友撰写的百余篇文章通过《宁波晚报》、宁波文化网等与市民见面。

"天一讲堂"搭建了一个听友与学者对话的平台

"天一讲堂"现场听友互动踊跃

"天一讲堂"讲座结束后，学者与听众交流

听友赵淑萍女士曾撰文写下了她在天一讲堂倾听作家肖复兴的讲座后的感悟：“肖老师讲了写作的一些窍门：小、细、节制和新……这些提法，并不陌生，在我们心湖泛起缕缕波纹的，是他那娓娓道来的讲解和他筛选过的如大海珍珠一样纯净美好的例子。”优秀的讲座会激发听友重温与思考的热情，听讲之后，赵淑萍重读了肖复兴推崇的孙梨散文《亡人逸事》，体味到“两丈花布”这个细节里所蕴藏的无限的眷恋和感伤。“聆听，让我觉察到自己的‘小’，而经过这一堂讲座，倒是觉得自己略微‘长大’了一点。”

蒋杏国先生同样是“天一讲堂”的老听友，他保留了100余张“天一讲堂”的入场券，并习惯在听讲当中做记录，事后择优整理，发表在自己的新浪博客当中。除了听友的身份，蒋杏国先生还有另一重身份——“天一讲堂”主讲人。

2011年3月，“天一讲堂”首次推出“我要上讲堂”活动，摆下擂台寻找民间主讲。蒋杏国先生听闻后欣然报名，认真准备并在选拔赛中脱颖而出，成为首批登上讲台的七位民间主讲人之一。同年10月，蒋杏国先生在“天一讲堂”与听友分享了自己游走五大洲的见闻、感受，语言风趣、气氛活跃，在讲台前，他不忘提及自己从“天一讲堂”汲取的养分：“回想我在天一讲堂听课，听内容的同时也在学习演讲技巧，教授们的举手投足、PPT制作、课堂互动等都使我受益良多。”不经意间，曾经的收获者而今成了播种人，这也恰好实践了“天一讲堂”的开办宗旨——激智慧火花，播人文精神。

“我要上讲堂”活动目前已成功举办四季，选拔出来的十余位优胜者相继走上“天一讲堂”的讲台。这一尝试，改变了专家学者讲、市民听的习惯，“天一讲堂”不仅是专家学者向市民传布思想的舞台，也成为市民间分享智慧的平台。

“我要上讲堂”，分享民间智慧

高级服装技师江继明先生参加“我要上讲堂”选拔赛，在现场介绍折纸打样要点

著名学者钱文忠教授曾为“天一讲堂”题词：“天一生智水，智水润人民。”这既是点评，更是鞭策。“天一讲堂”将不断汇集智慧之流，滋润宁波新天地。

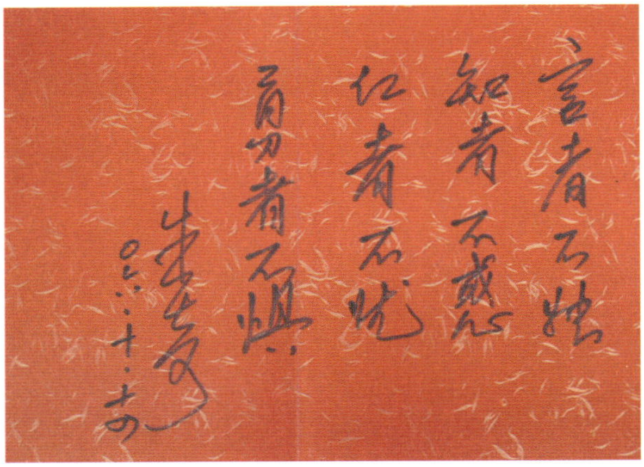

2006 年 10 月 14 日朱大可题词“言者不独　知者不惑　仁者不忧　勇者不惧”

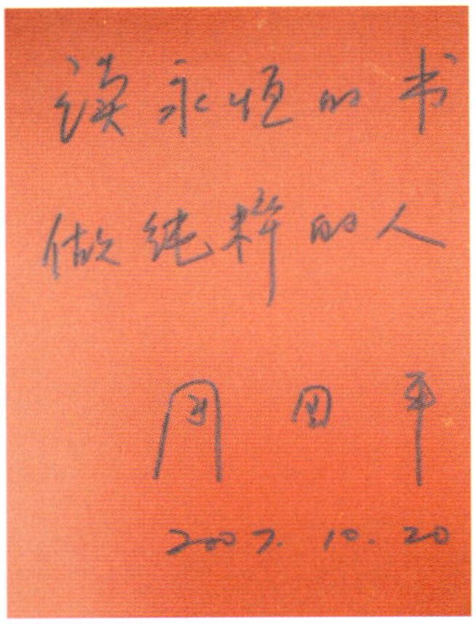

2007 年 10 月 20 日周国平题词“读永恒的书　做纯粹的人”

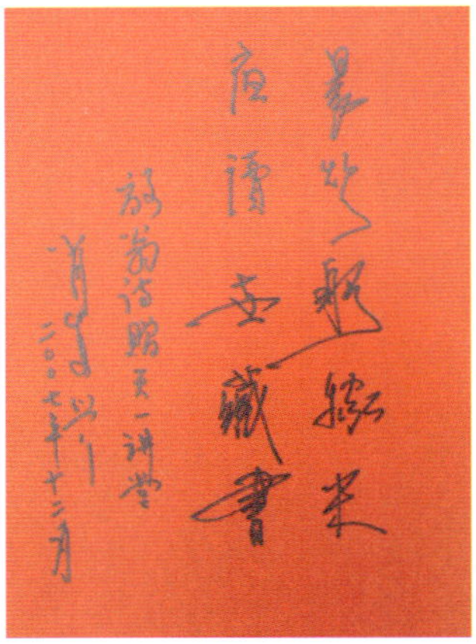

2007 年 12 月 22 日肖复兴题词“晨炊躬稼米　夜读世藏书——放翁诗赠天一讲堂”

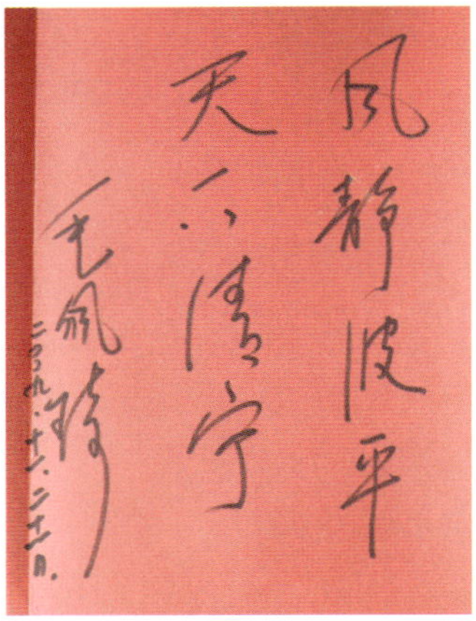

2009 年 11 月 21 日毛佩琦题词“风静波平　天下清宁”

第二节

《天一文荟》：服务决策的文摘刊物

当今世界正发生着人类有史以来最为迅速、广泛、深刻的变化，城市管理者和建设者越来越需要更快更好的决策信息，信息与决策的关联度越来越强，参考咨询服务变得越来越重要。在众多的信息服务机构中，图书馆占据相对的优势地位。因为这里有丰富的信息资源，且经过当代信息技术处理，所收藏的信息具备系统、完整、准确、深入等特点。

2012 年 4 月，宁波市图书馆经全面系统地收集各大媒体关于城市建设、文化发展和宁波本地发展的新闻报道及评论，推出了全新的信息文摘刊物《天一文荟》，截至 2014 年底，共出版 86 期，摘录文章 5100 余篇，目前每期发行 2000 份。

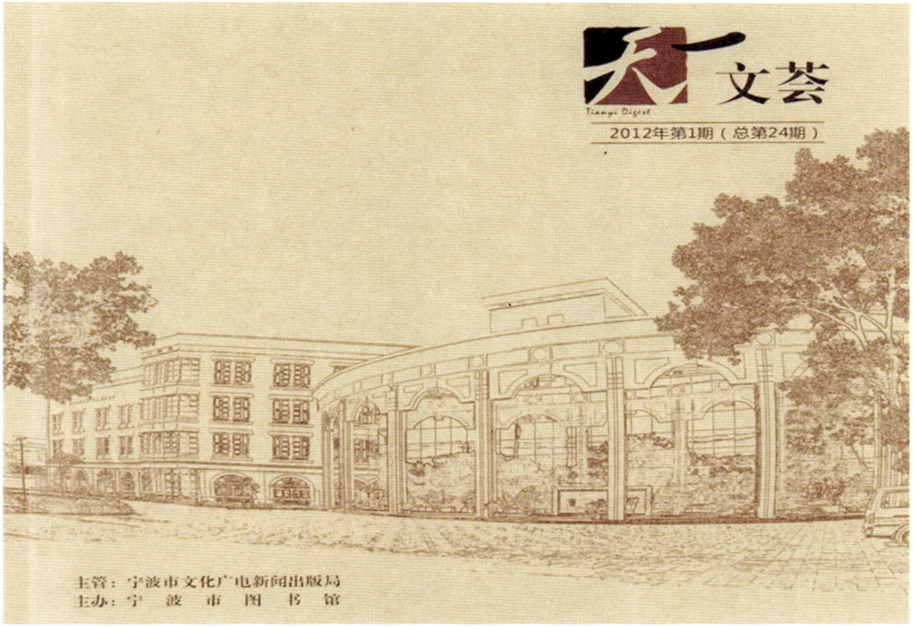

《天一文荟》封面

《天一文荟》从创办之初，就确立了“汇聚天下，荟萃思想”的宗旨，阅读对象定位为党政决策管理部门的领导干部和城市与文化发展的研究者，为城市发展研究提供决策信息服务。

刊物设置了四个栏目：《城市之间》《文化文摘》《看宁波》和《新书架》。《城市之间》是瞭望窗，摘录国内外城市建设与管理的新理念、新思路、新做法，供读者阅读、思考、借鉴。《文化文摘》是传播台，表达了专家学者对于城市生活方式、发展品位、未来选择的看法。《看宁波》是透视镜，从外地媒体的角度观察宁波，发现宁波的闪光点和不足处，同时回望宁波历史，挖掘“老宁波”精华；《新书架》则为爱书的人推荐好书或好文章。

《启蒙的三个批评者》
[英]以赛亚·柏林著　译林出版社　2014-08
通过对启蒙运动的三个批评者——维柯、赫尔德、哈曼则的深层解读，阐释了这一充斥着过度科学思维的运动是如何遭到反对的。

《当音乐停止之后》
[美]艾伦·布林德著　中国人民大学出版社　2014-07
作者以一个美国现代金融监管者的视觉，以丰富的金融经验、第一手资料与数据，再现和分析了金融危机的台前幕后。

【新书架】

《你不知道的财经真相》
梁海明著　西南财经大学出版社　2014-10
本书诚实地呈现了许多被“主流”声音刻意回避的事实，让读者清楚地看到量化宽松政策改变全球各地经济和社会的来龙去脉。

《读懂中国改革》
厉以宁 林毅夫等著　中信出版社　2014-09
本书详细的描述了三中全会后中国高层智囊集体建言，解读中国民众当下最关注的改革热点话题。

图释：【贲获呈能】宁波慈东邵姓家有傭人郑邦奎者，台州人也。膂力过人，常独种田数十亩，故其工资亦较昂於他人。一日有甲乙家二牛在山脚相斗，奔腾凌厉，势不可当，时山下所栽菜蔬春花软如茵褥。甲乙见之，既恐蹂躏无遗，又虑逢人即触酿命案。适见郑至趋而迎之，大呼曰：若能使二牛不斗乎。郑曰：能。遂至山脚直伸两手，各执牛之一角，使相去数尺，不能拢近。牛百计犇腾，竟莫能动。牛怒甚，退身向后，蓄力片刻，突往前冲，一牛角折而踣一牛，始慑而听命，於是见者咸称神力，甲乙遂出资酬之。昔秦武王时，有孟贲能拔牛角，乌获能引牛尾，其勇莫与比伦。今復得郑，谁谓古今人不相及哉！

《天一文荟》封二、封三

CONTENTS 目录

2015年第1期 1月10日出版（总第85期）

天一文荟

《天一文荟》目录

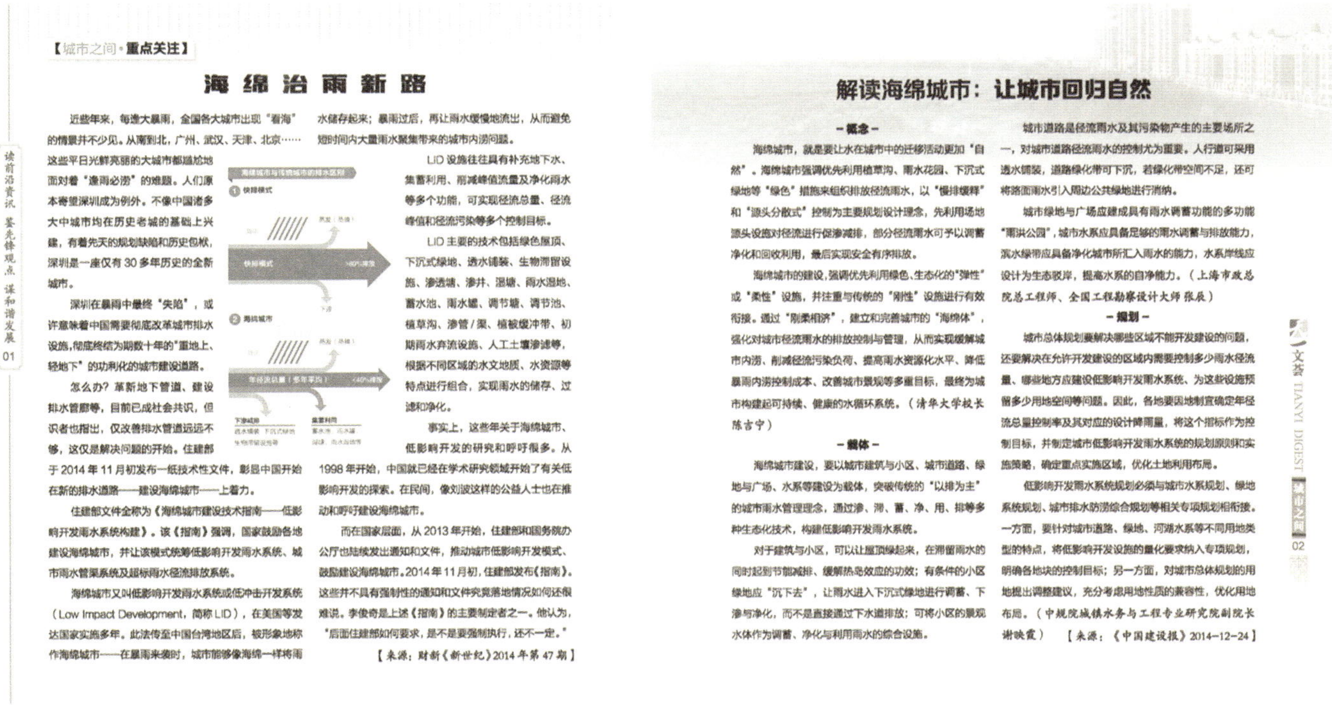

【城市之间·重点关注】

海绵治雨新路

近些年来，每逢大暴雨，全国各大城市出现“看海”的情景并不少见。从南到北，广州、武汉、天津、北京……这些平日光鲜亮丽的大城市都尴尬地面对着“逢雨必涝”的难题。人们原本寄望深圳成为例外。不像中国诸多大中城市均在历史老城的基础上兴建，有着先天的规划缺陷和历史包袱，深圳是一座仅有30多年历史的全新城市。

深圳在暴雨中最终“失陷”，或许意味着中国需要彻底改革城市排水设施，彻底终结为期数十年的“重地上、轻地下”的功利化的城市建设道路。

怎么办？革新地下管道、建设排水管廊等，目前已成社会共识，但识者也指出，仅改善排水管道远远不够，这仅是解决问题的开始。住建部于2014年11月初发布一纸技术性文件，彰显中国开始在新的排水道路——建设海绵城市——上着力。

住建部文件全称为《海绵城市建设技术指南——低影响开发雨水系统构建》。该《指南》强调，国家鼓励各地建设海绵城市，并让该模式统筹低影响开发雨水系统、城市雨水管渠系统及超标雨水径流排放系统。

海绵城市又叫低影响开发雨水系统或低冲击开发系统（Low Impact Development，简称LID），在美国等发达国家实施多年。此法传至中国台湾地区后，被形象地称作海绵城市——在暴雨来袭时，城市能够像海绵一样将雨水储存起来；暴雨过后，再让雨水缓慢地流出，从而避免短时间内大量雨水聚集带来的城市内涝问题。

LID设施往往具有补充地下水、集蓄利用、削减峰值流量及净化雨水等多个功能，可实现径流总量、径流峰值和径流污染等多个控制目标。

LID主要的技术包括绿色屋顶、下沉式绿地、透水铺装、生物滞留设施、渗透塘、渗井、湿塘、雨水湿地、蓄水池、雨水罐、调节塘、调节池、植草沟、渗管/渠、植被缓冲带、初期雨水弃流设施、人工土壤渗滤等，根据不同区域的水文地质、水资源等特点进行组合，实现雨水的储存、过滤和净化。

事实上，这些年关于海绵城市、低影响开发的研究和呼吁很多。从1998年开始，中国就已经在学术研究领域开始了有关低影响开发的探索。在民间，像刘波这样的公益人士也在推动和呼吁建设海绵城市。

而在国家层面，从2013年开始，住建部和国务院办公厅也陆续发出通知和文件，推动城市低影响开发模式、鼓励建设海绵城市。2014年11月初，住建部发布《指南》。这些并不具有强制性的通知和文件究竟落地情况如何还很难说。李俊奇是上述《指南》的主要制定者之一。他认为，“后面住建部如何要求，是不是要强制执行，还不一定。”

【来源：财新《新世纪》2014年第47期】

解读海绵城市：让城市回归自然

－概念－

海绵城市，就是要让水在城市中的迁移活动更加“自然”。海绵城市强调优先利用植草沟、雨水花园、下沉式绿地等“绿色”措施来组织排放径流雨水，以“慢排缓释”和“源头分散式”控制为主要规划设计理念，先利用场地源头设施对径流进行促渗减排，部分径流雨水可予以调蓄净化和回收利用，最后实现安全有序排放。

海绵城市的建设，强调优先利用绿色、生态化的“弹性”或“柔性”设施，并注重与传统的“刚性”设施进行有效衔接。通过“刚柔相济”，建立和完善城市的“海绵体”，强化对城市径流雨水的排放控制与管理，从而实现缓解城市内涝、削减径流污染负荷、提高雨水资源化水平、降低暴雨内涝控制成本、改善城市景观等多重目标，最终为城市构建起可持续、健康的水循环系统。（清华大学校长陈吉宁）

－载体－

海绵城市建设，要以城市建筑与小区、城市道路、绿地与广场、水系等建设为载体，突破传统的“以排为主”的城市雨水管理理念，通过渗、滞、蓄、净、用、排等多种生态化技术，构建低影响开发雨水系统。

对于建筑与小区，可以让屋顶绿起来，在滞留雨水的同时起到节能减排、缓解热岛效应的功效；有条件的小区绿地应“沉下去”，让雨水进入下沉式绿地进行调蓄、下渗与净化，而不是直接通过下水道排放；可将小区的景观水体作为调蓄、净化与利用雨水的综合设施。

城市道路是径流雨水及其污染物产生的主要场所之一，对城市道路径流雨水的控制尤为重要。人行道可采用透水铺装，道路绿化带可下沉，若绿化带空间不足，还可将路面雨水引入周边公共绿地进行消纳。

城市绿地与广场应建成具有雨水调蓄功能的多功能“雨洪公园”，城市水系应具备足够的雨水调蓄与排放能力，滨水绿带应具备净化城市所汇入雨水的能力，水系岸线应设计为生态驳岸，提高水系的自净能力。（上海市政总院总工程师、全国工程勘察设计大师 张辰）

－规划－

城市总体规划要解决哪些区域不能开发建设的问题，还要解决在允许开发建设的区域内需要控制多少雨水径流量、哪些地方应建设低影响开发雨水系统、为这些设施预留多少用地空间等问题。因此，各地要因地制宜确定年径流总量控制率及其对应的设计降雨量，将这个指标作为控制目标，并制定城市低影响开发雨水系统的规划原则和实施策略，确定重点实施区域，优化土地利用布局。

低影响开发雨水系统规划必须与城市水系规划、绿地系统规划、城市排水防涝综合规划等相关专项规划相衔接。一方面，要针对城市道路、绿地、河湖水系等不同用地类型的特点，将低影响开发设施的量化要求纳入专项规划，明确各地块的控制目标；另一方面，对城市总体规划的用地提出调整建议，充分考虑用地性质的兼容性，优化用地布局。（中规院城镇水务与工程专业研究院副院长谢映霞）　【来源：《中国建设报》2014-12-24】

《天一文荟》之《城市之间》板块

“二次元书单”试图破解代际困惑

日前，一篇名为《二次元书单：再不读这些书，就真的没法跟“95后”交流了》的微信广为流传。这张由电子阅读 App 拇指阅读和动漫视频 App 布丁动画共同推出的书单，虽只有 6 本书的体量，却试图回答最时兴的问题：如何理解二次元和“95后”。

布丁动画的二次元用户包括大学生、上班族，但绝大多数是初高中生。“平时他们的世界都是二次元的，对三次元的世界非常排斥。” 布丁动画创始人刘白光说，“在我们这里只看动画，基本不会去看电视剧。如果有用户秀出一张三次元的自拍照，会引起大量用户的反感。”用一句话概括，如果你不能理解二次元，就没法和你交朋友。

弥合代际的沟壑、破解认知的隔膜，是“二次元书单”推出的初衷之一。这张书单所选的 6 本书，确实也充溢着解读二次元文化及人群的努力。

比如，解读日本的双月刊杂志《知日》出版《知日太喜欢漫画了》专刊，集结手冢治虫、井上雄彦、荒木飞吕彦、松本大洋等 25 位日本漫画家最全档案记录，通过专访、档案记录、作品连载的方式，试图深度记录日本漫画产业的沿革。该书记录了日本漫画产业的风云变幻，对二次元文化中的漫画部分，进行了全面翔实的勾勒。

而《阿宅，你已经死了！》，则是另一种视角。书单的推荐语写道：作者冈田斗斯夫是动画制作公司“Gainax”的创始人之一、御宅文化领袖人物，本书会让你掌握“宅经济”，理解“宅文化”，透视产值达千亿日元的御宅世界。

在“二次元书单”里，有 2 本和女子偶像组合 AKB48 相关。传统的成见总认为，二次元的世界永远和虚拟的动画、漫画或游戏绑定。但这个自 2005 年成立的偶像团体，却在秋叶原的剧场内生根发芽，蕴藏着互联网时代“粉丝经济”的规律。无论是《AKB48 的格子裙经济学》，还是电子书《21 世纪丑小鸭传说》，讲述的是少女组合跻身国民偶像的养成故事，背后则是日本文化和社会心理的生动剪影。甚至有用户评论说，看了 AKB48，仿佛啃完了一本互联网时代的“产品圣经”。

“中二病”已成网络流行语，比喻初中二年级的青春期少年过于自以为是、特立独行。在日本流行之后，这一“病症”引入国内。《中二病中毒说明书》总结了中二病的各种症状，在日本的御宅男女中颇为风靡，日本社会学家称之为“2012 前人类最后的流行病毒”。南方出版社 2010 年将此书引入国内。

御宅族正是二次元世界的迷狂者，他们通过对 ACG 内容的消费、交换、模仿和生产，创造出风靡全球的御宅文化。《御宅二次元世界的疯狂》梳理了御宅文化的发展源流，对御宅族这一略显神秘的青年族群的生活场景进行了描摹。2012 年，苏州大学出版社出版此书。（傅盛裕）

【来源：《文汇报》2014-12-23】

【文化文摘·文化论语】

未来 5 年，什么样的人能进领导班子？

近日《人民日报》头版刊发了一条重要消息：中央办公厅印发《2014—2018 年全国党政领导班子建设规划纲要》。纲要一制定便管 5 年，具有很强的指导性和导向性。

问题导向制定政策

问题导向，是当前政策制定的重要原则，那这个规划要解决什么问题呢？

《纲要》从 5 个方面给出了主要任务和重大举措。

思想建设：解决信仰迷茫、党性观念淡薄、组织纪律松弛、道德失范等问题。

组织建设：选优配强。

能力建设：提高领导班子推动改革发展稳定的能力。

作风建设和反腐倡廉：作风常态化和反腐败体制机制创新。

制度建设：加强领导班子民主集中制建设，解决发扬民主不够、正确集中不够、开展批评不够、严肃纪律不够等问题。

“一把手”要“懂党务”

规划纲要中最有信息量的，是对未来的班子成员和“班长”进行了画像。注重选拔既懂党务工作又懂经济社会发展的复合型领导人才，注重选拔经过多岗位锻炼、实际工作经验和领导经验比较丰富的干部。

不简单以年龄划线

一个重要原则：老中青相结合的梯次配备。但同时也强调了“三不”：不简单以年龄划线，不搞领导班子成员任职年龄层层递减和“一刀切”，不把换届提名年龄作为平时调整的年龄界限。同时特别提出，配备年轻干部目标要与领导班子具体情况相结合，做好统筹，不简单对每个领导班子搞硬性配备。

注重知识专业经历

重视充实熟悉现代工业、现代农业、现代服务业、新型城镇化、生态文明建设和信息化建设等方面工作的干部，充实实践经验丰富、勇于改革创新的干部，充实善于做党建工作、意识形态工作、社会管理工作、群众工作、法治工作的干部。注重从国有企业、高校、科研院所等企事业单位领导人员中培养选拔党政领导班子成员。

在配备女干部、少数民族干部和非中共党员干部方面，既按照有关规定配备，又从实际出发，不降格以求。

加强监督

对一些地方和单位干部管理监督失之于宽、失之于软的问题，《规划纲要》也提出了一些解决措施和办法。主要有 5 项：

——加强对主要领导干部行使权力的制约和监督。

——坚决整治选人用人不正之风。对选人用人中存在的突出问题进行大排查、大扫除，发现一起，查处一起。完善干部选拔任用责任追究机制，建立干部“带病提拔”等问题倒查机制。

——健全和落实日常从严管理监督制度。严格执行领导干部报告个人有关事项制度，建立抽查核实工作机

《天一文荟》之《文化文摘》板块

宁波新闻速递

综合

《宁波市人大常委会激情满怀履职行权》【来源：人民网 2015-01-04】
《宁波改革创新引领卫星城市中心镇发展》【来源：人民网 2015-01-04】
《以改革促政府职能转变 以实干为群众多谋福祉》【来源：人民网 2015-01-04】
《甬江两岸遍开文明花》【来源：《光明日报》2015-01-04】
《宁波市完成数字（智慧）港航视频资源管理平台及共享工作》【来源：交通部网 2015-01-01】
《宁波机场货邮吞吐量突破 8 万吨》【来源：交通部网 2015-01-01】
《有些“洋年货”不能入境》【来源：《都市女报》2015-01-01】
《宁波机场开通浙江省 首条对台全货机航线》【来源：《中国民航报（数字报）》2014-12-29】
《宁波市镇海区骆驼街道商会：“小商会”搭建服务企业“大平台”》【来源：《中华工商时报》2014-12-29】
《宁波破解“成长的烦恼”》【来源：《经济日报》2014-12-28】
《GDP 背后的另一场竞逐》【来源：《南方日报》2014-12-25】
《宁波成立普洱茶品鉴协会》【来源：《钱江晚报》2014-12-25】
《宁波江北工业以创新提质增效》【来源：《经济日报》2014-12-24】
《甬金铁路列入我省铁路建设“八八计划”》【来源：《浙中新报》2014-12-24】
《宁波港转型升级促“质变”》【来源：《中国水运报》2014-12-22】
《国家智慧教育产业联盟在宁波成立》【来源：《中国高新技术产业导报》2014-12-22】
《宁波材料所 科研人员获“光华龙腾奖”》【来源：《中国科学报》2014-12-22】
《杭州湾新区崛起 百亿级生命健康产业》【来源：《上海商报》2014-12-22】

管理

《未来人工智能无处不在》【来源：《华西都市报》2015-01-04】
《第三方支付首现倒闭：宁波成重灾区 涉资超 4 亿》【来源：《华夏时报》2015-01-04】
《宁波口岸：强化出口退运事件分析预警》【来源：中国质量新闻网 2015-01-04】
《宁波轨道交通 3 号线一期开工》【来源：《中华建筑报（数字报）》2014-12-30】
《宁波一中学布置作业织毛衣》【来源：《扬子晚报》2014-12-29】
《宁波供电“惜暖”革命老区》【来源：《中国能源报》2014-12-29】
《宁波 56 家创新型初创企业获投 5000 万元》【来源：《钱江晚报》2014-12-26】
《长三角出入境检验检疫将一体化》【来源：《青年时报》2014-12-26】
《宁波 490 辆公交车“WiFi”全覆盖》【来源：《人民日报》2014-12-26】
《宁波鄞州：对涉案未成年人进行心理帮教》【来源：《检察日报》2014-12-25】
《我国已成为全球第一大机器人市场》【来源：《人民日报》2014-12-25】
《像逛超市一样采购人力资源服务》【来源：《钱江晚报》2014-12-24】

《地铁 3 号线一期昨开工预计 2019 年通车试运营》【来源：《钱江晚报》2014-12-24】
《浙江都市圈城际铁路规划获批 投资超千亿》【来源：《每日经济新闻》2014-12-24】
《浙四大城市圈开建城际铁路》【来源：《新民晚报》2014-12-22】
《宁波北仑创新一体化开启供电服务新模式》【来源：《科技日报》2014-12-22】

经济

《宁波出口太阳能电池同比增三倍》【来源：《消费日报》2014-12-31】
《宁波最大印染园区年底关闭》【来源：《中国环境报》2014-12-29】
《宁波市 1.16 亿元“红包”实现小微企业所得税优惠全覆盖》【来源：《光明日报》2014-12-29】
《宁波新材料为锂电池行业发展添动力》【来源：《中国民营报》2014-12-26】
《2014 中国航天（宁波）新材料产业化论坛在宁波举行》【来源：《中国航天报》2014-12-25】
《宁波银行“畅学通”，提供出国留学全方位金融服务》【来源：《江苏商报》2014-12-24】
《"捷算卡"：实现 7 ×24 小时对公结算》【来源：《上海商报》2014-12-24】
《宁波银行打造全方位国际业务线上平台》【来源：《上海商报》2014-12-24】
《前 11 月宁波民营企业进出口总值超 3300 亿元》【来源：《钱江晚报》2014-12-23】
《宁波 126 亿民营资本入股 22 家银行》【来源：《钱江晚报》2014-12-23】
《2014 中国（浙商）跨境电商高峰论坛在甬举行》【来源：《钱江晚报》2014-12-23】
《电商换市换出百亿新商机 宁波首次实现网络零售顺差》【来源：《天天商报》2014-12-21】

文卫

《宁波市 143 万元资金补助旅游市场开拓及客源引进》【来源：凤凰网 2015-01-04】
《宁波电大学生展示毕业作品 20 部微电影讲述宁波故事》【来源：浙江在线教育 2015-01-04】
《徒步宁波 用脚感触这座有故事的城市》【来源：新浪网 2015-01-04】
《宁波市启动旅游业发展“十三五”规划编制工作》【来源：凤凰网 2015-01-04】
《寓教育于儿童需要》【来源：《中国教育报》2015-01-04】
《宁波轨道交通车站现巨幅 3D 画 市民直呼神奇好玩》【来源：新华网 2015-01-03】
《浙江宁波万人长跑迎新》【来源：新华网 2015-01-02】
《休学创业：宁大的三位大学生“老板”》【来源：《中国科学报》2015-01-01】
《浙江宁波万人长跑迎新 市民“凹造型”博眼球》【来源：中国新闻社 2015-01-01】
《象山影视城荣获“最佳主题游乐度假地”》【来源：《浙江日报》2014-12-26】
《宁波省级医保异地就医结算的定点医院增至 18 家》【来源：《钱江晚报》2014-12-23】
《全国公共文化服务体系建设工作会议在宁波召开》【来源：《光明日报》2014-12-23】
《2014 中国文化馆年会在宁波举办》【来源：《中国文化报》2014-12-22】

《天一文荟》之《看宁波》板块——宁波新闻速递

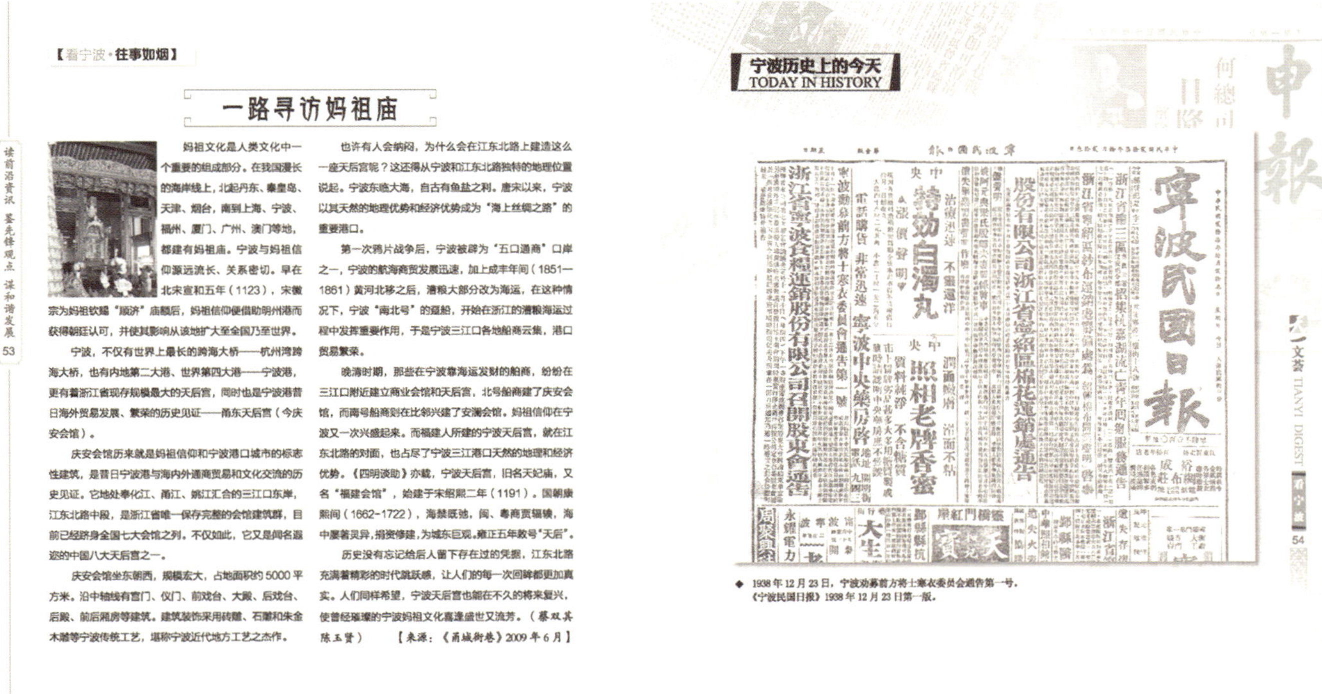

【看宁波·往事如烟】

一路寻访妈祖庙

妈祖文化是人类文化中一个重要的组成部分。在我国漫长的海岸线上，北起丹东、秦皇岛、天津、烟台，南到上海、宁波、福州、厦门、广州、澳门等地，都建有妈祖庙。宁波与妈祖信仰源远流长、关系密切。早在北宋宣和五年（1123），宋徽宗为妈祖钦赐“顺济”庙额后，妈祖信仰便借助明州港而获得朝廷认可，并使其影响从该地扩大至全国乃至世界。

宁波，不仅有世界上最长的跨海大桥——杭州湾跨海大桥，也有内地第二大港、世界第四大港——宁波港，更有着浙江省现存规模最大的天后宫，同时也是宁波港昔日海外贸易发展、繁荣的历史见证——甬东天后宫（今庆安会馆）。

庆安会馆历来就是妈祖信仰和宁波港口城市的标志性建筑，是昔日宁波港与海内外通商贸易和文化交流的历史见证。它地处奉化江、甬江、姚江汇合的三江口东岸，江东北路中段，是浙江省唯一保存完整的会馆建筑群，目前已经跻身全国七大会馆之列。不仅如此，它又是闻名遐迩的中国八大天后宫之一。

庆安会馆坐东朝西，规模宏大，占地面积约5000平方米。沿中轴线有宫门、仪门、前戏台、大殿、后戏台、后殿、前后厢房等建筑。建筑装饰采用砖雕、石雕和朱金木雕等宁波传统工艺，堪称宁波近代地方工艺之杰作。

也许有人会纳闷，为什么会在江东北路上建造这么一座天后宫呢？这还得从宁波和江东北路独特的地理位置说起。宁波东临大海，自古有鱼盐之利。唐宋以来，宁波以其天然的地理优势和经济优势成为“海上丝绸之路”的重要港口。

第一次鸦片战争后，宁波被辟为“五口通商”口岸之一，宁波的航海商贸发展迅速，加上咸丰年间（1851—1861）黄河北移之后，漕粮大部分改为海运，在这种情况下，宁波“南北号”的蜑船，开始在浙江的漕粮海运过程中发挥重要作用，于是宁波三江口各地船商云集，港口贸易繁荣。

晚清时期，那些在宁波靠海运发财的船商，纷纷在三江口附近建立商业会馆和天后宫，北号船商建了庆安会馆，而南号船商则在比邻兴建了安澜会馆。妈祖信仰在宁波又一次兴盛起来。而福建人所建的宁波天后宫，就在江东北路的对面，也占尽了宁波三江港口天然的地理和经济优势。《四明谈助》亦载，宁波天后宫，旧名天妃庙，又名“福建会馆”，始建于宋绍熙二年（1191）。国朝康熙间（1662-1722），海禁既弛，闽、粤商贾辐辏，海中屡著灵异，捐资修建，为城东巨观。雍正五年敕号“天后”。

历史没有忘记给后人留下存在过的凭据，江东北路充满着精彩的时代跳跃感，让人们的每一次回眸都更加真实。人们同样希望，宁波天后宫也能在不久的将来复兴，使曾经璀璨的宁波妈祖文化喜逢盛世又流芳。（蔡双其　陈玉贤）　【来源：《甬城街巷》2009年6月】

读前沿资讯　鉴先锋观点　谋和谐发展　53

宁波历史上的今天
TODAY IN HISTORY

寧波民國日報

◆ 1938年12月23日，宁波劝募前方将士寒衣委员会通告第一号。
《宁波民国日报》1938年12月23日第一版。

文荟 TIANYI DIGEST 54

《天一文荟》之《看宁波》板块——往事如烟

每期《天一文荟》在编辑前都经过精心策划，围绕近期重点热点，捕捉国内外社会发展信息，汇聚成具有影响力的专题，努力为宁波发展振兴和破解发展难题提供决策参考。专题选择坚持“四个结合”，即理论探索、决策咨询和经验总结相结合；国内信息、国外信息和本地信息相结合；正面评论和负面观点相结合；实用性和思想性相结合。如2012年第9期“城市内涝”专题，受到了宁波市领导肯定，成为宣传工作的要点。

《天一文荟》选材特点有三：全方位、多角度、正反看。全方位是指通过检索30多个数据库，翻阅2300余种期刊，收集、开发、研究任何涉及城市发展的信息源。多角度是指从不同侧面反映城市发展的整体状况，既关注城市的经济发展，也着眼城市的文化生态。正反看指既看正面的经验、成绩，又看负面的缺点、教训。如《看宁波》栏目摘录了各地媒体对宁波的观察，既有正面报道，又有负面评论。

《天一文荟》编辑部召开策划会

《天一文荟》强调信息捕捉的时效性、信息加工的快节奏、信息传递的高速度，努力为刊物赢得生存与发展的空间。

《天一文荟》注重内容品质。刊物用户需求的是经过归纳总结的信息，因信息来源渠道不同，时间及内容不同，编辑人员须围绕特定主题，将几条、几十条甚至上百条信息整理、归纳、提炼成有深度和广度的综合性专题信息，以保证文摘刊物的决策服务价值。

《天一文荟》注重倾听读者诉求。设立了专门邮箱，开通读者 QQ 群、读者服务电话，及时接收读者的反馈信息。每一期刊物均配发精美书签，背后留有联系方式，搭建刊物与读者之间的沟通桥梁。同时，定期组织读者调查，听取读者的意见和建议。

《天一文荟》在办刊实践中逐渐形成了沉稳而质朴的风格。刊物的 21 ×21 开本便于读者随身携带，浅黄的纸张让读者阅读起来更舒适，同时在字体、版面、标题处理方面都精益求精，尽量配发相关图片以增强内容的感染力。如《宁波旧影》栏目就是以照片、新闻版画为主，附以简短文字，因呈现宁波旧时景象而尤其受到读者欢迎。

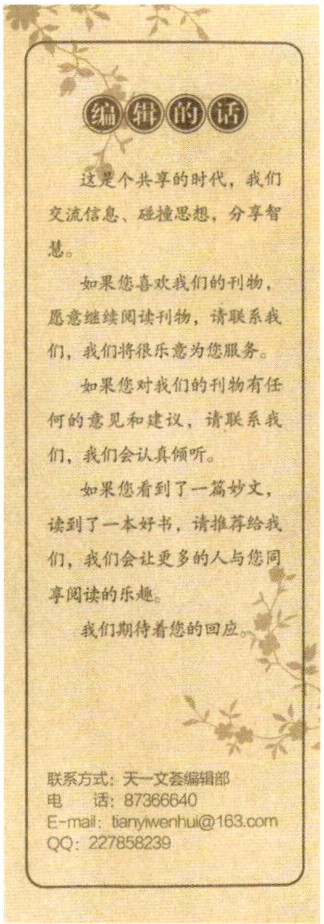

《天一文荟》之《编辑的话》

《天一文荟》文人画系列书签 1

《天一文荟》文人画系列书签 2

《天一文荟》为半月刊，每月的10日、25日出版后，第一时间送达用户信箱。为确保发行准确无误，专人定期核对寄送名录，根据变动情况及时做出调整。在宁波“两会”期间，专门编发专刊，向参会的代表、委员赠阅刊物，以扩大刊物的影响力。

半月一期的《天一文荟》

二

创刊以来，《天一文荟》不断改进、完善和拓展，为城市的决策者和研究者提供决策参考，赢得了用户的认可。刊物的影响力、美誉度、传播力不断提升，被读者誉为“三上书”，即案上、车上、枕上的随身书。

《天一文荟》为城市管理机构提供的决策参考信息受到普遍关注，宁波市政府干部在读过一期后，主动索要以往各期；宁波市教育局来电提出了改进的建议；宁波市纪委、宁波市外经贸委等均来电对刊物表示肯定；更有读者在变更工作单位之后，即来电要求更改刊物寄送地址。

《天一文荟》同时扩大了图书馆的社会影响力，提升了图书馆的形象。利用馆藏文献为社会发展决策提供信息服务，改变了人们对图书馆服务仅局限于借还书的传统印象，带动了社会各界对图书馆服务的需求变化。2013年宁波市“两会”召开期间，部分代表、委员来到图书馆驻会服务点留下地址，要求定期寄送《天一文荟》。

有读者曾这样表述，《天一文荟》发声不大，却很有分量。之所以有如此分量，是因为对读者的尊重和对城市的责任。《天一文荟》那一篇篇短短的文章，蕴含着深邃的哲思、尖锐的观点与厚重的解读，散发着一种文化魅力，吸引了读者的目光。

第三节

天一展览：公共空间的审美阅读

宁波市图书馆一层，通向图书借阅窗口的通道上，是个100平方米的开放空间，每隔二十天就会展示一批不同的美术作品。四十块展板所构成的W形观展路线，在不经意间牵引读者完成了一次审美之旅。

一

2008年，宁波市图书馆的展览服务——“天一展览”开办。在人流密集的图书馆一层大堂，进行开放式陈列。图书馆大堂总面积约500平方米，是图书馆的主出入口和读者咨询办证的第一站。在保证大堂基础功能的前提下，留给展区的空间不足1/3，相应地展览规模也受到制约，开放的展出方式还存在展品安全问题，较难引入“珍品”与“孤品”。

“天一展览”现场

但图书馆大堂做主展区也有优势。首先是保证了观展人流量。展览位于图书馆的主出入口，每日读者流量约3000人次，暑期及双休日翻倍。“读者群”与“观展群”必然有一定比例的重合，展品越出色，“读者流”越有可能转化为“观展流”。其次是吸引了创作人群。展品作者同样关心观众的水准。在图书馆办展览，面对的是有阅读习惯的社会群体，这一群体能够对美术作品产生多角度的解读，并对作品做出相对独立的判断，这是作者珍视的重要资源。

小小展厅，人来人往

也许是被画中人的神情吸引，观众取出相机，记录这一瞬间

从确定展厅位置开始，宁波市图书馆就对“天一展览”的规模、内容、形式、周期做了相对稳定的安排。常规展览的作品数量为40幅左右，以平面美术作品，尤其是本土作者的作品为主。同时，以巡回展、网络展等形式拓展展示的空间，并确定展期少于30天，即短于图书借阅时间。

同时确定的还有展览的品牌，在“天一讲堂”之后，2008年的宁波市图书馆的展览服务随之被命名为“天一展览”，在Logo设计上也与“天一讲堂”相呼应，以后的现场展或交流展，“天一展览”始终突出自身的特殊印记。

自2008年11月首展以来，六年间已推出了97场风格迥异的展览。作品类型有摄影、书画、剪纸、平面设计等，以摄影作品居多；作品题材包括山水风光、纪实人文、花鸟鱼虫、创意想象等，风光摄影与青少年创意绘画题材多次入选；作者既有个人展，也有联展与团体展，展品中既有名家手笔，也不乏成长期作者的原创之作。

回望“天一展览”走过的路，有几个“突破”值得记录。

2008年11月，“天一展览”正式亮相，首展推出以聚焦杭州湾跨海大桥风姿为主题的“桥影——杭州湾跨海大桥”摄影展。选取了“聚焦大桥”全国桥类摄影比赛中的部分获奖作品，展示了杭州湾跨海大桥从设计到建成通

观众讨论展览作品

车过程中的人、景、物及主要事件。

2010年2月，宁波市图书馆“天一展览”首次开启流动展览。虎年新春，宁波市图书馆将象山籍剪纸名家谢才华先生创作的80余幅剪纸作品送到了宁波吉品信息科技公司进行展出，“如意虎”“回头虎”“寿虎”“喜虎”“太平虎”等形态各异的老虎剪纸作品营造了喜庆热闹的新春氛围。

2010年7月，“天一展览”首次引进境外展“日本高中生漫画作品展”。作品来自日本高知县“热情高知”漫画节组委会举办的日本高中生漫画大赛（亦称漫画甲子园），展出内容为历届漫画大赛中精选出的30余幅优秀代表作。

2011年4月，“天一展览”首次在浙江省外举行巡展活动。作为安徽省铜陵市全民读书月中的一项重要活动，宁波市图书馆第二届“读书乐”摄影比赛优秀作品在铜陵市图书馆展出。从馆内到馆外，从省内到省外，“天一展览”的影响力进一步提升。

2013年12月，宁波市图书馆发起“建立宁波公共图书馆展览联盟”的倡议，全市12家公共图书馆秉承“公开平等、优势互补、共建共享共发展”的原则，建立了成员馆间互通信息、共享资源的合作伙伴关系，以提升各馆展览资源利用率与效能比。

二

“天一展览”虽然有图书馆读者群体这一天然的观众来源优势，但是也存在场地空间不足、设备专业化程度不高的局限性。

从场馆特点、观展人群来看，举办与“馆藏珍品”或“阅读推广”相关的主题展览，容易获得观众的认可与共鸣。以“天一展览”的传统保留项目“读书乐”摄影作品展为例，这是集“征集”“评选”“展览”“交流”“巡展”于一体的展览活动，自2008“天一展览”创办以来，每年举办一次，到2014年“读书乐”摄影比赛已经举办到第六届，从历届获奖作品中，我们得以见到快乐阅读的千姿百态。午后的图书馆、夜市的灯光下、摆渡的客船中、医院的病房前，无一不是人们读书的所在。优秀的摄影作品，既有对人物阅读精彩瞬间的捕捉，也有对舒适阅读空间的聚焦，还有对感人阅读故事的挖掘。从主办方的角度看，经过年复一年的作品征集，积累了不同情境下的珍贵阅读画面，这已成为宁波市图书馆的一批实物馆藏和巡展资源；从参赛者的角度看，每年一次相同主题的征集也激发了参赛者长期参与的热情，个别参赛者虽然已有了获奖纪录，但他们仍然留心观察生活中的阅读影像，并思考着跳出窠臼，捕捉更独特的阅读画面；从观众的角度看，在图书馆内展出以“阅读”为主题的摄影展是恰如其分的。画中人或专注、或松弛、或凝思、或愉悦的神态，呈现了阅读者的最真实的状态，爱书人在图书馆中看到这些作品，如同从镜中看到另一个自己。

“读书乐”摄影比赛获奖作品《成长路》（贾小鹏摄）

“读书乐”摄影比赛获奖作品《日记》（陈朝晖摄）

不同的作品需要有与之相适应的布展方式，通过时机的选择、场地的布置、作品的编辑，最大限度地把作品的美感传达给观众，是“天一展览”努力的方向之一。

在合适的时机推出合适的展览是“天时”。如在新春时节，推出年画、民俗、剪纸等有年味的作品，会让读者驻足停留，一探究竟。2009 年春节的“迎春送福”春联展、2010 年春节的“百虎贺新春”剪纸展、2011 年的春节“图说年俗”画展、2013 年春节的“中国民间传统年画展”都是在合适时机而推出的不同内容的主题展，让图书馆的读者们感受到浓浓的年味。

在有限的场地合理布局展品则是追求“地利”。“天一展览”是个小展厅，但通过合理布局也能作出精致文章。2010 年 5 月，“天一展览”推出的幼儿创意美术作品展，将空间的利用发挥到了极致。除了将手绘作品挂上展板，还结合高低错落的展架，陈列以环保为主题的瓦罐工艺品和布艺作品。100 平方米的空间，展出各类绘画及手工作品 200 余件。观众从踏进图书馆的那一刻起，就被幼儿作品的丰富创意和色彩所吸引，人们看到的不仅是展品，更是融入了少儿创作的自由想象空间。

优秀的作品需要通过策展人的努力，将艺术之美解读出来并传递出去。翻开“天一展览”年册，浏览历年来推出的展览名称，从中会见到不少兼具美感与想象力的名词。比如，以“飞羽之美”命名鸟类风光摄影展，以“畅游在笔尖”定义少儿绘画作品展，以“凝固的艺术”形容老电影海报展，从中可以发现“天一展览”策展人的巧思与用心。

“畅游在笔尖”少儿绘画作品展

现场展览结束后，通过巡回展或网络展等方式延长展览活动的“生命”，也是图书馆服务向基层延伸的方式。到社区、企业巡回展出，多次运输、布展容易使展品受损，宁波市图书馆就选择钢笔画、剪纸、手工布艺作品等轻便展品；若巡展场馆条件有限，宁波市图书馆就直接将展品、展架整体送去展示。数码摄影作品因其文献载体更适合网络存播，上网后能使更多图书馆用户获得欣赏的机会。

宁波市图书馆还从展览推广的角度策划了与展览相关的衍生活动，如展览加讲座、展览加培训、展览加咨询等，让观展者参与并获得互动的乐趣。展览加讲座多用于名家名作展，邀请作者以讲座或沙龙方式分享自己的创作经历和心得，让观众对作者和作品有更感性的认知。展览加培训一般用于少儿创作和特殊材质创作，前者是通过培训使少儿掌握创作基本方法，后者是在蜡染画、漆画等展出期间，使观众有机会体验特殊材质创作的过程。展览加咨询则用于科普、法制类展览现场，通过专业咨询来帮助观众获得更多的知识。

象山籍民间剪纸艺术家谢才华以构思快、刀法精、套数多等闻名。其剪纸作品《百虎迎春》《水浒 108 将》在“天一展览”亮相，作品总量达到 200 余幅。在作品展览期间，宁波市图书馆还邀请谢才华做现场讲座和创作演示。在讲座现场，谢才华构思、创作了窗花、耕牛等十余幅作品。构思之迅速、手法之精巧获得现场听众的阵阵掌声。进入互动环节则由听众点题，谢才华随即剪出人物头像、报晓公鸡、奔腾骏马，并当场赠送给点题者。

谢才华剪纸作品《水浒 108 将 · 吴用》

谢才华剪纸作品《水浒 108 将 · 呼延灼》

展览服务是需要较高投入的一次性活动项目，为提升展览服务的社会效益，宁波市图书馆“天一展览”积极寻求社会合作，让展览资源得到充分利用。

受上海图书馆“上图展览”资源共享模式的启发，宁波市图书馆“天一展览”在引进上海图书馆的展览合作项目时，也将本馆的展览项目向省内外的公共图书馆推荐，不仅延长了展品的生命力，而且推进图书馆界展览活动的整体发展。

宁波市图书馆加入了浙江省公共图书馆展览联盟、上海图书馆展览资源共享等合作项目。2013 年 12 月，宁波市图书馆倡议建立宁波公共图书馆展览联盟，得到全市 11 家公共图书馆的积极响应。在“公开平等、优势互补、共建共享共发展”的思路指引下，各成员馆共享展览资源，为兄弟馆提供展览咨询，推荐和联系策展人或策展机构，鼓励各成员馆进行展览后

“天一展览”宣传册

期产品的开发，并在馆际交换、宣传、推广方面使展览资源得到最大利用。

宁波市图书馆还与艺术创作团队，如摄影家协会、美术家协会、书画研究会、高校艺术社团等建立了合作机制，联合策划、征集作品、组织比赛，在提升展览水准的同时扩大了图书馆的社会影响。

三

“天一展览”总共举办了85期，呈现了本地的特色文化，发掘了青少年的创意，丰富了公众的审美体验，展示了图书馆的社会文化交流功能。

“天一展览”的展出作品植根宁波这块土地，体现地域特色。“慈城记忆·故乡寻梦——罗枫钢笔画展”描绘的是本土的记忆；“飞羽之美——张海华宁波野生鸟类摄影展”聚焦的是本土的物种；“快拍宁波24小时摄影作品展”定格的是本土的瞬间。在本土作者笔下的风景，更能引起观众的共鸣。观众常敏毅在观看“慈城记忆·故乡寻梦——罗枫钢笔画展”后留言，“观故乡画展，忆风云往事，可叹可赞，受益匪浅”，本土画家笔下的城市又一次唤醒了观众的记忆。

“天一展览”为青少年留下一方展示创意的天地

“天一展览”多次展出了青少年创意设计作品。观众施蓉蓉曾用“放眼望去，皆是童真”一语评点少儿展。从初拾画笔的孩童到独立创作的高校学子，都在“天一展览”的舞台上展示了自己的创意成果。“我心中的世博——少儿绘画作品展”展现的是4～14岁孩子们眼中的上海世博会图景，画笔稚嫩但童趣盎然。“漆韵——宁波古林职高漆画展”展示了古林职高工艺美术专业学生的创作成果，蛋壳、蚌壳、铜丝、矿物质颜料、腰果漆等材质在学生手下转化为色彩浓郁又厚重晶莹的漆画作品。“想象的世界——宁波高校青年漫画联展”将宁波高校学子的五十余幅原创漫画作品呈现在世人面前。通过作品征集的方式，给青少年创作者“出题”，发掘了青少年的想象力与创作力，这也是“天一展览”发掘原创资源的成功尝试。

“天一展览”将不同于江南水乡的塞外风光、海岛风情、异国风貌的画面传递给观众时，常常引起观者“神游”异地的穿越感。“高棉印象——柬埔寨风情展”展示了吴哥王朝的兴盛与没落；“澳门文化瑰宝——历史城区摄影图片展”呈现出以葡式建筑为代表的西方建筑文化与中国建筑文化的碰撞与对话；“美国西部摄影展”定格了美国西部自然风光之美；“西部畅想曲——青海摄影艺术展”再现青海湖畔的迷人风姿。“天一展览”如同开启一道时空穿越之门，牵引观众身在本地，心游远方。

“天一展览”促进了城市与公众的文化和情感交流。在展览空间里有作品与观众的交流、艺术家之间的交流、艺术家与观众的交流以及观众之间的交流。在“另一个自己——马嘉素描速写展”展出期间，作者马嘉曾多日驻守在展览现场，观察观众的反应，倾听观众的评价。“相约春天——宁波市女摄影家七人联展”推出首日，摄影家们相聚一堂，交流拍摄故事，互相评点作品。当“天一展览”引进和输出展览活动时，也带动了地区间的文化交流，观众在观看艺术作品时，如同在触摸异地的文化。在展品的推荐与引进双向交往中，两地公众也交换着彼此的美学观念。

10

第十章

活动热馆，潜移默化“恋”上图书馆

宁波市图书馆不仅为读者提供纸质与数字读物，还邀请学者到图书馆说学论道、分享心得。众多不同主题的阅读活动把市民聚集到图书馆，在参与活动的过程中利用图书馆、亲近图书馆，在潜移默化中“恋”上图书馆。

2014 年，宁波市图书馆举办的大大小小的文化活动达到 190 余场。除了“天一讲堂”“天一展览”，图书馆还有“读书沙龙”“好书交换”“‘4・23’世界读书日”“全民读书月”“未成年人读书节”“暑期青少年读书夏令营”等其他的活动形式，经过多年的辛勤耕耘，这些活动逐渐成为传统性项目。

青少年暑期夏令营，画家罗枫教小朋友学剪纸

不同的读者有不同的阅历与兴趣，为此宁波市图书馆设计了多种不同的活动，以此凝聚不同的用户群体。如“小小讲书先生”活动，把讲台留给孩子，让孩子在阅读、理解历史故事后用“说书”的方式重新演绎；“悦读有约・读书沙龙”活动则为具有阅读习惯的成年读者提供对话空间，由沙龙嘉宾发起话题，引发参与者的思维碰撞与对话；“相约故事里的四季”亲子阅读活动以家庭为单位，结合绘本阅读与游戏、绘画、表演和手工活动等，让阅读和玩耍联系起来。不同活动区分了青少年读者、成年读者以及有幼童的家庭等读者群体，也就产生更大的社会效益。

一、“小小讲书先生”

2011 年，在第七届浙江省未成年人读书节期间，宁波市图书馆推出首届“小小讲书先生”活动，参赛选手可由学校推荐产生，也可自己报名，选手选择的主题为中国历史故事，以“说书”的方式讲述出来，讲述过程中可以适当增加背景、配乐、场景模拟等，故事时间不超过 5 分钟。活动旨在培养孩子对历史文化的兴趣，锻炼孩子的语言表达能力、阅读能力、思维能力以及记忆能力，让孩子在说故事的过程中加深对中国历史文化的理解，体会到阅读、表达和分享的乐趣。这一活动本身也非常契合此届未成年人读书节“传承国学文化，弘扬社会美德”的大主题。

小小讲书先生风采

“小小讲书先生”活动激发了众多家长和孩子的参与热情。全市共有 30 多所小学的学生参与了首届“小小讲书先生大赛”初赛，经过层层选拔，最终 21 名选手入围决赛。随后，宁波市图书馆剪辑了获奖选手的参赛视频，放在宁波市图书馆网站、宁波文化网，进一步组织“小小讲书先生”最佳人气奖的网上评选活动，再次引起社会各界的广泛关注，观众在网络论坛留言称这样的活动很有意义，尽管未能身临现场观看比赛，但在网上欣赏孩子们精彩又可爱的表演同样感同身受。

“小小讲书先生”比赛，充满了乐趣和可看性，小选手们讲述的一个个经典故事精彩纷呈、引人入胜。孩子们都表现出了独有的特质和才能，尽管有名次差异，但从选手自身能力提高方面而言，每个孩子都是胜利者，都能获得多方面的成长体验，如选手的记忆能力、语言与形体表达能力、舞台感、现场的应变能力等等都得到了锻炼。“小小讲书先生”活动也受到新闻传媒的高度关注，《宁波日报》、宁波文化网在“小小讲书先生”现场进行了活动的图文报道，多位获奖选手接受了宁波广播电台、鄞州电视台等的采访，甚至收到多家媒体的节目录制邀请。

宁波市图书馆“小小讲书先生”活动荣获 2011 年中国图书馆学会“社区乡镇阅读推广活动优秀案例征集”优秀案例奖、2011 年浙江省“读者活动策划方案赛”二等奖、浙江省第七届未成年人读书节“优秀活动案例”奖。

在首次推出“小小讲书先生”活动获得良好反响后，宁波市图书馆继续深入挖掘“讲书”活动的发展空间，每年推出不同主题的讲书活动，2012 年以“感动我心的礼孝故事”为题，2013 年以“我身边的感人故事”为题，2014 年以“伴我成长的童话故事”为题。年复一年的讲书比赛，使一大批孩子受到熏陶，爱上读故事、编故事、表演故事，从图书阅读到故事复述的过程，让孩子们自然地养成了认真阅读、仔细领会的良好读书习惯。

二、“读书沙龙”活动

宁波市图书馆拥有一批老读者，他们有相对稳定的阅读兴趣，举办小规模的沙龙活动，可以让彼此陌生而兴趣相近的读者们聚在一起，分享观点看法。在同一空间里，人与人距离更近，也有了更多的交流话题。

2012 年 9 月起，连续三场以经典文学阅读为中心的沙龙活动——“我们喜爱的那些现代经典文学”“走近莫言——本土性、民族性的世界写作”“现代诗歌的情感与形式——从徐志摩到北岛”，拉开了甬图沙龙活动的序幕。在每月一次的沙龙中，读者们分享对现当代文学作品的阅读感悟，从作品聊到作家，从人物聊到时代变迁，最后回归到自己的生活。对于同一作家或作品，讨论中有争议，但在想法的碰撞中也能获得启发，从不同的角度去重新认识一位作家或一部作品。

“读书沙龙”现场，主讲人穿针引线发起话题

沙龙现场的嘉宾对话

图书馆读书沙龙的主题以阅读为中心，尽可能选择有相当知名度的作品或作者，这样才能吸引更多的人参与活动。首场沙龙主题定为“现代经典文学”，读者的话题自然就围绕张爱玲、沈从文、苏青、徐志摩等名家作品展开。

在确定沙龙主题时要时刻关注社会的阅读潮流，2012 年 10 月中国作家莫言获得诺贝尔文学奖后，社会阅读中自然形成一股“莫言热”，图书馆适时推出了“走近莫言——本土性、民族性的世界写作”的读者沙龙，话题发起人点出了莫言创作的几个关键词，即“本土、民间立场”“高密东北乡”“生存境遇”“多元、魔幻叙事”“语言的狂欢”等，为参与者深入理解莫言作品提供了交流入口。

读者沙龙话题要张弛有度，选择轻松有趣的话题能吸引更多的读者。如咖啡与阅读、爱情与阅读、环保与阅读、旅行与阅读……受到时下青年读者的喜爱。2013 年 3 月，宁波市图书馆以旅行话题展开沙龙，邀请游记散文集《走近最初的自己》的作者吴知源，与读者分享骑行经历与收获。作者曾历时 24 天，行程 2327 公里，单车骑川藏。这一话题让沙龙出现了众多年轻的面孔，提出了代表这一群体思维方式的问题：“是什么促使你要开始一个如此具有挑战的旅程？”“想要逃离现实的压力。”“最后你逃离了吗？”获得的答案是：“不可能完全逃离，但是能让自己看淡一些事情，进而更好地融入现实，做回真正的自己。”90 后群体成为阅读沙龙的主角，说明宁波市图书馆成功地吸引了新的社会群体。

“读书沙龙”活动把有着相近阅读爱好的小众们聚集于图书馆，基于阅读而产生疑问，引发思考，并在互动与交流中获得对文本的多角度理解。“读书沙龙”不仅是一场读者聚会，而且是一个对话与思考的空间。

三、“相约故事里的四季”亲子阅读体验活动

2012 年起，宁波市图书馆推出“相约故事里的四季”亲子阅读体验活动。活动以有 3～6 岁孩子的家庭为单位，在每一季节挑选一本优秀绘本故事书，让小朋友和家长分享。活动内容包括聆听绘本故事，根据绘本图书内容为孩子们设置相应的游戏、绘画、表演和手工活动等，激发阅读的内在乐趣，让孩子们获得快乐阅读的体验。

亲子阅读系列活动主题以春、夏、秋、冬四季为选题入口，先让家长与孩子们一起聆听和阅读绘本故事《遇见春天》《夏日的一天》《落叶跳舞》和《雪地里的脚印》。让孩子们通过故事，认识和感知四季的不同特点，感受大自然的丰富色彩。在随后的活动中，让孩子们画出自己眼中的春天，用手工纸折出知了的模样，采摘秋叶制作落叶小精灵，最后让他们自己制作纸片雪，在自己打造的“雪地”里尽情玩耍……

聆听绘本故事，感受故事中的季节

动手拼贴“春天”

孩子们在活动过程中增长了知识，与图书馆的亲密接触也存留在记忆中。参加活动的家长不仅能感受到亲子阅读的快乐，而且能从绘本老师身上学到与孩子沟通交流的技巧，还能获得优秀少儿读物的推荐信息。

11

第十一章 展望新馆，未来城市的公共文化空间

今天的宁波市图书馆馆舍建成于1988年，坐落于海曙老城区的永丰路上，虽屡经扩建与改造，依然难以满足宁波市民日益增长的文化需求。伴随21世纪宁波城市的高速发展，一座全新的图书馆即将应运而生。

一

2011年，宁波市图书馆新馆建设要求被列入了宁波市“十二五”规划重点项目；2013年，宁波市政府工作报告将图书馆新馆建设列为年度重点任务，5月7日，市政府下发《宁波市图书馆新馆建设协调会议纪要》（简称《会议纪要》），明确了新馆建设项目规划占地面积、建筑面积和投资总额。

《会议纪要》下发后，宁波市图书馆组织专题调研，进行实地考察、操作观摩、座谈交流，学习国内优秀图书馆的建设理念和成功经验，并形成了系统报告。同时，宁波市图书馆广泛搜集国内各城市新图书馆建设的数据资料，整理形成了《十五城市公共图书馆研究》等书面成果，为新馆建设提供了借鉴和参考。

2013年5月21日，宁波市图书馆取得了建设项目选址意见和规划条件，明确了地块位置以及地块控制指标。6月2日及26日，分别召开了专家论证会和新馆功能定位讨论会，专家学者结合各自专业和宁波城市历史文化，对新馆建设提出意见和建议。会上，学者们纷纷建言献策：宁波市图书馆新馆建设要结合“书藏古今，港通天下”的宁波城市口号，在馆藏文献的选择上要体现城市的内涵，彰显城市的特色，可以开设代表宁波元素的“海洋经济”“甬籍名人”“浙东学术”等的专题文献服务。对于宁波图书馆未来的定位，专家学者也提出了具体目标：成为宁波地区文献保障中心、公共图书馆数字资源及服务中心、地方文献数字化建设中心、纸质图书采编配送中心、公共图书馆业务培训教育中心、公共图书馆服务网络发展中心。

2013 年 7 月 7 日，宁波市图书馆新馆项目建设领导小组第一次会议召开，标志着图书馆新馆建设项目的全面启动。会议确定了 2013 年下半年的工作重点为立项、概念设计方案征集和可行性研究报告编制与批复。2013 年 11 月，宁波市图书馆新馆项目立项得到正式批准。在保留老城区的永丰路馆舍基础上，宁波市将在东部新城的核心位置建设一座新图书馆。新馆建设不仅是一座图书馆建筑的开工，而且是当代办馆理念、管理模式、技术应用的创新与实践。

2013 年立项，2015 年开工，2016 年主体建筑结顶……

宁波这座城市、城市中的读书人、将服务其中的图书馆人，都在翘首期待新馆展露面容的那一刻。

宁波市图书馆新馆效果图

宁波市图书馆新馆鸟瞰图

二

宁波市图书馆新馆选址东部新城。这里是未来宁波以商务和行政办公为核心的综合性城市新区，在“一城双心”的格局下，它将与图书馆现馆所在的三江口老城区共同承担宁波城市中心之功能。依据规划，东部新城核心区将有居住人口 6 万，工作人口 15 万，建成后的宁波市新图书馆将成为这一区域内集聚文化、交互信息的重要场所。

图书馆新馆设计占地面积共 1.64 公顷，建筑面积 3 万平方米，总投资 2.4 亿元人民币。馆舍位于新城的市民广场东侧，与广场西侧的城市展览馆如同“双子星座”东西呼应。“双子星座”的北面，将是宁波市政府所在地——宁波市行政中心。新馆东靠新杨木碶河滨河绿地，南依后塘河。既有临水风光，又为大片绿地所围绕，将是一处环境清幽的读书胜地。

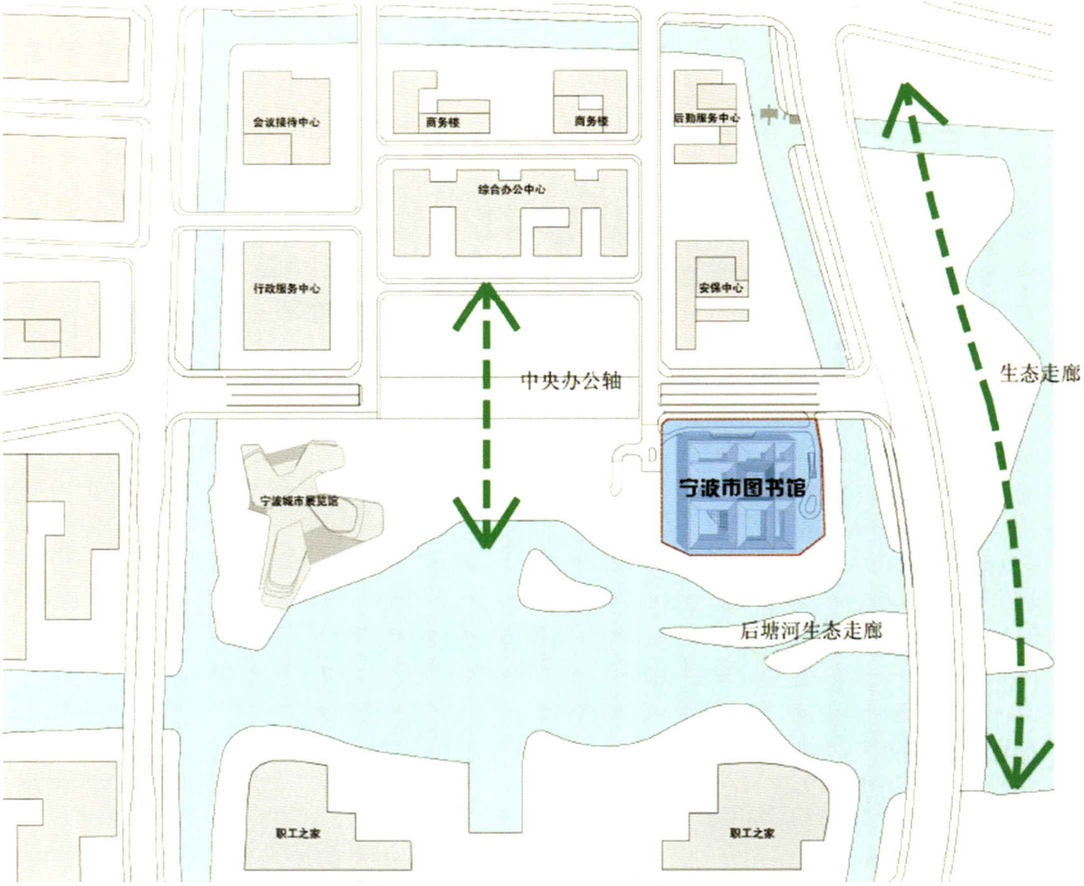

宁波市图书馆新馆地块

2013年8月底至11月中旬，宁波市图书馆新馆建筑概念设计方案征集评选工作全面展开，新馆建筑概念设计方案采取了国际邀请竞赛的方式，经过比较和筛选，邀请了6家国内外著名的设计单位参加。6个设计方案公示期间，有2000余名读者来到宁波市图书馆观看模型，4000余人次通过网络、报纸、现场投票的方式为自己喜欢的方案投票。在随后举行的专家评审会上，专家从总体设计对城市规划的呼应、功能布局的合理性、内外空间的舒适度、建筑形态特征、经济性与可实施度等五个方面予以评判。经公众投票与专家评审，最终确定了入选方案。并在当年11月25日的宁波市政府第三十五次常务会议上，正式通过了新馆设计方案，2014年进入了实施启动程序。

宁波市图书馆新馆设计以创造一个全新的知识广场为目标，要求将图书馆建成一个面向全体市民开放的公共空间。图书馆设计选择了开放式的立体空间模式，以“中央书架”的手法将首层开放区和三个独立塔楼连接在一起，以灵活的布局最大限度地适应未来图书馆活动的需求。

宁波市图书馆新馆外立面效果图

宁波市图书馆新馆共计五层，包括地下一层和地上四层。在俯瞰图上，地面首层为长方体的规则形状，二至四层由三个独立塔楼构成，它们仿佛三个不规则的“盒子”，分别占据南面、西北角及东北角。三座塔楼中间，是贯穿整栋建筑的中庭，阳光可穿过中庭的透明屋顶，落入首层的开放空间。三座塔楼的侧边，有大面积的室外露台与绿地，是读者休息和远眺思考的去处。地下一层设计了停车场和餐厅，这里与北侧的地铁站和西侧的市民广场地下层相通，方便读者出入。

新馆地面首层面积为7500平方米，层高10米，采用玻璃材质构建起一个开放通透的空间，这里将是图书馆人群活动频次最高的场所，书刊借阅、参考咨询、少儿和视障读者服务和各种读者活动都有规划空间。一侧设有24小时自助图书馆，用户可随时入内借还图书或阅读自习。

宁波市图书馆新馆室内效果图 1

宁波市图书馆新馆室内效果图 2

宁波市图书馆新馆室内效果图 3

新馆二至四层由三个相对独立的塔楼构成，采光最佳的南楼将为读者提供图书阅览服务。西楼将用于多媒体视听、艺术展览等公众文化活动。东楼主要用作书库和提供行政和设备管理用房等。

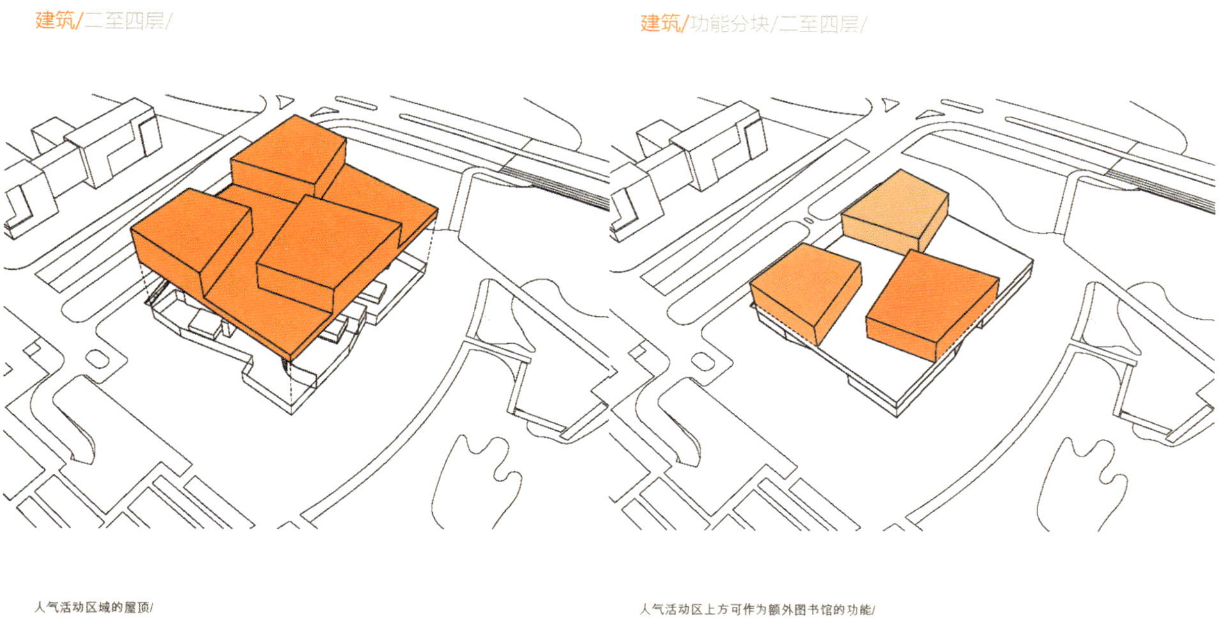

宁波市图书馆新馆二到四层的塔楼设计

新馆建筑的中庭部分设计，运用了“中央书架”的概念。它将三座塔楼用“回”字形走廊加以连接，走廊形似耸立的书墙。不仅用于陈列图书，还错落安排了自习桌位与休闲观景台，读者在“中央书架”的任意一层，都将产生“人在书中，畅游书海”的感觉。

宁波市图书馆新馆建筑应用节能型设计理念，充分利用自然光，设计了自然通风、雨水采集和循环利用功能，中庭的天窗设计减少了对人工照明的需求，通过烟囱效应实现通风和夜间冷却功能，绿色屋顶使建筑有更好的保温性，石材结合幕墙的外立面令建筑物冬暖夏凉，屋顶的太阳能利用设备可以减少未来的能源消耗。

“智能便捷”将是新馆建设的一大特征，图书馆内的电子阅读器和电子阅读站，便于到馆读者自由阅读电子文献。无线网络覆盖整个馆区，为读者提供便捷快速的上网环境。无线射频识别技术（RFID）向读者提示所需图书的架位信息，方便读者自助获取图书。

“个性特色”要求新图书馆的资源建设更富有宁波的城市地域特色，新馆中将设置浙东文化、商帮文化、海洋文化、藏书文化等多个主题，内涵丰富的特色文献馆展示各类专题文献。

图书馆新馆建设是宁波城市图书馆事业发展的新起点，宁波市的社会文化服务事业也将会迎来跨越式的发展。2018 年，一个新的文化地标将在东部新城崛起，成为宁波市民和所有读书人的共同精神家园。

宁波市图书馆 包玉刚图书馆

馆藏篇

存时代变迁之印记的图书馆

12

第十二章
馆藏概览

古籍文献

宁波市图书馆的古籍藏书起于薛楼。1927 年，以薛楼为基础，宁波市市立图书馆成立，张汝钊为首任馆长，当时藏书 14000 余册；1941 年，宁波沦陷，藏书“散失残毁，十丧三四”；1956 年，宁波市图书馆古籍部成立，除民国时期宁波市市立图书馆（后为鄞县县立图书馆）遗留之古籍外，宁波市政府又调拨了 50 年代初的一批捐书入藏，包括张侗捐献的其父张琴的藏书，张伯觐捐献的其父张申之的藏书，刘同坡兄弟捐赠的其父刘楚芗的藏书，张爽清捐赠的其父张世训的藏书，李蕴捐赠的私藏书籍，徐荣增、荣辉、荣棠兄弟三人捐赠的其父徐余藻的藏书等；1959 年，宁波市政府又将秦润卿“抹云楼”、镇海文物小组、鄞南甲村小学等处的藏书划归宁波市图书馆收藏。

目前，宁波市图书馆共有古籍（含民国线装书）7.5 万余册。按刊刻时间划分，有明刻本 64 部 1402 册，清初的刻本约 5500 册，普通古籍约 5.2 万册，民国线装书约 1.6 万册。其中有 12 部书收入《中国古籍善本书目》，7 部入选第一批《浙江省珍贵古籍名录》。

按经史子集丛分，经部古籍约 0.8 万册，其中《十三经注疏》和《皇清经解》占据近半；史部古籍约 2.4 万册，三分之一以上为《二十四史》《三通》《九通》等书；子部古籍约 1.5 万册，除清末铅印本《古今图书集成》和清光绪时期刻本《子书百家》外，较多的是医学类藏书；集部古籍约 1.5 万册，多为清人的总集和别集。丛书约 1.3 万册，半数以上为民国时期的大型丛书，如《四部备要》《四部丛刊》《四明丛书》等等。

馆藏古籍中部分刊刻年代较早，版本较为精良，而且这部分古籍刊刻于宁波本地，较充分地反映了宁波文献的刊刻传播特点，尤其是刊刻的地方志、地方文献。

目前，馆藏古籍中共有各类方志 300 余部 4000 余册，其中宁波地区的方志 80 余部，既有府志、县志如《［雍正］宁波府志》《［乾隆］镇海县志》等，也有乡志、山水志、祠庙志如《忠义乡志》《明州阿育王山志》《牟山湖志》《金峨寺志》等等。这些志书是了解宁波历史的重要参考资料。

如清抄本《［同治］象山县志》（收入《中国古籍善本书目》史部09645条），该书修于清同治七年（1868），全书内容共分二十二门，介绍象山的建置沿革等情况。该书修成之后并未刊刻，仅宁波市图书馆及南京大学图书馆藏有清抄本，是较珍贵的文献资料。

除地方志外，馆藏古籍中还有地方文献类古籍约5000册。其中包括一些宁波籍人士所编撰的、流传较少的稿抄本或刻本。如清醉经书屋抄本《儒林宗派》（收入《中国古籍善本书目》史部04512条），该书以表谱形式记述自孔孟以下至明末历代名儒授受源流和分派情况，流传非常少，民国时曾被张寿镛先生作为底本收入《四明丛书》。再如清乾隆四十七年刻本《静远轩传稿汇编》，收录清朝鄞县政治家、文学家邵基、邵铎父子等的文章188篇。

在馆藏古籍中，还有一些是在宁波地区刊刻的书籍，如慈溪郑氏二老阁刻本、徐氏烟屿楼刻本、蛟川张氏花雨楼刻本，还有坊刻本如大酉山房、汲绠斋、简香斋刻本等等，反映了清初及清中后期宁波地区的刻书情况。

除了地方文献外，馆藏中还有一些较为罕见的医书。如明末带月楼刻本《新刻聂久吾先生〈医学汇函〉》、清顺治陆地舟刻本《医灯续焰》、明末刻本《珍珠囊指掌补遗药性赋》等等，均收入《中国古籍善本书目》。

晚清民国文献

宁波市图书馆馆藏的晚清民国时期的文献数量可观，主要分为图书、期刊、报纸三大类。

现有民国图书（不含民国线装书）近9000册，其中大多为商务印书馆出版的各种丛书，如《万有文库》《丛书集成初编》《国学基本丛书》《国学小丛书》《国学基本文库》《百科小丛书》《东方文库》等等，除《万有文库》数量较多外，其余均只存数十种。

在除丛书以外的民国图书中，所占比重最大的为文学类图书，其中又以小说为最多，除《儒林外史》《三国演义》《红楼梦》《水浒传》《聊斋志异》《说岳全传》等明清小说外，还有民国时期创作的部分畅销小说如《广陵潮》《歇浦潮》《春明外史》，以及外国小说《福尔摩斯探案全集》《约翰·克利斯朵夫》《滑稽外史》（即《尼古拉斯·尼克尔贝》）等等。

文学类图书以外，还有数百册经济、法律类图书，如宁波籍人士吴经熊主编的《六法理由判解汇编》等等。另外还有少量涉及政治、宗教、教育等的图书。

现有民国期刊800余种4085册，其中地方性期刊20余种。就种类而言，以综合性刊物为最多，共280余种；其次为政治法律类和文学类，分别为175种和120种；就数量而言，综合性刊物近2000册，占总数的近一半，文学类刊物近800册，政治法律类刊物约500册。就具体期刊的保存情况而言，保存数量最多、时间跨度最长的为《东方杂志》，共存有309册，时间跨度从1904年至1948年11月；保存较完整的有周瘦鹃主编的《新家庭》月刊、余所亚主编的《文汇》半月画刊，施济群主编的《新声》杂志、郑振铎等主编的《文学季刊》、陈蝶衣主编的《万象》杂志、王均卿主编的《香艳杂志》等。

宁波地方出版发行的老期刊，如《鄞县自治》《效实半季刊》《三一校刊》《二小月刊》《宁波中学生》《宁波学生》《浙东学生》《鄞县二十年度教育年刊》《奉化教育》《惠生助产学校重建新校落成纪念刊》《青萍》，真实记录了民国时期宁波政府部门政策法令、行业组织的发展情况，尤其是这些刊物的创刊号特别珍贵。

现藏有晚清民国时期报纸近百种，其中宁波地方报纸30余种，《浙江日报》《绍兴商报》《上虞报》等浙江省内报纸10余种，中共中央机关报3种，分别为《新华日报》《解放日报》《东北日报》。

晚清民国时期宁波老报纸是馆藏一大特色，报纸种类多而且收藏期数比较完整，目前还没有其他收藏单位能出其右。老报纸真实记载了近代宁波的社会变迁，完整反映了近代宁波报业的发展历程。

《德商甬报》不仅是宁波第一份面向全国发行的报纸，而且是浙江最早的商报，在中国早期商业报纸中占有一席之地。主要发行地不仅包括本埠和宁属各县，而且包括浙江省内台州、海门、定海、杭州，甚至在上海、苏州、北京、天津、保定、厦门、广州等地均设代售处。宁波市图书馆收藏了该报1899年1月、3—6月、10月、12月各期。

《四明日报》是宁波人创办的第一份报纸，也是宁波辛亥革命舆论阵地的主战场，创办发行17年，比较完整地记载了1910年至1927年间宁波社会生活的近代化过程。而且《四明日报》作为宁波早期的大型日报，在报社的体制、报纸的形式上，比以前报纸更为完备和成熟。

《时事公报》是中华人民共和国成立前宁波报业中历时最久、发行量最大的一张民营大报，由金臻庠自筹股金 7000 多元创办，报名由国民党元老于右任题字。《时事公报》副刊独具特色，带有鲜明的时代气息。曾刊登过短小随笔《碎锦录》、新旧文学《散花场》。后来还设立《新月》《闲云》《珊瑚网》《五味架》等副刊。抗战爆发后，设立副刊《挺进》，鼓动民众参加全民抗战。从 1920 年创刊到 1948 年停刊，28 年中，该报作为宁波社会的一面镜子，从一个侧面反映了宁波社会发展的轨迹。宁波市图书馆收藏 1922—1924 年、1927—1941 年 4 月、1942—1945 年、1946—1948 年各期。

2008 年，宁波市图书馆对馆藏的 1899—1999 年间的 30 余种近 3000 份报纸进行了数字化处理，建成宁波老报纸数据库，提供报纸全文阅读和关键词检索。

现代地方文献

1949 年中华人民共和国成立后，宁波市图书馆开始重视地方文献资源建设，特别是 1983 年宁波对外开放以来，伴随着新馆舍落成和地方文献阅览室设立，地方文献工作逐渐步入正轨，馆藏规模进一步扩大。2003 年宁波市图书馆专门成立了地方文献中心，拨专款、配专人开展地方文献的征集、整理、开发和利用。截至 2014 年底，馆藏地方文献图书 9000 余种、期刊 300 余种、报纸 100 余种、珍贵地方志书 200 余种、家谱 50 余种。宁波地方文献中心自建设以来一直受到社会各界的支持和帮助，作家、藏家纷纷向图书馆捐赠地方文献、提供文献线索。凡捐赠文献达到一定规模，图书馆设专柜专栏保存。近 10 年来已有 1000 余位个人、200 余家机构捐赠了地方文献。

宁波市图书馆地方文献工作特色鲜明，首先体现在“全”上。凡涉及宁波的政治经济、科学技术、历史地理、教育卫生、文化艺术的各方面内容的文献，凡属于宁波籍人士著述的文献，全部尽收。其次体现在“专”上。凡名家大家作品全部搜集、凡方志文献全部搜集、凡新编家谱全部搜集、凡期刊创刊号全部搜集，在长期搜集基础上，形成地方文献的小类目馆。再次体现在“网”上。地方文献搜集除了依靠本馆专人，还建立全市地方文献征集队伍，搭建全市地方文献交换平台，依靠志愿者提供文献线索、捐赠图书，还不定期在报纸上刊登征集通知，加强地方文献征集宣传和教育普及工作。最后体现在“化”上。地方文献馆藏数字化、利用远程化、检索全文化，2010 年后陆续建成

《申报》宁波史料、宁波文史资料、《四明丛书》等数据库。

馆编文献

宁波市图书馆充分发挥市级馆科学研究、文献开发的带头作用，影印、撰写、编辑图书10余部，出版发行期刊10余种。1985年，宁波市图书馆影印《说海珍本丛书》的《〈西游记〉后传》《说唐征西传》《七真祖师列仙传》《雪月梅传》等四种，这是建馆以来首次影印的一部大型古籍丛书，每种发行三四百套。1997年，编纂完成涵盖全市图书馆事业发展的《宁波图书馆志》，2002又完成续编《宁波图书馆志（1991—2000）》。2004年编辑反映宁波当代家庭藏书、读书面貌的《书香人家》一书。2012年又推出文摘刊物《天一文荟》，成为宁波市县级党政领导阅读的重要信息参考刊物。依托宁波市图书馆学会的学术研究影响力，1997年和2002年先后编辑两册《甬图文萃》，刊载图书馆学研究论文。依托“天一讲堂”的学者专家资源，宁波市图书馆将讲堂内容编辑成文稿，从2006年起每年编辑一册《天一讲堂》，至2014年已出版8册。

波竹枝词
宁波诗社 编

寧波文物集粹
A COLLECTION OF CULTURAL
RELICS IN NINGBO

寧波歷代書畫集

宁海县志

13

第十三章

馆藏撷珍

本章中，将设古籍善本（1912年前）、民国图书（1912—1949）、宁波老报纸（1899—1949）、地方文献（1949年后）、馆编文献五个主题，选取百余种馆藏精品，展示宁波市图书馆典籍文献之特色。

第一节

古籍善本（1912 年前）

以经、史、子、集为序，选取宁波市图书馆馆藏古籍善本 27 种加以介绍。

一、《春秋三书》（三十一卷）

（明）张溥撰，明末刻本，7 册，10 行 20 字，小字双行同，白口，左右双边，单黑鱼尾，有冯云濠和秦祖泽藏书印。

收入《中国古籍善本书目》经部 02425 条（未标注宁波市图书馆有藏），为三级甲等古籍。是书内分《春秋列国论》二十四卷、《春秋诸传断》六卷、《春秋书法解》一卷，仅《春秋列国论》内容完整。张溥，明末著名文学家，复社组织者，主张文章应形式上复古，内容上为现实服务，对当时的文学界影响甚大，著有《七录斋集》等。冯云濠，清代慈溪藏书家，建有藏书楼“醉经阁”，藏书五万余卷，其书后多入藏秦祖泽“抹云楼”。

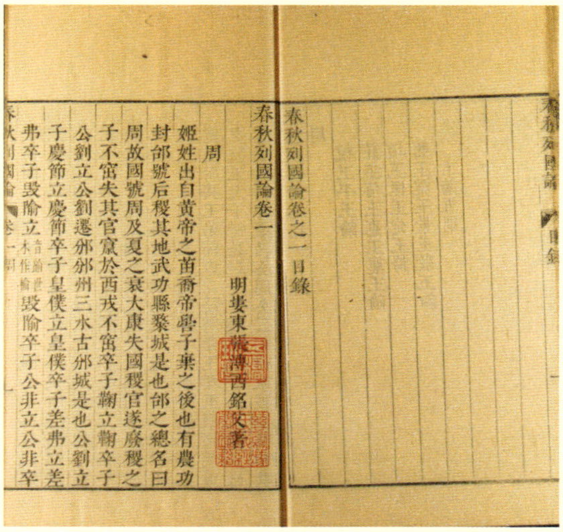

《春秋三书》（三十一卷）书影

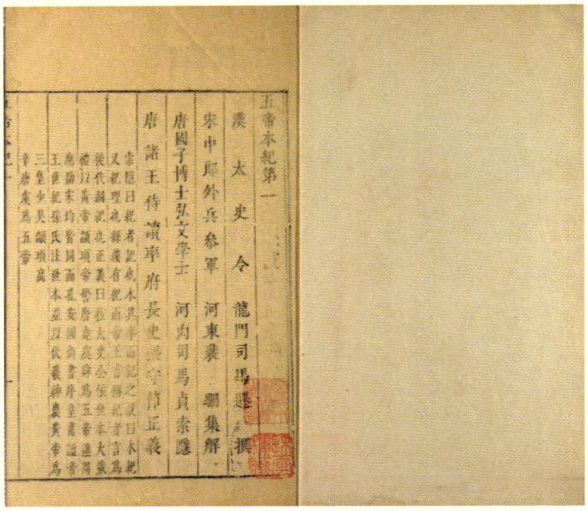
五帝本紀第一
漢 太史 令 龍門司馬遷 撰
宋中郎外兵參軍 河東裴 駰集解
唐國子博士弘文學士 河內司馬貞索隱
唐諸王侍讀率府長史張守節正義

《史记》（一百三十卷）书影

二、《史记》（一百三十卷）

（汉）司马迁撰，（刘宋）裴骃集解，（唐）司马贞索隐，（唐）张守节正义，明黄嘉惠刻本，20 册。9 行 20 字，小字双行同，白口，左右双边，有秦祖泽藏书印。

收入《中国古籍善本书目》史部 00110 条（未标注宁波市图书馆有藏），为三级甲等古籍。是书内容仿宋黄善夫本《史记》，汇三家注于一书，并有黄嘉惠所辑评录，乃是明末私刻本中之精品。黄嘉惠，明崇祯时徽州著名书商，以校刻文史戏曲见长，所刻书籍今存世较少，颇为珍贵。

三、《资治通鉴》（二百九十四卷）

（宋）司马光撰，（宋）胡三省音注，（明）陈仁锡评阅，明天启五年陈仁锡刻本 82 册。10 行 20 字，小字双行，同白口，四周单边，单黑鱼尾。

收入《中国古籍善本书目》史部 01084 条，为三级甲等古籍。是书卷首分载李孙宸、陈仁锡、胡三省序，正文下附七家注文，为明代《资治通鉴》诸刻本中影响最大者，清康熙帝玄烨御批《资治通鉴纲目》以此为据，后清康熙武英殿刻本刊刻时又据此校勘刻印。陈仁锡，明末长洲名宦，官至南京国子监祭酒，著有《四书备考》等，《明史》有传。

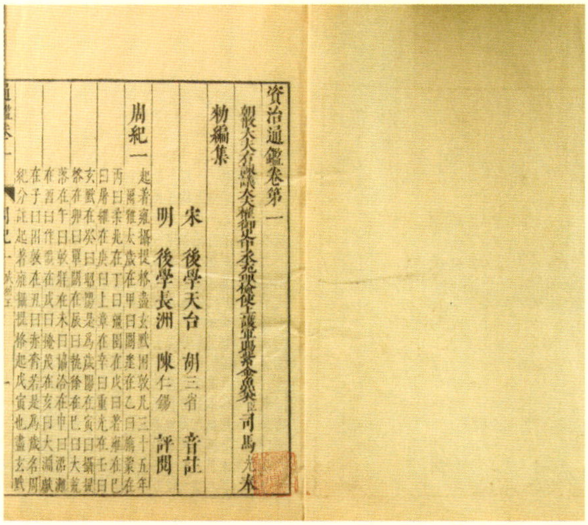
資治通鑑卷第一
勑編集
宋 後學天台 胡三省 音註
明 後學長洲 陳仁錫 評閱
周紀一

《资治通鉴》（二百九十四卷）书影

四、《王凤洲先生纲鉴正史全编》（二十四卷）

（明）王世贞撰，（明）陈仁锡评，明崇祯十二年刻本，13册。10行21字，小字双行同，白口，四周单边，单白鱼尾。

收入《中国古籍善本书目》史部01350条，为三级甲等古籍。是书卷首有《王凤洲先生纲鉴序》和张睿卿《陈太史纲鉴正史序》，全书将《资治通鉴》重新排列，选取主要史实，以纲为目，每一纲下又仿纪事本末体加以选述，并附以评点，较为简洁易懂，一定程度上促进了明末史学的普及。

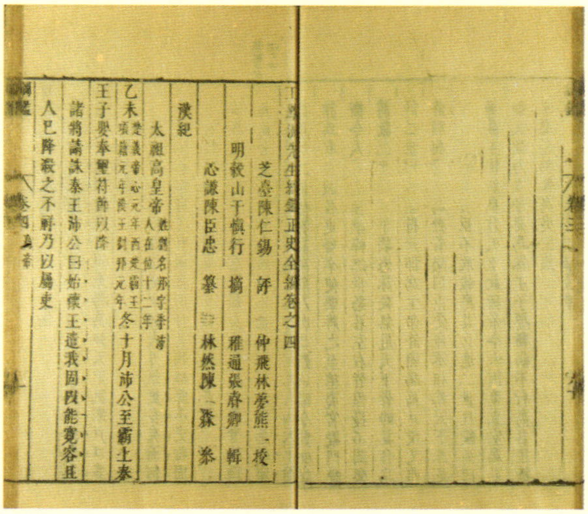

《王凤洲先生纲鉴正史全编》（二十四卷）书影

五、《［同治］象山县志》（二十四卷末一卷）

（清）黄丙堃、马嗣澄等纂修，清抄本，8册，张美翊跋。11行23字，小字双行同，白口，左右双边，单黑鱼尾，有张美翊、李洣藏书印。

收入《中国古籍善本书目》史部09645条，为三级丙等古籍。是书乃稀见方志，仅宁波市图书馆及南京大学图书馆藏有清抄本。全书修于清同治七年，时未刊刻，分二十二门，首有张美翊题记，详述是书概况、版本判定和得书经过。张美翊，清末民国鄞县人，早年曾随薛福成出洋考察，光绪年间两度出任南洋公学提调兼总理，民国时期为宁波教育会会长和旅沪同乡会会长。热心家乡文化事业，参与《四明丛书》等地方文献刻印，藏书亦颇丰，后人将其藏书捐于宁波市图书馆。

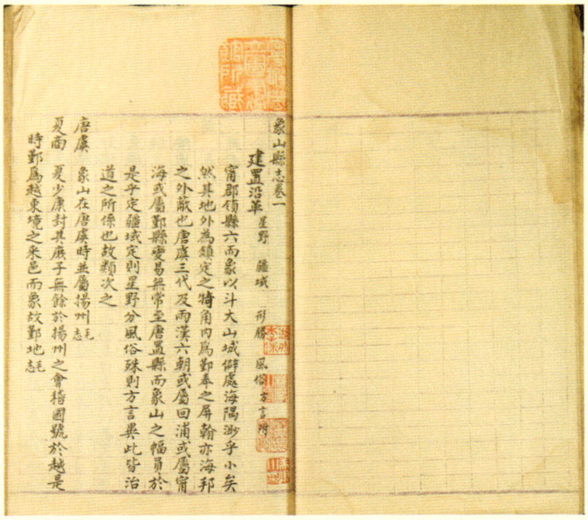

《［同治］象山县志》（二十四卷末一卷）书影

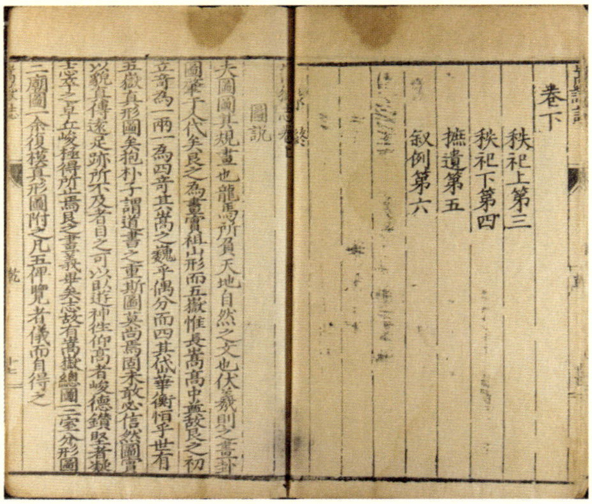

《嵩岳志》（二卷）《嵩岳文志》（八卷）书影

六、《嵩岳志》（二卷）《嵩岳文志》（八卷）

（明）陆柬撰并辑，明刻本，6 册，缺《嵩岳志》卷二。9 行 20 字，小字双行同，白口，左右双边，单黑鱼尾。

收入《中国古籍善本书目》史部 11318 条（未标注宁波市图书馆馆有藏），为三级甲等古籍。《嵩岳志》分岳形、灵毓、秩祀（上、下）、拾遗、叙例 6 篇，《嵩岳文志》乃作者在编纂《嵩岳志》之余，将所得资料未能入志者，另编成书，有栗永禄《嵩岳志序》、陆柬《嵩岳文志序》。陆氏，明嘉靖庚戌进士。

七、《先圣大训》（六卷）

（宋）杨简辑并注，明万历四十三年刻本，4 册。8 行 16 字，小字双行同，白口，四周单边，有冯云濠藏书印。

收入《中国古籍善本书目》子部 00579 条（未标注宁波市图书馆馆有藏），为三级甲等古籍。全书共 55 篇，搜罗孔子遗言，消除伪妄，反映了杨简的心学思想，书前冠有杨简、张翼轸、陈其柱序。杨简，宋代甬上著名心学家，和袁燮、舒璘、沈焕齐名，世称“甬上四先生”。其学主倡“毋念”“天地万物通为一体，非为心外事”，以为天地万物皆乃我之所为。

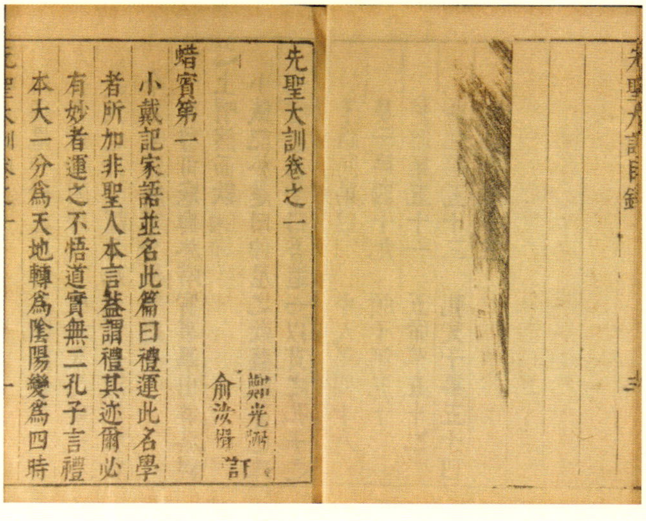

《先圣大训》（六卷）书影

八、《儒林宗派》（十六卷）

（清）万斯同撰，清王梓材醉经书屋抄本，5 册。16 行，行字数不等，白口，四周双边，有屠用锡跋。

收入《中国古籍善本书目》史部 04512 条，为三级甲等古籍。是书以表谱形式记述自孔孟以下至明末历代名儒授受源流和分派情况，清晰简明，在浙东学人著作中别具一格。万斯同，明清时期浙东学派代表人物之一，著名史学家，曾以布衣参修《明史》。

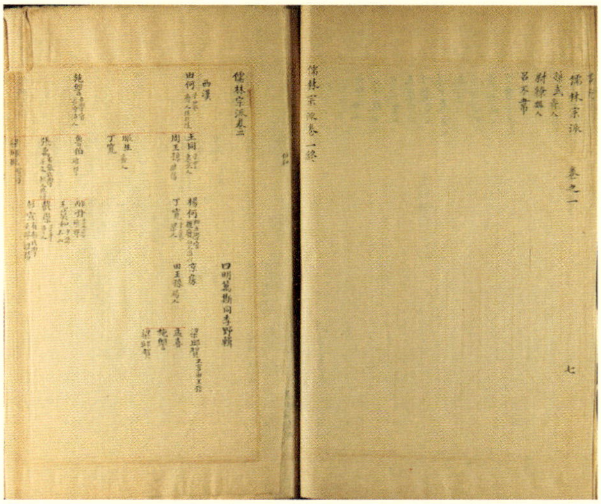

《儒林宗派》（十六卷）书影

九、《万寿盛典初集》（一百二十卷）书影

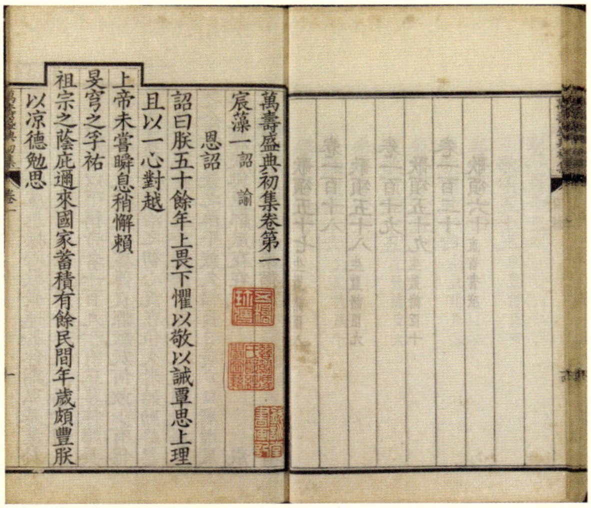

《万寿盛典初集》（一百二十卷）书影

（清）王原祁等纂，清康熙五十四至五十六年刻本，34 册，缺卷四十至四十二。9 行 19 字，白口，四周双边，单黑鱼尾，有冯云濠和秦祖泽藏书印。

未收入《中国古籍善本书目》，为三级乙等古籍。是书乃记述清康熙帝六旬寿庆之书，以纪事本末体分为宸藻、圣德、典礼、恩赉、庆祝、歌颂六门，刻印精美。

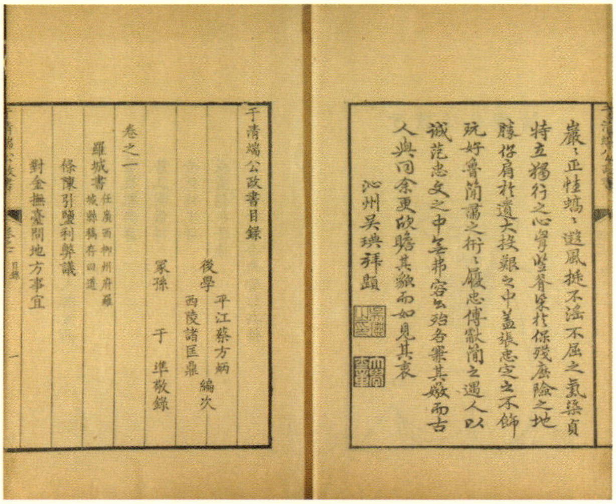

巖巖正性嶠嶠遺風挺不淫不屈之氣槩貞
特立獨行之心骨鯁著於保殘庶險之地
膝仔肩於遺大投艱之中蓋張忠定之不飾
玩好魯簡肅之衎衎嚴忠傳獻簡之遇人以
誠范忠文之中含弗容然殆各兼其嚴而古
人與同余更欣睹其貌而如見其衷
沁州吳璵拜題

于清端公政書目錄
後學 平江蔡方炳 西陵諸匡鼎 編次
冢孫 于 準敬錄
卷之一
羅城書 任廣西柳州府羅城縣縣令時存四道
條陳引鹽利弊議
對奎撫臺問地方事宜

《于清端公政书》（八卷）书影

十、《于清端公政书》（八卷）

（清）于成龙撰，（清）于準录，清康熙四十六年刻本 10 册。8 行 20 字，白口，四周单边，单黑鱼尾，有姚荣誉钤印。

收入《中国古籍善本书目》集部 11381 条，著录为清初刻本（未标注宁波市图书馆有藏），为三级乙等古籍。是书以职地分卷，专辑于成龙在浙江、四川、直隶、广西等地为官时各类政牍文书 230 余篇，保存了丰富的清代狱讼资料。于成龙，清康熙时廉吏，官至兵部尚书。姚荣誉，清朝藏书家，建有藏书楼“得月簃”，藏书达数万卷。

十一、《潘子求仁录辑要》（十卷）

（明）潘平格撰，清康熙五十六年四明毛文强、郑性刻本，3 册。13 行 25 字，上下黑口，四周单边，双黑鱼尾。

未收入《中国古籍善本书目》，为三级乙等古籍。是书分辨清学脉、致知格物、浑然一体中条理、孝悌、读书、问学、笃志力行等七部分，充分反映了作者的思想主张，前有郑性、毛勃序。潘平格，明末清初慈溪著名理学家，对儒释道均有研究，力崇孔孟，排斥佛道，主张求仁力行，在当时颇有影响力。郑性，清初慈溪著名藏书家，有藏书阁“二老阁”，保存大量梨洲学派著作。毛勃，清初甬上思想家，原宗梨洲，后改崇潘学。

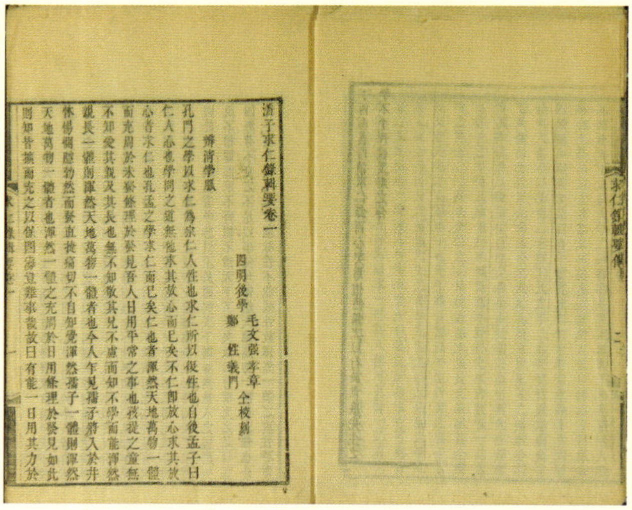

潘子求仁錄輯要卷一
四明後學 毛文強孝章 鄭 性義門 仝校刻
辨清學脈
孔門之學以求仁為宗仁人性也求仁所以復性也自後孟子曰
仁人心也學問之道無他求其放心而已矣不仁即放心求其放
心者求仁也孔孟之學求仁而已矣仁也者渾然天地萬物一體
而充周於未發條理於發見吾人日用平常之事也孩提之童無
不知愛其親及其長也無不知敬其兄不慮而知不學而能渾然
親長一體則渾然天地萬物一體者也今人乍見孺子將入於井
怵惕惻隱勃然而發直捷痛切不自知覺渾然孺子一體則渾然
天地萬物一體者也渾然一體之充周於日用條理於發見如此
則知皆擴而充之以保四海豈難事哉故曰有能一日用其力於

《潘子求仁录辑要》（十卷）书影

十二、《古今医统正脉全书》

（明）王肯堂编，明万历二十九年吴勉学刻清步月楼重修本，存 28 种，30 册。10 行 20 字，小字双行 30 字，白口，四周单边，双边兼有单黑鱼尾，有王鸣盛钤印和吴钊森跋。

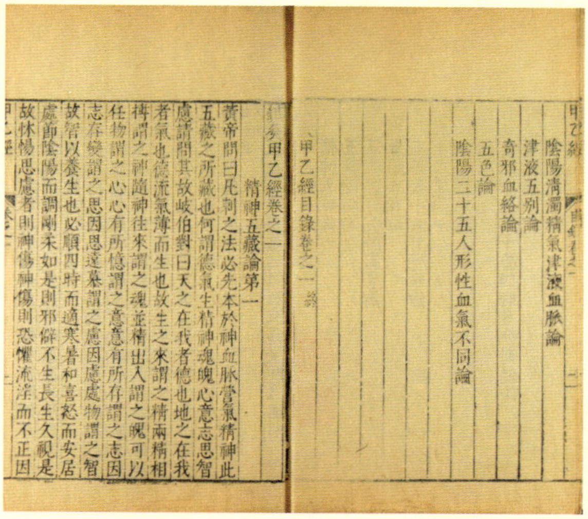

《古今医统正脉全书》书影

收入《中国古籍善本书目》子部 01670 条（未标注宁波市图书馆有藏），为三级乙等古籍。是书收录自汉至明历朝医学大家著作 44 种，本馆藏本存 28 种。王肯堂，明末医学名家，其在外科手术、肿瘤治疗等方面均有所擅。王鸣盛，清代朴学大家，在文学、史学、金石、文献目录等领域均有大成，以《十七史商榷》和《蛾术篇》最具影响力。

十三、《医灯续焰》（二十一卷）

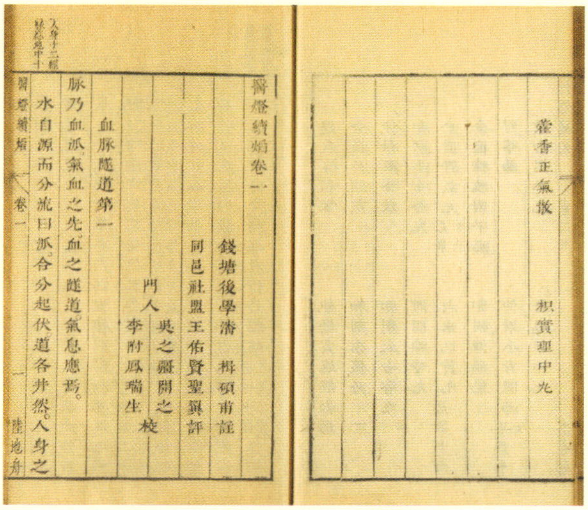

《医灯续焰》（二十一卷）书影

（宋）崔嘉彦撰，（明）李言闻删补，（清）潘楫注，（清）王佑贤评，清顺治陆地舟刻本，8 册 。8 行 20 字，小字双行同，白口，四周单边，单白鱼尾。

未收入《中国古籍善本书目》，为三级甲等古籍。是书以《灵枢》、《素问》开篇，又及张仲景下诸医家，只采录精确可验者，又附录注解、附方，以为后世挑灯续焰，颇为实用。崔嘉彦，宋时道士，擅脉学。潘楫，明末清初杭州名医。

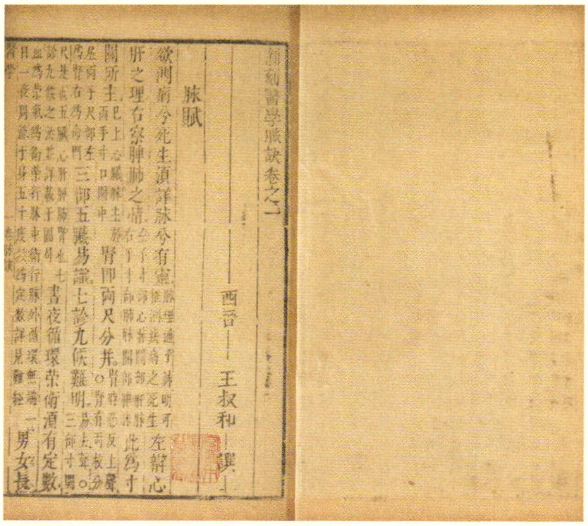

《新刻聂久吾先生〈医学汇函〉》(十三卷首一卷) 书影

十四、《新刻聂久吾先生〈医学汇函〉》(十三卷首一卷)

(明) 聂尚恒撰，明带月楼刻本 16 册。10 行 22 字，小字双行同，白口，四周单边。

未收入《中国古籍善本书目》，为三级甲等古籍。是书卷首有对历代医学家的介绍，卷一和卷二分别收录《脉诀》和《难经》，卷三至卷十一为临证各科，卷十二、十三为本草。聂尚恒，明代著名医学家，尤长于麻痘科。

十五、《雪月梅传》(十卷五十回)

(清) 陈朗撰，清乾隆四十年德华堂刻本，20 册。10 行 21 字，小字双行同，上黑口，左右双边，单黑鱼尾。

收入《中国古籍善本书目》子部 09144 条 (未标注宁波市图书馆有藏)，为三级乙等古籍。是书叙述明朝嘉靖年间金陵官宦子弟岑秀的故事。岑秀先娶雪姐，后在湖州相遇有婚约的表妹小梅完婚，不久又娶月娥为妻，遂称此题。陈朗，别号镜湖逸叟，生卒年不详，约在清乾隆时作成此书。

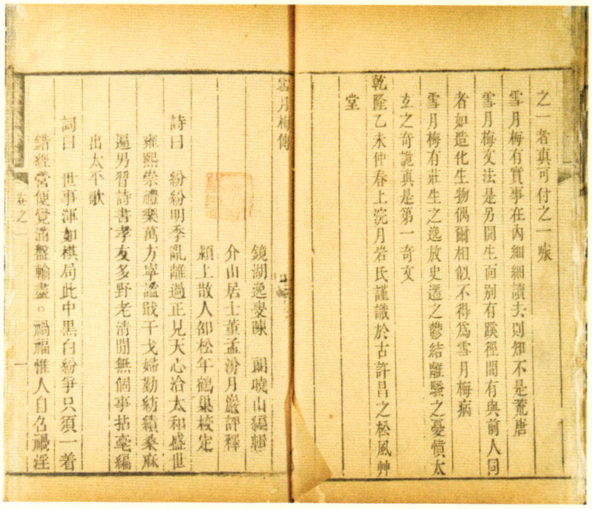

《雪月梅传》(十卷五十回) 书影

十六、《新刻批评绣像后西游记》(四卷四十回)书影

(清)天花才子评点,清初刻本,10册。11行24字,白口,四周单边,单黑鱼尾。

未收入《中国古籍善本书目》,为三级乙等古籍。是书仿照《西游记》,讲述释大颠、孙小圣、猪一戒、小沙弥等四人取经的故事,有一定的可读性。

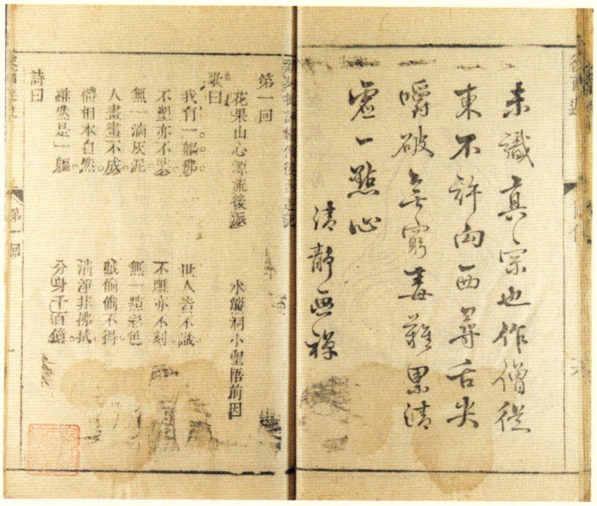

《新刻批评绣像后西游记》(四卷四十回)书影

十七、《唐类函》(二百卷及目录二卷)

(明)俞安期汇纂,明万历三十一年刻本,40册。10行20字,小字双行同,下黑口,四周单边,单黑鱼尾。

收入《中国古籍善本书目》子部09953条,为三级甲等古籍。是书取唐代《艺文类聚》《初学记》《北堂书钞》《白氏六帖》等四部类书,删繁就简,汇为一编,又兼采《通典》《岁华纪丽》部分于书中,故称类函。俞安期,明末吴江人,终生不仕。

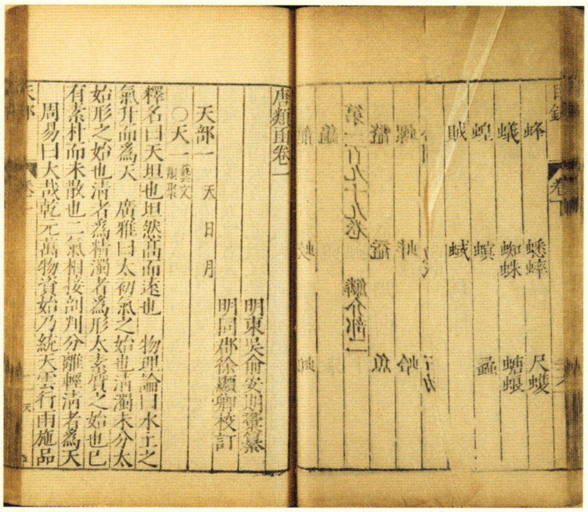

《唐类函》(二百卷及目录二卷)书影

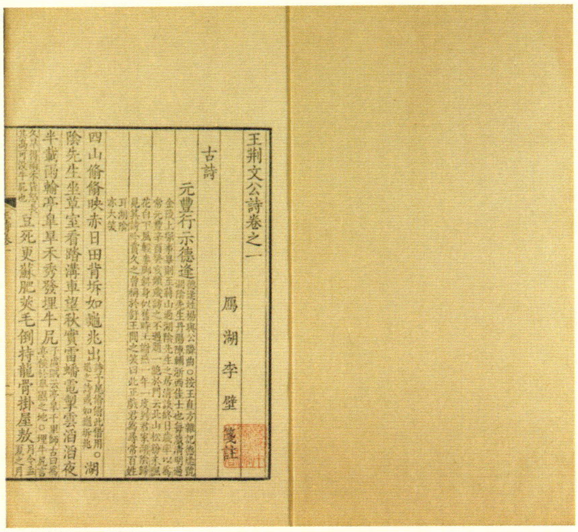
王荆文公詩卷之一
鴈湖李壁箋注
古詩
元豐行示德逢
四山翛翛映赤日田背坼如龜兆出
湖陰先生坐草室看踏溝車望秋實雷蟠電掣雲滔滔夜
半載雨輸亭皋旱禾秀發埋牛尻
豆死更蘇肥莢毛倒持龍骨掛屋敖

《王荆文公诗》（五十卷）书影

十八、《王荆文公诗》（五十卷）

（宋）王安石撰，（宋）李壁笺注，清乾隆五至六年张宗松清绮斋刻本 8 册。11 行 21 字，小字双行 31 字，下黑口，左右双边，单黑鱼尾。

收入《中国古籍善本书目》集部 02804 条，为三级乙等古籍。是书卷一至卷二十一为古诗，卷二十二至卷五十为律诗，此本为王诗较好的笺注本之一。王安石，宋代政治家、文学家，其在宋庆历七年（1047）为鄞县知县，颇有政绩。

十九、《梓溪文钞》

（明）舒芬著，明万历四十八年刻本，12 册。9 行 18 字，白口，四周双边，单黑鱼尾。

收入《中国古籍善本书目》集部 07873 条（未标注宁波市图书馆有藏），为三级甲等古籍。是书收录舒芬所作制策、奏疏及其他文章诗赋，故又称《舒梓溪先生集》。舒芬，明正德十二年（1517）状元，擅《周易》。

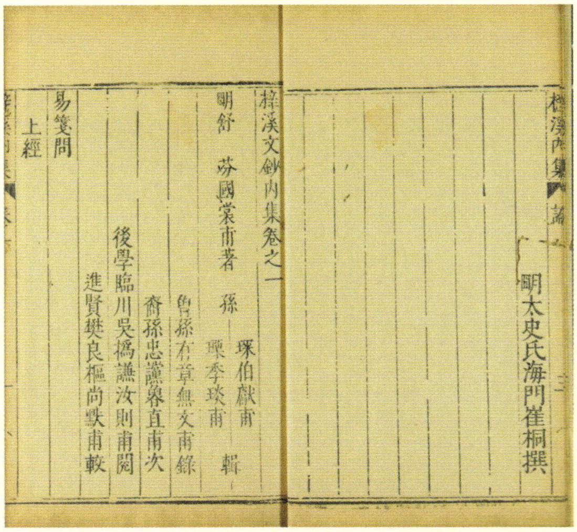
梓溪內集
明太史氏海門崔桐撰
梓溪文鈔內集卷之一
明舒　芬國棠甫著　孫　琛伯獻甫　輯
璵季琰甫
曾孫存章無文甫録
裔孫忠藎晉直甫次
後學臨川吳撝謙汝則甫閱
進賢樊良樞尚默甫較
易箋問
上經

《梓溪文钞》书影

二十、《古调堂初集》(十二卷)

（清）马之驦撰，清顺治古调堂刻本，2册。8行18字，小字双行同，白口，四周单边，单黑鱼尾。

收入《中国古籍善本书目》集部10911条，为三级甲等古籍。是书含诗文各六卷，辑录著者自明崇祯十五年至清顺治八年之作。马之驦，明末清初文学家，其诗在当时北方诗人中颇著名。

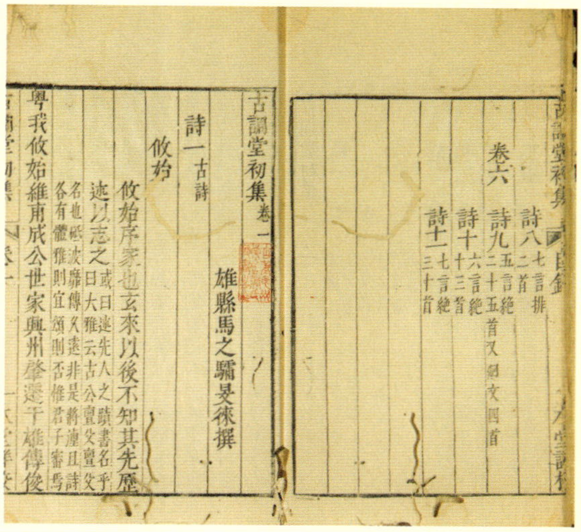

《古调堂初集》（十二卷）书影

二十一、《杲堂文钞》(六卷)

（清）李邺嗣著，（清）黄宗羲选，清康熙刻本，6册。9行22字，上下黑口，左右双边，双对花鱼尾。

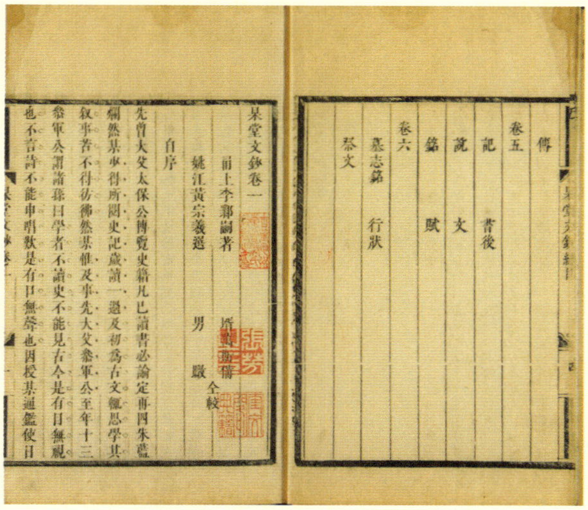

《杲堂文钞》（六卷）书影

收入《中国古籍善本书目》集部11575条（未标注宁波市图书馆有藏），为三级乙等古籍。是书卷一至卷三收录李氏序文，卷四至卷六收录李氏书论、文赋、铭文等杂文，是较早的李氏文集刊本，亦为《四明丛书》本所依之底本。李邺嗣，明末清初文学家，早年参与反清复明斗争，后为清军所囚，获释后拒仕清朝，致力于甬上文献整理，所作诗文，著称于浙东，有《甬上耆旧诗》等。

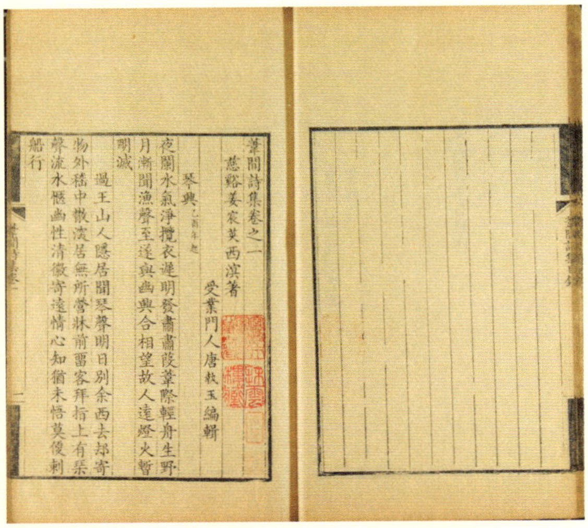
葦間詩集卷之一
慈谿姜宸英西溟著
受業門人唐執玉編輯
琴興
夜闌水氣淨攬衣遲明發蕭蕭葭葦際輕舟生野月漸聞漁聲至逶與幽興合相望故人遠燈火暫明滅
過王山人隱居聞琴聲明日別余西去却寄
物外稱中散淡居無所營牀前留客拜指上有桑聲流水愜幽性清徵寄遠情心知猶未悟莫傻刺船行

《苇间诗集》（五卷）书影

二十二、《苇间诗集》（五卷）

（清）姜宸英著，（清）唐执玉编辑，清康熙五十二年刻本，2 册。11 行 19 字，上下黑口，左右双边，单黑鱼尾。

收入《中国古籍善本书目》集部 12911 条，为三级乙等古籍。是书收录姜宸英诗七百三十首。姜宸英，清慈溪籍文学家，善诗文，尤工古文，与朱彝尊、严绳孙并称为“江南三大布衣”。

二十三、《静远轩传稿汇编》（不分卷）

（清）邵基、邵惔、邵铎著，清乾隆四十七年刻本，5 册。9 行 25 字，白口，四周单边。

未收入《中国古籍善本书目》，为三级乙等古籍。是书收邵基、邵铎父子文章。邵基，清朝鄞县政治家、文学家，官至兵部右侍郎，有清名。

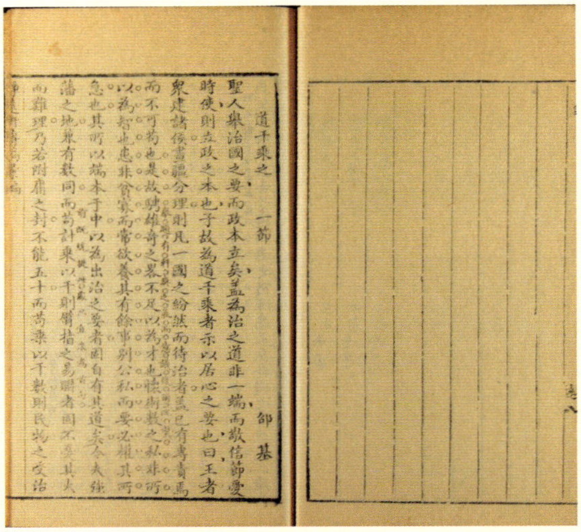
道千乘之一節 邵基
聖人舉治國之要而政本立矣蓋為治之道非一端而敬信節愛時使則立政之本也子故為道千乘者示以居心之要也曰王者衆建諸侯畫疆分理則凡一國之紛然而待治者蓋已有專責焉而不可药也是故騁雄奇之畧不足以為才也襟術數之私非所以為智也恣非貨寡而常欲養其有餘事別公私而要必權其所急也其所以端本乎中以為出治之要者固自有其道矣今夫縱藩之地雖有數同而苟計乘以千則簡指之易曉者固不要其大而難理乃若附庸之封不能五十而苟乘以千數則民為之受治

《静远轩传稿汇编》（不分卷）书影

二十四、《文苑英华选隽》(二十八卷)

(明)傅振商选，明崇祯六年刻本，24 册。9 行 18 字，小字双行同，白口，四周单边单黑鱼尾。

收入《中国古籍善本书目》集部 16866 条，为三级甲等古籍。是书为著者从《文苑英华》中选编之文选。傅振商，明末政治家、文学家，官至南京兵部尚书，诗文颇有名。

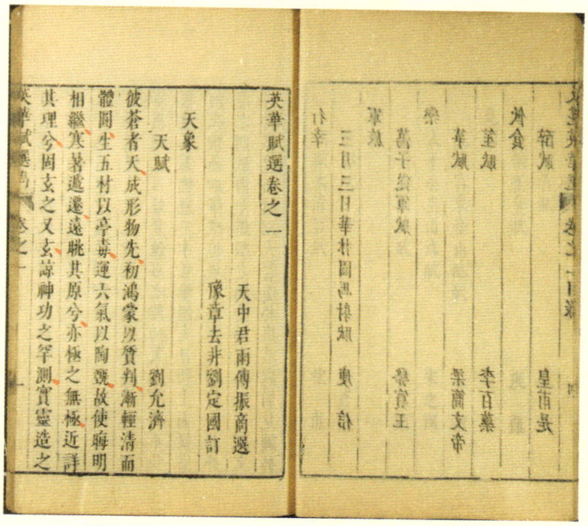
英華賦選卷之一
天中君雨傳振商選
豫章去非劉定國訂
天象
天賦 劉允濟
彼蒼者天成形物先初鴻濛以賚判漸輕清而
體圓生五材以亭毒運六氣以陶甄故使寥明
相繼寒暑遞遷遠眺其原兮亦極之無極近詳
其理兮固玄之又玄蒿神功之罕測實靈造之

《文苑英华选隽》(二十八卷)书影

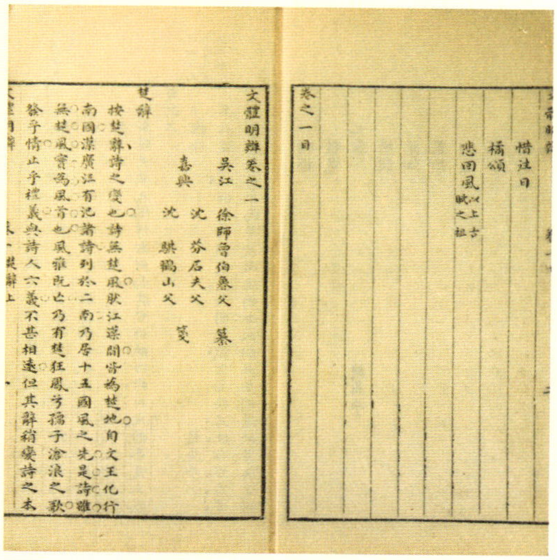
文體明辯卷之一
吳江 徐師曾伯魯父 纂
嘉興 沈芬石夫父
沈騏鶴山父 箋
楚辭
按楚辭詩之變也詩無楚風楚迺江漢閒皆為楚地自文王化行南國漢廣江有汜諸詩列於二南乃居十五國風之先是詩雖無楚風實為風首也風雅既亡乃有楚狂鳳兮孺子滄浪之歌發乎情止乎禮義與詩人六義不甚相遠但其辭稍變詩之本

《文体明辩》(四十八卷)书影

二十五、《文体明辩》(四十八卷)

(明)徐师曾纂，(明)沈芬、沈骐笺，明崇祯十三年刻本，20 册。9 行 25 字，小字双行同，白口，四周单边。

收入《中国古籍善本书目》集部 17524 条，为三级甲等古籍。是书采吴讷《文章辩体》重加修订而成，按正、变、古、俗四类分文体 127 类，但不取词曲小说。徐师曾，明嘉靖名臣，官至吏科给事中。

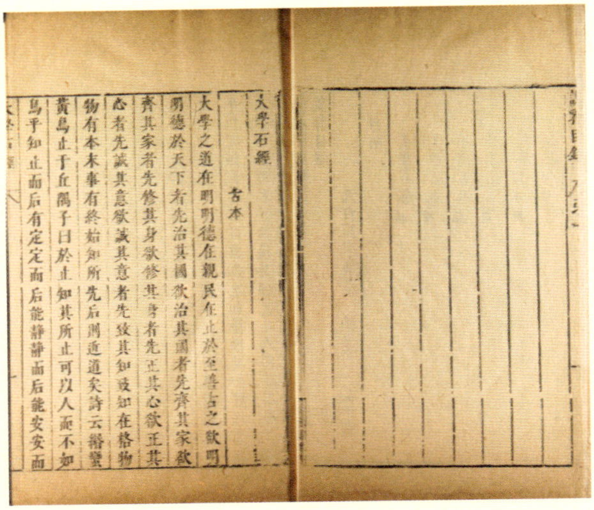
大學石經 古本

大學之道在明明德在親民在止於至善古之欲明明德於天下者先治其國欲治其國者先齊其家欲齊其家者先修其身欲修其身者先正其心欲正其心者先誠其意欲誠其意者先致其知致知在格物物有本末事有終始知所先后則近道矣詩云緡蠻黃鳥止于丘隅子曰於止知其所止可以人而不如鳥乎知止而后有定定而后能靜靜而后能安安而

《说郛》（一百二十卷）书影

二十六、《说郛》(一百二十卷)

（明）陶宗仪编，清顺治三年李际期宛委山堂刻本，120 册。9 行 20 字，小字双行同，白口，左右双边，单白鱼尾。

收入《中国古籍善本书目》丛部 00021 条，为三级甲等古籍。是书选辑汉魏至宋元的历朝笔记，经史诸子亦有所录，总数达两千余种，不少已无传本。陶宗仪，元末明初学者，著有《辍耕录》等。

二十七、《盐邑志林》(存三十七种)

（明）樊维城辑，明天启间刻清印本，20 册。10 行 19 字，小字双行同，白口，左右双边，单黑鱼尾。

收入《中国古籍善本书目》丛部 00309 条，为三级甲等古籍。是书辑录历代海盐地区人士著作而成，共录书 41 种，为中国最早的地方性丛书，其体例为后世地方性丛书所奉。樊维城，明末文学家，官至泉州知府，作品甚多，以此书影响最大。

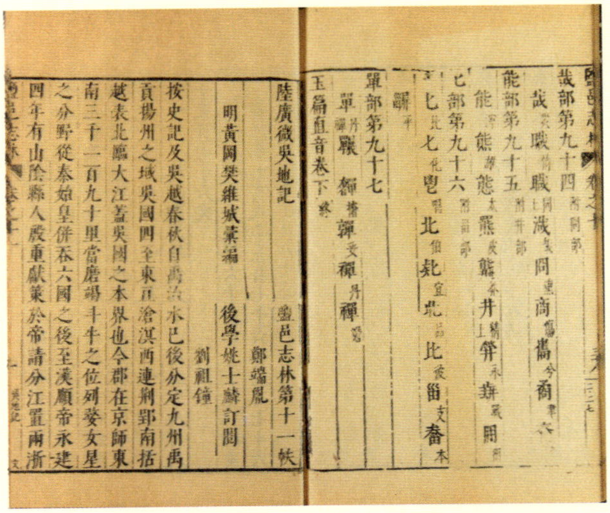
陸廣微吳地記　鹽邑志林第十一帙

明黃岡樊維城彙編　後學姚士麟訂閱　鄭端胤　劉祖鍾

按史記及吳越春秋自禹治水已後分定九州禹貢揚州之域吳國四至東至滄溟西連荆郢南括越表北距大江蓋吳國之本界也今郡在京師東南二千一百九十里當唐竭牛斗之位列婺女星之分野從秦始皇并吞六國之後至漢順帝永建四年有山陰縣人殷重獻策於帝請分江置兩浙

《盐邑志林》（存三十七种）书影

第二节

民国图书（1912—1949）

宁波市图书馆馆藏的民国图书较为丰富，尤以地方文献为特色，分为地方人士著述和地方特种文献两大类：地方人士著述展现了民国时期宁波文风之盛；政府公牍、同学录、法规汇编、纪念册等地方特种文献则涵盖政治、教育、法律、经济等各领域，反映出宁波自开埠后百年的近代化历程和以近代宁波帮为代表的务实、开放、创新的城市精神。下面选取民国图书 18 种加以介绍。

一、《论语时训》（陈训正撰）

1941 年线装本。本书是对《论语》的解读。前有勘误表及作者自序。

陈训正（1872—1943），字无邪，又字屺怀，号天婴，宁波慈溪县人。近代教育家、学者。著有《国民革命军战史初稿》《论语时训》《甬谚名谓考》《天婴室丛稿》《晚山人集》《天婴诗辑》《伣言》等。

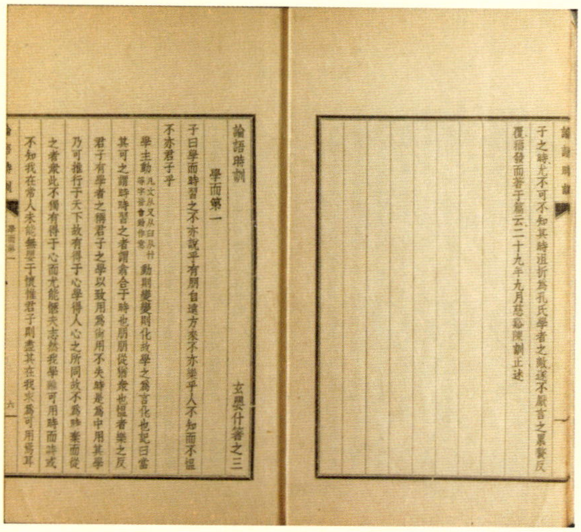

《论语时训》书影

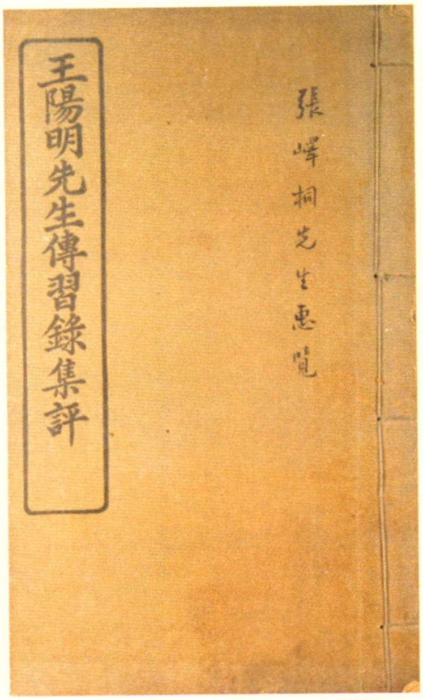

《王阳明先生传习录集评》（四卷）书封

二、《王阳明先生传习录集评》(四卷)(孙锵辑校)

1914 年四明七千卷楼线装本。本书是对《传习录》的注释。《传习录》是中国明代哲学家、宋明道学中心学一派的代表人物王守仁（字伯安，世称阳明先生）的语录和论学书信。本书由孙奇逢、施邦曜、刘宗周、黄宗羲参评，陶浔霍、梁启超续评。有孙锵、张寿镛序。末有勘误表。

孙锵（1856—1932），谱名礼锵，字仲鸣、玉仙，宁波奉化人。有藏书楼名“好古山房”，又设“七千卷藏书楼”，收藏图书、画帖极多。

三、《诸子大纲》(张寿镛讲)

1944 年约园线装本。本书是张寿镛为光华大学学生授课的底本，分 12 讲，末为结论。

张寿镛（1876—1945），字伯颂，号咏霓，别号约园，浙江省鄞县（今宁波市鄞州人，为明末著名抗清英雄张煌言的后裔）。著名爱国教育家、藏书家和文献学家，光华大学创办者和第一任校长。著《约园杂著》《诗史初稿》《约园演讲集》《经学大纲》《史学大纲》等。

《诸子大纲》书封

四、《宁波高桥恤孤院民国 7 年第七期报告》(宁波高桥恤孤院编)

本书包括孤儿苦史、周松鹤牧师演词、恤孤院记事、募捐员姓氏、捐款征信录、捐支总数报告、账略报告、收孤儿简章、孤儿报名单等内容。内有募捐员照片。前有包文德序。1919 年出版。

宁波高桥恤孤院由美国基督教长老会于 1909 年 1 月筹办，次年 2 月在鄞西高桥周家花园建成院舍正式开办。第一任院长为朱淇园，招收 7 岁以上孤儿入院，第一年儿童有百余人。

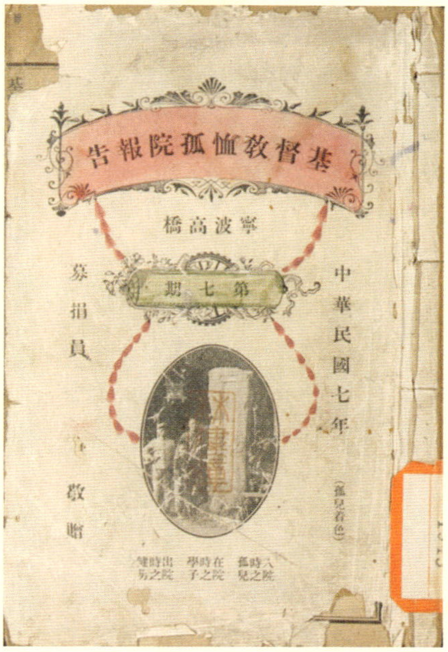

宁波高桥恤孤院民国 7 年捐款征信录

《宁波警察概况》书封

五、《宁波警察概况》(宁波公安局编)

本书记录 1933 年 1 月至 1935 年 12 月间宁波警察的状况。共分三部分：总务部分之概况含组织、任用、待遇、书文、设备、教育、警捐、经费等内容；行政部分之概况含保安、正俗、户籍、交通、消防、卫生、外事等内容；司法部分之概况含刑事、其他、违警、指纹、拘留所设备情形等内容。最后有宁波公安局现行规则。

《宁波市政府现行法规汇编》书封

六、《宁波市政府现行法规汇编》（宁波市政府编辑委员会编辑）

本书收录《修正宁波市暂行条例》《宁波市建筑条例》《宁波市住屋捐章程》等59种；附录《浙江省最近政纲》，含规则、条例、章程等27种。由宁波市政府秘书处发行，宁波印刷公司印刷，1928年8月出版。

七、《宁波四明孤儿院第二期报告册》（四明孤儿院教职员编）

本书含四明孤儿院章程、四明孤儿院兼收失养女童简章、董事一览表、义务医士一览表、职员一览表、在院院生一览表、出院院生一览表、认定院生一览表、图表、院务琐记、成绩、特别捐、常年捐、喜庆筵资、教养费、女童经费、奖助存息等项、支款、存款、附设南郊无利借钱局、附设同义惜字会等内容。民国年间出版。

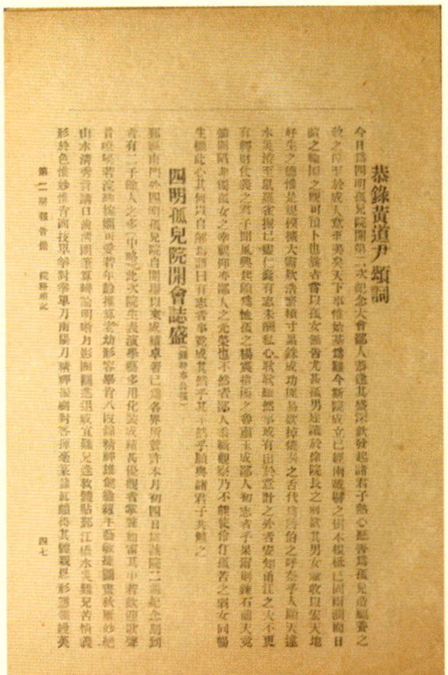
恭錄黃道尹頌詞

四明孤兒院開會誌盛

第二期報告冊　四七

《宁波四明孤儿院第二期报告册》书影

八、《鄞县县政府工作报告(三十五年下半年度)》(鄞县县政府编)

本书分7月至9月、10月至12月两部分报告，每部分各包含一般行政、民政（警政）、财政、教育、建设、田赋、军事、社会、地政、卫生、会计、统计、人事等13个方面内容。1947年出版。

《鄞县县政府工作报告》书封

九、《上海总商会新建议事厅开幕纪念》(英汉对照)(上海总商会编)

本书内容包括上海总商会大事记（英汉对照）、上海总商会创始人严信厚、历任总协理及现任正副会长、议董像及简介（内有多位宁波籍人士）、上海总商会议事厅照片等。上海商务印书馆代印，1916年出版发行。

《上海总商会新建议事厅开幕纪念》书封

十、《鄞西学山承佃总册》（四卷）（鄞县县政府财务委员会学山办事处编）

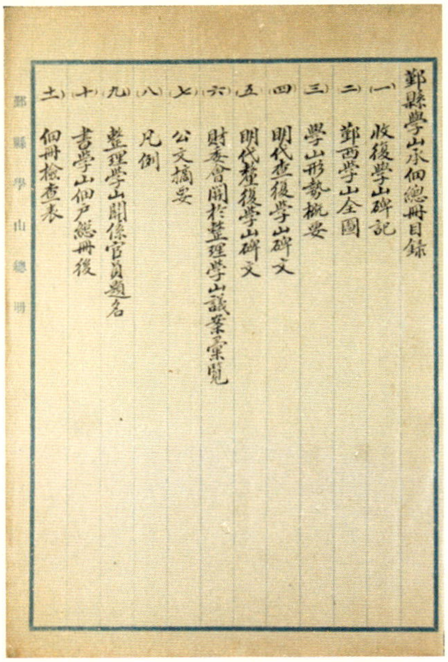
鄞縣學山承佃總冊目錄
（一）收復學山碑記
（二）鄞西學山全圖
（三）學山形勢概要
（四）明代查復學山碑文
（五）明代釐復學山碑文
（六）財委會關於整理學山議案彙覽
（七）公文摘要
（八）凡例
（九）整理學山關係官員題名
（十）書學山佃戶總冊後
（十一）佃冊檢查表

《鄞西学山承佃总册》（四卷）书影

学山在鄞县西南 35 公里灌顶山上。早于宋天僖二年（1018）隶属府县二学，并由普净禅院岁纳学租。自元明以来，其学田或为寺僧已有，或为民所处。1932 年鄞县县长陈宝麟设立整理学山办事处。本书为当时恢复学山承佃的情况及其历史资料的汇编，为民国 27 年（1938）鄞县县政府财务委员会经管鄞西学田、学山（附山田）租册。内容包括收复学山碑记、鄞西学山全图、学山形势概要、明代查复学山碑文、明代厘复学山碑文、财委会关于整理学山议案汇览、公文摘要、凡例、整理学山关系官员题名、书学山佃户总册。1939 年出版。

十一、《天一阁今昔观》（重修天一阁委员会编）

本书内含《未经修葺之天一阁》《阁东墙垣倾颓形状》《修葺天一阁开始工作》《行将落成之天一阁》等 9 幅照片。由宁波钧和印刷公司 1934 年印发。重修天一阁委员会，设在宁波中山公园鄞县文献委员会内。

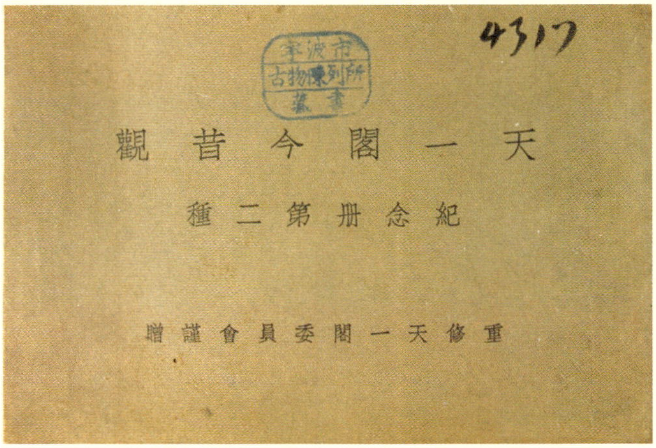

《天一阁今昔观》书封

十二、《小学教育的实际》（鄞县私立周韩小学编辑）

《小学教育的实际》书封

本书是鄞县私立周韩小学十周年纪念册。主要记载1930年后学校行政、教学、训导、儿童自治、民众教育、教学研究、纪念等方面的内容。内有十周年纪念典礼照，已故董事周芝生、校董会主席周禹卿、校董会副主席周公荫等人像及该校相关图片。宁波公园路中国印刷所1935年承印。

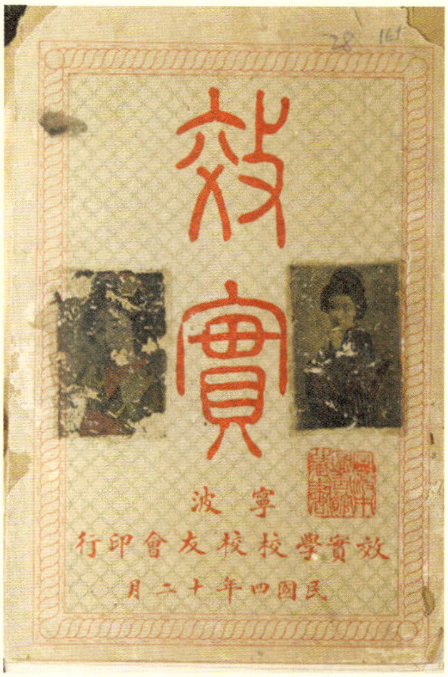

《效实》书封

十三、《效实》（宁波效实学校校友会编）

本书是效实中学校友会刊物，内容分为通论（校训等）、记述（效实学校成立史等）、章程、名录、学术研究（会员所撰写的学术文章）、通讯、文苑（文五篇、诗二十二首）、报告（收支账略等）附录等几部分。正文前有效实学校校舍图、冯幵序。1915年出版发行。

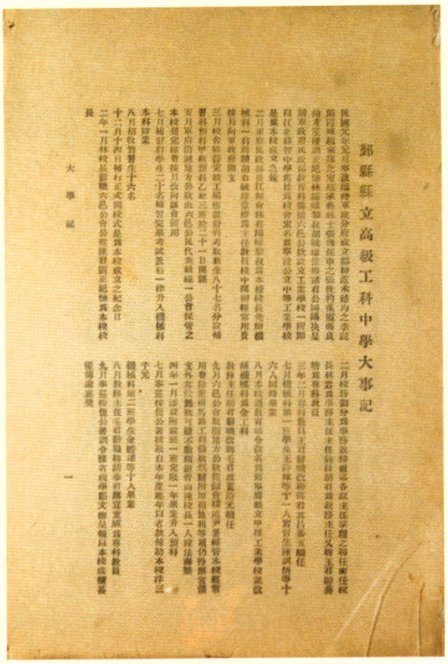
鄞縣縣立高級工科中學大事記

《鄞县县立高级工科中学二十周年纪念册》书影

十四、《鄞县县立高级工科中学二十周年纪念册》（鄞县工校廿周年纪念筹备会编辑部编）

本书含大事记、组织大纲、暂行学则、校务概况、课程纲要、章则、图表、校友录等内容。附录有本中学反日救国工作志要、陈前校长六十寿言。宁波钧和印刷公司代印，1931 年出版。

十五、《鄞县小学乡土教材》（黄国才编辑）

本书介绍鄞县的地理、历史、建设、事业等常识，共50条，包括鄞县的名称和沿革、鄞县地理概况、四大名山、鄞县的江河、东钱湖形势等等，书前配有鄞县全图（王之祥绘）、东钱湖全景、灵桥、竹洲、天封塔、天一阁、薛楼、新江桥与江北岸等图。有陈宝麟、叶谦谅、黄国才序。

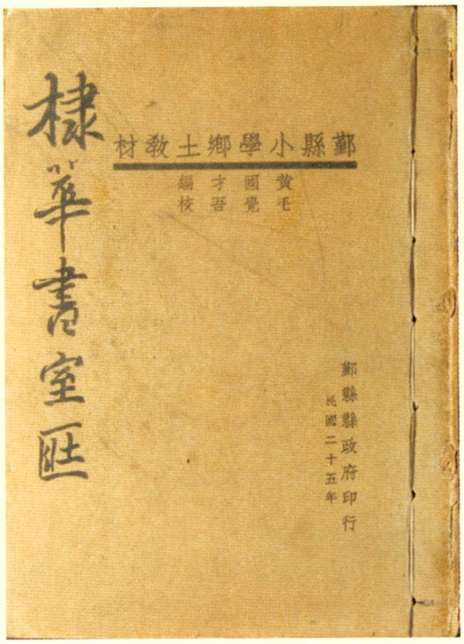

《鄞县小学乡土教材》书封

十六、《浙江省立宁波中学同学录》（浙江省立宁波中学编）

本书含时任教职员姓名、别号、性别、年龄、籍贯、时任职务、通信地址；各级在校学生姓名、性别、年龄、籍贯、通信地址。封面由翁子华设计。1944 年宁波科学书局承印。

《浙江省立宁波中学同学录》书封

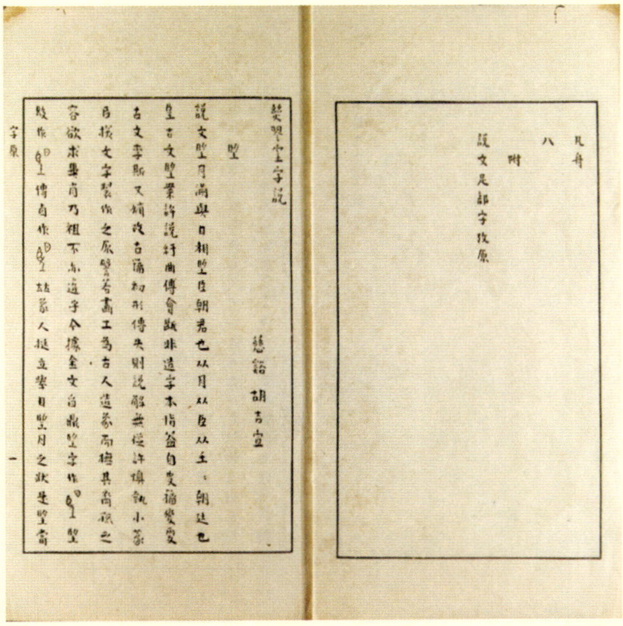

《幽求室字说》（一卷）书影

十七、《幽求室字说》（一卷）（胡吉宣撰）

本书又名《字原》，收录考释甲骨文、金文之字，分为释望、释监、释申等 15 篇，附文《足部字考原》一卷。前有郭沫若题词。

胡吉宣（1895—1984），字子珣，慈溪人。著有《字原》《字监》《玉篇引书考异》《六朝说文辑注》（未刊）等。

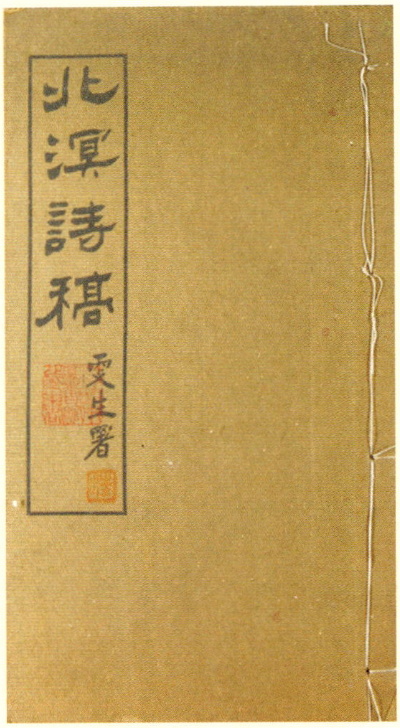

《北溟诗稿》（二卷，补遗一卷，首一卷，末一卷）书封

十八、《北溟诗稿》（二卷，补遗一卷，首一卷，末一卷）（江起鲲撰）

1933 年线装本。本书收录《龙山谒严子陵先生祠》《和孙铁仙丈五十自述韵》等 1914 至 1925 年间江起鲲所作诗 206 首，补遗收录《端午即事》《和张亦湘海上近作》等诗 22 首。前有江五民、江内民序，末为江起鲲之子江圣钧跋，后有校勘记。

江起鲲（1864—1925），字北溟，号朴民，奉化人。曾任奉化龙津学堂校长、宁波中学堂监督、慈溪锦堂学堂堂长、锦堂农业学校监督。

第三节

宁波老报刊（1899—1949）

本节选取24种宁波老报刊加以介绍，以馆藏时间为序，先报后刊。

一、《德商甬报》

清光绪二十四年（1898）11月28日由德丰洋行创办。发行人为德商白鼐斯，主笔为慈溪人王恭寿。《德商甬报》以商情信息为主，社会新闻、论说为辅，大量刊载商业信息及广告，是宁波最早的商报。宁波市图书馆收藏了1899年共54期报纸原件。

《德商甬报》为日报，用宽60厘米、长110厘米的毛边纸单面印刷，每页分栏显示，已具有现代新闻纸的基本样式。报纸发行区域不仅包括本埠和宁属各县，而且包括浙江省内台州、海门、定海等地，甚至在北京、上海、杭州、苏州、天津等地设有报纸代售处。该报于1899年12月停刊。

德商甬報
每張取方錢六文
大清光緒二十四年十一月廿五日
耶穌一千八百九十九年正月六號

《德商甬报》

二、《四明日报》

清宣统二年（1910 年）6 月 30 日由蔡琴荪等发起创办。社址在江北岸洋船弄。设有股东委员会，股东为甬城著名绅商，有“绅士报”之称。先后担任主笔的有王荦、张朴生、章巨摩、庄禹梅（代理）、吴铁花、叶莞、陈布雷、李琯卿等。

《四明日报》日出对开 2 大张 8 版，其中新闻、广告各 4 版。白报纸铅印，初用四号老宋竖排，民国 7 年（1918 年）起间用老五宋。一版刊登广告启事，二、三版刊登国内外专电、新闻及时评。设《专电》《汇电》《紧要新闻》《海外要闻》《各省通讯》《本省通讯》《本郡通讯》及《琐闻》等栏目。后陆续辟《四明艺苑》《四明俱乐部》《谭薮》《余霞》《新谈助》等副刊。民国 13 年（1924 年）10 月，王任叔受聘《文学》副刊主编，在馆内工作的社会主义青年团团员谢传茂、汪子望、曹静渊等分别任评论、新闻编辑。副刊辟《民治》《青年》等专栏，宣传国民革命。宁波市图书馆有 1910—1930 年部分报纸入藏。

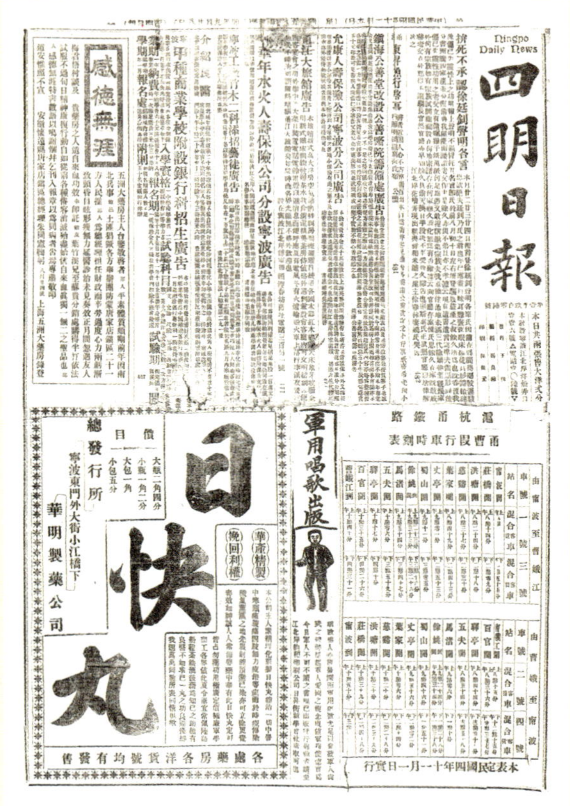
Ningpo Daily News

四明日報

感德無涯

中華商業學校附設銀行科招生廣告

滬杭甬鐵路 甬曹段行車時刻表

軍用唱歌出版

日快丸

價目 大瓶一角四分 小瓶一角一分 大包一角 小包五分

總發行所 寧波東門外大街小江橋下 華明製藥公司

各處藥房各洋貨號均有發售

本表定民國四年十一月一日實行

《四明日报》

三、《时事公报》

民国 9 年（1920 年）6 月 1 日由五四时期宁波“救国十人团”团长金臻庠创办。报名为国民党元老于右任题字。初期发行量为 967 份，日出对开一张，民国 11—22 年（1922—1933）曾出对开三大张。分国内外电讯、本省本地新闻和广告、评论等栏。副刊先后有《新月》《散花场》《闲云》《五味架》《珊瑚网》《憧憬》等专栏，抗战爆发，副刊改名《挺进》，寓鼓动民众参加全民抗战之意。1940 年冬，《时事公报》发行量达到 1.5 万份，创当时浙东报纸发行纪录。1941 年 4 月宁波沦陷后，《时事公报》被日伪劫夺。1946 年 2 月 11 日复刊，改名为《宁波时事公报》继续出刊。1948 年 10 月 24 日被国民党当局勒令停刊。宁波市图书馆有 1922—1948 年部分报纸入藏。

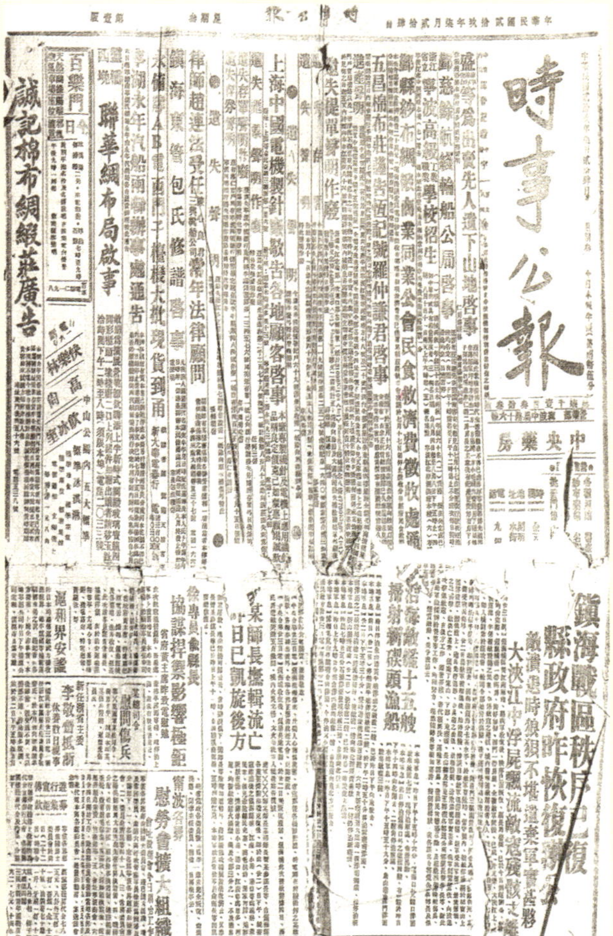
時事公報

誠記棉布綢緞莊廣告

聯華綢布局啟事

中央藥房

《时事公报》

四、《间闻》

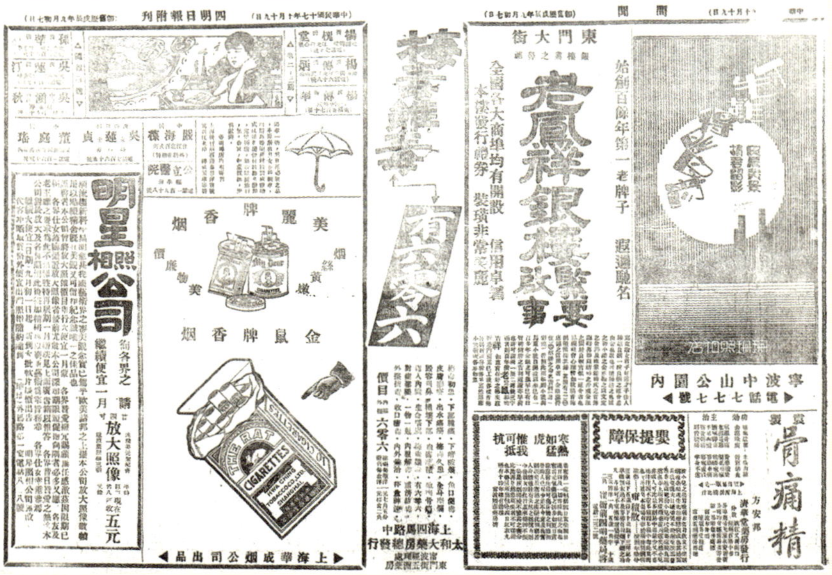
四明日報附刊
間聞
明星照相公司
美麗牌香烟
金鼠牌香烟
上海華成烟公司出品
東門大街
老鳳祥銀樓緊要啟事
寧波中山公園內
電話七七七號
骨痛精

《间闻》

为《四明日报》附刊，民国 17 年（1928 年）出版，陈布新主办，2 日刊，4 开 2 版。它是以刊载杂文、随笔和其他消闲文字为主的休闲小报。本馆有 1928 年部分报纸入藏。

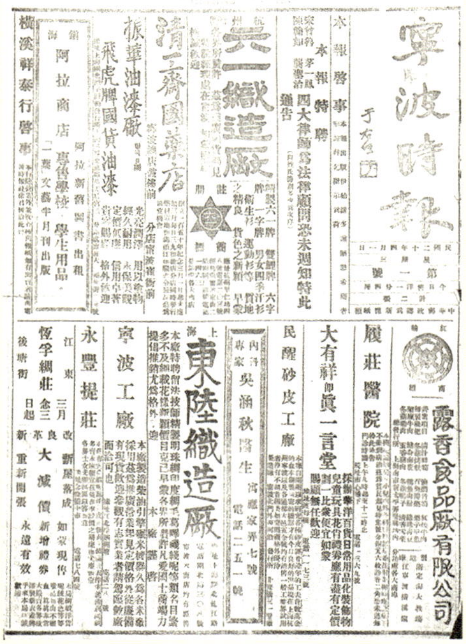
寧波時報
天一織造廠
振華油漆廠
飛虎牌國貨油漆
東陸織造廠
寧波工廠
永豐提莊
履莊醫院
民醒砂皮工廠
露香食品廠有限公司

《宁波时报》

五、《宁波时报》

民国 20 年（1931 年）4 月 1 日创刊，日刊，4 开 4 版 1 张。张瑞玉、周淑孝二人主办，国民党元老于右任题写报名。刊至 112 期而终止。内容有新闻、评论、广告等，是以刊载新闻为主的新闻时事类小报。宁波市图书馆有 1931、1950、1951 年部分报纸入藏。

六、《宁波闲话》

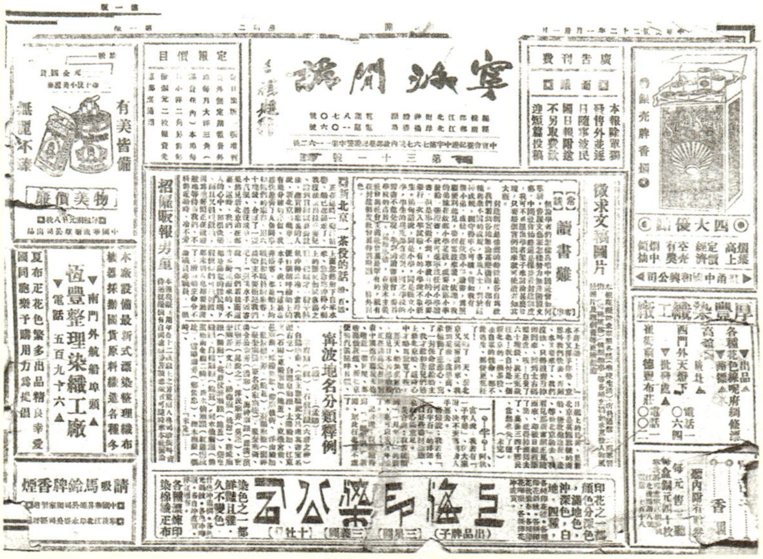
寧波閑話

寧波地名分類釋例

讀書難

徵求文藝圖片

物美價廉

恆豐整理染織工廠

請吸馬鈴牌香煙

三益印染公司

《宁波闲话》

民国21年（1932年）12月创刊，日刊，8开。编辑部设在民国日报社内，由斯旺负责，除单独出售外，还随《民国日报》附送，不另收费。以刊载杂文、随笔和其他消闲文字为主。宁波市图书馆有1933年部分报纸入藏。

七、《上海宁波日报》

民国22年（1933年）8月15日创刊，日刊，对开4版，由张静庐、洪雁宾在上海创办。张静庐撰发刊词，报道宁波新闻，沟通旅沪同乡消息。刊有地方新闻、国内外要闻、论说、广告等。设《文学周刊》《电影周刊》《小宁波》副刊。1934年8月停刊。社址在上海四马路望平街91号。宁波市图书馆有1933—1934年部分报纸入藏。

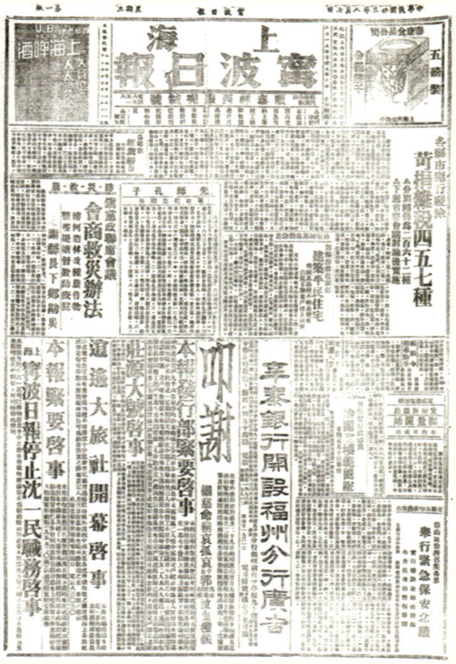
上海寧波日報

鳴謝

本報緊要啓事

遠東大旅社開幕啓事

辛泰銀行開設福州分行廣告

《上海宁波日报》

八、《宁波大报》

民国23年（1934年）9月16日创刊，日刊，4开4版。由姜伯喈、翁闲鸥、张松年等人集资创办。第一、二版刊登声明、通告、广告。第三版为国内外电讯及本地新闻，辟《电讯摘要》《社会写真》《各县简讯》《姑妄听之室杂记》等栏目。第四版为副刊，发表小说、散文、随感、杂记、通讯和连载，有《多讲多话》言论专栏。民国30年（1941年）4月停刊。民国36年（1947年）6月复刊。社址在江北岸三湾弄。发行人为沈友梅，总编辑为陈英烈。发行量约5500份。民国37年（1948年）1月起与《宁波日报》合并。宁波市图书馆有1934、1936、1937年部分报纸入藏。

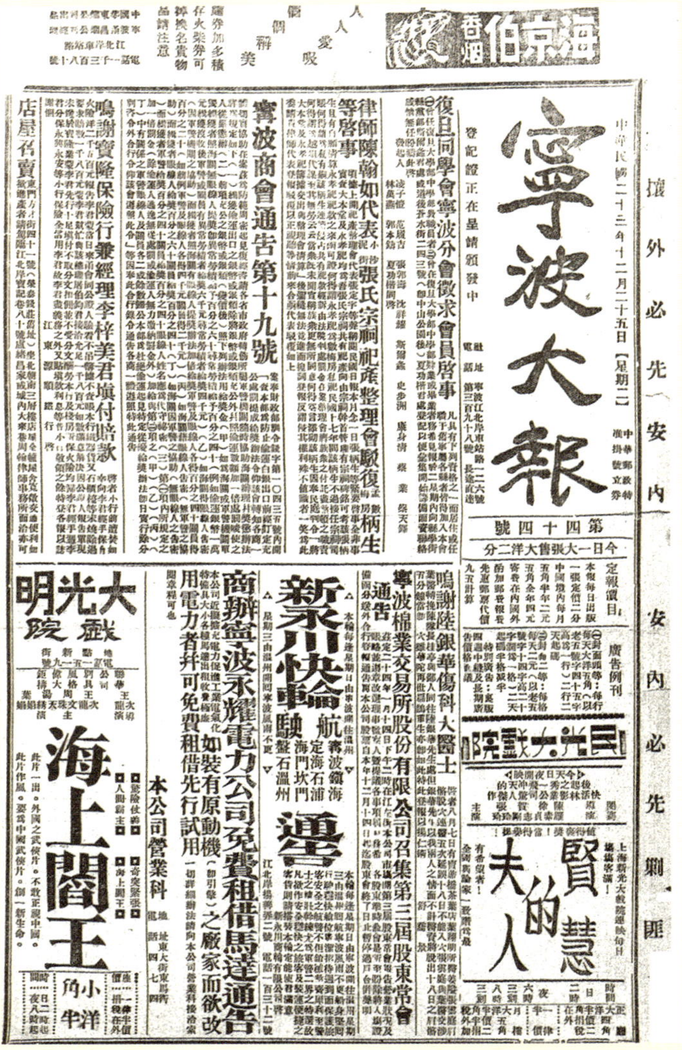
海京伯 香烟

寧波大報

中華民國二十三年十二月二十五日【星期二】

第四十四號

今日一大張售大洋二分

復旦同學會寧波分會徵求會員啓事

律師陳翰如代表張氏宗祠祀產整理會駁復

寧波商會通告第十九號

鳴謝寶隆保險行兼經理李梓美君塡付賠款

店屋召賣

攘外必先安內

鳴謝陸銀華傷科大醫士

寧波棉業交易所股份有限公司召集第三屆股東常會通告

寧波永耀電力公司免費租借馬達通告

新川快輪

大光明戲院

海上閻王

民光大戲院

賢慧的人

安內必先攘外

《宁波大报》

九、新慈溪报

民国23年（1934年）8月21日创刊，由沐森如、陆海平、尹莲映等创办。4开4版，铅印，3日刊。民国26年（1937年）6月11日起改为日报，后缩为8开2版。内容以国内外时事和地方新闻为主，辟有《文溪》《五磊山》两种副刊。民国27年（1938年）停刊。宁波市图书馆有1935、1937年部分报纸入藏。

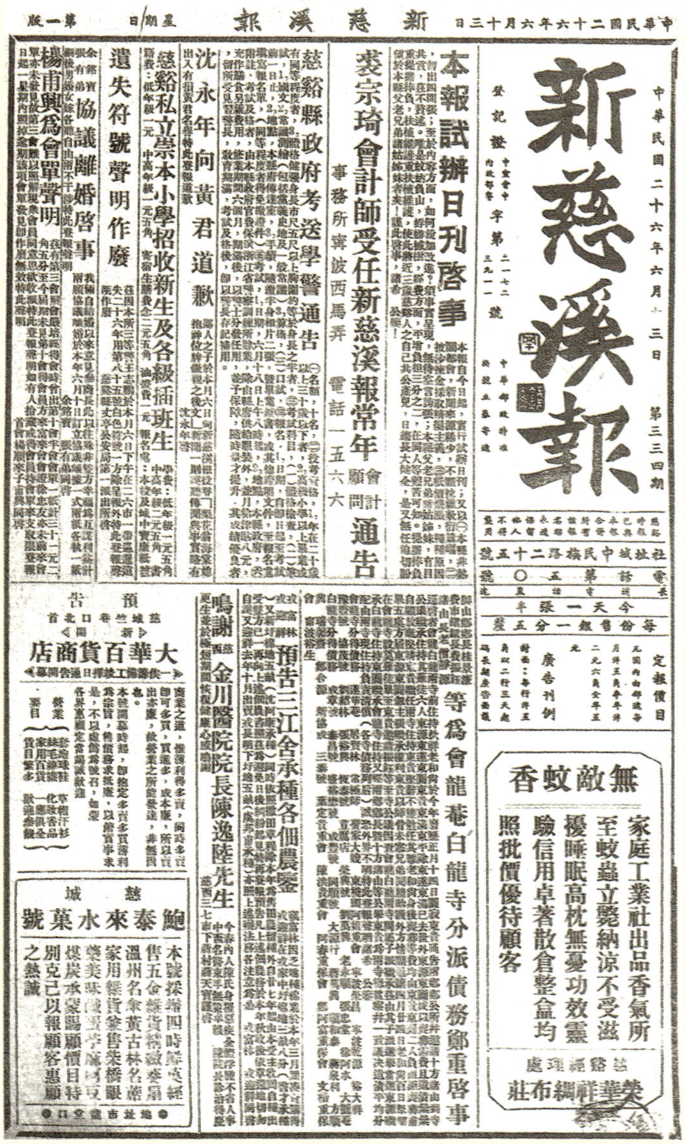

中華民國二十六年六月十三日　新慈溪報　星期日　第一版

新慈溪報

中華民國二十六年六月十三日

第三三四期

本報試辦日刊啓事

裘宗琦會計師受任新慈溪報常年會計顧問通告

事務所寧波西馬弄　電話一五六六

慈谿縣政府考送學警通告

沈永年向黃君道歉

慈谿私立崇本小學招收新生及各級插班生

遺失符號聲明作廢

協議離婚啓事

楊甫興爲會單聲明

社址城中民族路二十五號

電話第五〇號

今天一張半

每份售銀一分五厘

定報價目

廣告刊例

無敵蚊香

家庭工業社出品香氣所至蚊蟲立斃納涼不受滋擾睡眠高枕無憂功效靈驗信用卓著散倉整盒均照批價優待顧客

總經理處　榮華祥綢布莊

等爲會龍菴白龍寺分派債務鄭重啓事

預告三江舍承種各佃農鑒

鳴謝金川醫院院長陳逸陸先生

預告

大華百貨商店

慈城

鮑泰來水菓號

《新慈溪报》

十、《宁波商报》

民国14年（1925年）12月创刊，日刊，发行人袁世霖，社长厉渭吟，主编方佩刚（一说叶伯允），1926年4月23日停刊。民国20年（1931年）春，李匀之等沿用此名出刊，至109期止。1932年3月，由金梦麟、洪宸笙等集资续办。

自民国26年（1937年）10月1日起，印发短波电讯，报道抗战消息，与沪杭各报同日刊出国内外重要电讯。有《抗战》《抗战民众》栏目。1938年2月至3月间，中共宁波商报馆支部成立，通过商报阵地宣传抗日救亡，至宁波沦陷停刊。民国37年（1948年）1月复刊，由宁波商会主办。发行人斯旺，主编赵光宇，发行量8000份。设《大街小巷》《经济小言》《上海商情》等栏目，辟《商坛》《甬江》副刊。1948年7月停刊。宁波市图书馆有1935、1938年部分报纸入藏。

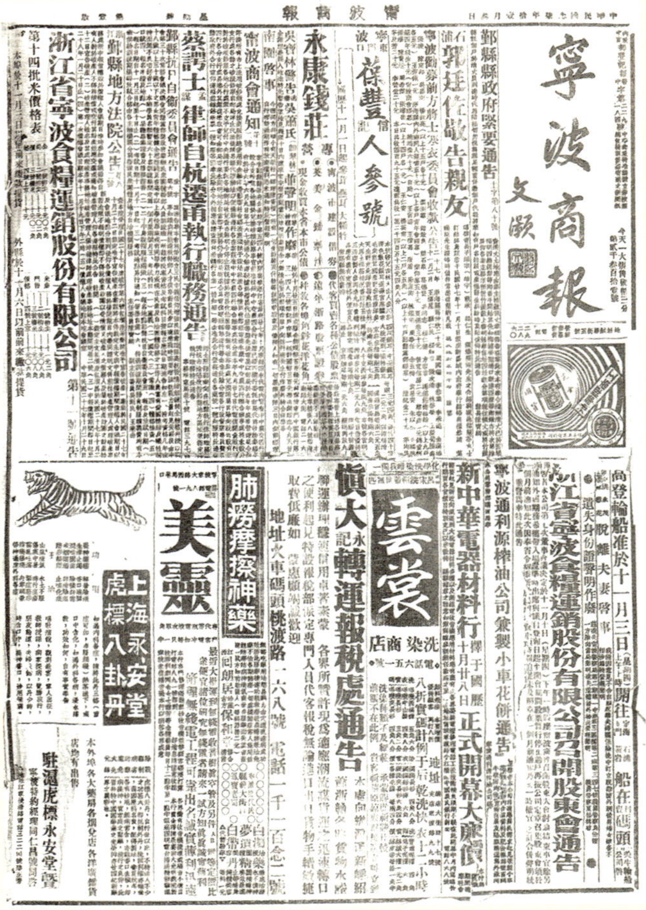
寧波商報
鄞縣縣政府緊要通告
郭廷佐敬告親友
永康錢莊
寧波商會通知
蔡謂士律師自杭返甬執行職務通告
鄞縣地方法院公告
浙江省寧波食糧運銷股份有限公司
高登輪船准於十一月三日開往
浙江省寧波食糧運銷股份有限公司召開股東會通告
寧波通利源棉油公司兼製小車花餅通告
新中華電器材料行
正式開幕大廉價
雲裳
洗染商店
慎大永記轉運報稅處通告
肺癆癢擦神藥
美靈
上海永安堂虎標八卦丹

《宁波商报》

十一、《商情日报》

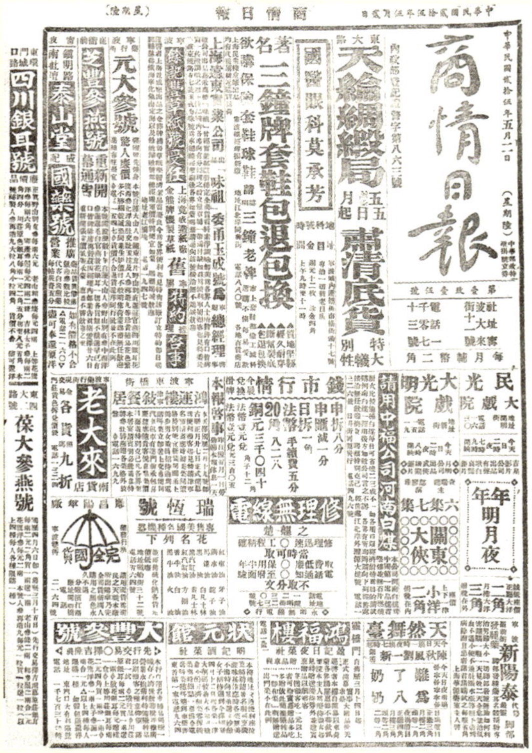
商情日報

《商情日报》

民国19年（1930年）9月15日创刊，由袁关福创办，日刊，4开4版。民国25年（1936年）11月聘庄禹梅为主编，宣传抗日，反对内战。同年12月14日晚至15日，国民党宁波当局先后拘捕宁波各界抗日救国联合会会员12人，报纸对此及时报道并发表评论进行抨击。1937年1月，庄禹梅和两名编辑及社长遭当局逮捕，报纸被封。宁波市图书馆有1936年部分报纸入藏。

十二、《慈溪日报》

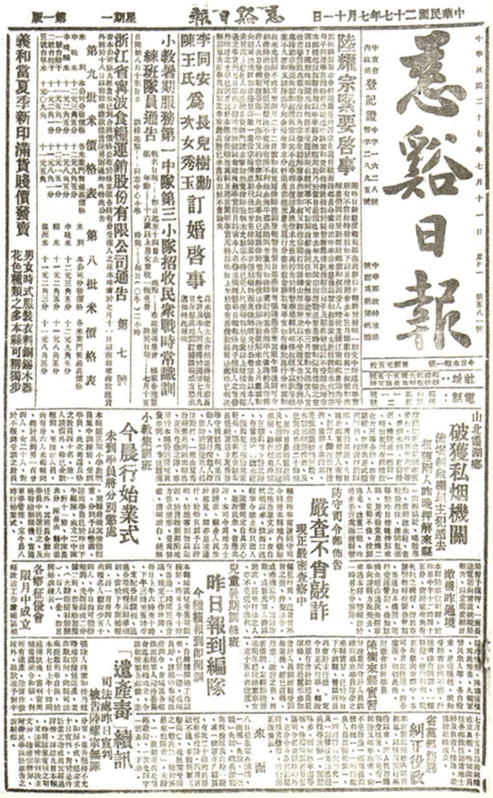
慈谿日報

《慈溪日报》

民国24年（1935年）创刊（初刊期不详），4开4版，铅印。民国26年（1937年）6月11日改出日报，后改8开2版。抗战期间慈溪沦陷时停办。宁波市图书馆有1938年部分报纸入藏。

十三、《上海宁波公报》

民国27年（1938年）4月27日创刊，日刊，4开4版，由上海宁波旅沪同乡会创办，汪北平任主编。1944年改为周刊。曾出版《上海宁波公报二周年纪念特刊》《上海宁波公报三周年纪念特刊》。宁波市图书馆有1941—1945年部分该刊入藏。

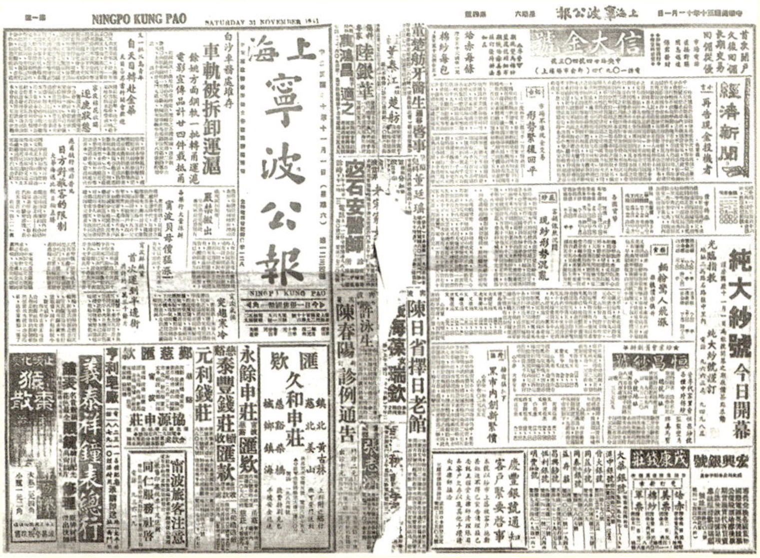
NINGPO KUNG PAO

上海寧波公報

《上海宁波公报》

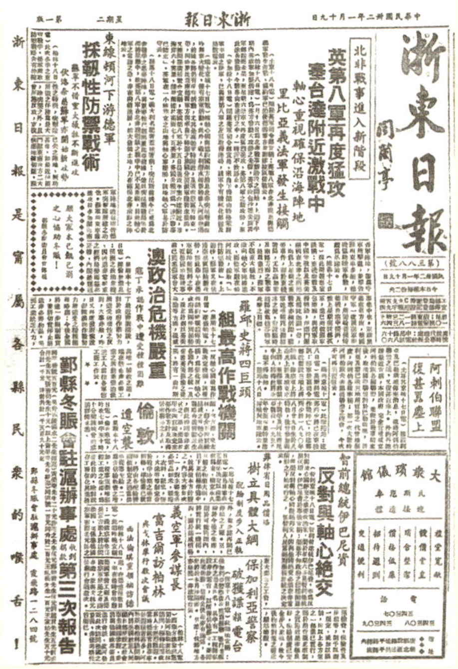
浙東日報

《浙东日报》

十四、《浙东日报》

民国27年（1938年）5月15日创刊，日刊，对开2版，由余姚县抗日自卫委员会部分委员创办。郭静唐为总负责，姜枝先为社长，杜天縻为主笔。实际上总编辑为中共党员崔晓立，他曾留学苏联，精通俄、英、日三国文字，后被俞济民暗杀。副刊《大路》由中共党员熊达人负责，其后来在“皖南事变”中牺牲。1938年11月，该报与《浙东公报》合并。宁波市图书馆有1942、1943、1946年部分报纸入藏。

十五、《宁波日报》

民国 32 年（1943 年）春创刊，日刊。其前身为《宁波报》，于 1942 年 1 月创刊于天台。1943 年春在宁海改名为《宁波日报》，对开 4 版，11 月起正式发行。姚逸群任社长，倪凡夫为主笔。1945 年 9 月迁往宁波城区。1946 年春，由国民党鄞县县党部主办，沈明才、沈友梅先后继任社长。1949 年 5 月 23 日停刊，最高日发行量达 10000 份。宁波市图书馆有 1944—1949 年部分报纸入藏。

寧波日報
時事公報 寧波日報 聯合啓事
律師毛翼虎代表葛二爹啓事
孫信暢律師受任柴橋興業公司籌備處法律顧問
永耀電力公司通告
謝春明律師受任正大火柴股份有限公司常年法律顧問通告
鳴謝兒科劉彭年醫師
鄞縣城區糞便承辦分處聯合啓事
鄞縣房客協會整理委員會展延徵求會員通告
鄞縣鄉鎮爲聯合通告
胡葆群代表

《宁波日报》

十六、《慈溪报》

民国 35 年（1946 年）5 月 5 日创刊，日刊，4 开 4 版，发行人为胡介新。1947 年 2 月 17 日改 8 开 2 版。内容有国内外、本县新闻等，并辟《慈风》副刊。每期发行 700～1000 份。1949 年 5 月停刊。本馆有历年部分报纸入藏。

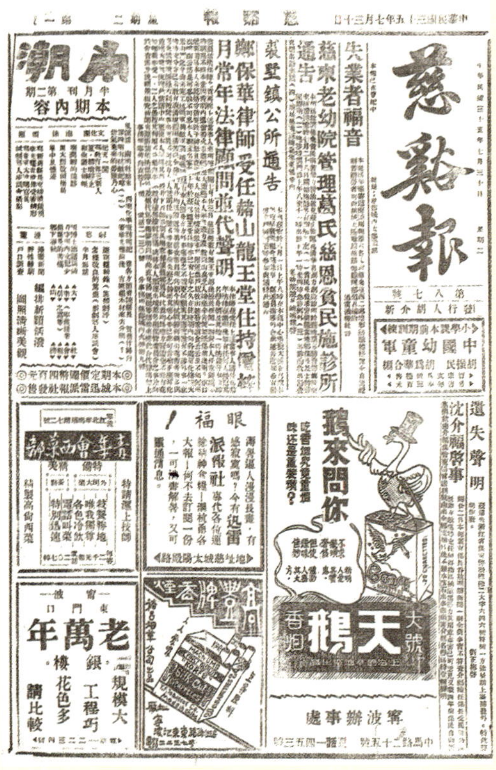
慈谿報
失業者福音
慈東老幼院管理葛氏慈恩貧民施衫所通告
裘墅鎮公所通告
鄭保華律師受任舫山龍王堂住持僧月常常年法律顧問並代聲明
南潮
遺失聲明
沈介福啓事
鵝來問你
天鵝香烟
老萬年
寧波辦事處

《慈溪报》

十七、《宁波晨报》

民国36年（1947年）3月1日创刊，日刊，4开1张。新潮通讯社胡为盛主办，辟有《本埠行情》等栏目和《宁风》副刊，不久停刊。民国38年（1949年）2月26日复刊，名誉社长为蔡竹屏，主笔为应斐章。日刊，对开4张，发行量5000～6000份。第一版为广告，第二版为国内外新闻，第三版为本地新闻，第四版为副刊《晨光》及广告。民国38年（1949年）4月，被国民党宁波城防指挥部查封停刊。宁波市图书馆有1947、1949年部分报纸入藏。

寧波晨報
律師 胡葆祥
謝啓
萬信紗廠事務所
大達輪船 直放上海
大華輪船 開往溫州
辭職聲明
李月蓮警告馮艳來
袁彭年受任石板行
浙東銀行股東會
四明旅甬同鄉會籌備處
賜館牙科診療所
浙江省鄞縣地方法院公告
葛天民 命運顧問
三十八年度 春季第一聲
大舉行直賣
九龍綢布呢絨公司
千金保雄丸
衛生堂
宏興鷓鴣菜
蓋世英雄
P-A-S

《宁波晨报》

十八、《宁波晚报》

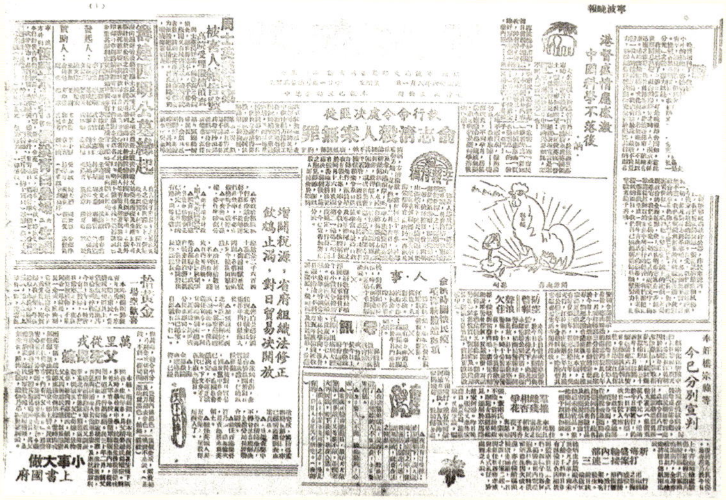
寧波晚報

《宁波晚报》

民国 36 年（1947 年）8 月 1 日创刊，日刊，8 开 2 版，社长倪璋，发行人王伯川，发行量 2000～6000 份。第一版设《本报特稿》《夜话》《天下大事》等栏目，第二版设《本埠今日行情》《上海商讯》《纸上谈冰》《滥竽篇》《场边乱话》以及文学连载等栏目。1947 年 9 月 1 日停刊。宁波市图书馆有 1947 年 8 月部分报纸入藏。

十九、《民声报》

民国 36 年（1947 年）8 月 26 日创刊，日刊，8 开 2 版或 4 版，发行人马谦，总编林果。宁波市图书馆有 1947 年部分报纸入藏。

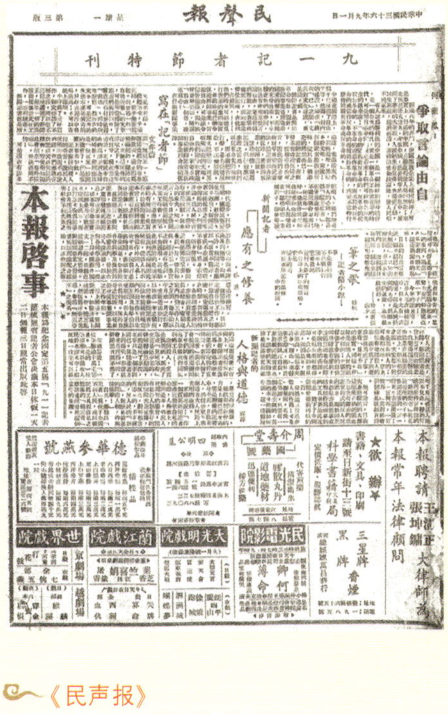
民聲報

九一記者節特刊

本報啓事

爭取言論自由

《民声报》

二十、《宁波人报》

1949 年 8 月 1 日创刊，日刊，对开 4 版。董事长薛驹，社长庄禹梅，主编周康靖。第一、四版为国内及地方新闻，第二版为经济新闻与广告，第三版为国际新闻和《生活》副刊。对解放初期国民党空军轰炸宁波事件等有较详细的调查报道。日发行量 6000～7000 份。1950 年 5 月 29 日与《甬江日报》合并，成立宁波时报社。宁波市图书馆有 1949、1950 年部分报纸入藏。

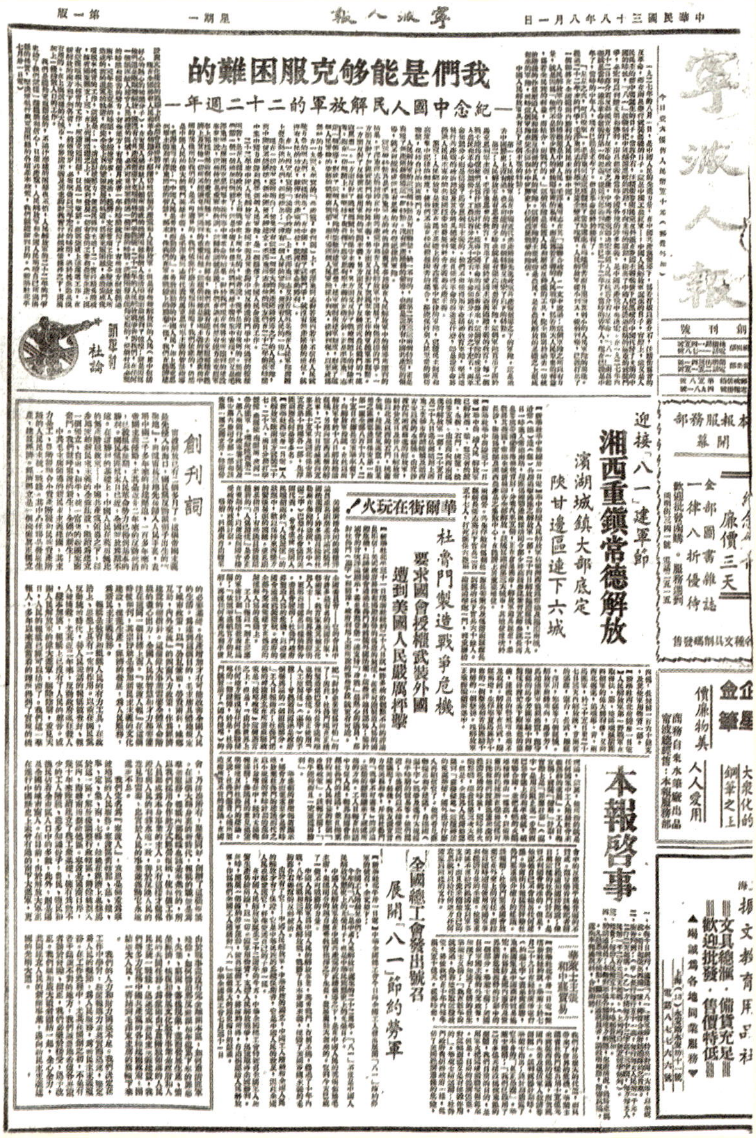

中華民國三十八年八月一日 寧波人報 星期一 第一版

寧波人報 創刊號

我們是能够克服困難的

—紀念中國人民解放軍的二十二週年—

社論

創刊詞

迎接「八一」建軍節

湘西重鎮常德解放

濱湖城鎮大部底定

陝甘邊區連下六城

華爾街在玩火！

杜魯門製造戰爭危機

要求國會授權武裝外國

遭到美國人民嚴厲抨擊

全國總工會發出號召

展開「八一」節約勞軍

本報啓事

《宁波人报》

二十一、《甬江日报》

1949年8月8日创刊，日刊，对开4版，总编辑郑汉杰。该报为中共宁波地委机关报。第一、二版刊载新华社电讯与地方新闻，第三版报道市区及各县经济消息，第四版为副刊。1950年7月7日与《宁波人报》合并为《宁波时报》。宁波市图书馆有较完整的收藏。

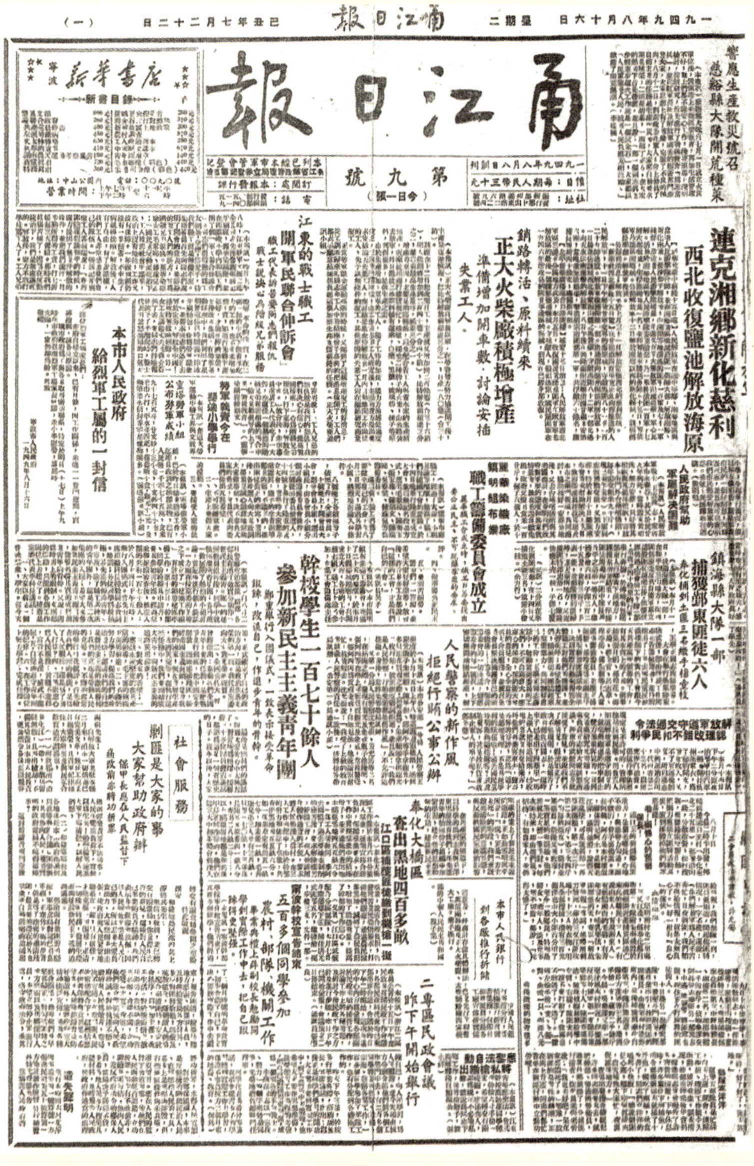

一九四九年八月十六日　星期二　甬江日報　己丑年七月二十二日　（一）

甬江日報

第九號　（今日一張）

響應生產救災號召　慈谿縣大隊開荒種菜

連克湘鄉新化慈利　西北收復鹽池解放海原

銷路轉活、原料續來　正大火柴廠積極增產　準備增加開車數，討論安插失業工人

江東的戰士織工　開軍民聯合伸訴會

本市人民政府給烈軍工屬的一封信

職工會籌備委員會成立

幹校學生一百七十餘人參加新民主主義青年團

鎮海縣大隊一部　捕獲鄞東匪徒六人

人民警察的新作風　拒絕行賄公事公辦

社會服務　剿匪是大家的事　大家幫助政府辦

奉化大橋區　查出黑地四百多畝

二專區民政會議　昨下午開始舉行

《甬江日报》

二十二、《市情日刊》

民国 14 年（1925 年）4 月创刊，日刊，8 开 2 版，毕维萼主编，以刊登商品广告和甬埠、上海各业市情为主，偶尔刊登一些商业评论及旅行表、简便年历之类。宁波市图书馆有 1934—1936 年部分该刊入藏。

中華民國念伍年柒月拾日 市情日刊 星期伍 第壹版

市情日刊

中華民國念伍年柒月拾日 星期伍

已向内政部簽請登記中

本刊啟事一

本刊啟事二

勿怕比較 綢緞之宮

天寶綢緞局

已於六月廿五日

即廢歷五月初七日

正式開幕

傳方來診療所

國醫眼科專家 莫承芳

許泳生 專科

萬利元票行

王氏眼科醫室沙眼總檢驗

永興理髮所遷移重新開幕通告

不取分文

錢市行情

老大來

華華綢緞局

雲章 鳳苞 大昌 餘豐 華祥 源章 大康 綸

七大綢緞局

夏季大減價

善利全

河後天開彩 頭獎二萬元

無綫電工程師

甬興酒菜館

中央西法洗染廠

趙大有

航空牌蚊香

立止夢遺丸

帚毒丸

立愈白濁丸

《市情日刊》

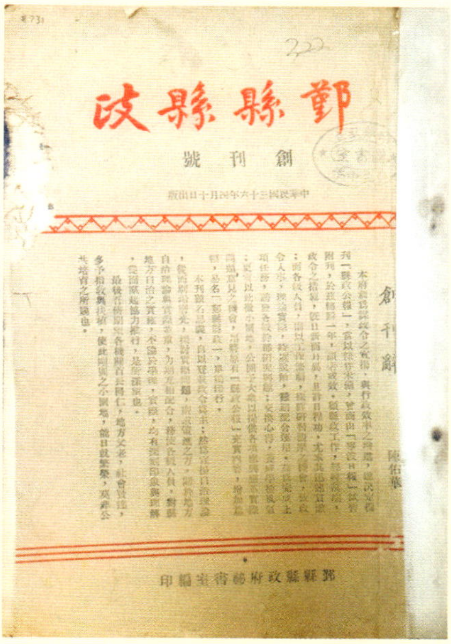

《鄞县县政》

二十三、《鄞县县政》

民国36年（1947年）创刊，半月刊，鄞县县政府秘书室编印，以登载政令为主。宁波市图书馆有1937年部分该刊入藏。

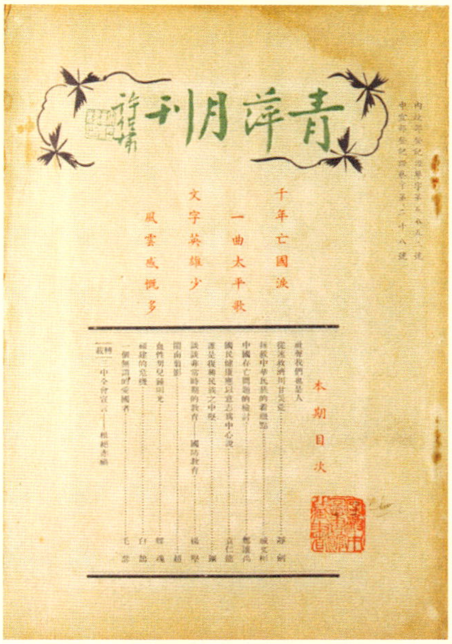

《青萍月刊》

二十四、《青萍月刊》

民国25年（1936年）创刊于宁波，俞圣祺任主编，宁波青萍月刊社主办发行，月刊，1937年5月停刊。1937年5月出版第2卷第4期，共出6期。内容以改进小学教育方法为中心。宁波市图书馆有1937年4月号该刊入藏。

第四节

地方文献（1949 年后）

本节选取种 21 种宁波地方文献加以介绍。

一、《宁波市志》(俞福海主编，北京，中华书局，1995 年 1 月)

本志反映了宁波的历史和现状，是有鲜明的时代特点和地方特色并具有研究和收藏价值的一部资料性著作。

二、《鄞县志》(鄞县地方志编纂委员会编，北京，中华书局，1996 年 9 月)

本志共四十编，记录了鄞县历史发展情况。

《宁波市志》书封

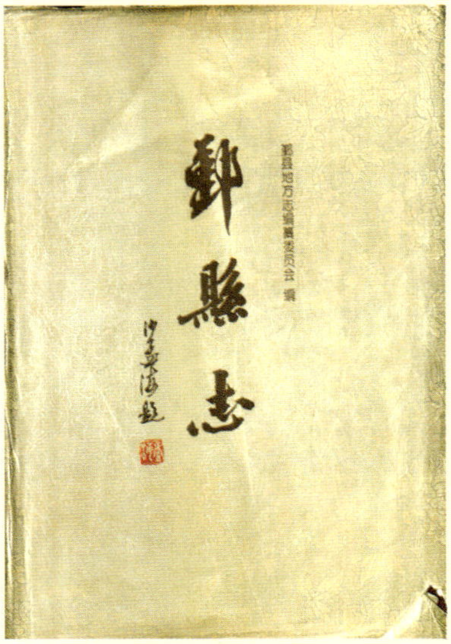

《鄞县志》书封

三、《奉化市志》(胡元福主编，北京，中华书局，1994 年 1 月)

本志共二十七编，另有附录。记述奉化政治、经济、文化、教育、卫生等各方面内容。

四、《宁海县志》(宁海县地方志编纂委员会编，杭州，浙江人民出版社，1993 年)

本书分建置、自然环境、人口、经济综述等二十五编。

《奉化市志》书封

《宁海县志》书封

五、《慈溪县志》(慈溪市地方志编纂委员会编，杭州，浙江人民出版社，1992年6月)

本志包括建置、自然环境、人口、经济、政治、军事、教育、科技、卫生、民情、人物等十一章。

六、《余姚市志》(余姚市地方志编纂委员会编，杭州，浙江人民出版社，1993年3月)

本志记述了余姚古代至1987年间自然与社会的历史，分为概述、大事记、自然地理、经济总情等三十二篇。

《慈溪县志》书封

《余姚市志》书封

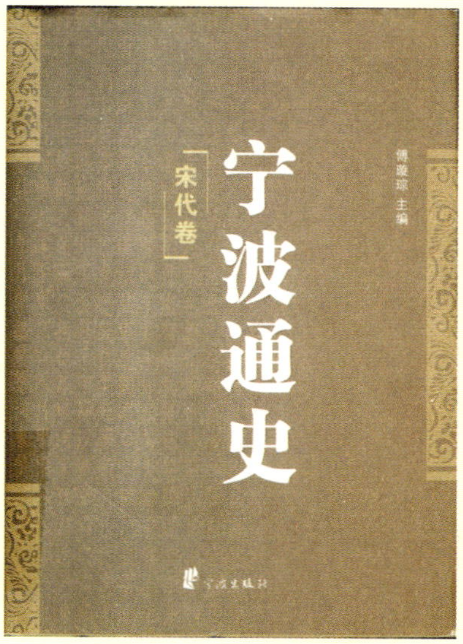

《宁波通史》书封

七、《宁波通史》（傅璇琮主编，宁波，宁波出版社，2009 年）

本套书约 210 万字，自史前时期开始至民国止，分《史前至唐五代卷》《宋代卷》《元明卷》《清代卷》《民国卷》，从政治、经济、文化、社会生活等多方面全景式地揭示了宁波不同历史时期的发展状况与特点，研究分析了发展历程中的得失。

八、《宁波史话》（徐季子、郑学溥、袁元龙著，杭州，浙江人民出版社，1986 年 4 月）

本书分十四章，简洁地阐释了宁波古今历史进程。

《宁波通史》全套图书

《宁波史话》书封

九、《宁波旧影》(哲夫主编,宁波,宁波出版社,2011年)

本书以画册方式,配合简洁的文字,从古城建筑、市井百态、饮食起居等多侧面展现了宁波地区鸦片战争以后的百年风貌。

十、《宁波与日本经济文化交流史》(王慕民、张伟、何灿浩著,北京,海洋出版社,2006年)

本书记述了宁波不同历史时期与日本的经济文化交流史实。

《宁波旧影》书封

《宁波与日本经济文化交流史》书封

十一、《宁波港史》(郑绍昌主编,北京,人民交通出版社,1989 年 2 月)

本书分古代部分、近代部分、现代部分三编,共 16 章。

十二、《宁波文物集粹》(董贻安主编,北京,华夏出版社,1996 年 11 月)

本书记录了宁绍平原东部地区数十年来考古和文物保护活动的业绩与重要成果。包括三大方面:余姚河姆渡文化史前遗址的考古发掘精品、东汉至唐宋时期的浙东青瓷窑考古研究的成果、宁波市范氏天一阁及其藏书。

《宁波港史》书封

《宁波文物集粹》书封

十三、《东钱湖石刻》(麻承照、谢国旗著,北京,中国文联出版社,2003年)

本书包括东钱湖石刻概说、南宋史氏墓前石刻、宋明其他墓前石刻和东钱湖石刻的传说等四部分,介绍了宋明石刻和东钱湖石刻等内容。

十四、《走进宁波》(陈祖芬著,北京,中央编译出版社,2011年)

本书围绕港口物流,介绍了宁波物流发展的历史;通过大量图片和图表,对宁波海洋运输、内河运输、铁路运输、公路运输、航空运输、管道运输,以及当代物流活动、产业与人才培养等进行了生动的叙述。

《东钱湖石刻》书封

《走进宁波》书封

十五、《宁波老墙门》(周时奋、相栋著,宁波,宁波出版社,2008年12月)

本书阐述了宁波老墙门的建筑历史，内容包括：老墙门，宁波人经典的传统生活方式；墙门、明堂、花窗和厅堂；家具，老墙门世俗生活的道具；经典墙门，名门望族的深宅大院；老墙门的变异：折中主义建筑、石库门和花园洋房；从大宅院到大杂院；告别老墙门。

十六、《宁波楹联集》(宁波市政协文史委、宁波诗社编,宁波,宁波出版社,2011年12月)

本书用书法形式记录了本地区的楹联艺术，收录了历代名人在宁波地区（包括区、县、市）留下的名对佳联。

《宁波老墙门》书封

《宁波楹联集》书封

十七、《宁波历代书画集》(石人和主编,宁波,宁波出版社,2006 年)

本书选编了籍贯(含祖籍)或出生地属于现在宁波市行政区域内的唐、宋、元、明、清古代书画家和出生于 1949 年前已谢世的近现代书画家共 260 余人的 267 件书画作品和 89 方印蜕,并附有书画家小传,全面、系统地展示了宁波历代书画艺术的灿烂成就、发展轨迹和历代宁波书画家多姿多彩的艺术风貌。

十八、《宁波传统曲艺作品精选·四明南词卷》(周静书著,宁波,宁波出版社,2006 年)

本书编选宁波有名的传统曲艺作品,分开篇类和书目类,包括西湖十景、八仙庆寿、济公、双珠凤(选段)、果报录(选段)等。

《宁波历代书画集》书封

《宁波传统曲艺作品精选》书封

十九、《宁波当代诗人诗歌选》(荣荣主编,宁波,宁波出版社,2007年)

本书分上、下两卷，收录了宁波诗人尤其是青年诗人的创作，分为城市气象、一个人的深度、她们的天地、诗意地栖居、花香无名、爱情书签、家乡咏叹、云霞满天、故地黄花、阳光的馨香等十辑。

二十、《宁波竹枝词》(宁波诗社编，宁波，宁波出版社，1999年9月)

本书选入宁波市区及镇海、鄞县、慈溪、奉化、象山、宁海、余姚等县（市）、区600余首古今竹枝词，作品文字浅近通俗，诗意浓郁清新，地方色彩强烈。宁波地区不同时代的作者，用民歌形式生动形象地描述了自明清以来宁波地区的乡土特色、山川胜景和生活场景以及近三十年来的经济成就。

《宁波当代诗人诗歌选》书封

《宁波竹枝词》书封

二十一、《宁波现代作家研究》（南志刚主编，北京，海洋出版社，2010年）

本书主要内容包括：宁波作家与中国左翼文学；巴人：坚守人性写作的生命悲剧；王鲁彦：浙东乡土作家的文学轨迹；柔石：在五四话语与革命话语夹缝中追寻；应修人：从文学革命走向社会革命；等等。

《宁波现代作家研究》书封

第五节

馆编文献

本节以旧书新版、地方文献、馆志、论文集、宁波市图书馆出版物为序，介绍 11 种馆编文献。

一、《说海珍本丛书》(宁波市图书馆影印，1985 年)

1985 年，宁波市图书馆影印了《说海珍本丛书》中的《西游记后传》《说唐征西传》《七真祖师列仙传》《雪月梅传》等四种。这是宁波市图书馆首次影印的大型古籍丛书，海内外发行三百余套。

《西游记后传》书封

《说唐征西传》书封

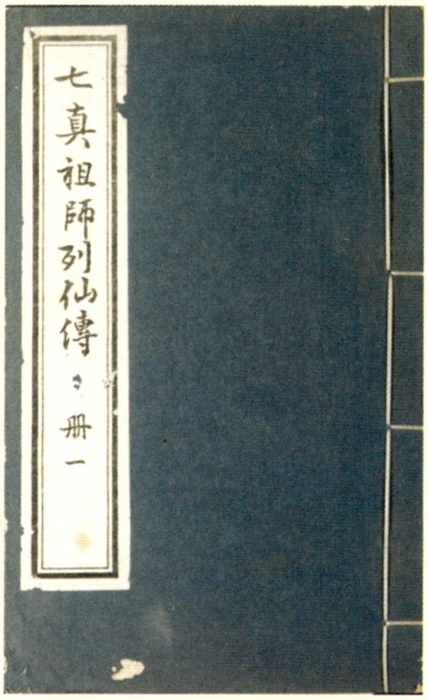

《七真祖师列仙传》书封

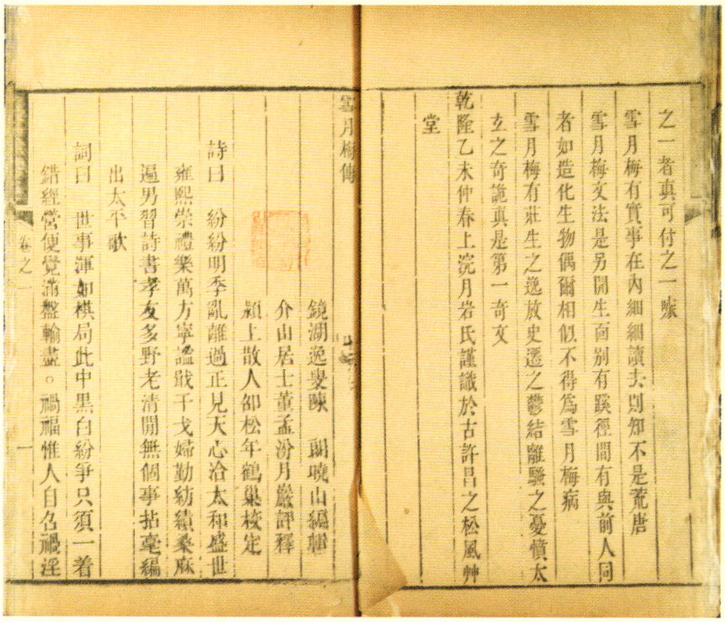
之一者真可付之一喙
雪月梅有實事在內細細讀去則知不是荒唐
雪月梅文法是另開生面別有蹊徑間有與前人同
者如造化生物偶爾相似不得爲雪月梅病
雪月梅有莊生之逸放史遷之鬱結離騷之憂憤太
玄之奇詭真是第一奇文
乾隆乙未仲春上浣月岩氏謹識於古許昌之松風艸
堂

雪月梅傳
鏡湖逸叟陳　朗曉山編輯
介山居士董孟汾月巖評釋
潁上散人鄒松年鶴巢校定
詩曰　紛紛明季亂離過正見天心洽太和盛世
雍熙崇禮樂萬方寧謐戢干戈婦勤紡績桑麻
遍男習詩書孝友多野老清閒無個事拈毫編
出太平歌
詞曰　世事渾如棋局此中黑白紛爭只須一着
錯經營便覺滿盤輸盡。禍福惟人自召禍淫
卷之一　一

《雪月梅传》书影

二、《书香人家》(宁波市图书馆《书香人家》编委会编，北京，中国文史出版社，2004 年)

本书通过五十篇短文记述了宁波地区三十个“十佳”藏书家庭和二十名“十佳”农民读书之星执着藏书、痴迷读书、自觉用书的事迹，阐扬了宁波人藏书、读书、用书的人文自觉。

三、《宁波图书馆志》(宁波图书馆志编纂委员会编，宁波，宁波出版社，1997 年 7 月)

本志为图书馆专业志书，记述了宁波地区图书馆事业的发展变革。上限事业肇始，下限 1990 年底。以“明古详今”为记述原则，以宁波市图书馆为重点，以全市公共图书馆事业为基础范围，也覆盖了相关系统图书馆。

《宁波图书馆志（1991—2000)》是 1997 年《宁波图书馆志》的续篇，时限从 1991 年 1 月起，截止于 2000 年底。

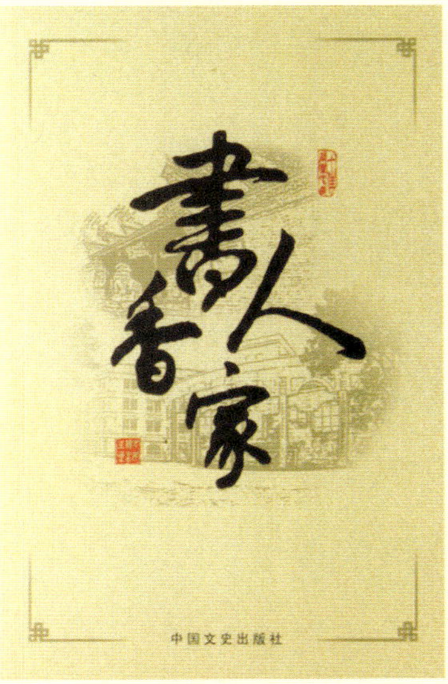

《书香人家》书封

《宁波图书馆志》书封

《宁波图书馆志（1991—2000)》书封

四、《甬图文萃》(陈宁雄、张树声主编,宁波,宁波出版社,1997 年 11 月)

本书汇集宁波市图书馆学会会员及宁波市图书馆工作者多年的研究成果，分改革与发展、立法与建筑、科学管理、信息服务、乡镇图书馆、理论探讨、文献检索、学校图书馆、藏书与古籍 9 部分，收录论文 55 篇。

《甬图文萃（第二辑)》是《甬图文萃》的续篇，由宁波市图书馆、宁波市图书馆学会编写，于 2000 年 12 月由宁波出版社出版。本书分改革与发展、管理与人才、技术与创新、服务与提高、探讨与研究 5 部分，收录论文 43 篇。

《甬图文萃》书封

《甬图文萃（第二辑）》书封

五、《天一讲堂》（北京，中国文史出版社）

"天一讲堂"是宁波市图书馆于2006年创办的公益性文化讲座。本书收集了部分名家在"天一讲堂"的演讲稿。自2006年至2013年，每年一册，已出版8册。

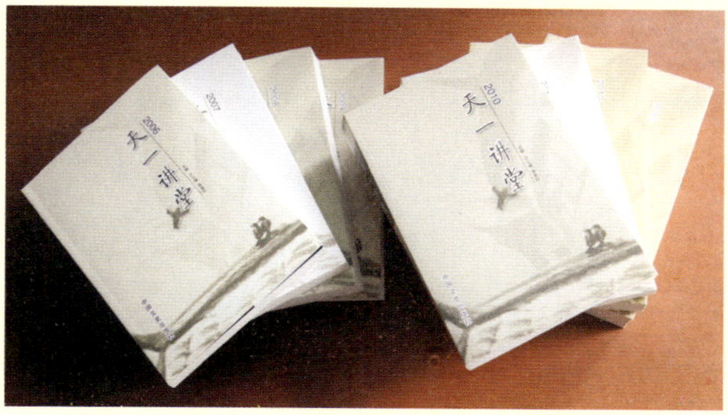

《天一讲堂》系列图书

六、《天一文荟》（半月刊，宁波市图书馆编，2012年至今）

2012年4月起，宁波市图书馆推出信息文摘类刊物《天一文荟》，全面收集各大媒体关于城市建设、文化发展和宁波本市发展的新闻报道及评论，为城市发展决策者和研究者提供信息参考。截至2014年12月底，已编辑出版84期，摘录文章5100余篇。目前每期发行2000册。

《天一文荟》封面

后　记

2017 年是宁波市图书馆创立 90 周年，这一年，位于东部新城的宁波市图书馆新馆即将建成。编写这本书，既是回望图书馆 90 年的发展历史，更重要的是思索当下图书馆服务如何对接城市发展与读者需求。

感谢天津大学出版社的这次出版计划。犹记 2014 年初，在杭州召开的第一次编辑会议上，王宗义老师谈到的编撰原则——“寓褒贬臧否于纪事之中”，跳出宣传窠臼而掌握叙事的角度，语言上客观平实，用数据说话，成为我们在编撰过程中的努力方向。

会后随即着手准备材料，编写目录。其间遇到的第一重困难是各章节材料多寡不均。此次编辑丛书，各馆书稿结构统一为“传承篇”“功用篇”“馆藏篇”三大板块。就宁波馆的情况看，传承篇有《宁波图书馆志》及续编作基础，功用篇有图书馆近年来的各项档案材料和统计数据打底，相比之下，馆藏篇的材料就比较少。需要对现有馆藏进行分析，并挑选百种特色馆藏进行重点介绍，难点恰恰在馆藏评价上。对宁波市图书馆 180 余万册纸质文献做出评价，这是首次尝试，难度不言而喻。然而，借编书的契机来对图书馆文献进行一次梳理，进而思考图书馆馆藏结构的合理性，这本身就是一件有意义的事。

在编书的过程中也有颇多收获。比如在整理民国文献时，阅览部的同事发现了位于中山公园内的薛楼旧照和位于府桥街的鄞县县立图书馆旧照，这两张老照片反映了 20 世纪上半叶宁波公共图书馆的面貌，让我们在阅读馆史文字外有了更为直观的认识。此外，在翻阅馆庆 70 周年档案案卷时，读到了图书馆员前辈手写的忆旧文字，回顾中华人民共和国成立后重建图书馆的情形，从中颇能体会今日图书馆来之不易。

本书在编写过程中得到了多位图书馆前辈学者的指点与帮助，他们一遍遍审阅稿件，并提出了具体的修改意见。本书的编成更离不开图书馆多个部门同事的协助，从提供素材到补充案例，从校对数据到完善文字，使书中内容能够反映当下图书馆的工作面貌。在此，一并感谢给予本书支持的各位前辈与同事。最后，也要感谢打开并阅读本书的读者，假如在阅毕本书后，您能有一探宁波市图书馆的愿望，或者因书中文字而得到了查阅资料的线索，那就是编者之幸了。

全书虽经多次修改，但因能力所限，错误不足在所难免，请读者朋友批评指正。

宁波图书馆

2016 年 9 月

宁波市图书馆
包玉刚图书

Inheritance

The Library in the City of Literature

It is appropriate to describe Ningbo by using "Rich collection of books from ancient to modern times; Flourishing port connecting China with other countries". Ningbo has been an important port of foreign trades and exchanges for long because the Maritime Silk Road starts from Ningbo and the Grand Canal empties into the East China Sea at Ningbo. The city has the tradition of collecting books for a thousand years. Since the Northern Song dynasty (960-1127), private libraries have become popular in Ningbo. The most famous one among them is the Tianyi Pavilion built in the Ming dynasty (1522-1566), and it remains today after over 400 years. The building and development of private libraries are helpful in continuing the cultural memories of the city and promoting the birth of the first public library. The 90-year-old Ningbo Library is built for meeting the needs of the city. The library also records the developing process of the city. Ningbo Library develops with many other libraries in the city and takes the responsibility of spreading culture to the public and passing on the civilization to the later readers.

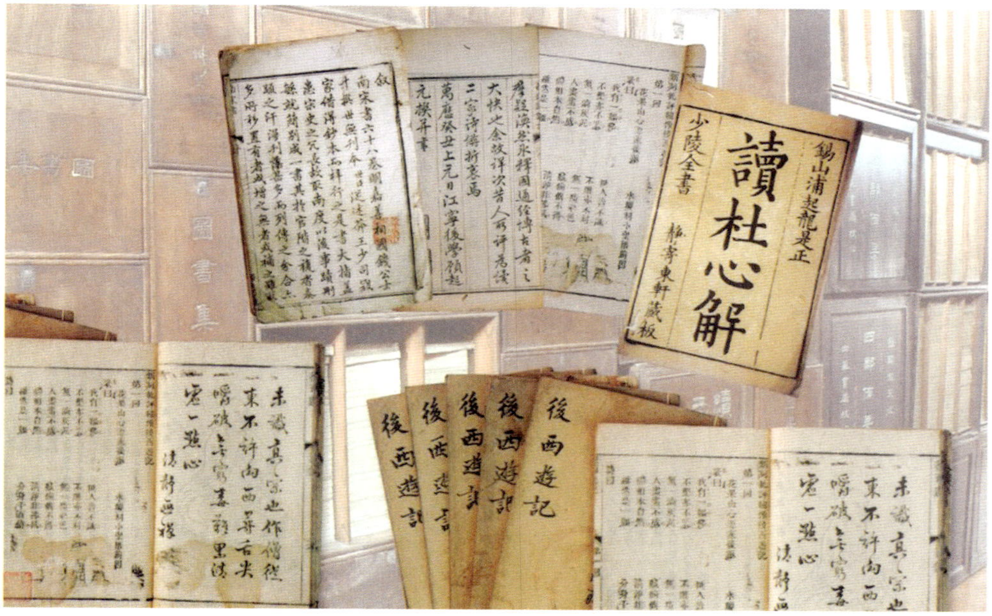
讀杜心解
少陵全書
後西遊記

01

Chapter 1

To Get an Understanding of Ningbo

Ningbo got its name from a Chinese adage: "Hai ding ze bo ning." (There will be no waves if the sea calms.) From the adage, it is not hard to find the connection between the city and the sea. Ningbo, located in the middle of the eastern coastline of China and the south of the Yangtze River Delta, is an important port of the west coast of the Pacific Ocean.

Not merely as a seaport, Ningbo is also a city of rivers. Sanjiangkou, the junction of Yaojiang River, Fenghua River and Yongjiang River, is still the busiest place of the city. Moon Lake, located in the middle of the city, is not merely a waterscape but also a public park. Since the Song dynasty, there have been many stories about scholars who live at Moon Lake.

ONE

The history of Ningbo can date back to 7, 000 years ago—Hemudu Culture. In 1973, the remains of rice and large wood construction were found in the ruins of Hemudu in Yuyao County, Ningbo City, which prove that people lived in this place 7, 000 years ago. Furthermore, the developed Si agriculture and advanced technologies of mortice and tenon carpentry prove that the Yangtze River valley is also the birthplace of Chinese ancient civilization just like the Yellow River valley.

Yue people, the descendants of Hemudu people, lived on this land and three prototype cities gradually came into being—Mao, Yin and Juzhang. The three densely populated settlements were prototype cities of Ningbo and they were located in the east, south and north part of Ningbo Plain respectively. These locations were above the valley streams because the abundant fresh water played a crucial role in washing out the saline-alkali soil. In 221 BC, the Qin army occupied the three settlements and established three counties with their original names: Mao County, Yin County and Juzhang County.

In the Eastern Jin dynasty (400), Sun En led the peasant uprising army to attack Juzhang County, which was then very small and with only hundreds of soldiers. Later, Liu Yu, the general guarding the county, built Juzhang New City in Xiaoxi Town and its name was later changed into Yinjiangqiao. A stream, which originates from Siming Mountain, flows through this county and therefore brings abundant water resources. Juzhang County became rich because of this relocation.

In the Sui dynasty (589), the government merged Yinxian County, Maoxian County and Yuyao County into Juzhang County. This administrative merger highlighted the strategic needs of the overall development of the city. At that time when water transport was the primary means of transportation, Sanjiangkou gradually became the center of the city because it connects rivers with the sea.

In the Tang dynasty (821), Han Cha, the prefectural governor of Mingzhou State (Ningbo was called Mingzhou State at that time), built a city in Sanjiangkou, which marked the initial formation of Ningbo. The city was the prototype of Zicheng City of Ningbo. It was located in today's Zhongshan Park, stretching from Caijia Lane on the east to Hutong Street on the west, and from Zhongshan Road on the south to the gate of Zhongshan Park on the north. At that time, Mingzhou State covered an area of around 10 hectares. The perimeter of the wall was 420 zhang (a unit of length, equal to 3 1/3 meters), about 1, 400 meters. The existing Drum Tower was the south gate of the city at that time. At the end of the Tang dynasty, Huang Sheng, the prefectural governor of Mingzhou State, built Luocheng City out of the Zicheng City. Luocheng City was located in the region enclosed by the Ring Roads including Dongdu Road, Heyi Road, Wangjing Road, Changchun Road and Lingqiao Road. The perimeter of the wall was more than 2, 520 zhang, about 8, 400 meters. Fenghua River, Yaojiang River and the moat played as the barrier of the wall. The establishment of Luocheng City was of great significance to defend invasion and protect citizens. So far the double-city pattern of Mingzhou State including Zicheng City and Luocheng City, had formed. Today's Ningbo is an expansion based upon this pattern.

TWO

Ningbo is close to the sea and owns developed river systems, thus it is natural for the city to develop shipping. The wooden paddle unearthed in the Hemudu Site can be viewed as the proof of people navigating on the rivers and the sea, and the ship building workshop at the Juzhang Port during the Spring and Autumn Period (770-476 BC) can be seen as the start of military preparedness. Ningbo became a vitally important port after the Zicheng City was built in Sanjiangkou especially during the Song and Yuan dynasties.

During the Song and Yuan dynasties, Ningbo was located in the junction of rivers and the sea. East to Ningbo was the sea and west was the Yangtze River and Huaihe River. It was the important departure port of the Maritime Silk Road, and people could travel to Japan, Gaoli (Korea) and Southeast Asian countries from Ningbo. It was the only southern access of the Grand Canal to the sea and the transit station of shallow river transport and ocean shipping. Riverboats arriving at Mingzhou State generally changed to sea crafts at the Sanjiangkou before going to sea through Yongjiang River. Similarly, sea crafts from Lingnan (Guangdong), Fujian, Japan, Gaoli (Korea) and other places would change into riverboats when arriving at Mingzhou State and then arrive in Hangzhou through the Eastern Zhejiang Canal and eventually reach Yangzhou, the largest commercial city at that time, through the Grand Canal. Ningbo port, bustling with streams of ships, became the main channel for Chinese ships to go to sea, the important landing port and the canal course to the Central Plains for foreign visitors and trade groups.

Because the Song and Yuan dynasties encouraged overseas trades, the overseas trades in Mingzhou State were unprecedentedly prosperous. Pottery and porcelain, silk and tea were the bulk commodities of export trade at that time. Longquan celadon, Huzhou silk, West Lake tea and Mingzhou State mat were transported from Mingzhou State overseas. In 1987, a large number of Longquan celadons of the Song and Yuan dynasties were found in the Dongmenkou shipping wharf site near the ship base of the Song and Yuan dynasties. Longquan celadons were also found in North Korea of East Asia, India of South Asia, the Philippines and Myanmar of Southeast Asia. It proves that these export celadons departed from Mingzhou State (Mingzhou State was called Qingyuan in the Yuan dynasty). Correspondingly, the import commodities trades were active, too. Silla paint, Korean porcelain, tabasheer and Cochin incense produced in other Asian countries were imported into the interior areas of China through Mingzhou State.

The developed shipping of Ningbo promoted its cultural exchange with other countries. The content of cultural exchange included the famous Buddhist culture, paintings, calligraphy, architecture and medicine. Two Zen masters, Rongxi (his courtesy name is Ming'an), the founder of the Rinzai Zen in Japanese Buddhism and Dogen Kigen, the founder of the Soto Zen came to Tiantong Temple of Ningbo to learn Buddhism and get Buddhist scriptures. *The Sixteen Arhats* (*Shiliu Luohan Tu*) painted by Jin Dashou, painter of Mingzhou State, was highly respected by Japanese Buddha painters and the existing 11 copies were collected by Tokyo National Museum and Museum of Modern Art, Gunma. Since 1168, the Japanese eminent monk Zhong Yuan had been to Mingzhou State twice to learn the technology of civil engineering and architecture from the building of the Sarira Hall of King Asoka's Temple. He also brought a large volume of wood from Japan to help to build the Sarira Hall. After returning, he presided over the reconstruction of Todaiji Temple of Japan, appointing Chen Heqing, a Chinese craftsman, to cast the Buddha statues and bring the technologies and styles of stone carving into Japan.

THREE

The lake of the city is Moon Lake. It takes only five minutes from Drum Tower, the south gate of Zicheng City, to Moon Lake on foot. It is said that the lake was built in the Tang dynasty, and the lake got its name because of its shape like a crescent. The lake not only beautifies the water city, but also carries many stories about people of Moon Lake.

From the 8th year (1093) of Yuanyou period to the first year of Shaosheng period of the Song dynasty, the magistrates of Mingzhou State, Liu Shu and Liu Cheng dredged Moon Lake successively in order to increase the storage capacity of the lake. The mud dug out from the bottom of the lake was used to heighten the lake dam and build ten islets in the lake, whose beautiful names added a poetic atmosphere to Moon Lake. Around the lake, pines and willows grew. According to a poet's description in the Northern Song dynasty (960-1127), the lake became a recreation place and a public park for citizens of Ningbo at that time.

During the southward migration of the government of the Song dynasty, a large number of northern scholars moved to Ningbo. Many aristocratic families loved to live by the beautiful Moon Lake. Men of letters, celebrities and gurus, monks and Taoist priests also liked to gather here, and Moon Lake therefore became the academic center of Eastern Zhejiang. The famous official of the Northern Song dynasty Wang Anshi, the prime minister of the Southern Song dynasty Shi Hao, and "Four scholars of Yong in Chunxi period", including Yang Jian, Yuan Xie, Shu Lin and Shen Huan all once settled in the Moon Lake area or gave lectures here. There were a great number of mansions of celebrities, book-collection buildings and lecture rooms on the ten islets of Moon Lake and the habits of giving lectures and writing books were popular. Therefore, Moon Lake gained the reputation of "the cultural center of Eastern Zhejiang".

Until today, there are still many historical and cultural relics around Moon Lake like the house of He Zhizhang, water-level stela, Mid-lake Temple, Guandi Temple, the house of Tong Huai (Yintaidi), circles of Buddhists and Korean embassy. Furthermore, Tianyi Pavilion, the earliest private library of China, is also located on the west bank of Moon Lake. Yanyu Building, Xu Shidong's private library is located on the edge of Moon Lake. The cultural traditions of Moon Lake have been inherited to today.

Ningbo is delicate and restrained for it is a city of water; Ningbo is also open and accessible for it is a seaport. The seawater, rising and falling, gets self-renewing in the tidal fluctuation. Ningbo, born by the sea, is constantly changing and developing.

02

Chapter 2

Tradition of Book Collection

“City of Books” is not an exaggeration to describe Ningbo, because the oldest existing private library—Tianyi Pavilion still lies on the bank of Moon Lake, and more importantly, the humanistic spirit of book collectors that has been inherited for a thousand years adds a unique scholarly atmosphere to the city. Book collectors strove to get and collect books, gave full play to the role of these books, and inherited the civilization and tradition of collecting books. These tangible libraries and the intangible spirit still benefit people in the city.

ONE

Many excellent philosophers, thinkers, writers and historians were born in Ningbo, such as Yu Shinan in the Tang dynasty, Yang Shi in the Northern Song dynasty, Lou Yao, Yang Jian and Wang Yinglin in the Southern Song dynasty, Yuan Jue in the Yuan dynasty, Fang Xiaoru, Wang Yangming, Tu Long, Huang Zongxi, Wan Sitong, Quan Zuwang and Yao Xie in the Ming and Qing dynasties.

After the southward migration of the Song dynasty, the cultural center moved to the south and the block printing industry emerged, which made a basis for book collecting in Ningbo. In the Ming and Qing dynasties, the flourishing paper industry and printing industry provided a material basis for book collection and the emergence of bibliophiles in Ningbo. After the Qing army entered Shanhai Pass, Qing government made a policy of control through conciliation (Huairou Policy) and compiled *Complete Library of the Four Branches of Literature* (*Si Ku Quan Shu*). The customs of collecting books among Ningbo scholars became more popular and the number of collectors in the Qing dynasty was more than that in other former dynasties and most of these book collectors gathered in Yin.

According to the quantity of books and social influence of private libraries, Lou Yu's and

Chen Mi's buildings were the best in the Northern Song dynasty. Lou Yao's East Building and Shi Shouzhi's Bizhi Building in the Southern Song dynasty were called "Southern Lou and Northern Shi". In the Yuan dynasty, Yuan Jue's Qingrong Room was the best library in Eastern Zhejiang. In the early Ming dynasty, Feng Fang's Wanjuan Building ranked first, and later, Fan Qin's Tianyi Pavilion exceeded it. Furthermore, there were Fan Dache's Woyun Mountain House, Chen Chaofu's Sixiangju, and Lu Bao's Nanxuan in the Ming dynasty. In the Qing dynasty, there were quite a lot of private libraries including Huang Zongxi's Xuchaotang, Wan Sitong's Hansongzhai, Zheng Xing's Pavilion of the Two Elders, Quan Zuwang's Shuangjiu Mountain House, Lu Zhi's Baojing Building, Yao Xie's Damei Mountain House, Huang Chengliang's Wugui Building, Xu Shidong's Yanyu Building, Cai Hongjian's Mohai Building, and Dong Pei's Liuyi Mountain House. The quantity of books of each library ranged from fifty thousand to one hundred thousand. During the period of Republic of China, more than a dozen libraries were famous, such as Qin Runqing's Moyun Building, Li Qingcheng's Xuanyin Building, Zhang Zhiming's Guhuan Room, Cao Bingzhang's Jigu Pavilion, Sun Jiagui's Wojilu, Feng Zhenqun's Fufu Room, Zhang Jiyan's Qiaozhai, Tong Baoxuan's Zhiyuan Garden and Xu Lülian's Xikexuan. The collection of these libraries included classics, dramas, novels, anecdotes and books on some special subjects. Furthermore, some of these libraries even tried to open to the public.

Tianyi Pavilion, Wugui Building and Fufu Room are the only three survivors among a large number of private libraries in Ningbo. Lanxiutang (it has become present Ningbo Library) and Library of Chucai School (it has become present Library of Ningbo Middle School) are the only two existing public libraries. Many libraries have vanished but books of them remain and become the principal collection of many libraries. For example, the books of Yao Xie's Damei Mountain House in the early Qing dynasty were collected into Mohai Building of Cai Hongjian during the Guangxu period of the Qing dynasty, and then they were collected by Li Qingcheng's Xuanyin Building during the period of Republic of China. After 1949, the books of Xuanyin Building were donated to the country and then they were stored in Beijing Library and Zhejiang Library. Fufu Room owns the copied manuscripts of these books. During the period of Republic of China, books of Sun Jiayan's Wojilu, Feng Zhenqun's Fufu Room, Zhu Dingxu's Bieyouzhai, Zhang Jiyan's Qiaozhai and Yang Ronglin's

Qingfang Pavilion were donated to Tianyi Pavilion.

TWO

When we look at a library, we will sigh at the rise and fall of the library. Many external factors like war, fire, flood and theft can destroy the library. However, when we look from the broader perspective, we will find that the tradition of collecting books in Ningbo has never extinguished. A lot of famous bibliophiles and libraries emerge successively in Ningbo and it is a kind of inheritance of culture and tradition.

Lou Yao and His East Building

Lou Yao (1137-1213), whose courtesy name (Zi) was Dafang or Qibo and literary name (Hao) was Master of Gong Kui, was from Yinxian County in the Southern Song dynasty. He became Jinshi (a person who passed all three examinations held by the government) in 1163. Lou Yao, born in a family of scholars, was smart and handsome. He focused on the study without caring about trivial matters. He was proficient in history, ancient rare words, and Chinese ancient texts, and good at guiding and supporting juniors. In 1169, Lou Yao visited Jin (a northern regime established by Jurchen) as an official to record the experiences. Since 1190, he served as the imperial chronicler and secretariat concurrently. In 1195, Ning Zong became the emperor. Han Tuozhou, a kinsman of the emperor, grabbed all the power. He called Li philosophy (Neo-Confucianism) as a pseudo theory while Lou Yao respected Zhu Xi and opposed Han Tuozhou. Lou Yao was dismissed and went back to his hometown and later he built East Building between today's Guifangqiao Lane and Meiyuan Lane on the south bank of Moon Lake. In 1207, Han Tuozhou was killed and Lou Yao was reinstated.

Lou Yao loved collecting books and he proofread fine block-printed editions and copied manuscripts. In his late years, he strived for *Chunqiu Fanlu* of Pan Jingxian and felt happy when he got it. After decades of collection, the collection of East Building was more than ten thousand volumes. Lou Yao's works including *Journal of the Northward Visit* and *Gong Kui Ji* were also collected in the building. At that time, there were always readers in East Building. At the end of the Southern Song dynasty, the army of Yuan marched to the South. With the change of dynasties, East Building's collection gradually disappeared. At the end of the Ming dynasty, all the collection was damaged and the old house became the property of Tang's family in Wangjiadun.

Shi Shouzhi and His Bizhi Building

Shi Shouzhi, whose courtesy name was Ziren, was the grandson of the prime minister Shi Hao and the son of Shi Mida. He was from Yinxian County in the Southern Song dynasty. Shi Shouzhi followed Yang Jian and Yuan Xie to tour and study, learned classical literature from Lou Yao and retired as the official of Chaofeng Dafu. He, upright and just, was not satisfied with his uncle's begging Jin for peace and retired to live at Moon Lake.

Lou Yao's East Building and Shi Shouzhi's Bizhi Building were located on the north and south banks of Moon Lake. Quan Zuwang, the scholar in the Qing dynasty, admired the large number of the collection of the two buildings in his *The Saying of Lake*. Bizhi Building was not only used for storing collection of Shi Shouzhi, but also for scholars to give lectures and do scholarly research. Shen Huan, Yang Jian and Yuan Xie had been here to give lectures. Later, most of Shi Shouzhi's books flowed into Jiangsu.

Yuan Jue and His Qingrong Room

Yuan Jue (1266-1327), whose courtesy name was Bochang, was from Yinxian County in the Yuan dynasty. His teacher was Wang Yinglin. He was proficient in history, anecdotes, textual criticism, poetry and calligraphy. Initially, he served as a lecturer of Lize Academy.

Later, he was recommended as the inspecting officer of the Imperial Academy of National History and then he became the official of Shijiang Xueshi.

Yuan Jue was born in a scholars' family. His great-grandfather Yuan Shao loved collecting books. Just like his great-grandfather Yuan Shao, grandfather Yuan Sidao and father Yuan Hong, Yuan Jue also loved books and collected a large number of books. In the Yuan dynasty, his collection was regarded as the largest in Eastern Zhejiang. His works include *Yuan's New and Old Bibliography*, *Remarks on Yi*, *Remarks on Chunqiu*, *Collected Works of Lay Buddhist Qingrong* and *Local Annals of Siming in Yanyou Period*. After the death of Yuan Jue, later generations did not keep his career and the collection gradually got lost. His descendants were black sheep, the servants stole books and sold them, and more than half of the books were destroyed by the concubines and maidservants. Since the government of the Yuan dynasty tried to compile books on the history of Song, Liao and Jin, his grandson Yuan Yan handed in the remaining thousands of volumes of books.

Feng Fang and His Wanjuan Building

Feng Fang (1492-1563), whose courtesy name was Cunli, Cunshu and Renweng, was also known as Nanyu Waishi or Daosheng. He was from Mayuan at the west corner of Yinxian County in the Ming dynasty. At an early age, he was witty and loved learning and calligraphy. In 1519, he ranked first (Xieyuan) in the provincial examination, and later in 1523 became Jinshi and served as the leader of the Ministry of Rites (Libu Zhushi).

Feng Fang was born in a family of book collectors. Feng's family had collected books since the Northern Song dynasty and the books became more rich in the Ming dynasty. Feng Fang loved collecting books and ancient inscription rubbings. He even sold more than a thousand mu (a unit of area, equal to 0. 067 hectare) of fields to buy famous calligraphies and rubbings. Since the quantity of books reached fifty thousand volumes (5 wan juan), his library was called Wanjuan Building. His collection included many rare block-printed editions, transcripts and rubbings from stone inscriptions of the Song and Yuan dynasties. However, Feng Fang just bought and read books without managing his family property. At his old age, he became ill and poor and could not manage his collection. Sixty or seventy percent of the rare books and transcripts of the Song dynasty were stolen by his students and neighbors.

Later, his books were burned. Only few books remained and they were sold to Fan Qin, the founder of Tianyi Pavilion.

Fan Qin and His Tianyi Pavilion

Fan Qin (1506-1585), whose courtesy name was Yaoqing and literary name was Dongming, was from Yinxian County in the Ming dynasty. He became Jinshi in 1532 and once served as the deputy minister of the Ministry of War.

Fan Qin was fond of reading and he would collect public and private block-printed editions wherever he went during his tenure. For those books he could not buy, he employed people to copy them. His collection included a wide variety of Confucian classics and historical records. He also paid attention to collecting contemporary literature. Local chronicles books on government, poetry anthologies and directories of imperial examinations in the Ming dynasty accounted for a large proportion in his collection. Furthermore, he collected many valuable rubbings from stone inscriptions, for example, *Ancient Proses on Stones* (*Shigu Wen*), the famous book of rubbings in the Northern Song dynasty. Fan Qin's Tianyi Pavilion, built from 1561 to1566 in the Ming dynasty, is the oldest existing private library in China and has a long history of more than four hundred years.

Huang Zongxi and His Xuchaotang

Huang Zongxi (1610-1695), whose courtesy name was Taichong and literary name was Nanlei, was also called Mr. Lizhou by people. He was from Yuyao. He wrote a number of works including 111 kinds of books for more than 1, 300 volumes. He was angry about the imperial examination and wanted to change it. He advised scholars "to read books to purify their mind and not to sap their spirit by seeking pleasures". He was an outstanding historian and bibliophile of the Ming and Qing dynasties, and the originator of the Eastern Zhejiang school.

Since an early age, Huang Zongxi had been fond of reading. He liked all kinds of books including books on astronomy, mathematics, music, Buddhism and Taoism. After reading all the books in his house, he still felt not satisfied and visited all the famous libraries south of the Yangtze River to read and copy books. In 1665, Huang Zongxi built Xuchaotang in Nanlei (today's Yuyao City). During the war at the end of the Ming dynasty, Qi Chenghan of Shanyin (today's Shaoxing) moved his Danshengtang to Hualu Temple of Yunmen Mountain. After more than 20 years, Huang Zongxi spent three days and nights in selecting ten-bundle rare books in the Hualu Temple and returned. Those books became an important part of Huang Zongxi's collection. His collection also came from Niu Shixi's Shixue Building, Qian Qianyi's Jiangyun Building, Huang Juzhong's Qianqingtang, Zheng's Congguitang, Jiao's library and from famous bibliophiles such as Hu Xiaoyuan and Sun Yuefeng. In his late years, he still went to Fan Qin's Tianyi Pavilion, Cao's Jingtitang and Xu's Chuanshi Building to read and copy books. After decades of collecting and collating books, his collection reached sixty or seventy thousand volumes. Among his collection, the anthologies of the Song and Yuan dynasties accounted for a major part while the number of anthologies of the Ming dynasty was only about five or six thousand and Xue Juzheng's *The History of the Five Dynasties* was the rarest among them. Unfortunately, before he catalogued these books, they were destroyed by flood and fire, and more than half of his collection was lost. Zheng Xing, his disciple's disciple, sorted out thirty thousand volumes and put them in Pavilion of the Two Elders.

Zheng Xing and His Pavilion of the Two Elders

Zheng Xing (1665-1743), whose courtesy name was Yimen and literary name was Nanxi, was from Cixi County in the Qing dynasty. He was the disciple of Huang Zongxi's disciple. As a civilian for life, he was determined to travel to the Five Mountains and his signature was "the visitor of Five Mountains".

The tradition of collecting books started from Zheng Xing's grandfather, Zheng Zhen. Zheng Zhen and Huang Zongxi were classmates, and Zheng's son Zheng Liang was Huang Zongxi's student. Zheng Xing, the son of Zheng Liang, followed his father's will to build a library and named it Pavilion of the Two Elders to commemorate Huang Zongxi and Zheng

Zhen. The collection in the pavilion mainly consisted of twenty thousand books left by Zheng's ancestors and thirty thousand books from Huang Zongxi's Xuchaotang. In addition to building the library and collecting books, Zheng Xing also mint-marked sixty-two volumes of *Mingru Xue'an* of Huang Zongxi and his father's thirty-six volumes of *The Collection of Hancun* and four volumes of *Nanxi Oukan* written by himself based on the books of Pavilion of the Two Elders. The pavilion remained for nearly two hundred years but the books were gradually lost because of thefts and fires, and the building was demolished and sold by the descendants of Zheng in 1943.

Xu Shidong and His Yanyu Building

Xu Shidong (1814-1873), whose courtesy name was Dingyu or Tongshu and literary name was Liuquan, was from Yinxian County in the Qing dynasty. He became Juren (a person who passed the provincial examination) in 1846 and was appointed as the official of cabinet. He presided over the compilation of *Records of Yinxian County* in 1868 and died in 1873.

Xu Shidong was very fond of collecting books, often copied and collated books round the dock. He wrote more than 30 books and mint-marked *The Chorography of Ningbo in the Song and Yuan Dynasties* and it was good enough to be called rare edition after his revision. He lived at Yanyu on the west bank of Moon Lake, so his library was called Yanyu Building. His collection included one hundred thousand volumes of books and was mostly from Zheng Xing's Pavilion of the Two Elders in Cixi, and he also got books from some aristocratic families like Fan Eting, Qiu Xuemin, and Hu Luting. In 1861, the Taiping Heavenly Kingdom's army entered Ningbo and thefts were rampant, most collection of Yanyu Building was stolen or sold. In the second year (1862), Xu Shidong moved to "Chengxi Cottage" at the west gate of Ningbo. He collated the old series again, looked for the missing books and finally got forty thousand volumes of books. Unfortunately, his collection burned down in 1863. After these two disasters, Xu Shidong did not give up and continued to look for books, buy books and collect books. In 1864, he rebuilt a new library at the "Chengxi Cottage" on the north side of the river, so it was named "Water North Pavilion". On account of his painstaking efforts, the library had 798 kinds of books and these books were stored in 30 bookcases. He also made a catalog by five kinds, that is the Confucian classics, historical records, philosophical writings, miscellaneous works and series, and his collection gradually reached the previous scale. In 1868, Xu Shidong led to compile *General Records of Yinxian County*. In the second year (1869), the bureau of compilation moved to Water North Pavilion and Xu Shidong offered his collection to meet the needs of compilation. In 1911, Xu's collection in Water North Pavilion was sold to a bookseller from Shanghai and some of them flowed into collectors in Ningbo and Tianyi Pavilion. In 1994, Water North Pavilion was rebuilt at the southern garden of Tianyi Pavilion.

Qin Runqing and His Moyun Building

Qin Runqing (1877-1966), whose name was Zuze, courtesy name was Runqing, and literary name was The Moyun Elder, was from Xiaozhong Town of Cixi County (today's Cicheng Town, Jiangbei District, Ningbo City). He was a celebrity in the financial circle of people who immigrated to Shanghai.

Qin Runqing's library was called Moyun Building, which was built at the old school of Cixi County in 1931. He bought the collection of Feng's Zuijing Pavilion in Cixi and collected all kinds of rare books. His collection included the local records of Zhejiang's counties, *The Record of Putuo Mountain*, *The Collection of Zhao Wenmingong* and others. During the War of Resistance against Japan, books were all transferred and preserved in rural areas. After the victory of war, the 42, 226 books including 32, 996 thread-bound ancient books were returned to the building. In New Year's Day of 1947, Moyun Building began to open to the public. There were reading rooms of modern books, newspapers and magazines downstairs and the stacks of ancient books upstairs. Since then, Moyun Building has become a modern library and it is not a traditional private storage building any more. In 1952, Qin Runqing donated all of his collection to the people's government of Zhejiang Province.

Feng Zhenqun and His Fufu Room

Feng Zhenqun (1886-1962), whose courtesy name was Mengzhuan and literary name was Manru, served as the chairman of literature committee of Yinxian County from 1932 to

1941. During this period, he was involved in the renovation of the Tianyi Pavilion and assisted Zhang Shouyong to compile *Siming Series*. From 1944 to 1949, he and Ma Yamin compiled two chapters of *General Records of Yinxian County—on Literature.*

The name of Fufu Room was from a sentence of Wang Yanshou's essay and meant that the owner of the building devoted himself to the study and did not want to be famous. Fufu Room collected many books of Ningbo's libraries in the Ming and Qing dynasties like Dong's Liuyi Mountain House, Ke's Jinshengju, Xu's Yanyu Building, Zhao's Yigutang and Chen's Wenze Building. The total number of books was more than 120 thousand volumes. Over 400 rubbing editions were also stored here. In 1962, before his death, Feng Zhenqun told his family to donate all of his books to the nation. The books are kept in Tianyi Pavilion and Fufu Room is still standing on Xiaowen Street.

THREE

The book collectors usually had other specialties. Yuan Jue of the Yuan dynasty was good at history; Feng Fang of the Ming dynasty was good at calligraphy; Huang Zongxi of the Qing dynasty, a famous thinker and historian, established the Eastern Zhejiang School. On one hand, out of the need of learning, they did all they could to look for, copy and collect good books to broaden their horizon; on the other hand, each of them had their own academic expertise and therefore their collection activities were more specific and valuable with their own styles in content selection, version comparison, comments, preface and postscript.

The bibliophiles in Ningbo attached equal importance to collecting and reading books. Lou Yao emendated *Huashi Zhongcangjing* based on the transcript from Lu Conglao who was a famous doctor in Yaojiang, and the book then became a rare one. Feng Fang studied the famous calligraphies and rubbings very hard and finally became a famous calligrapher. The rule of Tianyi Pavilion, "Each generation must not divide the collection, and books cannot be taken out of the building", was broken for Huang Zongxi. He was allowed to enter the building to read and copy books and he finally became a master. Wan Sitong, as a civilian, went to the capital city to participate in compilation of *The History of the Ming Dynasty* and his collection of more than one hundred thousand volumes became his important references. Huang Chengliang welcomed people to read in his Wugui Building and provided board and lodging. He also mint-marked many manuscripts to give his friends and other scholars. Therefore, book collectors in Ningbo were not limited to their own purposes but more committed to cultural development including collation, compilation, setting up theories, imparting knowledge and cultivating talents.

Yu Haoxu summarized 6 kinds of spirit of bibliophiles in his *Wise Man's Aroma: Bibliophiles and Libraries in Ningbo*: the reading spirit of respecting literature; the collecting spirit of loving books; the self-discipline spirit that passed from generation to generation; the open spirit of loving books with morals; the spirit of loving hometown; the patriotic spirit without personal consideration. These kinds of spirit remain today and later librarians still benefit a lot from them.

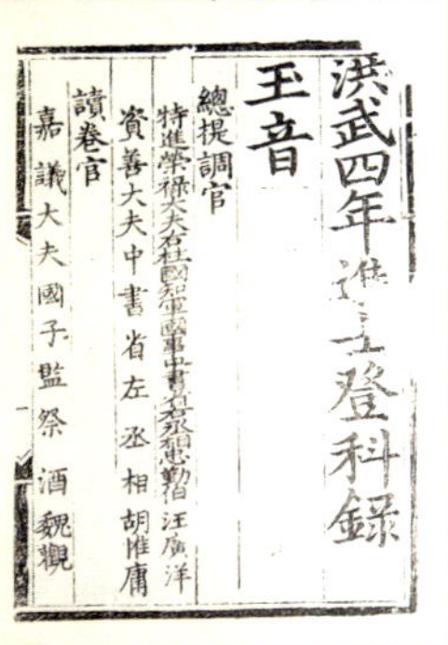
洪武四年進士登科錄

玉音

總提調官

特進榮祿大夫右柱國知軍國事中書右丞相忠勤伯 汪廣洋

資善大夫中書省左丞相 胡惟庸

讀卷官

嘉議大夫國子監祭酒 魏觀

03

Chapter 3

The Model of the Existing Libraries—Tianyi Pavilion

Huang Zongxi said at the beginning of *The Collection of Tianyi Pavilion*, "Reading books is hard, and the harder is to collect books, and the hardest is to collect books for a long time without losing." Collecting books for many generations without losing is considered the most difficult part of book collection. Many libraries could not last for one hundred years while a library existed more than four hundred years and still stands on the west bank of Moon Lake in Ningbo. The library is the oldest existing private library in Asia—Tianyi Pavilion. If the year of 1949 is seen as the dividing line, the four hundred years can be divided into two periods: the private collection and the public collection. The private collection period reflects the continuation of cultural career that the thirteen generations of Fan's family have done. When it became a public library, it attracted more people to read books and more book collectors would love to donate their books to Tianyi Pavilion. What Tianyi Pavilion has taken from the public are being used by the public.

ONE

Tianyi Pavilion was built by Fan Qin, who was born in 1506 and died in 1585. Fan Qin became Jinshi when he was 27 years old (nominal age) in 1532. Later, he began to work as an official all over the country, including Jiangxi, Guangxi, Fujian, Shaanxi and Henan. He was not afraid of high-ranking officials and brave to fight against foreign enemies. In 1560, he served as the deputy minister of War. In October 1560, he resigned to his hometown.

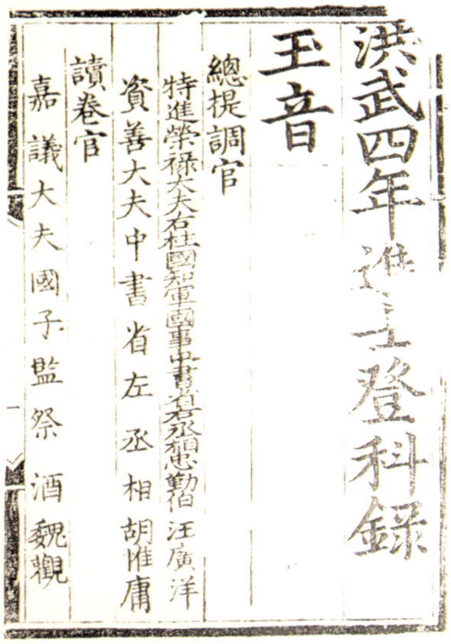
洪武四年進士登科録
玉音
總提調官
特進榮祿大夫右柱國知軍國事中書右丞相忠勤伯汪廣洋
資善大夫中書省左丞相胡惟庸
讀卷官
嘉議大夫國子監祭酒魏觀

Fan Qin began to collect books since the beginning of the Jiajing period (1522-1566). During his tenure, he stuck to collecting books wherever he went. Different from the bibliophiles who valued the versions of books, Fan Qin paid more attention to the works of contemporary people including a large number of local chronicles, books on government, records, and poetry anthologies of the Ming dynasty. Compiling chronicles was popular during the Ming dynasty. Fan Qin collected 435 annals of provinces, states, prefectures and counties, even more than those compiled in *The History of the Ming Dynasty—Records of Books*. Fan Qin also collected about 500 kinds of directories of imperial examinations, such as enrollment in civil palace examinations, metropolitan examinations, provincial examinations and provincial military examinations of the Ming dynasty. Among them, 370 books still remain and more than 90 percent of these books cannot be found elsewhere, and become the important references to study the imperial examination system and people of the Ming dynasty.

After resigning to hometown, Fan Qin built a library on the bank of Moon Lake from 1561 to 1566 and named it Tianyi Pavilion. The pool in front of the pavilion was called Tianyi Pool and used to prevent fires. The library had two floors. The second floor was used to store books and the first floor was divided into six rooms.

In order that the collection of Tianyi Pavilion could be preserved for a long time, Fan Qin took great pains. At the beginning of construction, he ruled that the building couldn't be joined to dwelling houses; the building must be kept away from fire; windows were designed both in the north and south sides of the building and doors both in front and rear of bookcases in order to promote ventilation; a strong-scented herb was used to prevent insects. More importantly, the rule of Fan's family, "each generation must not divide the collection, and the books must not be taken out of the building" was strictly followed. Fan Qin believed that books couldn't be separated, so he divided his property into two parts, books and gold. Fan Dachong, the eldest son of Fan Qin, chose the books without any hesitation. Fan Qin further clarified that books couldn't be separated as the common property of the whole family. The descendents of each branch of Fan's family agreed on these rules: The keys of the pavilion and the bookcases are kept by different branches; books cannot be taken out of the pavilion; doors are not allowed to open until all members of Fan's family are present; descendents who open the door without reasons are not allowed to offer sacrifices to ancestors for three times; descendents who secretly lead friends into the pavilion are not allowed to offer sacrifices to ancestors for one year; descendents who lend books to others without permission are not allowed to offer sacrifices to ancestors for three years; descendents who sell books or pawn books are expelled and not allowed to offer sacrifices to ancestors forever.

The family rule of "each generation must not divide the collection, and the books must not be taken out of the building" could be viewed as a conservative approach to avoid losing books. However, Fan's descendants who agreed to allow Huang Zongxi to enter the pavilion to read books in 1693 showed the spirit of collecting books for the purpose of use. Huang Zongxi read and copied books in Tianyi Pavilion, and compiled *The Catalogue of Tianyi Pavilion* and *The History of Collection in Tianyi Pavilion*. After that, scholars in Jiangsu and Zhejiang provinces yearned for entering Tianyi Pavilion and reading books. After Huang Zongxi, some scholars like Li Yesi, Zhu Yizun, Xu Qianxue, Wan Sitong, Quan Zuwang, Weng Fanggang and Yuan Mei went to the library and benefited from it.

During the reign of Emperor Qianlong (1736-1795), Fan Maozhu, Fan Qin's eighth generation and other descendants were required to offer books for the compilation of

Complete Library of the Four Branches of Literature (*Siku Quanshu*). The number of books they handed in reached 638 and was the largest among book collectors. Among the 638 books, 96 books were included in the *Complete Library of the Four Branches of Literature*, and 377 books were included in the saving directory. These books indeed made a great contribution to the compilation. Therefore, Tianyi Pavilion got the inscription of the Emperor Qianlong and a bronze movable-type printing book, *Imperial Encyclopedia* (*Gujin Tushu Jicheng*) which had ten thousand volumes. Qianlong also sent Yin Zhu, the official of Hangzhou, to look over the building and bookcase styles of Tianyi Pavilion. Later, seven pavilions in which *Complete Library of the Four Branches of Literature* were stored were built by imitating shapes and structures of Tianyi Pavilion. The construction and style of Tianyi Pavilion, therefore, become a classic of traditional library building.

Handing in rare books for the compilation of *Complete Library of the Four Branches of Literature* made Tianyi Pavilion famous, but it also caused some troubles. In spite of the order that books should be returned after copying, officials did not follow the order and most of the 638 books were not returned. In 1840, when the Opium War occurred, the British army invaded Ningbo and robbed dozens of local chronicles. In 1861, when the Taiping Heavenly Kingdom's army invaded Ningbo, the homeless broken the wall and secretly took a large number of books from the pavilion, a minority of which were sold to foreign missionaries at a low price and a majority of which were sold by weight to the paper merchant of Tang'ao in Fenghua, and these rare books became raw materials of papermaking. In 1914, unscrupulous booksellers in Shanghai connived with foreign booksellers to hire the thief Xue Jiwei to steal books from Tianyi Pavilion. Later, the Commercial Press collected hundreds kinds of the stolen books and put them in Hanfen Building. Unfortunately, they were burned down in the "January 28th" Battle in 1932. After several catastrophes and sporadic losses, in addition to the later additions of *Imperial Encyclopedia*, there were only thirteen thousand volumes, only one-fifth of Fan Qin's collection, and many of these books were damaged by worms and became rotted.

TWO

In June 9, 1949, Tianyi Pavilion became public library and the descendents of Fan Qin,

Fan Yingsheng and Fan Luqi became officials. Since 1950s, many book collectors of Ningbo have donated their collection to Tianyi Pavilion.

In the early 1950s, Zhang Dong donated the books of his father Zhang Qin; Zhang Bojin donated the collection of his father Zhang Shen; Liu Tongpo and his brother donated the books of their father Liu Chuxiang; Zhang Shuangqing donated the books of his father Zhang Shixun; Li Yun donated hundreds of boxes of her own books. After that, Xu Rongzeng, Xu Ronghui and Xu Rongtang donated Xu Yuzao's books to Tianyi Pavilion. In July 1957, Zhang Jiyan donated fifty-seven thousand volumes of books from Qiaozhai. In 1979, Zhu Zanqing's family donated more than one hundred thousand volumes of books and 1, 700 scripts and paintings of Bieyouzhai. At the same year, Sun Dingguan donated the collection of Wojilu; Yang Ronglin's family donated the collection of Qingfang Pavilion and the numbers of their donations both reached ten thousand.

Because of the generous donations of bibliophiles and efforts of workers in Tianyi Pavilion, the number of books in Tianyi Pavilion is growing. So far, the number of ancient books in Tianyi Pavilion has reached 160, 000, about 300, 000 volumes, among which the rare books are about 30, 000 copies, more than 80, 000 volumes.

Tianyi Pavilion attracted a number of scholars and offered them reference materials. Tianyi Pavilion compiled quite a lot of books and photolithographed a great many rare books.

In recent years, according to the plan, Tianyi Pavilion Museum has begun to convert the form of ancient books from hard copy into electronic copy. Readers can read digital ancient books on the website of Tianyi Pavilion.

Nowadays, Tianyi Pavilion has become a thematic museum focusing on book collection culture with functions of literature collection, study of classics, the protection of cultural relics, display, social education, tourism and leisure. Tianyi Pavilion attracts modern people to taste traditional culture and academic atmosphere of the city.

NT
借书亭
JIE SHU
TING

04

Chapter 4

The Birth and Development of Public Library

In 1884, Xue Fucheng, the official of Ning Shao Tai, established a library named Lanxiutang. It was the beginning of new modern library in Ningbo and played an important role in the transition from traditional libraries to modern libraries. The collection of Lanxiutang became richer and richer as time went by. In 1927, Ningbo Municipal Library, the first public library of Ningbo, collected the books of Lanxiutang. Later, due to the change of organizational system, Ningbo Municipal Library was renamed Yinxian County Library, Ningbo Library and Ningbo Library of Books and Cultural Relics. In 1978, the name returned to Ningbo Library and remains until now.

Section 1

Birth · From Lanxiutang to Xuelou Building (1884-September 1927)

At the end of the Qing dynasty, influenced by the eastward spread of Western culture, traditional rigged culture was broken and public libraries with the characteristic of modern library budded in succession throughout the country.

In 1884, Xue Fucheng, the official of Ning Shao Tai, built Houle Garden west of the government offices as a place of lectures. He also built the library Lanxiutang in the garden and bought books for scholars. It was the beginning of new library of modern Ningbo. Lanxiutang was not only a library but also a center to cultivate talents. Good students of Ning, Shao and Tai were selected for further study here and Xue Fucheng organized and taught his opinions in Lanxiutang. He collected his opinions and his students' 97 essays and compiled them into one book, *The Records of Students in Eastern Zhejiang* (*Zhedong Keshi Lu*).

In 1894, Wu Yinsun, the successive official of Ning Shao Tai, continued to manage Lanxiutang. He renamed Lanxiutang as Chongshi Academy and continued to purchase books and donated duplicates of his collection to the library. There are still ancient books with stamps of "the collection of Wu's Youfu Dushutang in Zhenzhou State" in the department of ancient books of Ningbo Library.

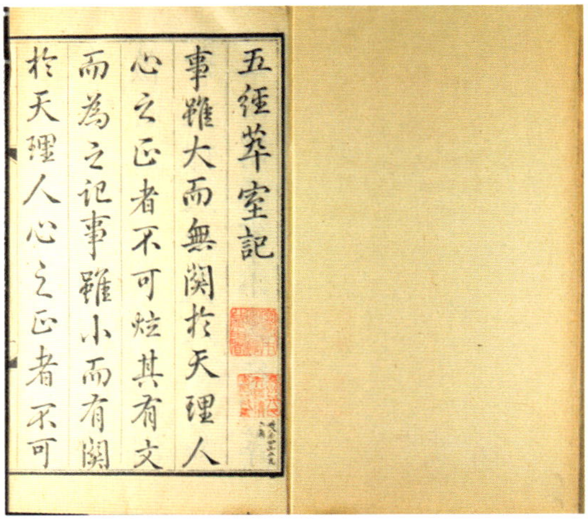
五經萃室記
事雖大而無關於天理人
心之正者不可炫其有文
而為之記事雖小而有關
於天理人心之正者不可

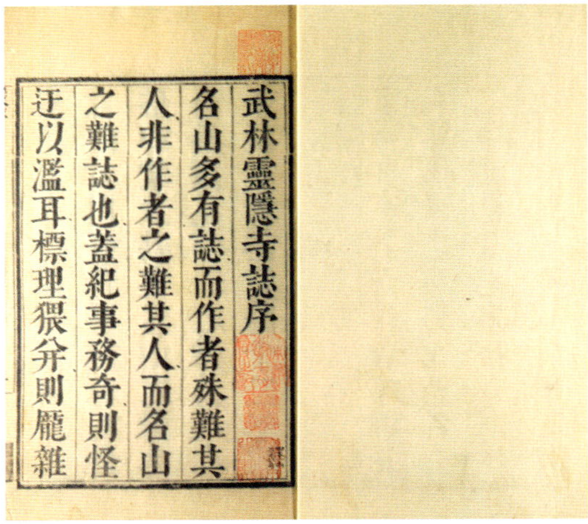
武林靈隱寺誌序
名山多有誌而作者殊難其
人非作者之難其人而名山
之難誌也蓋紀事務奇則怪
迂以濫耳標理猥弁則龐雜

In 1905, Chongshi Academy was renamed as Ningbo Educational Organization. Vice-Chairman Chen Xunzheng bought more than 2,000 books to enrich the collection and meet the needs in that period. After the Revolution of 1911, Six City Council (six cities include Yinxian County, Cixi County, Zhenhai County, Fenghua County, Xiangshan County and Dinghai County) built a western-style building in Houle Garden in 1913. The council put all of Xue Fucheng's books in the building and named it as Xuelou Building to commemorate Xue Fucheng's contribution.

From 1918 to 1919, local patriots suggested buying books of Mohai Building and changed Siming Library into Ningbo Public Library but they failed. In 1922, Zhang Meiyi lived in Xuelou Building to recuperate, and together with his friends and children, collated books and compiled a handwritten bibliography, which was ready to open to readers. Unfortunately, he died before finishing the book. During this period, some unofficial organizations and far-sighted people established some small libraries and private libraries, such as Ningbo Juvenile Library, Siming Society Library established by overseas college students who were born in Ningbo, Club of Popular Books and Newspapers established by Chen Xingsun and Lakeside Library established by Dai Dongyuan and his brothers. Siming Society Library was set up in order to promote the establishment of public library and improve the society by learning and studying. It was located in the Temple of Dong Xiaozi (on the southwest side of today's Ningbo Railway Station). Siming Society Library had daily newspapers, magazines and more than a thousand books, and it was daily open to readers.

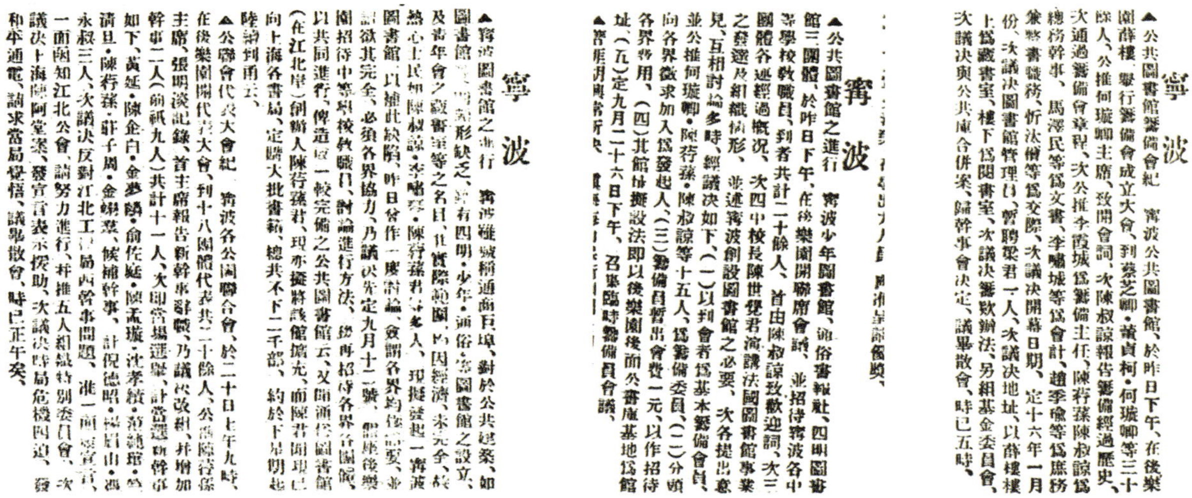

寧波

▲公共圖書館籌備會紀　寧波公共圖書館、於昨日下午、在後樂園薛樓、舉行籌備會成立大會、到蔡芝卿·黃貞柯·何璇卿等三十餘人、公推何璇卿主席、致開會詞、次陳叔諒報告籌備經過歷史、次通過籌備會章程、次公推李霞城爲籌備主任、陳荇蓀陳叔諒爲總務幹事、馬澤民等爲文書、李嘯城等爲會計、趙季喻等爲庶務兼警書職務、忻汰俯等爲交際、次議決開幕日期、定十六年一月份、次議決圖書館管理員、暫聘梁君一人、次議決地址、以薛樓樓上爲藏書室、樓下爲閱書室、次議決籌欵辦法、另組基金委員會、次議決與公共庫合併案、歸幹事會決定、議畢散會、時已五時、

寧波

▲公共圖書館之進行　寧波少年圖書館、通俗書報社、四明圖書館三團體、於昨日下午、在後樂園開聯席會議、並招待寧波各中等學校教職員、到者共計二十餘人、首由陳叔諒致歡迎詞、次三團體各述經過概況、次四中校長陳世覺君演講法國圖書館事業之發達及組織情形、並述寧波創設圖書館之必要、次各提出意見、互相討論多時、經議決如下、(一)以到會者爲基本籌備會員、並公推何璇卿·陳荇蓀·陳叔諒等十五人、爲籌備委員、(二)分頭向各界徵求加入爲發起人、(三)籌備員暫出會費一元、以作招待各界費用、(四)其館址擬設法即以後樂園後面公書庫基地爲館址、(五)定九月二十六日下午、召集臨時籌備員會議、

▲[illegible]

寧波

▲寧波圖書館之進行　寧波雖號稱通商巨埠、對於公共建築、如圖書館之[illegible]、[illegible]形缺乏、雖有四明·少年·通俗·等圖書館之設立、及青年會之藏書室等之名目、但實際範圍、均因經濟、未完全、茲熱心士民如陳叔諒·李[illegible]琛·陳荇蓀君等多人、現擬發起一寧波圖書館、以補此缺陷、昨日曾作一度討論、僉謂各界均係需要、並謂欲其完全、必須各界協力、乃議決先定九月十二號、假座後樂園招待中等學校教職員、討論進行方法、然再招待各界、合團體以共同進行、俾造成一較完備之公共圖書館云、又聞通俗圖書館(在江北岸)創辦人陳荇蓀君、現亦擬將該館擴充、而陳君個現已向上海各書局、定購大批書籍、總共不下二千部、約於下星期起陸續到甬云、

▲公團聯合會代表大會紀　寧波各公團聯合會、於二十日上午九時、在後樂園開代表大會、到十八團體代表共二十餘人、公推陳荇蓀主席、張明淡記錄、首主席報告新幹事辭職、乃議決改組、并增加幹事二人(前祇九人)共計十一人、大即當場選舉、計當選新幹事如下、黃延·陳企白·金夢麟·俞佐庭·陳孟璇·沈孝績·范錦瑤·鄔請旦·陳荇蓀·薛子周·金蛻叟、候補幹事、計倪德昭·楊眉山·馮永叔三人、次議決反對江北工程局西營事問題、推一面呈官廳、一面函知江北公會、請努力進行、并推五人組織特別委員會、次議決上海陳阿堂案、發宣言表示援助、次議決時局危機四迫、發和平通電、請求當局覺悟、議畢散會、時已正午矣、

In 1926, Siming Society Library, Ningbo Juvenile Library and Club of Popular Books and Newspapers held a joint meeting in Houle Garden. They invited over 30 people including some celebrities and teachers of middle schools to discuss the establishment of Ningbo Public Library. They set up a preparatory team, appointed Li Xiacheng as the director, passed the charter, elected general director, clerical worker, accountant and other officials, determined to locate the new library in Xuelou Building, consolidated the existing public libraries and employed librarians. Though the new library could not be established because Sun Chuanfang's army was stationed in Xuelou Building, but the preparatory work laid a foundation for establishing Ningbo Library. The first public library of Ningbo, Ningbo Municipal Library, was established in 1927.

Section 2

Establishment · Ningbo Municipal Library (September 1927-February 1931)

In 1927, Ningbo became a municipal city. In May, Mayor Luo Huiqiao decided to change Xuelou Building into Ningbo Municipal Library and appointed Zhang Ruzhao as the director to lead the preparatory work. In September, Ningbo Municipal Library officially opened and Zhang Ruzhao served as the chief librarian, whose assistant was Ye Mingzhi. Ningbo public librarianship began to write a new page.

Ningbo Municipal Library, located in the site of Xuelou Building in the north of Zhongshan Park, had a western-style building and five single-story houses which were used as dormitories and kitchens of the staff. Zhang Juying, the brother of Zhang Ruzhao, donated 3, 000 silver dollars to build a Chinese-style building beside the lotus pool of the park and named it Fange Pavilion to store books of Xuelou Building. In 1930, Ningbo Municipal Library met the plague of ants. Therefore, the books were stored on the second floor of Fange Pavilion and the reading rooms were on the first floor.

The collection of Ningbo Municipal Library gradually increased as time went by. Since 1884, a lot of predecessors managed Houle Garden with painstaking efforts. Later, the collection was gradually enriched in the period of Chongshi Academy and Ningbo Educational Organization. In 1913, books were collected in Xuelou Building. In 1927, all the books were collected into Ningbo Municipal Library.

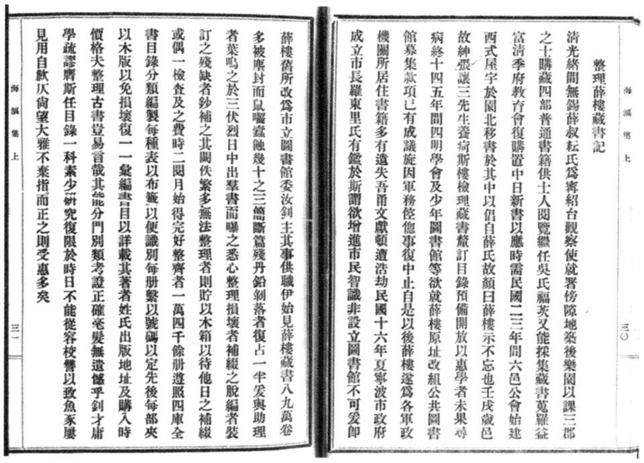

整理薛樓藏書記

清光緒間無錫薛叔耘氏爲寗紹台觀察使就署傍隙地築後樂園以課三郡之士購藏四部普通書籍供士人閱覽繼任吳氏福茨又能採集藏書蒐羅益富清季府教育會復購置中日新書以應時需民國二三年間六邑公會始建西式屋宇於園北移書於其中以倡自薛氏故顏曰薛樓示不忘也壬戌歲邑故紳張讓三先生養疴斯樓檢理藏書釐訂目錄預備開放以惠學者未果遽病終十四五年間四明學會及少年圖書館等欲就薛樓原址改組公共圖書館募集款項已有成議旋因軍務倥傯事復中止自是以後薛樓遂爲各軍政機關所居住書籍多有遺失吾甬文獻頓遭浩劫民國十六年夏寗波市政府成立市長羅東里氏有鑑於斯謂欲增進市民智識非設立圖書館不可爰即

海漚集 上 三〇

薛樓舊所改爲市立圖書館委汝釗主其事供職伊始見薛樓藏書八九萬卷多被塵封而鼠嚙蠹蝕幾十之三簡斷篇殘丹鉛剝落者復占一半爰與助理者葉鳴之於三伏烈日中出羣書而曝之悉心整理損壞者補綴之脫編者裝訂之殘缺者鈔補之其闕佚繁多無法整理者則貯以木箱以待他日之補綴或偶一檢查及之費時二閱月始得完好整齊者一萬四千餘册遵照四庫全書目錄分類編製每種表以布籤以便識別每册繫以號碼以定先後每部夾以木版以免損壞復一一彙編書目以詳載其著者姓氏出版地址及購入時價格夫整理古書豈易言哉其能分門別類考證正確毫髮無遺憾乎釗才庸學疏謬膺斯任目錄一科素少研究復限於時日不能從容校讐以致魚豕屢見用自歉仄倘望大雅不棄指而正之則受惠多矣

海漚集 上 三一

According to Zhang Ruzhao's *Arranging Books in Xuelou Building*, seventy to eighty thousand books of Xuelou Building remained at that time, but many of those books were damaged by rats and insects, and half of the books were broken. Even worse, when Sun Chuanfang's army was stationed in the building, they used books as firewood or toilet paper. Later, Zhang Ruzhao and her assistant Ye Mingzhi (and Zhou Shao, a 12-year-old boy) wiped up the mess, repaired the damaged books, copied the incomplete pages and compiled a bibliography according to the classification of four classical kinds. They put a wooden board in each set, used cloth labels to show each item and gave each volume a book number. They also recorded author's name, publication date, location, time and price of each book and made some rules and regulations. According to Zhou Shao's memories, they worked for over a year and they felt honored though the work was very tough at that time. Unfortunately, those bibliographies, rules and regulations have vanished. According to relevant records, at that time, they collated 15, 422 books including over 2, 000 new books whick were purchased by Chen Xunzheng, the vice-chairman of Ningbo Educational Organization in 1905. According to Zhang Ruzhao's *Arranging Books in Xuelou Building*, most of books in Xuelou Building were Confucian classics, historical records, philosophical writings and miscellaneous works, and they were compiled by means of *The Catalogue of Complete Library in the Four Branches of Literature*. These books were open to readers at that time. From 1928 to 1930, the library bought 9, 159 books.

In the spring of 1930, Yang Tiefu, the secretary-general of Ningbo Municipal Government, went to Xuelou Building and found eight sealed cabinets of ancient books. After opening these cabinets, he found all of them were Confucian classics and historical records which had been thrown away because of some reasons. In the autumn, the mayor appointed Yang Tiefu as the curator and Yang Tiefu immediately ordered the staff to unseal and arrange those books. The staff in the library took more than six months without a rest to collate those

books including plating, tying them together with rope, tagging, coding, making catalogue cards, putting cards into books and dividing those books into different catalogues. At the end of the year, the library completed compiling *Bibliography of Ningbo Municipal Library* and later its name was changed into *Bibliography of Yinxian County Library* because the city name was abolished and the county name was recovered. The book was published in April 1932.

Bibliography of Yinxian County Library published in 1932 used *Classification of Chinese and Foreign Books* written by Wang Yunwu. General: 129 items and 8, 534 volumes. Philosophy: 248 items and 551 volumes. Religion: 35 items and 128 volumes. Social Science: 994 items and 1, 827 volumes. Chinese: 128 items and 298 volumes. Natural Science: 317 items and 589 volumes. Applied Science: 293 items and 573 volumes. Art: 137 items and 589 volumes. Literature: 1, 136 items and 4, 965 volumes. History and Geography: 580 items and 3, 344 volumes. Series: 65 sets and 6, 031 volumes. The library had 27, 429 volumes in total. In addition, the library subscribed 51 kinds of magazines and 5 kinds of daily papers from 1928 to 1930.

According to the register of library, from 1927 to 1930, the major work of Ningbo Municipal Library was to provide books for reading. The largest number of readers was 16, 801 for one year, and the mean number of daily readers was 56. Only duplicates could be lent. In the year with the most borrowers, the average number of books lent monthly was 31.

In 1929, Ningbo Municipal Library worked out *The Rules of Registering Books* (8 clauses), *The Rules of Book Donation*, and *The Interim Rules of the Library Contact in the City* (9 clauses). These three rules ensured the acceptance to private book donation and developed the mode of interlibrary cooperation.

According to Yang Tiefu's *Bibliography of Ningbo Municipal Library*, from 1928 to 1930, the library bought 9, 159 volumes of books. Among these new books, literature books accounted for a major part and the rest included books on history, geography and social science.

Section 3

Renaming · Yinxian County Library (February 1931-May 1949)

In 1931, Ningbo City was abolished and Yinxian County was recovered. Ningbo Municipal Library and Yinxian County Circulation Library merged into Yinxian County Library and the size of the library gradually expanded.

The library had moved several times from 1931 to 1949. In 1931, the library was located in Zhongshan Park. The library consisted of two buildings: a Chinese-style building where the second floor was used as the stacks and the first floor was used as reading rooms for adults, and a western-style building where the reading rooms for children were set up on the first floor and the second floor was the local education reference room.

In August of 1932, since the library was small and could not meet the demands, a western-style concrete building in Exhibition Hall of Domestic Products (today's No. 10 of Fuqiao Street) replaced the old library after the negotiation between the County Education Bureau and the Ningbo Chamber of Commerce. The new building had a total of two halls and fourteen rooms. The second floor in the east was newspaper-reading room; ten rooms on the second floor of the west were staff offices; the south part of the west downstairs was the children's reading room; the north part was the stacks; other parts included novel room, magazine room, showroom, rubbings room and catalogue room. The rest four small rooms were reception room, dining room, employee bedroom and storage room.

In 1937, when the War of Resistance against Japan broke out on a full scale, the Three People's Principles Youth League of the Kuomintang occupied the library on Fuqiao Street and the library moved back to the old building in Zhongshan Park. On April 19, 1941, Japanese army invaded Ningbo and the library moved to Ninghai. In September, Ningbo Township Confederation of Japanese puppet regime established "Ningbo Public Library" in the old building of Zhongshan Park. The library on Fuqiao Street was occupied by the Federation of Japanese puppet regime and became "Society Room". In 1945, Japan surrendered and Yinxian County Library reopened at Zhongshan Park.

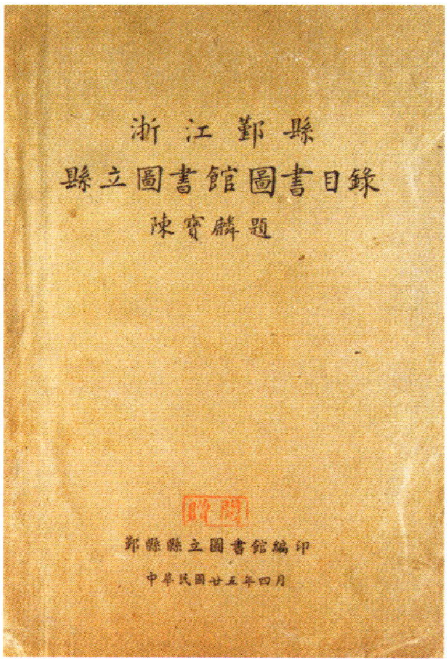

Before the war, Yinxian County Library had three groups, the general affairs, the administration and the promotion. The library had a chief librarian, two instructors and one clerk. From 1945 to May 1949, it had a chief librarian, five librarians and three departments, including the department of general affairs, the department of editing and collection and the department of reading. According to *General Records of Yinxian County*, the general fund of Yinxian County Library was 3,609 yuan in 1932. The expenses included salaries, equipment, office expenses and office allowance of the display of the traveling library department. The salaries were 1,788 yuan, which accounted for 49.54 percent of the total amount. The equipment and purchasing books used 1,260 yuan, which accounted for 34.91

percent of the total.

In 1931, Yinxian County Library had a collection of 27, 946 books. In 1933, its collection increased to 30, 786 books, and it had 53 kinds of magazines, 15 kinds of daily papers. According to the bibliography compiled by Ling Renyu in 1936, the following table shows the collection of books before the War of Resistance against Japan.

Classification	Number of Items	Number of Sets	Number of Volumes
General Class	237	276	4, 188
Philosophy	477	620	1, 252
Religion	188	241	527
Social Science	2, 229	2, 999	4, 149
Chinese	244	282	618
Natural Science	621	708	1, 018
Applied Science	899	997	1, 408
Art	459	486	896
Literature	2, 232	2, 447	8, 129
History and Geography	945	1, 258	4, 876
Total	8, 531	10, 314	27, 061

According to the notes of the bibliography, the bibliography started from August 1935. The books added later were not added to the bibliography. Many old books were not added into it because their classifications were changed. All these books would be added into the sequel or supplement and most of them were listed in the following table.

Title of Book	Number of Volumes
Complete Collection of Illustrations and Writings	1, 589 (incomplete)
Jiutong	911 (lack of 9 volumes)
Peiwen Yunfu	95
The Offering of the Qing Dynasty	300 ("the Qing dynasty" used to be "the Present Dynasty")
Baihai	80
Boundaries of Stories (Shuofu)	122
Martial Arts Anecdotes Series	112
A Record of Suppressing Bandits	1, 150
Total	4, 359

In addition, the first section of the first set of *All-Encompassing Library* (incomplete) and children's books in the traveling library were not included. According to *General Records of Yinxian County*, there were 8, 880 children's books. The library had more than 40, 000 books in total.

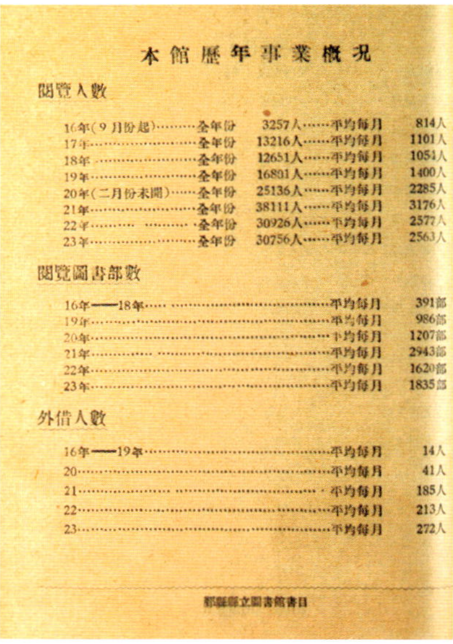
本館歷年事業概況

閱覽人數

16年(9月份起)……全年份 3257人……平均每月 814人
17年……全年份 13216人……平均每月 1101人
18年……全年份 12651人……平均每月 1051人
19年……全年份 16801人……平均每月 1400人
20年(二月份未開)……全年份 25136人……平均每月 2285人
21年……全年份 38111人……平均每月 3176人
22年……全年份 30926人……平均每月 2577人
23年……全年份 30756人……平均每月 2563人

閱覽圖書部數

16年——18年……平均每月 391部
19年……平均每月 986部
20年……平均每月 1207部
21年……平均每月 2943部
22年……平均每月 1620部
23年……平均每月 1835部

外借人數

16年——19年……平均每月 14人
20……平均每月 41人
21……平均每月 185人
22……平均每月 213人
23……平均每月 272人

鄞縣縣立圖書館書目

According to *The Bibliography of Zhejiang Yinxian County Library*, 2, 840 books were collected in Yinxian County Library from 1933 to 1936. The major part of these books were on literature and the rest were on history, geography, general class and social class. Lu Xun's *Brief History of Chinese Fiction* was included in the Novel Study and Novel Research class. Zhong Yulong's *Chinese Ancient Mythology* was included in the class of historical romance. Chen Ailu's *Tiannan Dibei* was included in the class of Zhanghui fiction (a type of traditional Chinese novel with each chapter headed by a couplet giving the gist of its content). Hong Foshi's *The Novels of Hong Foshi* was collected in the class of novel. The collection of these books indicated that the collection of the library gradually shifted from traditional culture to the new culture.

In 1937, the war of Resistance against Japan broke out on a full scale, 385 kinds of precious books of Yinxian County Library were transferred to the Center Primary School in Jiangshan Town. On April 19, 1941, Japanese occupied Yinxian County, and books in the library on Fuqiao Street were looted, causing a loss of more than 20, 000 books. According to the Japanese puppet regime archives in Ningbo Municipal Archives, the "Ningbo Public Library" of Japanese puppet regime retrieved more than 14, 100 books that had been lost from Yinxian County Library, including 6, 339 ancient books, 2, 602 paperback books, 1, 340 children's books, 105 reference books and over 500 so-called "void books".

In April 1943, Yinxian County government sent people to transport the precious books hidden in the Center Primary School in Jiangshan Town secretly. They packed 45 bags about 4, 000 jin (2, 000 kilograms) in weight and transported them to Hanling by shipping. In June, those books were reshipped from Dongqian Lake to Huangdun in Ninghai and then they were moved to Qiantong. The county library was reorganized in Ninghai. In August 1945, Japan surrendered. Yinxian County Library moved back to Ningbo and took over the "Ningbo Public Library" of Japanese puppet regime in September. Yinxian County Library re-opened at

Zhongshan Park in December, and it had 16, 073 books, 40 magazines and 22 bound volumes of daily papers.

In the early 1930s, services of Yinxian County Library included adult reading, children reading, book lending and traveling library. In 1936, they bought a circuit vehicle of books. According to the chief librarian Ling Renyu's *The General Situation of Library's Annual Business*, in 1934, the annual number of readers was 30, 756 and the daily number of readers was 107 on average; the annual number of readers who borrowed books was 3, 311 and the daily number was 11 on average. From 1931 to 1937, the traveling library took turns to the villages and towns which had convenient transportation and complete management organizations, to offer books. The ten institutions including Shiqi (Shiqi County Primary School), Feng'ao City (Feng'ao Primary and Middle School), Yinjiangqiao (Peicai Private Primary School), Hujiafen (Wenshan Private Primary School), Taojiang (Taojiang Primary School), Taogongshan (Taogongshan Primary School), Hanling City (Hanling Mass Education Center), Qiu'ai (Qiu'ai Primary School), Wuxiang and Zhangcun were the subsidiaries of the county library. They had no special funds, and the clerks were volunteers. Furthermore, the library also developed Jiangshan (district) traveling library, the newspaper and book reading room of Hanling Mass Education Center, the circulation counter of Gulin Mass Education Center, etc. Hanling Mass Education Center had 12, 500 books, 8 kinds of magazines and 10 kinds of newspapers. Hanling and Gulin Mass Education Centers set up the libraries above water in the inland passenger steamers. Before the War of Resistance against Japan, there were 137 newspaper-reading rooms in the county (120 were established by the county and 17 were established privately).

There are some related rules about Yinxian County Library: *Yinxian County Circulation Library Rules* (12 clauses), *The Lending Rules of Yinxian County Circulation Library* (8 clauses), *The Reading Regulations of Yinxian County Circulation Library*, *The Lending Rules of Yinxian County Library*, *Book Deposit Rules of Yinxian County Library* (8 clauses), *The Rules of Book Donation of Yinxian County Library*, *The Rules of Contact between Yinxian County Library and Other Libraries in the County* (9 clauses), *The Rules of the First District Rural Library in Yinxian County* (12 clauses), and *The Rules of the Sixth District Rural Library in Yinxian County* (12 clauses).

Section 4

Reconstruction · Ningbo Library (October 1953-February 1970)

In June 1949, Ningbo was liberated. The Ministry of Culture and Education of Ningbo Military Control Commission took over Yinxian County Library. The library had more than 15, 000 books, half of which were ancient books, and 3 clerks. Ningbo People's Cultural Center was established in December. The cultural center set up a reading room and later it set up a library. The center served as a library during the transition period.

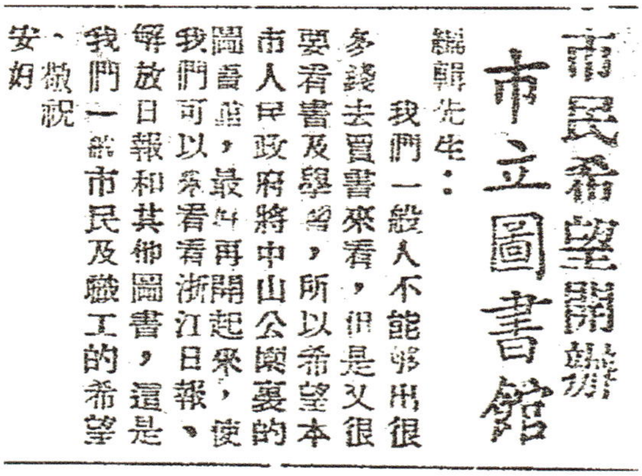
市民希望開辦市立圖書館

編輯先生：

我們一般人不能夠用很多錢去買書來看，但是又很要看書及學習，所以希望本市人民政府將中山公園裏的閲書館，最好再開起來，使我們可以看看浙江日報、解放日報和其他圖書，這是我們一般市民及職工的希望、敬祝

安好

In April 1953, Ningbo Cultural Education Bureau arranged the books of Yinxian County Library which had been taken over by Military Control Commission at the beginning of Liberation, and handed over the usable books to the reading room of Ningbo People's Cultural Center and the ancient books to the museum for displaying ancient objects of Tianyi Pavilion. In June, People's Government of Ningbo put the establishment of Ningbo Library on the schedule in *The Focus of Cultural Education Work*. In August, the government prepared to establish Ningbo Library. The library was located at Zhongshan Park, and it had a Chinese-style building, three single-storey houses and about 660 square meters.

On October 29, 1953, Zhejiang Provincial Administration Bureau of Cultural Cause approved the establishment of Ningbo Library. The bureau allocated 5, 000 yuan to establish the library and purchase books. Zhejiang Library donated books of 3, 000 yuan. Ningbo Library also received thousands of books from the People's Cultural Center. Hong Shui, the chief of Ningbo Cultural Education Bureau Culture Section, held the position of the chief librarian. Tang Gongxin of Zhejiang Library and persons who graduated from the provincial training course including Luo Zhaoping, Chen Cihong, Chen Hongfa, Fei Yadi (female) and Song Saizhu (female) were transferred to Ningbo Library.

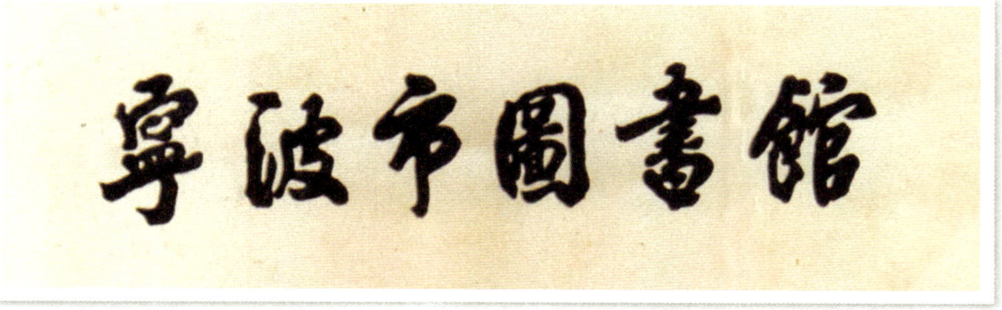

On New Year's Day of 1954, Ningbo Library officially opened. Zhang Zongxiang, the chief librarian of Zhejiang Library, wrote the name for Ningbo Library. The library had a lending department, a comprehensive reading room and a children's reading room. The services provided by the library included book lending, lectures and consultancies. After reopening in January, the number of readers reached a peak of 14, 038 in March, and the number of daily readers was 625 on average; the number of borrowed books was 5, 606, and the number of daily borrowed books was 239 on average.

In October 1956, Ningbo Library prepared to establish a reference room of scientific books. Ningbo Municipal Party Committee appropriated 5, 000 yuan to purchase a large number of scientific books. On New Year's Day of 1957, the reference room of scientific books opened to the public. In September, due to the Rectification Movement, it was cancelled and merged into the general reading room.

In July 1957, Ningbo Library sent office workers to arrange ancient books of Yinxian County Library and books donated by Zhang Dong, Xu Yuzao and other collectors. Ningbo Library prepared to set up a reading and lending department of ancient books. In January 1958, the department located in the Zunjing Pavilion of Tianyi Pavilion opened to the public for two days a week and it provided 18, 500 ancient books on literature, medicine and science and technology. One third of ancient books were allowed to lend and the rest was only for reading within the room.

On September 9, 1962, Ningbo Library moved to No. 119, Yaohang Street (the old site of Rencitang in Qiansangyuan Lane), and the reading and lending department of ancient books in Zunjing Pavilion and the children's reading room in Children's Park also moved here. The building had 1,400 square meters, 10 workers, and set up editing rooms, the book-lending department, the department of ancient books, children's reading rooms and the circulation-counseling group.

By 1965, Ningbo Library had 159,249 books, including 73,000 ancient books. In October 1969, the library was closed and the building was used as the Cadre School of Fighting, Criticizing and Changing of City Cultural System.

Section 5

Merging · Books and Cultural Relics Museum of Ningbo (February 1970-September 1978)

On February 21, 1970, the core team of Ningbo Reform Commission decided to rescind Ningbo Cultural Center, Ningbo Library, Municipal Management Committee of Cultural Relics, Municipal Exhibition Hall and Municipal Workers' Club to establish Publicity Department of Maoism, Books and Cultural Relics Museum and Department for Collecting Ancient Books and Cultural Relics. Ningbo Library was taken over by Books and Cultural Relics Museum of Ningbo.

In 1972, the building of Books and Cultural Relics Museum of Ningbo was rebuilt. The new building had two floors. The first floor was used for storing basic scientific and technical books and the second floor was used as children's reading rooms. The area of the building expanded to 1, 688 square meters and the new library opened on October 1.

In 1977, Books and Cultural Relics Museum of Ningbo began to add new books and magazines. The museum had 213, 909 books by the end of the year. These books were classified and cataloged according to *The Classification of Books in Medium and Small Libraries* with a set of classification cards. There were 2, 062 readers with library cards.

Section 6

Recovery · Ningbo Library (September 1978-Now)

After the Cultural Revolution ended, with the recovery of economy and society, libraries entered the period of recovery and comprehensive development. In 1980, the Ministry of Culture and Department of Culture of Zhejiang Province set up management institutions of librarianship successively.

In September 1978, Books and Cultural Relics Museum of Ningbo was rescinded and Ningbo Library resumed with 14 workers. Ningbo Library used *The Chinese Library Classification* to organize the books. By 1983, the library had 24 workers and 316,000 books. It set up the stacks for storing ancient books, main collection, books for lending and books for rural areas together with reading rooms for ancient books, social science books and scientific and technical books, as well as children's books. Its business structure included editing group, social science group, science and technology group, publicity and counseling group and logistic group.

In February 1984, the plan of building new Ningbo Library was proposed. In November 1985, the first phase of new Ningbo Library project—Reading Building began. The new library was built in the site of the old building of Municipal Exhibition Hall at No. 117, Yaohang Street next to the former library (at No. 119, Yaohang Street). The new library with the armored concrete structure had five floors, about 22-meter high, and had a floor area of 4, 300 square meters. The Reading Building was completed in January 1987, and it opened from the 1st to 5th day of the first lunar month to test. The Reading Building officially opened to the public on April 1st. Hundreds of readers gathered in front of the new Reading Building of Ningbo Library to get library cards from 4 a. m. o'clock on that day.

At the same year when the Reading Building in Yaohang Street was built, Bao Yugang, whose ancestral home was Zhenhai, Ningbo, the Chairman of the board of supervisors of Hong Kong Worldwide Shipping Group, donated five million Hong Kong dollars his daughter had prepared for his 70th birthday to Ningbo City to build a library. In order to praise Mr. Bao Yugang, the library was named after Bao Yugang, which was located on Yongfeng Road on the south bank of Yaojiang River. After the completion of the building on Yongfeng Road, the old building in Yaohang Street was taken over by Municipal Exhibition Hall.

On September 20, 1988, Bao Yugang Library was completed. It covered an area of 8, 328 square meters and the floor area was 7, 061 square meters. The library consisted of a five-storey stacks building, a four-storey reading room, a three-storey multiple-function hall and a two-storey lobby. The total construction lasted 286 days and costed 6. 5 million yuan, which included 5 million Hong Kong dollars (about 4. 04 million yuan) from Bao Yugang, 250, 000 yuan from the Ministry of Culture, 40, 000 yuan from Department of Culture of Zhejiang Province and 2, 170, 000 yuan from the Municipal Government.

On October 17, 1988, Bao Yugang Library was inaugurated. Lu Xuzhang, the advisor of Ningbo Economic Development Coordination Group under the State Council, attended the ceremony. Mr. Bao Yugang, together with his wife and daughter also attended the ceremony and cut the ribbon. Provincial and municipal leaders and people from all occupations attended the ceremony. On May 1, 1989, Bao Yugang Library opened to the public and since then Ningbo library was also called Bao Yugang Library.

宁波市首次科

书名
目录

In 2001, Municipal Government expanded the library on Yongfeng Road and the area increased to 12, 000 square meters.

In recent years, the numbers of newly added books, of readers and of books that are lent to readers have increased year by year. However, the internal structure, the functional layout and service facilities of the existing building cannot meet the fully open, multi-function and personalized needs of the library in the new period, which restrict the development of the library's diversified services. As a municipal center library, the existing building cannot meet the needs of citizens.

In 2011, the construction of new Ningbo Library was included as a key project in "Twelfth Five Year Plan"; in 2013, it was listed as a key task of the year in the municipal government work report; in November 2013, the project of the construction of new Ningbo library was approved. The total occupied area of the project was about 16, 395 square meters and the total floor area was 30, 000 square meters. The library included book storage areas, lending areas, consulting service areas, public activity and auxiliary service areas, business areas, administration office areas, technical equipment areas and logistic support areas. The total investment of the project was controlled within 240 million yuan.

At the end of 2013, models of new library produced by six design companies firstly appeared in public, showing that designers tried to position functions of the new library.

During the period of the design show, thousands of readers voted and left messages to express their expectations to the new library.

05

Chapter 5

Library, the Public Study of City

Cities play an important role in the development process of human civilization. Smel, the famous French city geologist said, "City is a landscape, an economic space, a kind of population density and also the center of life and labor." Furthermore city is also a kind of cultural space. Public library is the product of urbanization and the development of public library is closely related to the urban development. Public library has become a symbol of city. The development of public library is consistent with the development of the culture and tradition of the whole city. The development of city drives the prosperity of public libraries. As the "public study" of city, a library is open to everyone. The lights of the "public study" are always on, providing a space for citizens to relax in their hearts.

ONE

As a "public study", the library needs enough books to meet the demands of readers. At the end of 2014, Ningbo Library had 1, 887, 000 books in total including 106, 000 newly added books. Ningbo public libraries on city and county levels had 7, 194, 000 books in total including 503, 000 newly added books. However, comparing the 7, 194, 000 books with the 7, 660, 000 permanent resident population of Ningbo, we could find that there was still less than 1 book per capita. To improve this condition, Ningbo libraries took some measures. They developed Ningbo Network Library and shared the internet resources of National Digital Library and Zhejiang Network Library to meet the reading needs of the citizens through interlibrary cooperation. Moreover, Ningbo Library participated in many cross-system and cross-region library cooperation services including the Reading and Lending Network of the Public Library of the Whole Province, the Yangtze River Delta and National Seminar Union and the International Online Library Center, expanding the resources range and the service scope of Ningbo Library.

Ningbo Network Library covered many kinds of database resources including electronic newspapers, electronic journals, e-books and audio-visual multimedia. In Chinese Journal Full Text Database, the number of articles available for downloading reached 42, 510, 000. By the end of 2014, the database has had 2, 100, 000 kinds of e-books, more than 10, 000 kinds of electronic newspapers and journals, and the total resources reached more than 30TB.

As a regional public library, Ningbo Library pays more attention to collecting the local literature which reflects the historical changes and contemporary urban development in order to establish a distinctive, systematized and diversified collection system. From 2004, Ningbo Library began to collect local records, professional annals, yearbooks and had a supplementary collection of nearly a hundred kinds of map data in each period of Ningbo. At the same time, the library focused on collecting the compilations of the achievements of various industries in Ningbo after the 1980s, the writings of academicians of Chinese Academy of Sciences who were natives of Ningbo and new Ningbo genealogies.

Internal newspapers and journals were unique collection of city libraries. Through systematic collection of these newspapers and journals, we could get a unique perspective to understand the economic and social development of the city. Ningbo Library focused on the collection of local social groups' and private enterprises' internal newspapers and magazines, and it tried hard to ensure the continuity and completeness of the literature resources. By the end of 2014, Ningbo Library had had more than 300 kinds of internal publications and more than 100 kinds of newspapers. Furthermore, Ningbo Library also paid attention to the local literature of non-printing type. These electronic documents and audio-visual products fully loaded with regional cultural information, such as compact discs of urban scenery, local opera, film and television works and statistical reports increased rapidly. They were original, lively and vivid and became the first-hand information of local historical records.

Tianyi Exhibition in the library is rich in content and form. The exhibitions of painting, calligraphy, photography and handmade works allow readers to talk with the static art. On every Saturday afternoon, famous scholars in historical, cultural, military, economic and other fields share their ideas with citizens at Tianyi Lecture Hall. In the monthly reading salon of "Reading Happily", participants can share their ideas and get the baptism of culture in the communication.

From the World Book and Copyright Day to the Reading Festival of Teenagers, and from National Reading Month to Publicity Week of Library Services, the library holds different interactive activities with different themes and forms to attract people to enter the library. Through various forms of children's activities, children will get pleasure, find questions and try to solve problems by reading. During Lantern Festival, there are riddles written on lanterns waiting for readers to guess; during Dragon Boat Festival, the poetry exhibition waits for visitors to show their talents; during the long holidays, the summer camp and Pocket Science and Technology Museum are opened to the public. Parents and children are invited to participate in the parent-child reading activity of "Meeting the Four Seasons in the Story". They draw the spring in their eyes, fold cicada with colored paper, use leaves to do handwork, or make paper snowflakes. By listening to the stories, doing handwork and playing games, children can perceive the differences of four seasons, the beauty of the nature and the joy of reading.

TWO

Under the condition that the city scales are expanding, to establish a library service network with division and cooperation is one of the targets of Ningbo Library.

Since March 2008, Ningbo Library has combined with 10 libraries in counties (cities) and districts to launch jointly the service of "One Card Solution" which includes interlibrary loan and return and digital resources access. One Card Solution includes two parts. The first is the interlibrary loan and return of books in all public libraries of Ningbo, which has formed a super library breaking the geographical restrictions and covering the whole territory of Ningbo. The second is the sharing of network digital resources. Readers of 11 public libraries in Ningbo can log in Ningbo Network Library through their library cards to get the digital and electronic documents of Ningbo Library. One Card Solution revitalizes the literature and information resources of Ningbo and improves the utilization rate of the literature. Compared with the previous year, the number of readers who borrowed books in public libraries in Ningbo in 2008 grew by 37%, and the number of borrowed books grew by 62%. Among them, the increase of Ningbo Library was the biggest. The number of readers who borrowed books in Ningbo Library grew by 83%, and the number of borrowed books grew by 113%. One Card Solution also brings vitality to medium and small libraries because the integrated management of network alleviates the shortage of resources and improves the technology.

Industry branches, branches in new areas, self-service branches and mobile branches further refine the service network of library. Industry branches refer to branches established in enterprises where demand is relatively concentrated, in barracks that are far away from the urban district and relatively closed, or in some institutions like public security bureaus, armed police, industrial and commercial bureaus, and federations of disabled persons to improve the social utilization rate of resources in Ningbo Library.

Branches in new areas refer to branches established in Dongqian Lake Tourist Resort, Bonded Area and Daxie Development Zone. The local government is responsible for the site, personnel, equipment and daily maintenance; Ningbo Library is responsible for book distribution and professional guidance, promoting the implementation of library services in new areas.

Self-service branches refer to 24-hour self-service library devices set up in places with crowded people and convenient traffic, such as squares, supermarkets, parks, and shopping districts. Readers can borrow books, return books and get library cards at the self-service branch.

Mobile branches refer to book-service cars that connect with wireless network to extend the library service to construction sites, communities, organs, office buildings, rural areas and remote schools. Readers can borrow books, return books, get library cards and reserve books at the car.

宁波市图书馆
包玉刚图书

Function

Library Is Growing with the Demand of the City

The various and developing reading needs of Ningbo citizens lead librarians to think about how to break the technological and artificial barriers to fulfill the social mission of providing services for readers better. They improve their services constantly, from free opening to providing 24-hour remote transfer services of digital documents. They try to realize friendly interactions and mutual growth between the library and readers. Innovating library services and improving library functions are the inherent motivation for Ningbo Library to develop sustainably.

06

Chapter 6

Establishing the Library for the Public Good and Offering Services for the Public Reading Needs

In recent years, in order to promote free opening, Ningbo Library has changed its working ideas, innovated the mode of reading, enriched reading content, built the reading network throughout the city and held various forms of reading promotion activities. Ningbo Library has led readers into the new era of "Happy Reading".

ONE

At present, Ningbo Library has a dozen service windows including reading rooms of social science books, comprehensive books, newspapers and magazines, electronic books, local literature and reference books, and ancient and art books, reading rooms for children and for the blind, reader service counter, reader study rooms and Tianyi Music Hall. Among them, the reading room for the blind was added in June 2008; some adjustments of the reading rooms of social science and comprehensive books were completed in June 2014; Tianyi Music Hall opened to the readers in 2015. Since June 2014, Ningbo Library has officially started the integrated service mode of book reading and lending, and that is, all of ordinary Chinese books are opened to readers. Books on literature, history and philosophy that have been lent frequently are put in the reading room of social science books, while books on other classes are put in the reading room of comprehensive books. Readers can not only read in the library but also borrow books from there. After the adjustment, the number of books available for readers to borrow has increased by almost 200, 000.

取书时请插入书位卡、限取一本

TWO

As a public library, Ningbo Library makes efforts in promoting free opening and tries to meet the reading needs of citizens.

Paying Close Attention to People with Reading Difficulties

From January 10, 2008, Ningbo Library entirely opened free of charge to readers. All citizens could freely get library cards with their ID cards and the services they received included borrowing book, searching for digital resources, listening to the lectures, visiting the exhibitions and participating in various reading activities. Therefore, many readers went to libraries to get the library cards, read books and borrow books every day. From 2008 to 2014, the number of library visitors and the book circulation increased year by year. By the end of 2014, 1, 364, 000 people had visited the library and the books had been circulated for

3, 420, 000 times.

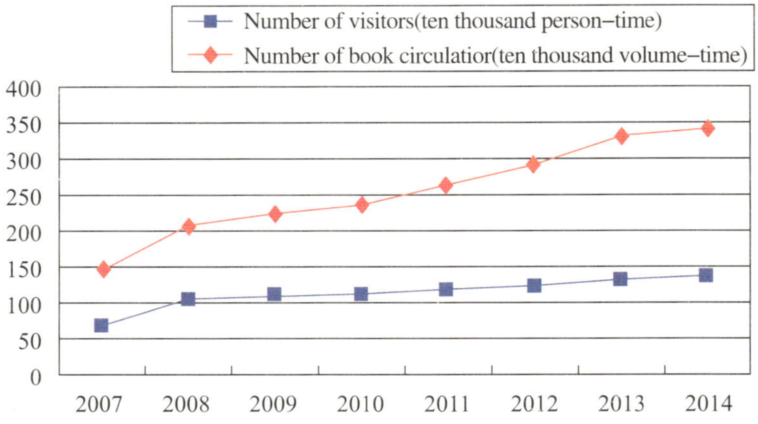

2007-2014 Curve graph for the number of visitors and the number of book circulation of Ningbo Library

In June 2008, Ningbo Library opened a reading room for the blind equipped with books in braille, audio books, recorders and special computers and some workers who helped blind people to use these devices. In October 2008, Mao Baoqing, the chairperson of the Ningbo Townsmen Association of Taipei, donated to the library an image expanding machine of amblyopia to help the visually impaired readers improve reading and writing abilities. In September 2013, Ningbo Library established a braille mobile library in Municipal School for Deaf-mutes. It offered more than 200 braille books to the school and updated books regularly in order that the students could read their favorite books at school. At the thirtieth International Blind Festival on October 15, 2013, Zhejiang Public Library Information Service Alliance rated Ningbo Library as "The outstanding information service unit for the visually impaired of Zhejiang in 2013".

Ningbo Library set up Hope Book House in eight schools for migrant children, such as Lingfeng School in Jiangbei, Changfeng School in Yinzhou, Shipu Lantian School in Xiangshan and Yucai School in Fenghua, and updated the books regularly. Furthermore, the library set up a Book Donation Box in the lobby of the library to accept the donation from the community. The library regularly arranged and classified the donated books and sent those books to schools for migrant children. In May 2009, Ningbo Library held a charity bazaar of books with *Ningbo Daily* and many schools. 2, 161 yuan that was gained from the bazaar was donated to the children in the Wenchuan disaster area. In October 2010, Ningbo Library launched Children's Books Drifting with *Ningbo Evening News*. They packaged and classified 8, 000 received books without any pay, and built libraries for 5 poor primary schools of Red Land Town, Dongchuan District, Kunming City, Yunnan Province.

A Wide Variety of Activities to Create a Happy Reading Atmosphere

In April 2006, under the full support and careful guidance of Ningbo Bureau of Culture, Broadcasting, Television, Press and Publication, Ningbo Library set up Tianyi Lecture Hall. Tianyi Lecture takes "Building the platform for communication, inspiring the sparks of wisdom, spreading the spirit of humanism and carrying forward Ningbo culture" as its purpose and the lecture hall as its permanent place. On every Saturday afternoon, the library will provide free tickets to the public and invite domestic and foreign well-known experts to host a lecture on special subjects and to talk about some hot topics with audience face to face. By the end of 2014, Tianyi Lecture had held more than 450 lectures and realized the goal of weekly lectures. The total number of live audience reached more than 200, 000, and the number of audience of television and network was countless. In the process of pursuing perfection, Tianyi Lecture has earned a good social reputation. Nowadays, Tianyi Lecture Hall has become the cultural brand of Ningbo public cultural services and won quite a lot of prizes like "Excellent Lecture Brand of Zhejiang Province", "Outstanding Project of the Whole Nation Reading Activity of Zhejiang Province", "Social Science Popularization Base of Zhejiang Province" and "National Outstanding Humanities and Social Science Popularization Base". Nowadays, it becomes a new fashion of life for citizens to listen to lectures and spend time of joy and intelligence with experts in the library on weekends.

Ningbo Library often organizes activities of exchanging books with the theme of "Exchanging good books and transmitting real emotions". Book Exchange Day is on Saturday of the last week of every month. Exchanging good books is mainly based on the wishes of readers and they can exchange one book for one book according to the rule. There are two book-exchange areas, one for adults and the other for children. Citizens can join an online QQ group of "Good Books Exchange" to discuss and make a deal on the internet and then they can exchange books in the library. Since February 2007, the activity of "Good Books Exchange" has been held once a month. Until the end of 2014, the activity had been successfully held more than 90 times, citizens had exchanged more than 5, 000 books, and the library had received more than 12, 000 donated books. This activity has built a platform for making friends by books and exchanging ideas, gathered a large number of book lovers with different occupations and different backgrounds, and provided an opportunity for readers who have the same interests to know each other and to share their joy and experiences of reading.

In November 2008, Ningbo Library launched a non-profit cultural program, Tianyi Exhibition. The exhibition was held in the hall on the first floor of the library, and tried to follow the social hot spots. Various exhibitions with different topics would be shown in every month. Until the end of 2014, Tianyi Exhibition had been held for 97 times, including Cambodian Exhibition, Photographic Exhibition on Taiwan Impression, National Photographic Exhibition of "Reading Pleasure", Photographic Contest Exhibition of "Beautiful Night in Ningbo" and Exhibition of Ningbo Children's Excellent Painting Works of "Drawing the Folk Rhymes". These exhibitions attracted many citizens and achieved success.

Targeting on readers at different ages and with different backgrounds of knowledge, Ningbo Library held all kinds of activities like reading festivals, reading contests and contests of reading comprehension to encourage the whole society to read more books and read good books. Ningbo's Top Ten Families of Collecting Books and Farmers Reading Festival achieved good social benefits. Since 2005, Ningbo Library has launched the Juveniles Reading Festival with "I read, so I am happy and clever" as the topic to guide children to love reading. Since 2008, the library has launched Teenagers Reading Summer Camp each year; Since 2009, "National Reading Month" has become popular and books have been sent into schools, enterprises, communities, offices and families. The slogan "Everyone reads good books; good books are read by everyone" is increasingly popular. The contest of "I love to remember poetry" led citizens to feel the charm of poetry and learn traditional culture. The activity of "Little Storytelling Sir" provided children with an opportunity to talk about the history by storytelling and to improve their abilities to express and to adjust to changing circumstances.

From 2009 to 2010, Ningbo Library won the honorary title of "Advanced Unit of Nationwide Reading Movement" awarded by the Library Society of China for two consecutive years. In 2011, the Library Society of China awarded Ningbo Library "Model of Nationwide Reading Movement".

Approaching Readers and Creating Convenient Service Networks

In 2008, Ningbo Library and each county (city, district) library jointly launched "One Card Solution" service of book loan and return. By using one card, Ningbo readers can enjoy the interlibrary loan service in each public library of the city and share the documentary resources of 5,200,000 books. Now, the service network is gradually extending to numerous libraries in towns (streets), communities (villages) and enterprises, and more and more basic-level libraries have joined the network.

In 2009, the wireless network covered the entire Ningbo Library and readers could access to the internet by registering with their library cards. By the end of 2014, there were eight wireless nodes in the library and it could meet the mobile internet needs of 200 readers simultaneously.

In order to meet the reading needs of various special social groups and expand the coverage of library services, Ningbo Library set up Ningbo Mobile Library equipped with mobile cars of books and regularly went to the service points to exchange books to meet the needs of readers. In 2010, books were sent to the construction sites in Eastern New Town, Drum Tower Station of Light Rail, Raffles Plaza and Hefeng Creative Square. In 2011, Ningbo Library established branches in Bonded Area, Dongqian Lake, High-tech Zone Meixu Street and other areas where library services were not offered. In 2012, books were sent to Xiangshan Social Vocational School, Shipu Lantian School, Yucai School in Fenghua and other migrant children schools. In 2013, a mobile library was established in the Ningbo AUX, one of the Fortune 500. By the end of 2014, Ningbo Library had set up 175 mobile library service points in the city, covering the communities, villages, schools, construction bases of key projects, troops, prisons, enterprises and other industries.

In December 2009, Ningbo Library began to offer the automobile library services. There were more than 2,000 books and periodicals, laptops, wireless mobile network, air conditioner and other devices in the car. The car entered enterprises, communities, governmental departments and other units to provide services of library cards, book reading, lending and returning, and information consultation. The library has opened 18 service points of automobile library in troops stationed in Ningbo, Municipal Public Security Bureau, Municipal Court, City Procuratorate and Ningbo Kefeng Turbine Thermoelectric Co., Ltd.

Applying the Internet and Developing New Reading Modes

In July 2008, Ningbo Network Library opened, which marked the era of "24-hour Ningbo Library" was approaching. Readers who had the library cards of Ningbo public libraries could access to many digital resource databases like the General Database of Chinese Knowledge Resource, Duxiu Academic Search, Shusheng, Founder Apabi Digital Resource Platform and the digital resource of local newspapers (1899-1999). This service mode broke the space and time limitation of library service and became the "palm library" of citizens. In 2010, "24-hour Online Library—Ningbo Network Library" was selected as one of the Ningbo Top Ten Network Cultural Innovation Development Projects.

In September 2012, 24-hour self-help library of Ningbo Library opened. Citizens could borrow and return books through the 24-hour self-help library located at the entrance of the Ningbo Library, China Unicom Ningbo Communications Comprehensive Building or B District of Liansheng Square at any time. By the end of February 2015, 26 self-help libraries had been located at Haishu, Jiangdong, Jiangbei, Yinzhou, High-tech Zone, Zhenhai, Beilun and other places of Ningbo, and readers could get library cards by using these machines. Borrowing and returning books became convenient just as withdrawing or saving money at the ATM.

Users Are of the First Importance and Meeting the Specific Reading Needs

In 2006, Ningbo Library provided the service of "You choose books and I'll pay for them". Readers told the library their favorite books and the library purchased those books. 1, 240 kinds of books had been handed over to readers through the "order" way by the end of 2014.

In 2009, Ningbo Library offered the online real-time service of reference consultation. Readers could ask questions such as the collection service, resource utilization, information retrieval, original text delivery and get answers. In 2009, the reader of the US Library of Congress asked two questions through the network consultation mode, and librarians in Guangdong Provincial Zhongshan Library solved the problem by searching for the digital resource database of Ningbo local old newspapers.

At the same year, Ningbo Library launched SMS reminding service. Readers could receive a short message two days before the end of the loan period to remind them to return books. Readers could also renew the books by replying with assigned information after receiving the short message. This service shortened the distance between readers and the library and brought the convenience of book renewal to readers.

In November 2009, Ningbo Library planned to build a mobile library service point in Huayou Plumbing Equipment Factory of Yinzhou, Ningbo. The general manager Wang Guofei said, his factory lacked technical books on machine manufacture and mould design, because these books were highly professional and very expensive. Ningbo Library invited workers of the factory to the library and they chose more than 700 books they needed.

THREE

As time changes, readers have a variety of needs for the form and content of reading.

Ningbo Library changes with the times and provides the network reading, lectures, and visual exhibitions, trying hard to realize "Books can be read everywhere and any time".

In recent years, Ningbo Network Library has added a number of databases like KUKE Digital Music Library, Starting Point Autonomous Learning Test System, Tianfang Sound Library, Art Museum and Children's Multimedia Library. The library uses advanced technologies to expand reading forms. Mobile reading, online lecture, online exhibition and online consultation enable citizens of different groups to find their own reading pleasure.

Attached Table: Ningbo Library Service Window List (December 2014)

<table>
<tr><th>Window Name</th><th>Site</th><th>Phone Number</th><th>Opening Hours</th></tr>
<tr><td>Information desk</td><td>Main building hall</td><td>0574-87361567</td><td rowspan="5">Monday 13:00-20:30
Tuesday to Friday 8:00-20:30
Saturday, Sunday 8:30-17:00</td></tr>
<tr><td>Reading room of social science books</td><td>The first floor of the main building</td><td>0574-87368506</td></tr>
<tr><td>Reading room of newspapers and magazines</td><td>The first floor of the main building</td><td>0574-87362938</td></tr>
<tr><td>Digital reading room</td><td>The third floor of the West Building</td><td>0574-87364116</td></tr>
<tr><td>Reader study room</td><td>The second floor of the main building</td><td></td></tr>
<tr><td>Reading room of comprehensive books</td><td>The third floor of the main building</td><td>0574-87262367</td><td>Monday 13:00-17:00
Tuesday to Friday 8:00-17:00
Saturday, Sunday 8:30-17:00</td></tr>
<tr><td>Reading room for children</td><td>The first floor of the East Building</td><td>0574-87265115</td><td>Monday 13:00-17:00
Tuesday to Friday 8:00-11:30 13:00-17:00
Saturday, Sunday 8:30-11:30 13:00-17:00
(Uninterrupted opening during the summer holidays)</td></tr>
<tr><td>Reading room for the blind</td><td>The first floor of the East Building</td><td>0574-87265115</td><td>Monday 13:00-17:00
Tuesday to Friday 8:00-11:30 13:00-17:00
Saturday, Sunday 8:30-11:30 13:00-17:00</td></tr>
<tr><td>Reading room of ancient and art books</td><td>The fourth floor of the main building</td><td>0574-83893715</td><td>Monday 13:00-17:00
Tuesday to Friday 8:00-11:30 13:00-17:00</td></tr>
<tr><td>Reading room of local literature and reference</td><td>The second floor of the East Building</td><td>0574-87366640</td><td>Monday 13:00-17:00
Tuesday to Friday 8:00-11:30 13:00-17:00
Saturday 8:30-11:30 13:00-17:00</td></tr>
<tr><td>Reading room of foreign language</td><td>The second floor of the East Building</td><td>0574-87366640</td><td>Monday 13:00-17:00
Tuesday to Friday 8:00-11:30 13:00-17:00</td></tr>
<tr><td>Tianyi Music Hall</td><td>The first floor of the main building</td><td>0574-87362346</td><td>Music audio-visual room: Wednesday, Friday 14:30-15:30
Music appreciation area: Monday to Sunday 13:30-17:00</td></tr>
</table>

07

Chapter 7

Running the Library in an Open Way and Going Out to Do Addition and Multiplication

In the 1930s, the traveling book car of Ningbo Library (it was called Yinxian County Library at that time) had gone out of the library and sent books to towns with crowded people and convenient traffic. Moreover, the library set up "libraries above the water" in the Hanling-Gulin steamers in Yinxian County for passengers. After 80 years, Ningbo Library hasn't changed its idea of sending its services out but contemporary librarians have their new thinking and choices about how to "go out", what to do after "going out" and how to make "going out" more productive. Ningbo Library has made a lot of attempts including doing both addition and multiplication to send out the library services.

ONE

To do addition is to establish external service points, and adding a service point means adding a small library. By the end of 2014, Ningbo Library had 4 branch libraries, 26 self-help libraries on the street, over 170 bookmobiles, and 20 mobile service points of automobile libraries. They provided more space to serve readers besides the building on Yongfeng Road on the bank of Yaojiang River. After the establishment of more than 200 service points, Ningbo Library provided four kinds of services: Free Borrowing and Reading, Ordering Books on Demands, Fixed-point Distribution and Reading Promotion.

Free Borrowing and Reading has two meanings. Enterprises and institutions can apply to establish Ningbo bookmobiles, as long as the number of employees, the reading space and the management system meet the requirements. Ningbo Library will provide mobile books, help training librarians and provide follow-up book replacement service. These services are all free of charge. The second meaning is that readers at service points can enjoy the same service with that of readers in the library. The services include providing library cards, borrowing and reading paper books and using the electronic documents of Ningbo Network Library.

Ordering Books on Demands is providing literature services directionally. Mobile libraries are built in different areas like communities, enterprises, troops, hospitals and construction sites, and the readers in different areas have different reading needs. Jintian Copper Group's demand on professional and technical books was relatively large because these kinds of books were not easy to buy. Ningbo Library offered more than 1, 000 books to the company according to its needs. In 2010, when the library knew that Ningbo Rail Transit Command Post needed books on rail transportation construction, Ningbo Library bought more than 500 books on related topics in multiple ways, such as *The Electromechanical Equipment for Urban Rail Transit*, *New Urban Rail Transit* and *The Construction and Development of Rail Transit* and sent them to the command post. Ningbo Library also bought books for many units like The Imperial Bank of Ningbo, Ningbo Wide Sky Sykes Hydraulic Co. , Ltd. and Ningbo Port Authority successively to meet their needs.

Fixed-point Distribution refers to a book home-delivery service for special groups. In July 2009, Ningbo Library established a mobile library in a rest home "Yile Park" and sent more than 3, 000 books on literature and health care. In the summer of 2010, Ningbo Library offered to send books to builders on construction sites of Hefeng Creative Square, Drum Tower Station of Light Rail and Raffles

Plaza in Jiangbei. Ningbo Library chooses one or two schools for migrant children to send books every year and 8 schools received books such as Changfeng School in Yinzhou, Yucai School in Fenghua and Lingfeng School in Jiangbei. In September 2013, Ningbo Library also established a library in the Municipal School for Deaf-mutes.

Reading Promotion is the extension of book service. The service points outside the library tried to arouse the enthusiasm of citizens for reading through a variety of activities. In Lantern Festival of 2010, Ningbo Library brought more than 80 pieces of paper-cut works of lucky tiger made by Xie Caihua, the famous paper-cutter of Xiangshan, to Ningbo Jipin Information Technology Company. The paper-cut works of "Wishful Tiger", "Looking Back Tiger", "Longevous Tiger", "Happy Tiger" and "Peaceful Tiger" created a strong Spring Festival atmosphere for employees. In July 2011, Ningbo Library invited the senior technician Jiang Jiming, the sixth-generation successor of Hongbang Tailor, to Shengfeng community in Haishu to teach people to make paper-cut works. He made a children's wear, a vest and an elegant sundress with the ratio of 1:1. Listening to lectures in the communities has become one of the relaxed ways of "Happy Reading". Ningbo Library also promoted reading by holding book speech contests. In May 2011, speakers shared their reading experiences and conveyed the wisdom in the reading speech contest of "Imagining Youth, Books and Fotile" launched by Fotile Group.

By the end of 2014, more than 260,000 books of Ningbo Library had been lent to readers through the outside services. The outside services can not only meet the reading needs of more citizens but also solve the problem of limited space of the library and improve the utilization of books.

TWO

Doing multiplication means the cooperation of libraries in the same city. Because of the library group management system, the service of interlibrary loan was realized among Ningbo Library, 11 counties' libraries of Ningbo and the service points outside the library. The county-level libraries gave priority to developing bookmobile services while the city-level libraries established branch libraries to replenish themselves. By the end of 2014, 2,048 service points outside the library had spread all over the city and citizens could enjoy services wherever they were.

The focus of county-level bookmobiles is the service for agriculture, rural areas and farmers. Readers in different regions have different requirements. Since the east of Ninghai County was the sea and the west was the mountain, Ninghai County Library sent books on the cultivation of alpine vegetables and livestock breeding technologies to the mountain areas in the west and sent books on marine culture,

cultivation technology of greenhouse watermelon to eastern areas. Tian Qitai, a farmer of Qunying Tang, Ninghai County, cultivated more than 50 mu of prawns. His prawns often died of hypoxia in the high temperature season. After the bookmobile opened, he borrowed books on aquaculture to study and solved the problem. Another example is Xiangshan County Library. It integrated the literature resources of the library and set up a bookmobile to offer books according to the rural economic features and the actual reading situations of villagers. Xiaotang Town is the main producing area of grapes in Xiangshan County and the grapes varieties planted here had won the gold medals in the provincial and municipal fruit sales fair. Xiangshan County Library established a rural bookmobile in the village named Xibian Tang in September 2005 and sent 500 books, among which over 120 were about cultivation. The village head Sun Genfa said that the mobile library contributed a lot to the success of grapes in his village.

In 2009, Ningbo Library began to set up branch libraries in places where services were not offered yet such as Dongqian Lake Tourist Resort, Daxie Development Zone, Meishan Island Bonded Area and Hangzhou Bay New Area. Daxie Branch Library with 300 square meters and 10, 000 books opened in December. Meixu Branch Library with 400 square meters, 15, 000 books and 114 kinds of periodicals opened in June 2011. Bonded Area Branch Library with 300 square meters, 8, 000 books and more than 200 kinds of periodicals opened in December 2011. Dongqian Lake Branch Library with 400 square meters and 12, 000 books opened in January 2012. The opening of branch libraries expanded the areas of services of public libraries and enlarged the amount of people who could enjoy the library services.

THREE

Since 2010, Ningbo Library has issued a series of regulations on the services of mobile libraries. Ningbo Library sought for the long-term and healthy development of mobile culture through sustained active services and tracking services.

In February 2010, Ningbo Library issued *The Establishment and Management Measures of the Ningbo Bookmobile*. According to the principle of "One bookmobile is set up when and only when it is mature", it is clarifies that the requirement of "Six One" should be met.

The "Six One" refers to one special reading room with more than 20 square meters, one computer connected to the internet, one full-time or part-time librarian, one set of bookshelves and reading desks and chairs, one library management system and one certain number of readers (over 300). Reading room should also meet the requirement of "beautifying, cleaning, brightening and standardized management". The mobile libraries built in enterprises can connect with the systems of Ningbo Library and One Card Solution can be realized. Units that want to build a mobile library can apply to Ningbo Library and Ningbo Library will check the actual conditions. If the conditions meet the requirements of "Six One", Ningbo Library and the unit will sign the *Ningbo Mobile Library Agreement* to clarify their rights and responsibilities. The strict implementation of the agreement can ensure the stability of mobile library's services.

In early 2011, Ningbo Library launched *The Evaluation Methods of Ningbo Mobile Libraries*. At the beginning of each year, Ningbo Library will check their operation management condition; at the end of each year, it will examine the equipment, the opening hours, the activities of reading, the number of people who have borrowed books and the number of books that have been lent. *The Evaluation Methods of Ningbo Mobile Libraries* clarified the requirements about the number of readers and books that are lent. If the number of employees is less than 500, the annual number of people who borrow books should be more than 500 and the number of books that are lent should exceed 1, 000. If the number of employees is more than 500, the annual number of people who borrow books should be more than 1, 000 and the number of books which are lent should exceed 2, 000. Ningbo Library will offer mobile libraries that are assessed as outstanding units more books and provide them with the service of "You choose books and I'll pay for them". Libraries that fail in the examination will be informed of their problems and given 3 months to improve. They will be revoked if they still fail to meet the requirement after 3 months. Over the past few years, Ningbo Library has provided the service of "You choose books and I'll pay for them" for Ningbo Saikesi Hydraulic Co., Ltd, Ningbo Rail Transit Command Post, Imperial Bank of Ningbo and other units successively and also revoked 8 mobile libraries which did not carry out reading activities and did not meet the requirements.

Ningbo Library has designed some brochures and display boards on free borrowing, digital reading and lecture resources, and sent these publicity materials to readers at every mobile service point. Ningbo Library also cooperates with enterprises and institutions where mobile libraries are located to organize the contests of reading and speech and other activities to impress readers.

Ningbo Library offers active services to ensure the orderly development of the mobile library. At the beginning of the construction of each mobile library, Ningbo Library helps the mobile library to design book rooms, train librarians and update books. Ningbo Library also tries to know the situation of mobile libraries, listen to the needs of readers and solve the technical and management problems by telephone, QQ or e-mail.

The services of Ningbo bookmobiles have won the approval of readers. Ding Liwu, the chairperson of the trade union of Ningbo Jintian Copper Corp., said the books were very useful to their managers, technicians, and R & D personnel. The mobile libraries not only send books, but also transmit the spirit of reading. In the speech contest of "The Ningbo Mobile Library and I", Wu Huanhuan, a soldier, talked about his experience and said he could feel the change of seasons, exotic styles and the rise and fall of history in his room by reading books. The greatest pleasure of librarians is to offer suitable books to more readers and to search for suitable readers for more books.

宁波市24小时自助图书馆欢迎您
自助图书馆

文化信息资源共享

08

Chapter 8

Revitalizing the Library through Science and Technology and Opening an Era of 24-hour Services

Because of the progress of digital information and communication technology, the carrier of literature changed a lot and the proportion of electronic literature increasingly grew. These changes promoted the change of management of libraries and broke the space and time limitation of the library service. Accordingly, citizens could enjoy 24-hour services.

ONE

In July 2008, Ningbo Network Library opened, which marked the era of "24-hour Ningbo Library" was approaching. Readers who had library cards of Ningbo public libraries could log into Ningbo Network Library by their card numbers and passwords. More than 2, 100, 000 kinds of full-text Chinese books and over 10, 000 kinds of newspapers could be retrieved through the internet. Readers of the 11 libraries in Ningbo could also share the self-built or purchased digital documents through the network. Ningbo Network Library became a "online study" of citizens.

By December 2014, Ningbo Network Library had had 45 databases, which were divided into five kinds: electronic-book database, electronic-newspaper database, electronic-journal database, audio-visual multimedia database and comprehensive database. The sources were mainly divided into three kinds: the digital resources purchased by Ningbo Library; the database made by the library itself; the digital resources shared with the National Digital Library and Zhejiang Network Library.

The purchased databases include the Database of China National Knowledge Infrastructure (CNKI), Duxiu Academic Search, Founder Apabi E-Books, Zhonghong Decision Information System, Database of *People's Daily*, Longyuan Electronic Journal, Wanfang Database, Chaoxing Academic Videos and other resources. Among them, the Database of China National Knowledge Infrastructure is quite popular among the readers who learn and do research. In the two sub-databases purchased by Ningbo Library, Chinese Journal Full-text Database and Chinese Important Newspaper Full-text Database, readers can set the retrieval conditions and choose the theme, title, author, full text or time of publication as an entrance to retrieve articles. Readers can also download the full text and find other articles with similar themes. Because of the large amount of articles and timely updating, Chinese Journal Full-text Database has become the most popular for readers to do research or write papers.

Another purchased database Duxiu Academic Search had functions of "one-station search", that is, readers can search for books, periodicals, newspapers and other kinds of academic literature resources in one web page. For example, type "Tianyi Pavilion" and 10, 243 related items including 1, 498 books, 943 related documents in Chinese periodicals and 1, 011 articles in newspapers will show up in 0. 033 second. The results are just like an encyclopedia of Tianyi Pavilion. In the related 1, 498 books, 139 of them offer electronic full-text reading; 1, 245 of them offer online reading of some parts; 480 books are provided with their locations in the library.

Databases built by Ningbo Library itself include the Retrieval System of Local Newspapers (1899-1999) in Ningbo Library, Historical Records of Ningbo in *Shenbao* (1872-1949), *Siming Series* and Ningbo's Literature and History, etc.

In December 2006, Ningbo Library launched the Retrieval System of Local Newspapers

(1899-1999) in Ningbo Library. It is the first thematic database of local literature based on the collection of the library and established by the library. The database system has arranged 29 kinds of local newspapers published in the period from 1899 to 1999 in Ningbo Library including *Deshang Yongbao*, *Yongjiang Daily*, *Siming Daily*, *News Bulletin* and *Voices from People*. Readers can search for the local news happened in the last hundred years by choosing type of newspaper, date of publication, author, and title of article or combining them. Newspapers in the Republic of China are important materials for studying the political history, economic history, cultural history and military history of Ningbo in the last hundred years.

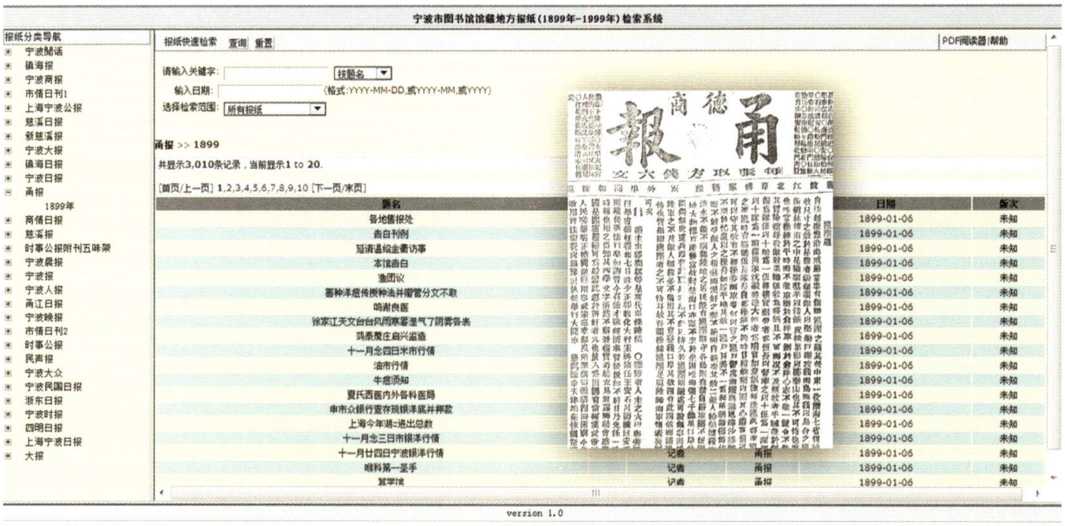

In 2010, Ningbo Network Library launched another self-built local document database, the Full-text Database of Historical Records of Ningbo in *Shenbao* (1872-1949). The database has collected the reports and records of Ningbo in *Shenbao* (the photocopy), and the geographical areas include Yinxian County, Zhenhai District, Fenghua City, Xiangshan County, Cixi City, Dinghai District which belonged to Ningbo and Yuyao City, Ninghai County which belong to Ningbo. All the historical records of Ningbo in *Shenbao* have been extracted, classified, arranged and collated. The completion of the Full-text Database of Historical Records of Ningbo in *Shenbao* (1872-1949) helps readers know more about Ningbo in the late Qing dynasty and the Republic of China and the database has become the resource support for the local culture research of Ningbo.

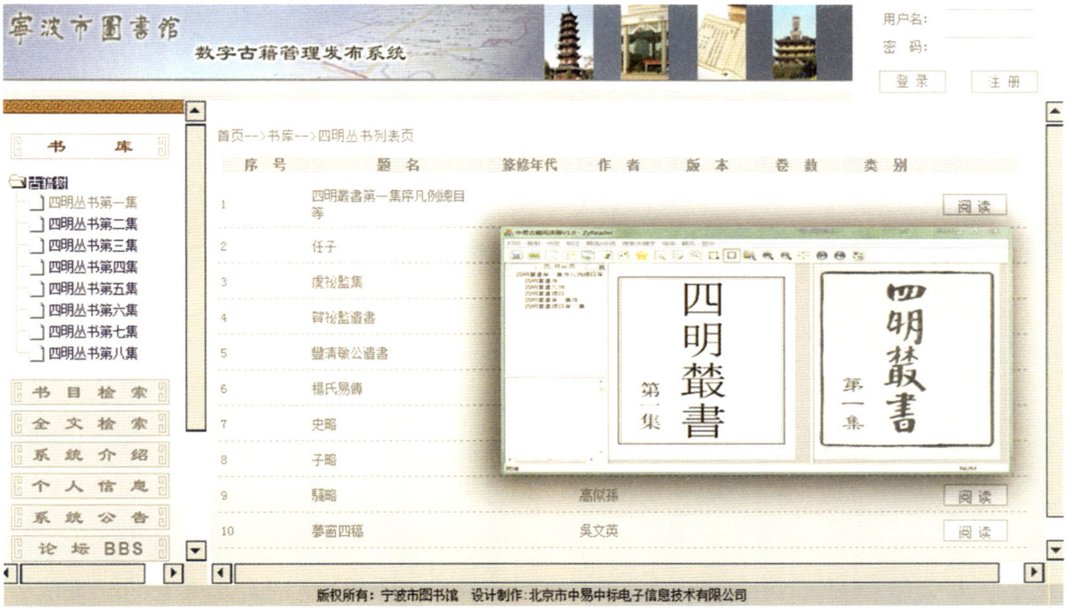

In 2011, the Database of *Ningbo's Literature and History* opened. The database contains 32 volumes of *Ningbo's Literature and History* and readers can read a single book or do a full-text search by typing keywords. *Ningbo's History and Literature* mainly records the historical events and historical figures of Ningbo which occurred during the period since 1898. It also reflects the history of Ningbo people's undertakings and patriotic deeds.

In 2012, Ningbo Network Library added a new database of digital literature, the Database of *Siming Series*. It is the digital form of *Siming Series* edited by Zhang Shouyong in the Republic of China. Readers can search the content of the book by title, author, or the text. Based on its collection and management of the writings of scholars in Ningbo, this book outlines the academic changes of Siming for future generations and becomes a classic of understanding and studying the traditional culture of Ningbo. The completion of the database provides convenience for readers' search and utilization.

TWO

The digital resources were increasingly richer, and Ningbo Library improved its network resource retrieval and utilization. Firstly, the library focused on the interface design and the integration of functions. It also improved the basic services like resource classification, brief introduction to books, downloading of readers and FAQs so that different users including research readers, decision-making readers, study-oriented readers and entertainment readers could take what they needed. Secondly, the reference consultation services were added to Ningbo Network Library and readers could ask librarians questions online, by e-mail or by filling in form. Reference librarians could answer the questions of readers through the internet. In addition to answering questions, reference librarians could also do subject retrieval for readers and document remote transmission to meet the individualized needs of users. According to the incomplete statistics, the reference librarians in Ningbo Library solved more than 600 problems from domestic and foreign users in 2014.

In 2010, Ningbo Network Library improved the link to the entity library on lending services. It provided services of reminding and renewing by SMS with 11 public libraries of the city. Therefore, readers could manage their personal information in the network library, such as the query of borrowing history and book reservation. Readers could also receive short messages to remind them to return books immediately or to renew books by replying short messages. The services of virtual library were connected to those of entity library.

THREE

In 2012, with the development of Building Smart City, Ningbo Library launched the 24-hour self-help library on the block, which was called "the third generation of library". The business hours of the library was 24 hours a day and readers could complete the operation by themselves. Because of the simple interface and voice tips, readers only took a few minutes to borrow and return books and they were not restricted to the business hours of libraries. This service shortened the distance between readers and the library.

In September 2012, three 24-hour self-help libraries were located in Ningbo Eastern New District Square, Liansheng Square and China Unicom Ningbo Communications Comprehensive Building, which attracted the attention of readers. Later, Ningbo Library closely tracked the operation of these self-help libraries. According to the problems and the need of readers, Ningbo Library communicated with the construction party, provided feedback regularly, improved the related work such as book updating, technical support and ensuring equipment operation. By the end of February 2015, Ningbo had established twenty-six 24-hour self-service libraries in Haishu District, Jiangdong District, Jiangbei District, Yinzhou District, High-tech Zone, Zhenhai District and Beilun District. In 2014, the self-service libraries served 68, 000 people and the books circulated 144, 000 times in total.

In 2013, Ningbo Library attempted to provide mobile phone users with the service of mobile phone library including query of books, query of the time limit, renewing books and other operations. In 2014, Ningbo Library upgraded the service and added the function of mobile reading. Furthermore, the service aimed at not only mobile phone users but also the users of mobile devices, which provided different entries for users of Android and iOS systems to download applications.

After installing the APP of Chaoxing Mobile Library, readers have a portable library. After choosing Ningbo Library as the selected library and typing the number and password of the library card, readers can not only read books on the e-book machine located in the library by scanning QR code, but also search for books through the online bookstores built in APP. The books in the e-book machine are new and the updating is very frequent. The e-book machine has 3, 000 kinds of books in total and 150 kinds of books are updated monthly. The number of books is large in resources built in APP. There are 30, 000 kinds of electronic books in EPUB (Electronic Publication) waiting for readers. Therefore, readers who often visit the library can also bring a few of the new electronic version books away when they borrow paper books, and readers who cannot arrive at the library can download books remotely, using the resources of the library more conveniently.

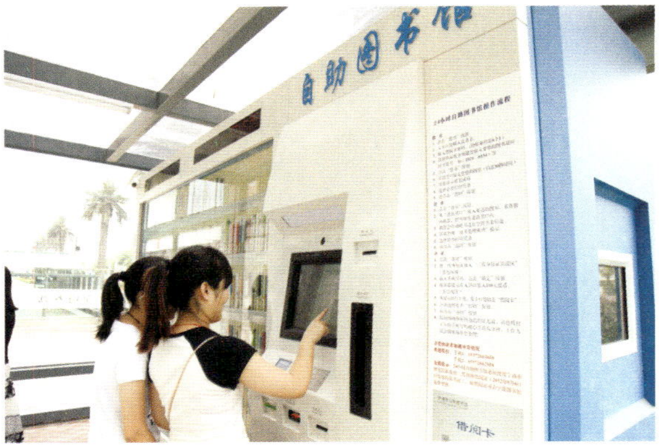

In October 2014, the official WeChat channel of Ningbo Library opened. Readers can open the WeChat to search "Ningbo Library" and add it as a "friend". After their library cards are linked to WeChat, readers can complete the operations like book retrieval, book renewing, ordering books through WeChat. The official channel will issue the information about lectures, exhibitions and activities in the library. Readers just need to click "Tianyi Lecture" under the menu of "Ningbo Library Activity" and the information on the recent lectures will be offered.

With the help of science and technology, Ningbo Library is trying to weave a three-dimensional and 24-hour service network, providing readers with the services outside the library and in the library, the material services and the online services.

Attached Table 1: The Digital Resources of Ningbo Network Library (December 2014)

1. Union Catalog of Ningbo's Public Libraries	23. Ningbo Government Information Disclosure
2. Home of Scholars	24. Cultural Information Resources Sharing Project
3. Founder Apabi E-Books	25. Yinfu Online Examination Database
4. *Siming Series*	26. E-xian Tuqing
5. Hantang Collection	27. Google Academic Search
6. Longyuan Electronic Journal	28. EPS Global Statistical Analysis Platform
7. China National Knowledge Infrastructure	29. Zhonghong Decision Information System
8. Wanfang Data	30. Qidian Employment Training Information Network
9. The National Newspapers and Periodicals Index	31. The Information Website of Development Research Center of the State Council (or "DRCnet")
10. Local Newspaper of Ningbo Library's Collection (1899-1999)	32. Zhejiang Network Library
11. The Database of *People's Daily*	33. Fanglue Subject Navigation System
12. The Chinese Digital Library	34. MDC&FC
13. Huike Search	35. Elsevier Scirus Database
14. Huike Greater China Information	36. Ningbo's Literature and History Data
15. Huike News	37. American Electronic Library
16. Historical Records of Ningbo in *Shenbao* (1872-1949)	38. The World Digital Library
17. KUKE Digital Music Library	39. OhioLink ETD
18. The Chinese Comics Digital Reading Room	40. English Full-text Database of Science and Technology Periodicals
19. Children's Multimedia Library	41. E-books of NAP Academic Publishers of USA
20. Tianfang Sound Library	42. HighWire Press Full Text Database System
21. Chaoxing Academic Video	43. MEDLINE with Full Text
22. Duxiu Academic Search	44. National Digital Library Promotion Project Resources

Attached Table 2: The Distribution of Ningbo 24-hour Self-help Libraries (February 2015)

Order Number	Areas	Address
1	Haishu District	Right side of the front gate of Ningbo Library
2		Drum Tower Pedestrian Street of Haishu District (beside the Heilan Home)
3		In Gaoxin Square
4	Jiangdong District	Century Oriental Commercial Plaza, No. 1095 Zhongshan East Road
5		In White Crane Park
6		Next to the Scientific Exploration Center of Cultural Square
7	Jiangbei District	Yinyi Haide Commercial Center, No. 258 Hongtang Middle Road
8		Next to the Shiji Lianhua gate of Tianshui Plaza
9	Yinzhou District	No. 3 Gate of Liansheng Square (on the west side of Wanda Plaza)
10		Shanjing Outlets Square, No. 555 Qiushi Road
11	High-tech Zone	Unicom Building Lobby (on Lingyun Road)
12	Zhenhai District	Camel Street Rongluo Road (next to the Bank of China)
13		Camel Street, Next to the Camel Primary School
14		Camel Street, Next to the Fangzhou Central Kindergarten
15		Camel Street Haishang Square
16		Zhaobaoshan Street, Next to the wall
17		Zhaobaoshan Street, Next to the Jinge Club
18		Xiepu Town, Next to the Xiepu Middle School
19		Jiulonghu Town, Next to the Changshi Primary School
20		Chuangshi Street, Minghai Commercial Center
21		Chuangshi Street, Zhaolong Road Sunshine Room
22		Chuangshi Street, Lafite Manor Sunshine Room
23		Jiaochuan Street, Jinfeng Road Sunshine Room
24	Beilun District	Xiapu Street, Phoenix Community Public Service Center Square
25		Mingzhou Road, the right side of Hill Park Door
26		Simingshan Road, diagonally opposite of the Taihe Commercial Building

09

Chapter 9

Highlighting the Library with Its Features and Creating "Tianyi" Brand Services

In 2006, Ningbo Library renamed the weekly public-welfare cultural lecture "Tianyi Lecture", trying to show the vision of cultural inheritance and transmission of knowledge. Ningbo Library also improved Tianyi Lecture in its visual image design, service optimization and other aspects.

After Tianyi Lecture was well known to the public, Ningbo Library continued to introduce the brand of "Tianyi" to other service projects. In the past, there were various kinds of publications with different titles edited by Ningbo Library. Since 2012, the library has merged those publications, positioned them as a new publication to provide reference for decision making of social development, and named it "Tianyi Digest", which means the gathering of the world's outstanding ideas. Similarly, "Tianyi" was also used to name "Tianyi Exhibition" of Ningbo Library.

天一讲堂 Tianyi Lecture

天一文荟 Tianyi Digest

天一展览 Tianyi Exhibition

Section 1

Tianyi Lecture: The Public Lecture with a Lot of Celebrities

Since 2006, Ningbo Library has aimed at building the cultural brand of Ningbo, carefully planning and organizing to set up the public-welfare lecture, Tianyi Lecture. By the end of 2014, Tianyi Lecture had been held 452 times, and the number of live audience had totalled about 200, 000. Tianyi Lecture has earned a good social reputation. It has won many honorary titles like Excellent Lecture Brand of Zhejiang Province, Outstanding Project of the Whole Nation Reading Activity of Zhejiang Province, Social Science Popularization Base of Zhejiang Province and National Outstanding Humanities and Social Science Popularization Base.

ONE

To become popular, the lectures need to be adapted to the situation and be close to the life and audience. Therefore, from topics to speakers, Tianyi Lecture is guided by the demands of the public, trying to enrich the contents and forms.

Contemporary citizens want to know more about new thoughts, new ideas, high-end information and frontiers of science. Tianyi Lecture therefore launched the series of "The Nonlocal Celebrities". They invited well-known domestic scholars in various fields to give lectures, inheriting the traditional academic research of China, spreading the new thinking of contemporary social development and creating a cultural and academic atmosphere. The famous included Yi Zhongtian, Ji Lianhai, Fu Peirong, Li Bo, Yan Chongnian, Mao Yushi, Zhou Guoping, Yi Xianrong, Ye Yonglie, Qian Wenzhong, Cao Jinghang, Mei Zihan and Bi Shumin.

Tianyi Lecture also launched the series of "The Local Famous" and invited Ningbo's scholars and celebrities to explore topics on livelihood including the urban planning, necessities of life, jobs and hospitals, children's education, rights protection by law, environmental pollution and health care. The writer Ai Wei, the soloist of Chinese lute (pipa) Fu Dan, the culture-protection celebrity Yang Gucheng, the dentist He Gang, the dancer Yu Chunhui, and the lawyer Duan Yichao all have given lecturers at Tianyi Lecture and helped to solve problems by answering questions of the audience.

When choosing the topics of lectures, Tianyi Lecture always tries to talk something about actual life or hot current affairs. When the Arctic dispute had gained the attention from the whole world, Tianyi Lecture invited Professor Wang Zipan, the famous marine scientist and polar scientist in China and he gave a wonderful lecture of "North and South Poles—Superpower Games". When the macro-control policies on real estate had been published, Tianyi Lecture immediately launched the lecture— "Protection and Development of China's Current Real Estate Market Situation". Facing the fluctuation of market economy, Tianyi Lecture duly launched the lecture— "Current Economic Situation and Inflation Expectation in China". When the "Super girls", "Happy boys" and other popular talent shows were in vogue, Tianyi Lecture launched the lecture— "Talking about Chinese Popular Entertainment Culture". Before the result of the Grand Canal applying for the list of world heritage was announced, Tianyi Lecture gave the lecture— "The Grand Canal and Our Lives". Tianyi Lecture timely introduces topics that the public love to know, gaining a lot of attention from the society.

It is an attempt for Tianyi Lecture to hold concerts in lecturers. The music enters the classroom, bringing a fresh feeling to the audience and adding more fresh ingredients to Tianyi Lecture. In the lecture of Chinese Music Style, Chinese classical music audio-visual concert was held and the pianist Zheng Jie was invited to play the classical piano. In the music audio-visual concert of "To Listen More and Be More Intelligent—The Most Suitable Classical Music for Children", the senior music host Zhou Yue played and explained the "Swan" of Charles Camille Saint-Saëns, the "Swan Lake" of Tchaikovsky and other classical music, and students from art schools also gave a performance. Parents and children therefore could enjoy different classical music. Li Xiangting, the professor of Central

Conservatory of Music, gave a live performance of Guqin and explained the association between Guqin and the traditional culture and the audience appreciated it and said they listened to a concert surprisingly and enjoyed the elegant art.

Tianyi Lecture broke the habitual pattern of "one-person speaking" and tried to invite more people to give speech on the same stage. Tianyi Lecture invited four famous performers of Shaoxing opera—Wang Wenjuan, Jin Caifeng, Lyu Ruiying and Bi Chunfang to talk with the host on the same stage. The form of interview helped to create a more relaxing and active atmosphere. The teenager-education experts Ye Xiaoping and Xiao Yun gave their speech of "There Are No Problematic Children but Problematic Parents". They talked about how to guide children from the perspective of parents by sharing their experiences.

Tianyi Lecture usually lasts two hours consisting of 1.5-hour speech and half-hour interaction between speakers and the audience. Tianyi Lecture also tries to create a multi-direction communication pattern. For example, Professor Su Liqun of School of Oriental and African Studies (SOAS), University of London gave a speech of "The Present Situation and Worries of Studying Abroad", and Zhu Ce, the student of SOAS, was invited as a guest to communicate with the audience. The teacher and student talked about the topic from different perspectives and a multi-direction communication pattern was formed among the speaker, the guest and the audience. After the lecture, most of the audiences still wanted to talk with the professor and the guest, get their signatures and take photos with them, creating a warm atmosphere.

TWO

The number of live audience of Tianyi Lecture is limited. To solve the problem, Tianyi Lecture tries to set up Mobile Classroom in universities, communities and enterprises, providing citizens with lectures of "Protection of Intangible Cultural Heritage", " Fashion", "Study of *A Dream of Red Mansions*" and on law publicity. Tianyi Lecture tries to increase its audience by increasing its spreading channels including book publishing, CD-ROM production, SMS and opening a column in newspapers, websites, television stations and radio.

Before each lecture, Tianyi Lecture will publish the notice on the forthcoming lecture in many newspapers. Tianyi Lecture also cooperates with *Ningbo Daily*, *Ningbo Evening News* and *Southeast Business* to set the Tianyi Lecture column, and puts advertisements and delivers follow-up reports of the lecture in *Qianjiang Evening News*, *City Express* and other newspapers. In addition, other newspapers like *Guangming Daily* and *Wenhui* have published the lectures in full page for many times, and more readers can benefit from the wonderful speeches of experts and scholars.

Since 2007, the series of books *Tianyi Lecture* which collect brilliant speeches of experts and scholars have been published by China Cultural and Historical Press with one volume a year. The books have gained high praise from the public. The lectures are replayed in the form of books, and people can read books at any time and the content of lectures can be spread widely and passed on to later generations.

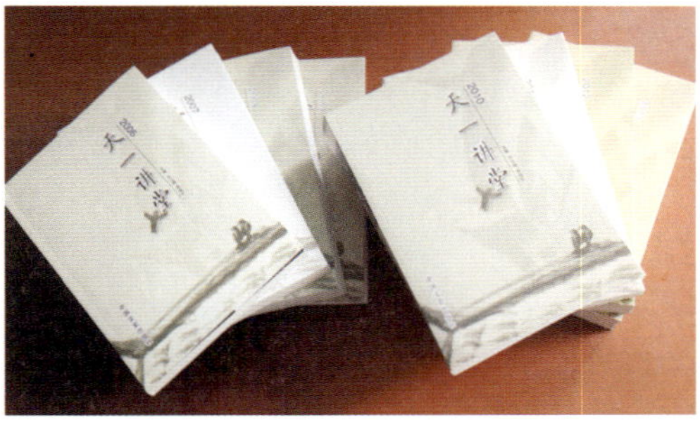

Since October 2010, Tianyi Lecture, as a show, has been broadcasted in Ningbo TV station twice a week. It has become the Lecture Room of Ningbo with the increasingly wide transmission and large coverage. The ratings of the show gradually climb and keep the top five in all kinds of local shows at the same time. By the end of 2014, Ningbo TV station had broadcasted 394 lectures of Tianyi Lecture, benefiting all citizens of Ningbo.

In March 2011, Ningbo Library opened a show of "Tianyi Lecture" in Ningbo radio station once a week and citizens could listen to the speeches of experts and scholars at home.

Tianyi Lecture can be searched on the internet. From the beginning of the establishment, Tianyi Lecture opened a lecture column on the websites of Ningbo Cultural Network and Ningbo Library to release the important information of lectures. As the lecture got more popular, China Ningbo Network, Ningbo Party Member Learning Network (Ningbo Civil Servant Learning Network) and other websites also opened the "Tianyi Lecture" column.

Ningbo Library also provides actively lecture videos to the National Cultural Information Resources Sharing Project. By the end of 2014, 27 lectures had been collected by the National Center of the Cultural Information Resource Sharing Projects, promoting the spread of lectures.

THREE

In order to keep the vitality of the lectures, the staff of Tianyi Lecture in Ningbo Library came up with new ideas. They relied on the lecture platform to build a lecture fans club and launched the activity of "I want to go to the lecture", promoting the interactions between listening and speaking and further expanded the in-depth services of Tianyi Lecture.

In October 2009, Ningbo Library set up the fans club of Tianyi Lecture and organized some activities including informal discussions and reading experience exchanges. The club received wide attention of people from all occupations. Teachers, cadres, college students joined the club and expressed their views on Tianyi Lecture and these activities of the club. More than a hundred articles written by fans were shared with the public through *Ningbo Evening News* and Ningbo Cultural Network.

Zhao Shuping, one fan, wrote her sensibility after listening to the lecture of the writer Xiao Fuxing at Tianyi Lecture, "Mr. Xiao offered some skills of writing including being small, fine, moderate and new. These skills are not strange but he impressed me with his vivid explanations and carefully selected examples." Good lectures will inspire the passion of fans to review and think. After the lecture, Zhao Shuping reread Sun Li's prose *Dead Anecdotes* praised by Xiao Fuxing and experienced the infinite love and melancholy contained in the detail of "two-chi (chi is a unit of length, and one chi equals to 1.09 ft) long cotton print".

Jiang Xingguo is also an old friend of Tianyi Lecture. He has reserved more than 100 tickets of Tianyi Lecture, and is used to making notes while listening, and then selects some good notes to publish in his Sina blog. Except the identity of listener, Jiang Xingguo is also a speaker of Tianyi Lecture.

In March 2011, Tianyi Lecture introduced "I want to give lectures", and looked for folk speakers. Jiang Xingguo readily registered and became one of the seven folk speakers after selections. In October, Jiang Xingguo shared his experiences of traveling all over the five continents with the audience of Tianyi Lecture. His speech was witty and lively. On the stage, he did not forget to mention that he had learnt many skills of lectures from Tianyi Lecture. The person who learnt became the person who taught, which achieved the purpose of Tianyi Lecture "To inspire the sparks of wisdom and to spread humanistic spirit".

The activity of "I want to give lectures" has been held for four times, and more than 10 winners have gone onto the stage ang given their lectures. This attempt has changed the pattern of "scholars are speaking and citizens are listening" and citizens can also share their wisdom on the stage of Tianyi Lecture.

The famous scholar Professor Qian Wenzhong wrote, "Tianyi breeds water of wisdom and the water of wisdom raise people", which is both comment and encouragement. Tianyi Lecture will continue to collect the wisdom and benefit people of Ningbo.

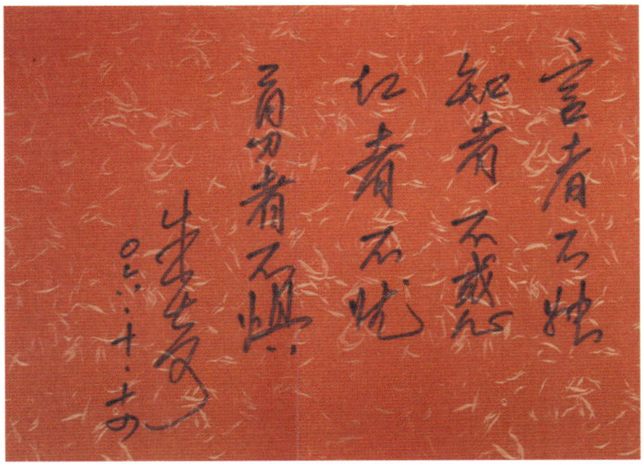

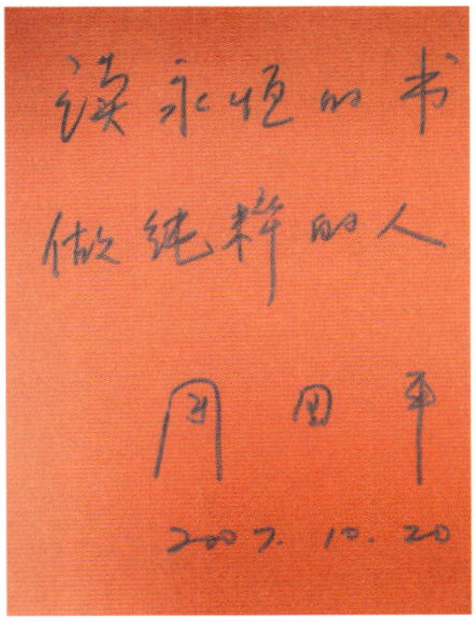

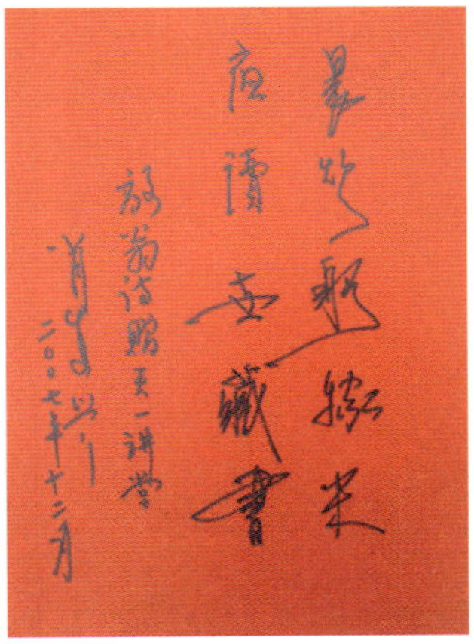

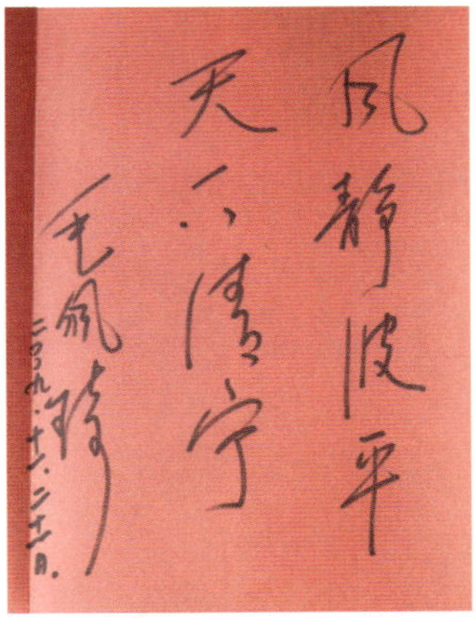

Section 2

Tianyi Digest: A Journal for Decision-making

The world is undergoing the most rapid, extensive and profound changes in human history. Administrators and builders of city need faster and better decision-making information. The correlation between information and decision is getting stronger and reference consultancy services are becoming increasingly important. Among the numerous information service organizations, the library has the relative dominance because of its rich information resources and the systematic, complete, accurate and in-depth information processed by the contemporary information technologies.

In April 2012, through the comprehensive and systemic collection of news, reports and comments on urban construction, cultural development and local development of Ningbo from major media, Ningbo Library introduced a new information digest publication, *Tianyi Digest*. By the end of 2014, it had published 86 issues, which includes more than 5,100 articles, and each issue was published for 2,000 copies.

ONE

From the beginning, *Tianyi Digest* established the purpose of "Collecting the outstanding ideas from all over the world". It targeted at leading cadres of Party and government policy-making departments and scholars of the city and its culture's development, and provided decision information service for the research of city development.

The publication has four columns, *Between Cities*, *Cultural Digest*, *Looking at Ningbo* and *New Bookshelf*. *Between Cities*, a window, extracts new ideas, new thoughts, new practices of domestic and foreign urban construction and management for readers to read, think and learn. *Cultural Digest*, a communication platform, collects the experts' and scholars' ideas of the city life style, developing grade and the future choice. *Looking at Ningbo*, a photoscope, observes Ningbo through out-of-town media's perspectives to find the shining points and the shortages of Ningbo and looks back at the history of Ningbo to find the essence of the "old Ningbo". *New Bookshelf* recommends good books or good articles for people who love books.

《启蒙的三个批评者》
[英]以赛亚·柏林著 译林出版社 2014-08
通过对启蒙运动的三个批评者——维柯、赫尔德、哈曼则的深层解读，阐释了这一充斥着过度科学思维的运动是如何遭到反对的。

《当音乐停止之后》
[美]艾伦·布林德著 中国人民大学出版社 2014-07
作者以一个美国现代金融监管者的视觉，以丰富的金融经验、第一手资料与数据，再现和分析了金融危机的台前幕后。

【新书架】

《你不知道的财经真相》
梁海明著 西南财经大学出版社 2014-10
本书诚实地呈现了许多被"主流"声音刻意回避的事实，让读者清楚地看到量化宽松政策改变全球各地经济和社会的来龙去脉。

《读懂中国改革》
厉以宁 林毅夫等著 中信出版社 2014-09
本书详细的描述了三中全会后中国高层智囊集体建言，解读中国民众当下最关注的改革热点话题。

图释：【贲获呈能】宁波慈东邵姓家有傭人郑邦奎者，台州人也。膂力过人，常独种田数十亩，故其工资亦较昂於他人。一日有甲乙家二牛在山脚相斗，奔腾凌厉，势不可当，时山下所栽菜蔬春花软如茵褥。甲乙见之，既恐践躏无遗，又虑逢人即触酿命案。适见郑至趋而迎之，大呼曰：若能使二牛不斗乎。郑曰：能。遂至山脚直伸两手，各执牛之一角，使相去数尺，不能拢近。牛百计犇腾，竟莫能动。牛怒甚，退身向后，蓄力片亥，突往前冲，一牛角折而踣一牛，始懼而听命，於是见者咸称神力，甲乙遂出资酬之。昔秦武王时，有孟贲能拔牛角，乌获能引牛尾，其勇莫与比伦。今復得郑，谁谓古今人不相及哉！

CONTENTS 目录

2015年第1期 1月10日出版（总第85期）

天一文荟

【城市之间 · 重点关注】

海绵治雨新路

近些年来，每逢大暴雨，全国各大城市出现“看海”的情景并不少见。从南到北，广州、武汉、天津、北京……这些平日光鲜亮丽的大城市都尴尬地面对着“逢雨必涝”的难题。人们原本寄望深圳成为例外。不像中国诸多大中城市均在历史老城的基础上兴建，有着先天的规划缺陷和历史包袱，深圳是一座仅有30多年历史的全新城市。

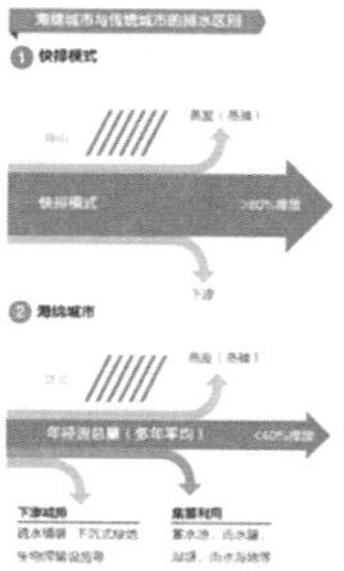

深圳在暴雨中最终“失陷”，或许意味着中国需要彻底改革城市排水设施，彻底终结为期数十年的“重地上、轻地下”的功利化的城市建设道路。

怎么办？革新地下管道、建设排水管廊等，目前已成社会共识，但识者也指出，仅改善排水管道远远不够，这仅是解决问题的开始。住建部于2014年11月初发布一纸技术性文件，彰显中国开始在新的排水道路——建设海绵城市——上着力。

住建部文件全称为《海绵城市建设技术指南——低影响开发雨水系统构建》。该《指南》强调，国家鼓励各地建设海绵城市，并让该模式统筹低影响开发雨水系统、城市雨水管渠系统及超标雨水径流排放系统。

海绵城市又叫低影响开发雨水系统或低冲击开发系统（Low Impact Development，简称LID），在美国等发达国家实施多年。此法传至中国台湾地区后，被形象地称作海绵城市——在暴雨来袭时，城市能够像海绵一样将雨水储存起来；暴雨过后，再让雨水缓慢地流出，从而避免短时间内大量雨水聚集带来的城市内涝问题。

LID设施往往具有补充地下水、集蓄利用、削减峰值流量及净化雨水等多个功能，可实现径流总量、径流峰值和径流污染等多个控制目标。

LID主要的技术包括绿色屋顶、下沉式绿地、透水铺装、生物滞留设施、渗透塘、渗井、湿塘、雨水湿地、蓄水池、雨水罐、调节塘、调节池、植草沟、渗管/渠、植被缓冲带、初期雨水弃流设施、人工土壤渗滤等，根据不同区域的水文地质、水资源等特点进行组合，实现雨水的储存、过滤和净化。

事实上，这些年关于海绵城市、低影响开发的研究和呼吁很多。从1998年开始，中国就已经在学术研究领域开始了有关低影响开发的探索。在民间，像刘波这样的公益人士也在推动和呼吁建设海绵城市。

而在国家层面，从2013年开始，住建部和国务院办公厅也陆续发出通知和文件，推动城市低影响开发模式、鼓励建设海绵城市。2014年11月初，住建部发布《指南》。这些并不具有强制性的通知和文件究竟落地情况如何还很难说。李俊奇是上述《指南》的主要制定者之一。他认为，“后面住建部如何要求，是不是要强制执行，还不一定。”

【来源：财新《新世纪》2014年第47期】

解读海绵城市：让城市回归自然

—概念—

海绵城市，就是要让水在城市中的迁移活动更加“自然”。海绵城市强调优先利用植草沟、雨水花园、下沉式绿地等“绿色”措施来组织排放径流雨水，以“慢排缓释”和“源头分散式”控制为主要规划设计理念，先利用场地源头设施对径流进行促渗减排，部分径流雨水可予以调蓄净化和回收利用，最后实现安全有序排放。

海绵城市的建设，强调优先利用绿色、生态化的“弹性”或“柔性”设施，并注重与传统的“刚性”设施进行有效衔接。通过“刚柔相济”，建立和完善城市的“海绵体”，强化对城市径流雨水的排放控制与管理，从而实现缓解城市内涝、削减径流污染负荷、提高雨水资源化水平、降低暴雨内涝控制成本、改善城市景观等多重目标，最终为城市构建起可持续、健康的水循环系统。（清华大学校长陈吉宁）

—载体—

海绵城市建设，要以城市建筑与小区、城市道路、绿地与广场、水系等建设为载体，突破传统的“以排为主”的城市雨水管理理念，通过渗、滞、蓄、净、用、排等多种生态化技术，构建低影响开发雨水系统。

对于建筑与小区，可以让屋顶绿起来，在滞留雨水的同时起到节能减排、缓解热岛效应的功效；有条件的小区绿地应“沉下去”，让雨水进入下沉式绿地进行调蓄、下渗与净化，而不是直接通过下水道排放；可将小区的景观水体作为调蓄、净化与利用雨水的综合设施。

城市道路是径流雨水及其污染物产生的主要场所之一，对城市道路径流雨水的控制尤为重要。人行道可采用透水铺装，道路绿化带可下沉，若绿化带空间不足，还可将路面雨水引入周边公共绿地进行消纳。

城市绿地与广场应建成具有雨水调蓄功能的多功能“雨洪公园”，城市水系应具备足够的雨水调蓄与排放能力，滨水绿带应具备净化城市所汇入雨水的能力，水系岸线应设计为生态驳岸，提高水系的自净能力。（上海市政总院总工程师、全国工程勘察设计大师张辰）

—规划—

城市总体规划要解决哪些区域不能开发建设的问题，还要解决在允许开发建设的区域内需要控制多少雨水径流量、哪些地方应建设低影响开发雨水系统、为这些设施预留多少用地空间等问题。因此，各地要因地制宜确定年径流总量控制率及其对应的设计降雨量，将这个指标作为控制目标，并制定城市低影响开发雨水系统的规划原则和实施策略，确定重点实施区域，优化土地利用布局。

低影响开发雨水系统规划必须与城市水系规划、绿地系统规划、城市排水防涝综合规划等相关专项规划相衔接。一方面，要针对城市道路、绿地、河湖水系等不同用地类型的特点，将低影响开发设施的量化要求纳入专项规划，明确各地块的控制目标；另一方面，对城市总体规划的用地提出调整建议，充分考虑用地性质的兼容性，优化用地布局。（中规院城镇水务与工程专业研究院副院长谢映霞）

【来源：《中国建设报》2014-12-24】

"二次元书单"试图破解代际困惑

日前，一篇名为《二次元书单：再不读这些书，就真的没法跟"95后"交流了》的微信广为流传。这张由电子阅读App拇指阅读和动漫视频App布丁动画共同推出的书单，虽只有6本书的体量，却试图回答最时兴的问题：如何理解二次元和"95后"。

布丁动画的二次元用户包括大学生、上班族，但绝大多数是初高中生。"平时他们的世界都是二次元的，对三次元的世界非常排斥。"布丁动画创始人刘白光说，"在我们这里只看动画，基本不会去看电视剧。如果有用户秀出一张三次元的自拍照，会引起大量用户的反感。"用一句话概括，如果你不能理解二次元，就没法和你交朋友。

弥合代际的沟壑、破解认知的隔膜，是"二次元书单"推出的初衷之一。这张书单所选的6本书，确实也充溢着解读二次元文化及人群的努力。

比如，解读日本的双月刊杂志《知日》出版《知日太喜欢漫画了》专刊，集结手冢治虫、井上雄彦、荒木飞吕彦、松本大洋等25位日本漫画家最全档案记录，通过专访、档案记录、作品连载的方式，试图深度记录日本漫画产业的沿革。该书记录了日本漫画产业的风云变幻，对二次元文化中的漫画部分，进行了全面翔实的勾勒。

而《阿宅，你已经死了！》，则是另一种视角。书单的推荐语写道：作者冈田斗斯夫是动画制作公司"Gainax"的创始人之一、御宅文化领袖人物，本书会让你掌握"宅经济"，理解"宅文化"，透视产值达千亿日元的御宅世界。

在"二次元书单"里，有2本和女子偶像组合AKB48相关。传统的成见总认为，二次元的世界永远和虚拟的动画、漫画或游戏绑定。但这个自2005年成立的偶像团体，却在秋叶原的剧场内生根发芽，蕴藏着互联网时代"粉丝经济"的规律。无论是《AKB48的格子裙经济学》，还是电子书《21世纪丑小鸭传说》，讲述的是少女组合跻身国民偶像的养成故事，背后则是日本文化和社会心理的生动剪影。甚至有用户评论说，看了AKB48，仿佛啃完了一本互联网时代的"产品圣经"。

"中二病"已成网络流行语，比喻初中二年级的青春期少年过于自以为是、特立独行。在日本流行之后，这一"病症"引入国内。《中二病中毒说明书》总结了中二病的各种症状，在日本的御宅男女中颇为风靡，日本社会学家称之为"2012前人类最后的流行病毒"。南方出版社2010年将此书引入国内。

御宅族正是二次元世界的迷狂者，他们通过对ACG内容的消费、交换、模仿和生产，创造出风靡全球的御宅文化。《御宅二次元世界的疯狂》梳理了御宅文化的发展源流，对御宅族这一略显神秘的青年族群的生活场景进行了描摹。2012年，苏州大学出版社出版此书。（傅盛裕）

【来源：《文汇报》2014-12-23】

宁波新闻速递

综 合

《宁波市人大常委会激情满怀履职行权》	【来源：人民网 2015-01-04】
《宁波改革创新引领卫星城市中心镇发展》	【来源：人民网 2015-01-04】
《以改革促政府职能转变 以实干为群众多谋福祉》	【来源：人民网 2015-01-04】
《甬江两岸遍开文明花》	【来源：《光明日报》2015-01-04】
《宁波市完成数字（智慧）港航视频资源管理平台及共享工作》	【来源：交通部网 2015-01-01】
《宁波机场货邮吞吐量突破8万吨》	【来源：交通部网 2015-01-01】
《有些"洋年货"不能入境》	【来源：《都市女报》2015-01-01】
《宁波机场开通浙江省 首条对台全货机航线》	【来源：《中国民航报（数字报）》2014-12-29】
《宁波市镇海区骆驼街道商会："小商会"搭建服务企业"大平台"》	【来源：《中华工商时报》2014-12-29】
《宁波破解"成长的烦恼"》	【来源：《经济日报》2014-12-28】
《GDP背后的另一场竞逐》	【来源：《南方日报》2014-12-25】
《宁波成立普洱茶品鉴协会》	【来源：《钱江晚报》2014-12-25】
《宁波江北工业以创新提质增效》	【来源：《经济日报》2014-12-24】
《甬金铁路列入我省铁路建设"八八计划"》	【来源：《浙中新报》2014-12-24】
《宁波港转型升级促"质变"》	【来源：《中国水运报》2014-12-22】
《国家智慧教育产业联盟在宁波成立》	【来源：《中国高新技术产业导报》2014-12-22】
《宁波材料所 科研人员获"光华龙腾奖"》	【来源：《中国科学报》2014-12-22】
《杭州湾新区崛起 百亿级生命健康产业》	【来源：《上海商报》2014-12-22】

管 理

《未来人工智能无处不在》	【来源：《华西都市报》2015-01-04】
《第三方支付首现倒闭：宁波成重灾区 涉资超4亿》	【来源：《华夏时报》2015-01-04】
《宁波口岸：强化出口退运事件分析预警》	【来源：中国质量新闻网 2015-01-04】
《宁波轨道交通3号线一期开工》	【来源：《中华建筑报（数字报）》2014-12-30】
《宁波一中学布置作业织毛衣》	【来源：《扬子晚报》2014-12-29】
《宁波供电"情暖"革命老区》	【来源：《中国能源报》2014-12-29】
《宁波56家创新型初创企业获投5000万元》	【来源：《钱江晚报》2014-12-26】
《长三角出入境检验检疫将一体化》	【来源：《青年时报》2014-12-26】
《宁波490辆公交车"WiFi"全覆盖》	【来源：《人民日报》2014-12-26】
《宁波鄞州：对涉案未成年人进行心理帮教》	【来源：《检察日报》2014-12-25】
《我国已成为全球第一大机器人市场》	【来源：《人民日报》2014-12-25】
《像逛超市一样采购人力资源服务》	【来源：《钱江晚报》2014-12-24】

【文化文摘·文化论语】

未来5年，什么样的人能进领导班子？

近日《人民日报》头版刊发了一条重要消息：中央办公厅印发《2014—2018年全国党政领导班子建设规划纲要》。纲要一制定便管5年，具有很强的指导性和导向性。

问题导向制定政策

问题导向，是当前政策制定的重要原则，那这个规划要解决什么问题呢？

《纲要》从5个方面给出了主要任务和重大举措。

思想建设：解决信仰迷茫、党性观念淡薄、组织纪律松弛、道德失范等问题。

组织建设：选优配强。

能力建设：提高领导班子推动改革发展稳定的能力。

作风建设和反腐倡廉：作风常态化和反腐败体制机制创新。

制度建设：加强领导班子民主集中制建设，解决发扬民主不够、正确集中不够、开展批评不够、严肃纪律不够等问题。

"一把手"要"懂党务"

规划纲要中最有信息量的，是对未来的班子成员和"班长"进行了画像。注重选拔既懂党务工作又懂经济社会发展的复合型领导人才，注重选拔经过多岗位锻炼、实际工作经验和领导经验比较丰富的干部。

不简单以年龄划线

一个重要原则：老中青相结合的梯次配备。但同时也强调了"三不"：不简单以年龄划线，不搞领导班子成员任职年龄层层递减和"一刀切"，不把换届提名年龄作为平时调整的年龄界限。同时特别提出，配备年轻干部目标要与领导班子具体情况相结合，做好统筹，不简单对每个领导班子搞硬性配备。

注重知识专业经历

重视充实熟悉现代工业、现代农业、现代服务业、新型城镇化、生态文明建设和信息化建设等方面工作的干部，充实实践经验丰富、勇于改革创新的干部，充实善于做党建工作、意识形态工作、社会管理工作、群众工作、法治工作的干部。注重从国有企业、高校、科研院所等企事业单位领导人员中培养选拔党政领导班子成员。

在配备女干部、少数民族干部和非中共党员干部方面，既按照有关规定配备，又从实际出发，不降格以求。

加强监督

对一些地方和单位干部管理监督失之于宽、失之于软的问题，《规划纲要》也提出了一些解决措施和办法。主要有5项：

——加强对主要领导干部行使权力的制约和监督。

——坚决整治选人用人不正之风。对选人用人中存在的突出问题进行大排查、大扫除，发现一起，查处一起。完善干部选拔任用责任追究机制，建立干部"带病提拔"等问题倒查机制。

——健全和落实日常从严管理监督制度。严格执行领导干部报告个人有关事项制度，建立抽查核实工作机

《地铁3号线一期昨开工预计2019年通车试运营》	【来源：《钱江晚报》2014-12-24】
《浙江都市圈城际铁路规划获批 投资超千亿》	【来源：《每日经济新闻》2014-12-24】
《浙四大城市圈开建城际铁路》	【来源：《新民晚报》2014-12-22】
《宁波北仑创新一体化开启供电服务新模式》	【来源：《科技日报》2014-12-22】

经 济

《宁波出口太阳能电池同比增三倍》	【来源：《消费日报》2014-12-31】
《宁波最大印染园区年底关闭》	【来源：《中国环境报》2014-12-29】
《宁波市1.16亿元"红包"实现小微企业所得税优惠全覆盖》	【来源：《光明日报》2014-12-29】
《宁波新材料为锂电池行业发展添动力》	【来源：《中国民营报》2014-12-26】
《2014中国航天（宁波）新材料产业化论坛在宁波举行》	【来源：《中国航天报》2014-12-25】
《宁波银行"畅学通"，提供出国留学全方位金融服务》	【来源：《江苏商报》2014-12-24】
《"捷算卡"：实现7×24小时对公结算》	【来源：《上海商报》2014-12-24】
《宁波银行打造全方位国际业务线上平台》	【来源：《上海商报》2014-12-24】
《前11月宁波民营企业进出口总值超3300亿元》	【来源：《钱江晚报》2014-12-23】
《宁波126亿民营资本入股22家银行》	【来源：《钱江晚报》2014-12-23】
《2014中国（浙商）跨境电商高峰论坛在甬举行》	【来源：《钱江晚报》2014-12-23】
《电商换市换出百亿新商机 宁波首次实现网络零售顺差》	【来源：《天天商报》2014-12-21】

文 卫

《宁波市143万元资金补助旅游市场开拓及客源引进》	【来源：凤凰网 2015-01-04】
《宁波电大学生展示毕业作品 20部微电影讲述宁波故事》	【来源：浙江在线教育 2015-01-04】
《徒步宁波 用脚感触这座有故事的城市》	【来源：新浪网 2015-01-04】
《宁波市启动旅游业发展"十三五"规划编制工作》	【来源：凤凰网 2015-01-04】
《寓教育于儿童需要》	【来源：《中国教育报》2015-01-04】
《宁波轨道交通车站现巨幅3D画 市民直呼神奇好玩》	【来源：新华网 2015-01-03】
《浙江宁波万人长跑迎新》	【来源：新华网 2015-01-02】
《休学创业：宁大的三位大学生"老板"》	【来源：《中国科学报》2015-01-01】
《浙江宁波万人长跑迎新 市民"凹造型"博眼球》	【来源：中国新闻社 2015-01-01】
《象山影视城荣获"最佳主题游乐度假地"》	【来源：《浙江日报》2014-12-26】
《宁波省级医保异地就医结算的定点医院增至18家》	【来源：《钱江晚报》2014-12-23】
《全国公共文化服务体系建设工作会议在宁波召开》	【来源：《光明日报》2014-12-23】
《2014中国文化馆年会在宁波举办》	【来源：《中国文化报》2014-12-22】

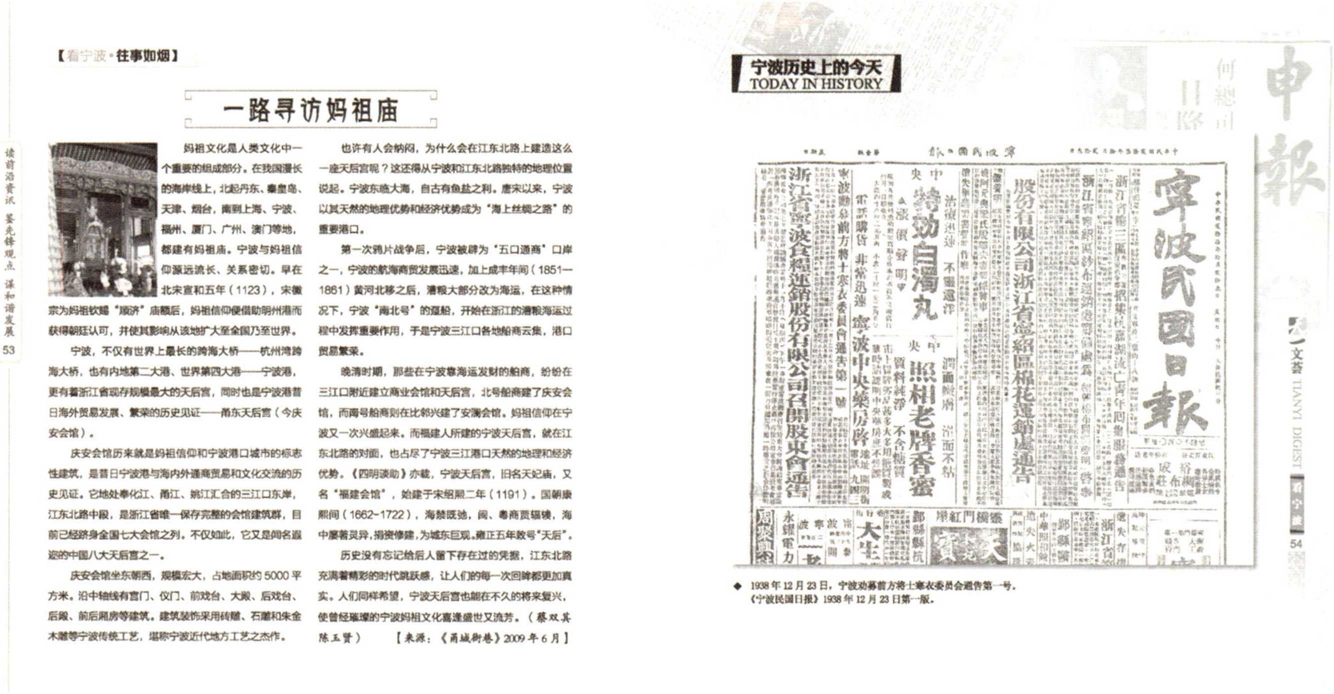

【看宁波·往事如烟】

一路寻访妈祖庙

妈祖文化是人类文化中一个重要的组成部分。在我国漫长的海岸线上，北起丹东、秦皇岛、天津、烟台，南到上海、宁波、福州、厦门、广州、澳门等地，都建有妈祖庙。宁波与妈祖信仰源远流长、关系密切。早在北宋宣和五年（1123），宋徽宗为妈祖钦赐"顺济"庙额后，妈祖信仰便借助明州港而获得朝廷认可，并使其影响从该地扩大至全国乃至世界。

宁波，不仅有世界上最长的跨海大桥——杭州湾跨海大桥，也有内地第二大港、世界第四大港——宁波港，更有着浙江省现存规模最大的天后宫，同时也是宁波港昔日海外贸易发展、繁荣的历史见证——甬东天后宫（今庆安会馆）。

庆安会馆历来就是妈祖信仰和宁波港口城市的标志性建筑，是昔日宁波港与海内外通商贸易和文化交流的历史见证。它地处奉化江、甬江、姚江汇合的三江口东岸，江东北路中段，是浙江省唯一保存完整的会馆建筑群，目前已经跻身全国七大会馆之列。不仅如此，它又是闻名遐迩的中国八大天后宫之一。

庆安会馆坐东朝西，规模宏大，占地面积约5000平方米。沿中轴线有宫门、仪门、前戏台、大殿、后戏台、后殿、前后厢房等建筑。建筑装饰采用砖雕、石雕和朱金木雕等宁波传统工艺，堪称宁波近代地方工艺之杰作。

也许有人会纳闷，为什么会在江东北路上建造这么一座天后宫呢？这还得从宁波和江东北路独特的地理位置说起。宁波东临大海，自古有鱼盐之利。唐宋以来，宁波以其天然的地理优势和经济优势成为"海上丝绸之路"的重要港口。

第一次鸦片战争后，宁波被辟为"五口通商"口岸之一，宁波的航海商贸发展迅速，加上咸丰年间（1851—1861）黄河北移之后，漕粮大部分改为海运，在这种情况下，宁波"南北号"的蛋船，开始在浙江的漕粮海运过程中发挥重要作用，于是宁波三江口各地船商云集，港口贸易繁荣。

晚清时期，那些在宁波靠海运发财的船商，纷纷在三江口附近建立商业会馆和天后宫，北号船商建了庆安会馆，而南号船商则在比邻兴建了安澜会馆。妈祖信仰在宁波又一次兴盛起来。而福建人所建的宁波天后宫，就在江东北路的对面，也占尽了宁波三江港口天然的地理和经济优势。《四明谈助》亦载，宁波天后宫，旧名天妃庙，又名"福建会馆"，始建于宋绍熙二年（1191）。国朝康熙间（1662~1722），海禁既弛，闽、粤商贾辐辏，海中屡著灵异，捐资修建，为城东巨观。雍正五年敕号"天后"。

历史没有忘记给后人留下存在过的凭据，江东北路充满着精彩的时代跳跃感，让人们的每一次回眸都更加真实。人们同样希望，宁波天后宫也能在不久的将来复兴，使曾经璀璨的宁波妈祖文化喜逢盛世又流芳。（蔡双其 陈玉贤）　【来源：《甬城街巷》2009年6月】

宁波历史上的今天
TODAY IN HISTORY

◆ 1938年12月23日，宁波劝募前方将士寒衣委员会通告第一号。《宁波民国日报》1938年12月23日第一版。

Tianyi Digest is carefully planned before editing. It focuses on the recent hot spots and collects them to form influential special reports, trying hard to provide decision reference for the development and revitalization of Ningbo. The selection of the special subject insists on "Four Combinations", that is, the combination of theoretical exploration, decision consultation and experience summary; the combination of domestic information, foreign information and local information; the combination of positive comments and negative views; the combination of practicality and theory. The special subject of "Urban Waterlogging" in the ninth issue of 2012 gained approval from the city leaders and became the main points of publicity work.

Tianyi Digest has three characteristics in material selection: comprehensiveness, multiple perspectives and both sides. Comprehensiveness means all information sources about the development of the city are collected, developed and studied by the library through retrieving more than 30 databases and reading more than 2, 300 journals. Multiple perspectives mean reflecting the overall situation of urban development from different aspects including the economic development and cultural ecology. Both sides mean valuing both the positive experience and results and the negative shortcomings and lessons. For example, the column of *Looking at Ningbo* extracts the observations on Ningbo from different media including positive reports and negative comments.

Tianyi Digest pays attention to getting, processing and transmiting information in short time, trying to win a space to develop.

Tianyi Digest values the quality of content. The need of users is summarized information. Because the source, time and content of information are different, editors need to organize dozens or hundreds of information to form a deep and wide comprehensive special subject, ensuring its value for decision reference.

Tianyi Digest values suggestions from readers. It has set up special emails, QQ groups and telephones to receive feedbacks from readers. Each issue is equipped with a bookmark with contact information at the back to establish a bridge between the publication and readers. Furthermore, the publication also organizes the reader investigations regularly to listen to comments and suggestions from readers.

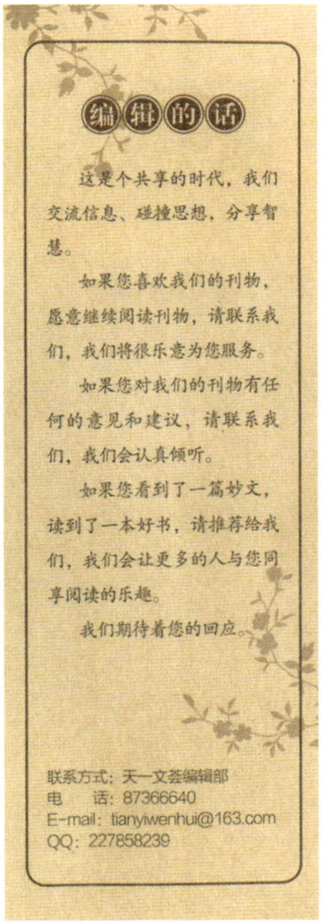

Tianyi Digest gradually forms a calm and simple style. Its size makes it portable and its yellow paper makes readers' eyes more comfortable. It also strives for perfection in the font, layout and title processing and tries to add some relevant pictures to enhance the appeal.

The column of *Old Pictures of Ningbo*, mainly based on photos and block prints with some brief texts, has become popular because it shows the old scenes of Ningbo.

Tianyi Digest is a semimonthly magazine, and it sent to users' mailboxes after publishing on 10th and 25th of each month. The directory of mailboxes will be checked regularly and adjusted according to the changes. During the "two sessions" of Ningbo, a special issue of *Tianyi Digest* was published and given to the delegates and members of the conference to expand its influence.

TWO

Tianyi Digest has been improved and developed since it was established, providing reference for decision makers and researchers of city and winning the praise from users. The influence and reputation of the magazine are increasingly growing.

The decision-making reference information provided by *Tianyi Digest* for the city management agency is widely concerned. The officials of Ningbo Government asked for the past issues after reading one issue of *Tianyi Digest*. The Municipal Education Bureau phoned and gave some suggestions for improvements. The Municipal Commission for Discipline Inspection and the Municipal Foreign Economic and Trade Commission also called to express their positive attitudes to the magazine. Some readers called to change their mailing addresses because their work units had changed.

Tianyi Digest also expands the social influence of the library and improves the image of the library. The collection of the library provides information service for decision making of social development, which has changed people's traditional impression that the library service is limited to lending books and has changed people's demand for a library. During the "two sessions" of Ningbo in 2013, some representatives and members left their addresses in the library service points and asked for subscribing *Tianyi Digest*.

Some readers said that *Tianyi Digest* seemed to air its opinions in a low but powerful voice. Because of the respect for readers and the responsibility for the city, the journal is powerful. A short article of *Tianyi Digest* contains profound philosophy, penetrating argument and deep interpretation, showing a kind of cultural charm and attracting the attention of readers.

Section 3

Tianyi Exhibition: Aesthetic Reading in Public Space

An open space of 100 square meters on the first floor is on the passage to the book-lending window of Ningbo Library, and a number of art works are shown in the space every 20 days. The W-type exhibition line consisting of forty show boards inadvertently leads readers to complete an aesthetic trip.

ONE

In 2008, Ningbo Library provided its exhibition service, Tianyi Exhibition. The exhibition is on the first floor of the library. The library lobby, covering about 500 square meters, is the main entrance and exit of the library. Readers apply for their library cards and seek advice at the lobby. To ensure the basic functions of the lobby, there is only less than one third of space for exhibition, about 100 square meters on the east side of the entrance. Another disadvantage is the security problems of the exhibits because of the open display, and it is hard to introduce treasures or unique art works to the library.

However, it has advantages to hold exhibitions at the lobby. Firstly, it ensures the number of visitors.

Exhibition is located at the entrance of the library. The number of daily readers reaches about 3, 000, and the number doubles on the weekends and in summer holidays. Readers are easy to become visitors of exhibitions especially when brilliant exhibitions are held. Secondly, exhibition attracts creative people. The creators of art works also care about the level of the audience. The visitors of exhibitions in the library are a social group who have reading habits and can make independent judgements and multi-angle comments on art works. These judgements and comments are vital important for creators.

Ningbo Library made a plan on Tianyi Exhibition including the position, size, content, form and time. It is common to have about 40 pieces of art works on display and the major works are mostly painting works created by local painters. Furthermore, the exhibition expanded its space through the tour exhibition and network exhibition, and the duration was limited within the loan period (30 days) of book.

At the same time, the brand of the exhibition has been determined. After Tianyi Lecture, the exhibition service of Ningbo Library was named as Tianyi Exhibition in 2008 and the logo design echoed with Tianyi Lecture. Tianyi Exhibition always highlights its special mark in the shows.

Since the first exhibition was held in November 2008, ninety seven exhibitions with different styles have been held within the six years. The exhibitions include photography, painting and calligraphy, paper cutting and graphic design. Among them, photograph accounts for a major part and there are many themes of photographic exhibition including landscapes, documentary humanities, flowers, birds, fish and insects and creative imagination. It includes personal shows and group exhibitions. The exhibition works include famous works and original works of the authors who are in their growing period.

Looking back upon the development of Tianyi Exhibition, there are several significant breakthroughs.

In November 2008, Tianyi Exhibition officially opened. The first exhibition was the photographic exhibition with "The Shadow of the Bridge—Hangzhou Bay Bridge" as its theme. The exhibition selected some of the award-winning works of the National Bridge Photo Contest of "Focusing on the Bridge", showing the people, scenery, objects and main events during the building process of Hangzhou Bay Bridge.

In February 2010, Tianyi Exhibition launched the mobile exhibition. In Chinese New Year, the year of tiger, "Wishful Tiger", "Looking Back Tiger", "Longevous Tiger", "Happy Tiger", "Peaceful Tiger" and other different forms of paper-cut works were sent to communities and enterprises. Ningbo Library brought more than 80 pieces of paper-cut works made by the paper-cutting master Xie Caihua to Ningbo Jipin Information Technology Company.

The first foreign exhibition of Tianyi Exhibition, The Exhibition of Comic Works of Japanese High School Students was held in July 2010. These works were from the Japan High School Comic Contest (It was also called the Cartoon Koshien) organized by the "The Enthusiasm of Kochi" Comics Festival Organizing Committee of Kochi and the works on display were over 30 outstanding works selected from the previous cartoon contests.

In April 2011, the tour exhibition of Tianyi Exhibition was held in Tongling, Anhui Province. As an important activity of "National Reading Month" of Tongling, the excellent works of the Second Photo Contest of "Reading Pleasure" of Ningbo Library were on display in Tongling Library. From inside to outside of the library, from local areas to other provinces, the influence of Tianyi Exhibition further has been enhanced.

In December 2013, Ningbo Library launched an initiative to build an exhibition alliance of Ningbo public libraries. The 12 public libraries of the city, adhering to the principle of "Open and Equal, Complementary Advantages, Co-constructing and Sharing for Common

Development", established the partnership on exchanging information and sharing resources so as to improve the utilization rate and the efficiency ratio of the exhibition resources of each library.

TWO

That readers of the library are easy to become visitors of exhibitions is an advantage of Tianyi Exhibition but the limited space and equipment are unfavorable factors.

According to the features of venue and visitors, the exhibitions of collection treasures or reading promotion are more popular. The traditional program of Tianyi Exhibition, the photographic exhibition of "Reading Pleasure" includes a set of activities like collection, selection, exhibition, communication, tour exhibition. Since Tianyi Exhibition was established in 2008, "Reading Pleasure" has been held once a year and it was the sixth in 2014. We can see the different happiness of reading from the award-winning works in previous contests: people read books at the library in the afternoon; under the lights of night markets; at the ferry; at the hospital ward. The excellent photographic works not merely seizes the right moments of people's reading and focuses on the comfortable space for reading, but also tells a touching story about reading. From the perspective of the organizer, the collection of these works has become physical collection and tour exhibition resources of Ningbo Library. From the participants' point of view, the collection of works on the same theme in each year arouses their enthusiasm and encourages them to observe life carefully. From the perspective of the visitors, it is appropriate to enjoy the photographic exhibition on "reading" in library and book lovers seem to find themselves in works. The man in pictures read books attentively, comfortably, meditatively or pleasantly, which just shows the real state of readers.

The ways to display need to match with different works and Tianyi Exhibition tries its best through the choice of proper time, the venue decoration and works compilation to convey the beauty of works to the audience.

Timeliness refers to launching appropriate exhibitions at the right time. For example, the exhibitions on New Year paintings, folk customs, and paper-cuts in the New Year period will attract readers. The couplets exhibition in the Spring Festival of 2009, the paper-cut exhibition in the Spring Festival of 2010, the painting exhibition in the Spring Festival of 2011 and the exhibition of New Year pictures in the Spring Festival of 2013 were held at the right time and made the readers of the library feel the strong atmosphere of Spring Festival.

Favorable position refers to appropriate use of limited space. Tianyi Exhibition is located in a small exhibition hall, but it can also make a brilliant show. In May 2010, the Children's Creative Art Exhibition launched by Tianyi Exhibition made the best use of the space. The painting works are put on the display board, and the shelves were positioned in different heights to show crock art works and cloth art works. More than 200 art works were on display within the 100 square meters. Visitors were attracted at the moment they entered the library, and they were enthralled by the rich creativity and colors of the children's works. People not only watched the exhibits, but also were involved in the free imagination space of children.

Good works need to interpret and transmit the beauty of arts through the efforts of curators. Reading the annual brochure of Tianyi Exhibition, many aesthetic and imaginative nouns can be found in the names of exhibitions. "The Beauty of Feathers" was used to name the photography exhibition about birds; "Enjoying a Good Trip in Paintings" was used to name a children's painting exhibition; "Solidified Art" was used to describe the exhibitions of posters of old films. The ingenuity and efforts of curators can be shown from these names.

After the exhibition in the library, the tour exhibition and the network exhibition will be held to expand the life of exhibition, through which the library tries to extend the services to the grassroots. During the tour exhibitions, works are easy to be damaged because of frequent transport and displays. Therefore, Ningbo Library chooses pen paintings, paper cuttings and cloth works as exhibits. If the space of tour exhibition is not big enough, the library will offer the whole set of shelves and works. The digital photographic works are more suitable for the network storage and propagation because of its literature carrier and more library users will have opportunities to enjoy these works.

From the perspective of exhibition promotion, Ningbo Library has organized activities related to the exhibitions, such as lectures, trainings and consultations, and readers can have fun from them. Lectures are mostly held in exhibitions of famous masterpieces. The creators of these works are invited to share their experiences of creation to promote the audience's understanding of the works in lectures or in salons. Trainings are mostly held in children's creation and special material creation. The former tries to teach children some basic ways; the latter aims to offer opportunities for visitors to experience the creations of special materials during the exhibitions of batik painting and lacquer painting. Consultations are mostly held in exhibitions about science and laws to help visitors to know more knowledge about them.

Xie Caihua, the folk paper-cut artist of Xiangshan, is famous for his quick thinking, precise knife techniques and various styles. His paper-cut works were displayed on Tianyi Exhibition successively and the works on display reached over 200 pieces. The library invited Xie Caihua to give a lecture and show his techniques. His quick thinking and high skills won the applause of live audience.

The exhibition service is a single-use activity that needs high investment. To improve the social benefit of exhibition service, Tianyi Exhibition of Ningbo Library actively seeks social cooperation to make the best use of the exhibition resources.

Inspired by the resource-sharing mode of "Shanghai Library Exhibition" of Shanghai Library, Ningbo Library recommended its exhibition projects to other public libraries when it introduced some cooperation projects of exhibitions from Shanghai Library. These measures not only prolong the life of the exhibits, but also advance the overall development of the library exhibition activities.

Ningbo Library joined the Public Libraries Exhibition Alliance of Zhejiang Province, Shanghai Library Exhibition Resources Sharing and other cooperative projects successively. In December 2013, Ningbo Library launched an initiative to build an exhibition alliance of Ningbo public libraries. The 11 public libraries, following the guidelines of "Open and Equal, Complementary Advantages, Co-constructing and Sharing for Common Development", share exhibition resource, provide exhibition consultation for each other, recommend and contact the curators or exhibition institutions, and make efforts in interlibrary exchange, publicity, promotion to make the best use of the exhibition resources.

Ningbo Library has established a cooperative mechanism with artistic creation teams, such as Photographers Association, Artists Association, Calligraphy and Painting Research Association and art communities in colleges and universities to organize competitions and collect works in order to improve the level of the exhibition and expand the social influence of the library.

THREE

Tianyi Exhibition has been held 85 times, presenting the local culture, exploring the teenagers' creative ideas, enriching the aesthetic experience of the public and showing the social and cultural exchange functions of the library.

The works of Tianyi Exhibition are rooted in Ningbo and they embody the local features. "Cicheng Town, Memory of Hometown—Pen Drawing Exhibition of Luo Feng" depicted the native memory; "The Beauty of Feathers—Zhang Haihua's Photography Exhibition of Wild Birds in Ningbo" focused on the native species; "Ningbo 24-hour Snapshot Photography Exhibition" seized the local moments. The scenery in the eyes of local artists is easier to arouse the sympathy of visitors. After watching the "Cicheng Town, Memory of Hometown—Pen Drawing Exhibition of Luo Feng", Chang Minyi, one of the visitors, wrote his comments, "Watching the hometown exhibition, recalling the past memories, I benefit a lot from the brilliant exhibition." The city depicted by local painters awakened the memory of the visitors again.

The creative designs of young people have been shown many times in Tianyi Exhibition. Shi Rongrong commented on the exhibitions of children's works that all visitors could see is the innocence of children. From little children to college students, they showed their creative works on the stage of Tianyi Exhibition. "The World Expo in My Heart—Children's Painting Exhibition" showed the vision of the Shanghai World Expo in the eyes of the children at the age of 4-14; "Paint Rhyme—Ningbo Gulin Vocational High School Lacquer Painting Exhibition" showed the creative works of students in Gulin Vocational High School. Eggshell, clamshell, copper wire, mineral pigments and cashew Lacquer became colorful lacquer paintings through the efforts of these students; "Imaginary World—Ningbo University Youth Cartoon Group Exhibition" selected more than 50 original cartoon works of students from Ningbo colleges to display and this exhibition explored the imagination and creativity of the young people. It is also a successful attempt to discover original resources for Tianyi Exhibition.

When pictures different from local water town like northern-frontier scenes, island scenes and exotic scenes were shown in Tianyi Exhibition, visitors felt as if they had been visiting these real places. "Cambodian Impression" showed the rise and fall of the Angkor dynasty. "Macao Cultural Treasures—The Photography Exhibition of Historical

Districts" presented the similarities and differences between the western architectural culture represented by Portuguese architecture and Chinese architectural culture. "American Western Photography Exhibition" showed the natural beauty of the Western United States. "The Fancy of West—Qinghai Photographic Art Exhibition" reproduced the charming grace of the shore of Qinghai Lake. Tianyi Exhibition opens the door of time and space for visitors, and makes them feel the beauty of other places while staying at home.

Tianyi Exhibition has promoted the cultural and emotional exchanges between the city and the public. In the exhibition space, there are communications between works and the audience, between artists and the audience, among artists and among the audience. During "Another Myself—The Line Drawing and Sketch Exhibition of Ma Jia", Ma Jia went to the exhibition for many times to observe the reactions of the audience and listen to comments of the audience. On the first day of "Meeting the Spring—Seven Female Photographers' Joint Exhibition of Ningbo", those photographers got together to exchange their stories and give comments to each other's works. When Tianyi Exhibition introduces or exports the exhibition activities, it also promotes the cultural exchange between regions. In the two-way communication of recommendation and introduction of exhibition works, the public in two places also exchange their views on aesthetics.

ALBERTY

10

Chapter 10

The Library Becomes More Popular by Organizing Activities and People Fall in Love with the Library Unconsciously

Ningbo Library not only offers readers paper books and digital books, but also invites scholars to give lectures and share their experiences in the library. Citizens gather in the library because of numerous reading activities with various topics, and they gradually feel familiar with the library and fall in love with the library.

In 2014, Ningbo Library held more than 190 cultural activities. In addition to Tianyi Lecture and Tianyi Exhibition, there are other forms of activities, such as Reading Salon, Exchange of Good Books, The World Book and Copyright Day on 23 April, National Reading Month, Reading Festival for Minors and Reading Summer Camp for Youth. After many years of hard work, these activities gradually become traditional projects.

Different readers have different experiences and interests, and therefore Ningbo Library has designed many different activities to gather different user groups. The activity of "Little Storytelling Sir" creates a stage for kids to tell stories after reading and understanding. The Reading Salon provides adult readers who have reading habits with a chance to talk with each other. The parent-child reading activity of "Meeting the Four Seasons in the Story" includes picture book reading, playing games, painting, performance and manual activities, making reading more interesting. These different activities target at different readers including teenagers, adults and families with young children and bring significant social benefits.

ONE Little Storytelling Sir

In 2011, during the seventh session of Minors' Reading Festival of Zhejiang Province, Ningbo Library launched the activity of Little Storytelling Sir. Competitors could be recommended by schools or just sign up by themselves, and they were required to choose the Chinese history as the theme and to tell the history in storytelling way. Background, music and scene simulation could be added appropriately and the performance should be finished within five minutes. The purpose of the activity was to arouse children's interest in history, improve their language skills, reading ability, thinking ability and memorizing ability, deepen their understanding of Chinese history and make them experience the fun of reading, expressing and sharing. This activity also followed the theme of this session's Minors Reading Festival— "Inheriting Traditional Chinese Culture and Promoting Social Virtues".

The activity of Little Storytelling Sir aroused the enthusiasm of many parents and children. More than 30 primary schools' students participated in the preliminary of Little Storytelling Sir and 21 students reached the final through layers of selection. Later, Ningbo Library put the videos of award-winning players on the Ningbo Library website and Ningbo Cultural Network, and organized the online selection of the most popular Little Storytelling Sir. This act caused wide public concern in the society once again. The audience left their messages in the network forum and said such an activity was meaningful and the audience could enjoy the children's lovely performance on the internet though they could not watch the contest in the scene.

The contest of Little Storytelling Sir was funny and worth seeing. All the players told fascinating stories and showed their unique personalities and talents. In spite of different grades, each child was a winner because of their progress in memorizing ability, expressing ability and the ability to adjust to changing circumstances. Little Storytelling Sir also gained concerns from the media. *Ningbo Daily* and Ningbo Cultural Network covered the activity of Little Storytelling Sir and many winners accepted interviews with Ningbo Radio Station, Yinzhou TV Station and other shows.

The activity of Little Storytelling Sir of Ningbo Library has won many prizes such as "The Outstanding Case of Reading Promotion Activities in Communities and Townships" of the Library Society of China in 2011, the second prize of Zhejiang's "Planning Program of Readers' Activities" in 2011, and the "Excellent Activity Case" of the seventh session of Minors' Reading Festival of Zhejiang Province.

Because the activity of "Little Storytelling Sir" received good responses, Ningbo Library continued to develop a series of activities of storytelling. The activity of storytelling with different topics is held every year. In 2012, the topic was "The touching stories of disciplines and filial duty". In 2013, the topic was "The touching stories around me". In 2014, the topic was "the fairy tales that were told when I was little". The contest of storytelling held in each year has encouraged a large number of children to read stories, make stories and perform stories. From reading story to retelling the story, the children gradually develop the good reading habit of carefully reading and understanding.

TWO Reading Salon

Ningbo Library has a group of old readers who have relatively stable Reading interests. Holding small-scale salons can create an opportunity for readers who are unfamiliar with each other but have similar interests to get together and to share their opinions. In the same space, the distance between people is smaller and people have more topics to exchange.

In September 2012, Ningbo Library Salon opened with "Reading classical literature" as the theme. The three subthemes were "The modern classics that we love", "To know more about Mo Yan—Local and national world writing" and "Emotion and form of modern poetry—From Xu Zhimo to Bei Dao". At the monthly salon, readers share their reading comprehension of the contemporary literature works. They talk a lot, from works to writers, from the characters to the changes of time and finally to themselves. Readers may have controversies over the same author or the same work, but they can get inspiration from the exchange of ideas and understand things from different perspectives.

The reading salon needs to center on reading and tries to choose some famous works or authors to attract more people to join in the activity. The theme of the first salon was "Modern classical literature" and readers naturally talked about famous writers such as Zhang Ailing, Shen Congwen, Su Qing and Xu Zhimo.

The choice of theme should focus on the reading trend of the society. In October 2012, because Chinese writer Mo Yan won the Nobel Prize in Literature, readers began to read Mo Yan's books and Mo Yan became a new reading trend. The library timely launched the reading salon "Know more about Mo Yan——local and national world writing". The salon highlighted a few keywords of Mo Yan's writing, namely, local standpoint, nongovernmental standpoint, northeast countryside of Gaomi, living environment, multiple-perspective narratives, magic narrative and carnival of language to provide readers with the entry to understanding Mo Yan's works deeply.

Choosing some relaxing and interesting themes can attract more readers, such as coffee and reading, love, reading, environmental protection and reading, travel and reading, which are loved by young readers. In March 2013, the theme of Ningbo Library Salon was

travel and the salon invited Wu Zhiyuan, the author of the travel essay collection *To Approach the Initial Me*, to share his ride traveling experience. The author took 24 days to ride bikes on the Sichuan-Tibet Road, traveling over 2, 327 kilometers. This topic attracted many young people who asked a lot of questions that embodied the thinking mode of the group such as "Why did you choose to start such a challenging journey?" — "To escape from the pressure of reality." and "Did you escape at last?" — "I cannot escape completely. But I learnt to calm down and be involved in the reality to act myself." Post-1990s group became the major part of the salon and the library successfully attracted the new social group.

Readers with the same or similar interests gather in the library because of the Reading Salon. They read books, ask questions, and gain multiple understanding through exchange and communication. Reading Salon is not just a party of readers, but also a space for dialogue and thinking.

THREE The Activity of Parent-child Reading Experience—Meeting the Four Seasons in the Story

In 2012, Ningbo Library launched the activity of parent-child reading experience—Meeting the Four Seasons in the Story. A family with a child at the age of 3-6 was a unit and one good picture story book was chosen in each season to be shared by children and parents. The activity included listening to the story, playing game, painting, performance and doing handwork and tried to arouse children's interests in reading and offer children happy reading experiences.

The themes of parent-child reading activity included four seasons, spring, summer, autumn and winter. Firstly, parents and children listened and read books, *Meeting Spring*, *One Day in Summer*, *The Dance of Fallen Leaves*, and *Footprints in the Snow*. The children felt different characteristics of the four seasons and the beautiful colors of the nature through books. In subsequent activities, children drew the spring in their eyes, folded the paper into a form of cicada, made elves by using fallen leaves and made paper snow to have fun.

11

Chapter 11

The Future of the New Library—The Public Cultural Space of the Future City

Today's Ningbo Library was built in 1988, and the location was on Yongfeng Road of Haishu old town. Although the house has been expanded and reconstructed, it is still hard to meet the growing cultural demand of citizens. With the rapid development of Ningbo in the twenty-first century, a new library is about to emerge.

ONE

In 2011, the construction of new Ningbo Library was included in Ningbo's key projects of "Twelfth Five Year Plan". In 2013, the construction was included as the key task of the year in the municipal government work report. On May 7, 2013, the municipal government issued *The Meeting Minutes of Construction Coordination of New Ningbo Library* (hereinafter referred to as *The Minutes*) to clarify the occupied area, the floorage and the total investment of the construction plan.

After the publication of *The Minutes*, Ningbo Library organized special survey, on-the-spot investigation, operation and observation, held the symposium, learnt the construction ideas and successful experience of domestic excellent libraries, and formed a systematic report. Furthermore, Ningbo Library widely collected construction data and information of new libraries in domestic cities and compiled *Study on Fifteen City Public Libraries*, providing reference for the construction of the new library.

On May 21, 2013, Ningbo Library got the opinions on the site of the construction and clarified the location. The expert meeting and the discussion meeting of functions of the new library were held on June 2 and June 26 respectively. Experts and scholars put forward their opinions and suggestions for the construction of the new library, by combining their professional knowledge and the history and culture of Ningbo. The scholars made many suggestions, for example, the construction of the new library should embody the slogan of

Ningbo, "Rich collection of books from ancient to modern times; Flourishing port connecting China with other countries." The cultural traditions and features of the city should be reflected in the holdings of the library. The library could offer special document services like Marine Economy, Ningbo Celebrities and Culture of Eastern Zhejiang School. The experts and scholars also proposed specific objectives of Ningbo Library: the document center of Ningbo, the public library digital resources and service center, the digital construction center of local literature, the paper-book editing and distribution center, the public library business training education center and the public library service network development center.

On July 7, 2013, the first meeting of the new Ningbo Library construction project leading group was held, which marked the beginning of the construction project of the new library. The meeting determined the key projects in the second half of 2013: the project approval, the collection of the conceptual design schemes and the completion and approval of feasibility study report. In November 2013, the project of constructing new Ningbo Library was formally approved. On the basis of retaining the old library on Yongfeng Road, the new library will be built at the core areas of the Eastern New City. The construction of the new library is not only building a library building but also the innovation and practice of the concept of contemporary library, management mode and technology application.

The project was approved in 2013, started in 2015, and topped off in 2016...

The city Ningbo, the readers of Ningbo, the librarians who offer services in the new library are waiting for the moment when the library shows its new look.

TWO

The new Ningbo Library is located in the Eastern New Town, which is the new comprehensive urban district with business and administration as its core. This district will shoulder the function of the center of Ningbo with the Sanjiangkou old town where the old library is located. According to the plan, 60, 000 people will live here and 150, 000 people will work in the core area of the New Eastern Town. The new Ningbo Library will become an important place to gather cultures and exchange information in this area.

The new library covers 1. 64 hectares, its floor space is 30, 000 square meters, and the total investment is 240 million RMB. The library is located on the eastern side of Public Square, echoing with the Municipal Exhibition Hall on the west side of the square, and they jointly form a "Gemini". Ningbo municipal government, the administrative center of Ningbo will be located on the north of "Gemini". The east of the new library is the riparian parklands of new Yangmuqi River and the south is the Houtang River. The library, semi-surrounded by water, semi-surrounded by green grass, will be a quiet resort for reading.

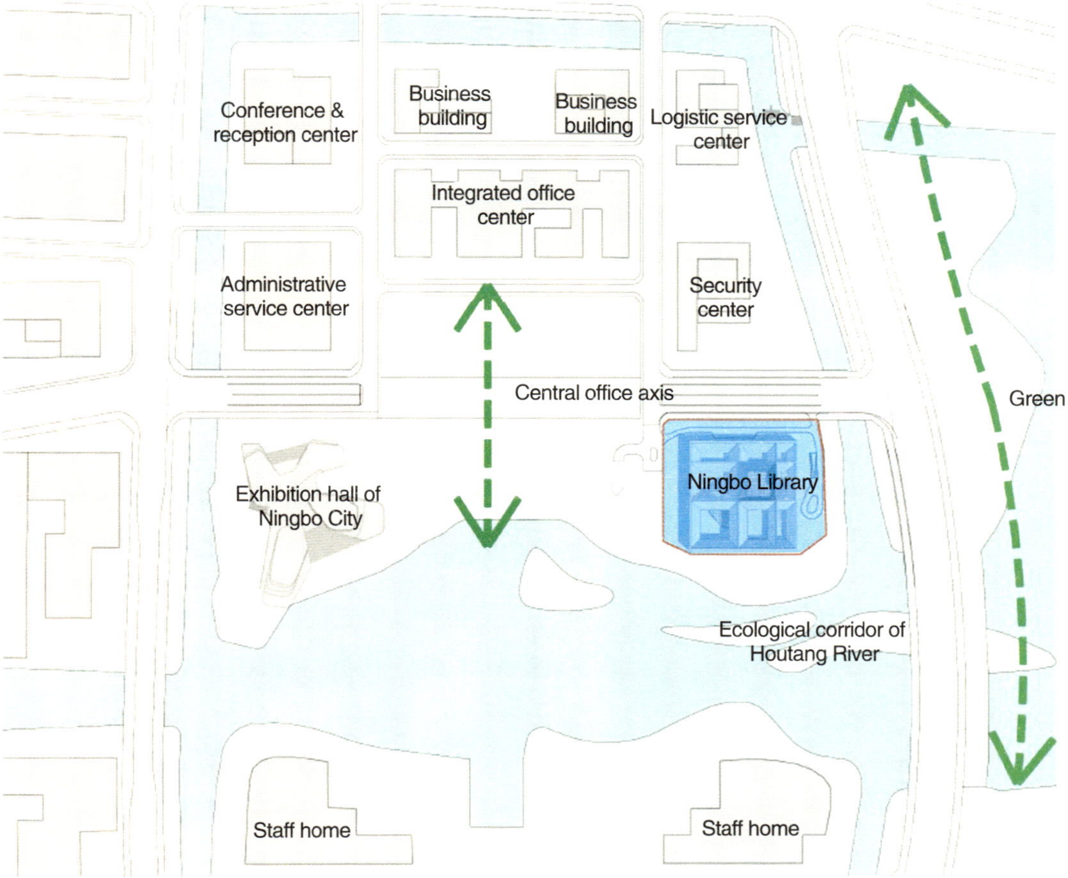

From the end of August to mid-November in 2013, the collection of conceptual design schemes of the construction of the new Ningbo Library started in a form of international invitational competition. Through comparison and selection, six famous domestic and foreign design units were invited to participate in this competition. More than 2, 000 readers came to the library to watch the models and more than 4, 000 people voted on site or through the network and newspapers. At the expert review meeting, experts assessed those designs from five perspectives including the coordination between the design of the new library and urban overall planning, the rationality of functions and layouts, comfortableness of inside and outside spaces, features of architectural morphology, and economic efficiency and feasibility. After public vote and expert review, the program was finally determined. On November 25, 2013, the design scheme of the new library was officially approved at the thirty-fifth executive meeting of Ningbo Municipal Government, and this project was put into implementation in 2014.

The design of the new Ningbo Library aims to create a new knowledge square, a public space open to citizens. The open and three-dimensional space mode was adopted in the design of the library, with the central bookshelf connecting the open area on the first floor with three independent towers. The library tries to adapt to the needs of future library activities with the flexible layout.

The new Ningbo Library has five floors, including a basement and four floors above ground. In the blueprint, the first floor is the regular shape of a rectangle; the three separated 2- to 4-storey buildings are like three irregular boxes occupying the south, northwest and northeast corners respectively. Among the three towers is the atrium of the entire building. The sunshine can pass through the transparent roof of the atrium and reach the open space on the first floor. A large outdoor terrace and green space on the sides of the three towers allow readers to rest and think. The basement is the parking lot and restaurants, which is connected with the Metro Station on the north side and the underground floor of Public Square on the west side, facilitating access of readers.

The area of the first floor is 7, 500 square meters, and the height is 10 meters. The new library uses glass material to construct an open and transparent space, which will become a place with the largest number of persons and activities including book lending, reference consultation, services for children and visually impaired readers. There are 24-hour self-help libraries on one side where users can borrow books, return book, read books or study at any time.

The second, third and fourth floors are composed of relatively independent tower buildings. The south building with the best natural lighting will become reading rooms. Public cultural activities of multimedia audio and video, art exhibitions and others will be held in the west building. The stacks, administration rooms and equipment management rooms will be in the east building.

The atrium of the new library is designed as the "Central Bookshelf". It connects the three towers with the hollow square -type corridor and the corridor looks like a wall of books. The librarians can display books and set desks for individual study and sightseeing stands in the corridor. Readers on any floor of the "Central Bookshelf" will feel like swimming in the sea of books.

The new Ningbo Library applies the energy-saving concept. The library makes full use of natural light and designs the functions of natural ventilation, rainwater collection and recycling. The skylight of atrium reduces the need for artificial lighting. Through the chimney effect, the library fulfills the functions of ventilation and cooling at night. The building has better thermal insulation property because of the Green Roof. The combination of stone material and curtain wall makes the building warm in winter and cool in summer. The solar energy equipment on the roof can reduce the energy consumption.

The new library is intelligent and convenient. The electronic readers and electronic reading stations in the library allow readers in the library to read electronic books at ease. The wireless network that covers the whole library provides readers with a convenient and fast internet environment. The RFID (Radio Frequency Identification) offers readers the locations of the required books, making it convenient for readers to get books by themselves.

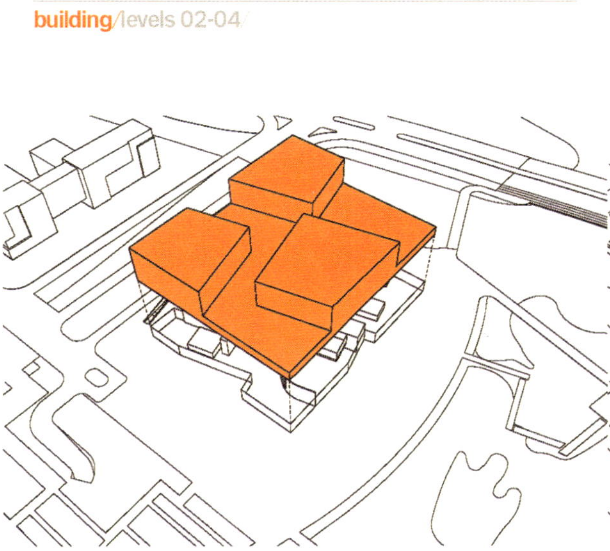

Roof of the market place/

Adding additional library functions above the market/

Personality requires the resources of the new library to be rich in regional characteristics. The new library will set up characteristic book rooms with many subjects including Eastern Zhejiang Culture, Business Culture, Marine Culture and Book Collection Culture, showing all kinds of literature.

The construction of the new library is a new starting point for the development of Ningbo librarianship and the social and cultural service in Ningbo will have a leap forward. In 2017, a new cultural landmark will rise in the Eastern New Town and become the spiritual home of Ningbo's citizens and all readers.

宁波市图书馆 包玉刚图书馆

Collection

The Library Which Records the Change of Times

12

Chapter 12

Overview of Library Collection

Ancient Literature

The collection of ancient books in Ningbo Library started from the period of Xuelou Building. In 1927, Ningbo Municipal Library based on Xuelou Building was established and Zhang Ruzhao was the first chief libarian. At that time, there were more than 14, 000 books. In 1941, Japanese army occupied Ningbo and most of the collection was lost or damaged. In 1956, Ancient Books Department of Ningbo Library was established. The ancient books of Ningbo Municipal Library (it was Yinxian County Library later) during the period of the Republic of China were collected by the department. Furthermore, Ningbo Government sent a number of books into the collection, and these books had been donated by private collectors in the early 1950s. Zhang Dong donated his father Zhang Qin's collection. Zhang Bojin donated his father Zhang Shenzhi's collection. Liu Tongpo and his brothers donated their father Liu Chuxiang's collection. Zhang Shuangqing donated his father Zhang Shixun's books. Li Yun donated his own books. Xu Rongzeng and his brothers donated their father Xu Yuzao's collection. In 1959, according to the plan of Ningbo Government, Ningbo Library collected the collection of Qin Runqing's Moyun Building, Zhenhai Cultural Relics Group and Yinnan Jiacun Village Primary School.

At present, Ningbo Library has more than 75, 000 ancient books (including the thread-bound books of the Republic of China). According to the publication time, there are 64 sets and 1, 402 volumes of the Ming dynasty block-printed editions, about 5, 500 block-printed editions of the early the Qing dynasty, about 52, 000 volumes of common ancient books and about 16, 000 volumes of thread-bound books of the Republic of China. Among them, 12 sets are included in *Bibliography of Chinese Ancient Rare Books*, 7 sets are included in the first batch of *Directory of Zhejiang Precious Ancient Books*.

According to the content of books, these ancient books can be divided into five parts. The first is the Confucian classics, about 8, 000 books; the second is the historic records, about 24, 000 books; the third is the philosophical writings, about 15, 000 books; the fourth is literature, about 15, 000 books; the fifth is the series, about 13, 000 books.

Some ancient books were published in an earlier age with sophisticated versions, and these ancient books were publicated in Ningbo, fully reflecting the dissemination and publication of Ningbo literature, especially of local chronicles and local literature.

At present, the library has more than 300 sets and 4, 000 volumes of various types of local chronicles. These chronicles are important reference to understanding the history of Ningbo.

Xiangshan County Chronicles, compiled in 1868 of the Qing Dynasty, was valuable. This book introduced the establishment, development and other conditions of Xiangshan. After its compilation, the book did not publish. Only Ningbo Library and Nanjing University Library have the transcripts of the book.

In addition to the local chronicles, there are about 5, 000 volumes of local literature in the collection of ancient books. Some of them are less popular copies or block-printed editions compiled by Ningbo people.

In the collection of ancient books, some books were inscribed in Ningbo areas and they reflected the situation of block-printed editions in Ningbo in the early, middle and later stages of the Qing dynasty.

In addition to local literature, there are some rare medical books in the library.

Literature of the Late Qing Dynasty and the Republic of China

The literature of the late Qing dynasty and the Republic of China in Ningbo Library is considerable, and it can be divided into three major categories: books, periodicals and newspapers.

Now, there are nearly 9, 000 books of the Republic of China (not including the thread-bound books of the Republic of China). Most of them are various series published by the Commercial Press.

Apart from the series, the largest proportion is literature books. Literature books include novels of the Ming and Qing dynasties like *The Scholars*, *Romance of the Three Kingdoms*, *A Dream of Red Mansions*, *Heroes of the Marshes*, *Strange Stories from a Chinese Studio* and *Life of Yue Fei*, some best-selling novels of the Republic of China and foreign novels like *Sherlock Holmes*, *John Christoph* and *Nicholas Nickleby*.

In addition to literature books, there are hundreds of books about economy and law. There are also a small number of books involved in politics, religion and education.

Now, the library has more than 800 kinds and 4, 085 volumes of periodicals of the Republic of China, 20 kinds of which are local periodicals. The most are comprehensive publications, more than 280 kinds and nearly 2, 000 volumes. Besides, there are 175 kinds and 500 volumes of publications on politics and law, and 120 kinds and 800 volumes of literature periodicals.

The old periodicals issued in Ningbo truly record the government policies and laws, the development of the industries and organizations during the period of the Republic of China. The first issues of these periodicals are especially precious.

Now, the library has nearly hundreds of newspapers of the late Qing dynasty and the Republic of China, and more than thirty kinds of them are local newspapers, three kinds are official newspapers of the central committee of the CPC, and over ten kinds of newspapers of Zhejiang Province.

The old newspapers of Ningbo in the late Qing dynasty and the Republic of China is a great feature of the library's holding and it is beyond comparison. Many kinds of newspapers were collected and they are relatively complete. These old newspapers record the social changes of modern Ningbo and reflect the development of the newspaper industry in Ningbo.

Deshang Yongbao is Ningbo's first newspaper issued in the whole country. It is also the first business newspaper in Zhejiang. It was sold in Ningbo's counties, Taizhou, Haimen, Dinghai, and Hangzhou of Zhejiang. There were sales offices in Shanghai, Suzhou, Beijing, Tianjing, Baoding, Xiamen, and Guangzhou. Ningbo Library collected several issues of this newspaper in January, from March to June, October and December in 1899.

Siming Daily is the first newspaper that Ningbo people founded. It is also the main battlefield of public opinions in the Revolution of 1911 in Ningbo. The newspaper, with a 17-

year history, records the modernization process of social life in Ningbo from 1910 to 1927. As the early large newspaper of Ningbo, *Siming Daily* is more complete and mature in the system of newspaper office and the form of newspaper than before.

News Bulletin (*Shishi Gongbao*) is the longest, largest-circulation private newspaper in Ningbo before the establishment of PRC. Jin Zhenxiang raised over 7,000 yuan to found the newspaper and Yu Youren wrote the name of the newspaper. From the establishment in 1920 to the last issue in 1948, in those 28 years, the newspaper acted as a mirror of Ningbo and reflected the social development in the 28 years. Ningbo Library has each issue of this newspapers of 1922-1924, 1927- April 1941, 1942-1945 and 1946-1948.

In 2008, Ningbo Library digitalized more than 30 kinds of and nearly 3,000 newspapers from 1899 to 1999 and built the Old Newspaper Database of Ningbo. The database provides full text reading and keyword search of newspaper.

Modern Local Literature

After 1949, Ningbo Library began to pay attention to the collection of local literature resources. Since the opening up of Ningbo in 1983, with the completion of the new library building and the local literature reading rooms, the library collection further expanded. Ningbo Library specially set up the local documentation center in 2003 and appropriated special funds and persons to carry out the collection, management, development and utilization of the local literature. By the end of 2014, the library had had over 9,000 kinds of local literature, over 300 kinds of periodicals, more than 100 kinds of newspapers, over 200 kinds of precious local chronicles and over 50 kinds of genealogies. The establishment of Ningbo Local Literature Center was supported by many people. Writers and collectors donated local literature and provided the relevant information about literature for the library. If the donation reaches a certain scale, the library will set up a special counter to preserve them. For nearly a decade, more than 1,000 individuals and more than 200 institutions have donated local literature.

Ningbo Library's work on local documents has distinctive features. The first is comprehensiveness. The books about Ningbo's politics and economy, science and technology, history and geography, education and health, culture and art, and books written by Ningbo people are all collected by the library. The second is the specialism. The famous works, local chronicles, lately edited genealogies and first issues of journals are collected by the library. Based on long-term collection, the library set up rooms for different classes of local literature. The third is the "network". In addition to the library stuff, a collection team of local literature in the city and a platform for exchanging local literature are established to promote collecting local literature. The library relies on volunteers to provide the locations of books and to donate books, publishes the collection notice in newspaper and strengthens the publicity and popularization work on collecting local literature. The last is standardization, which refers to the digitization of local literature collection, remote utilization and the realization of full-text retrieval. After 2010, the library set up many databases like Ningbo Historical Records in *Shenbao*, Ningbo Literature and History and *Siming Series*.

The Literature Edited by the Library

Ningbo Library gives full play to the leading role of scientific research and literature development. It has photocopied, written and edited more than 10 books, and issued more than 10 periodicals. In 1985, Ningbo Library photocopied four books of *Shuohai Rare Edition Series*, and it was the first time to copy large ancient series for the library. In 1997, the library compiled *Ningbo Library Annals*, which covered the development of librarianship in the whole city. In 2002, the library compiled the sequel *Ningbo Library Annals* (*1991-2000*). In 2004, the library edited *Intellectual Family*, which reflected the Ningbo contemporary families' book collection and reading style. In 2012, the library issued *Tianyi Digest*, which has become the important reference for the government. Based on the academic research of Ningbo Library Society, the library compiled *Ningbo Library Digest* in 1997 and 2002, in which papers on the science of library were published. Based on the lectures of Tianyi Lecture, Ningbo Library compiles *Tianyi Lecture* every year from 2006, and 8 issues have been published so far.

波竹枝词
宁波诗社 编

寧波文物集粹
A COLLECTION OF CULTURAL
RELICS IN NINGBO

寧波歷代書畫集

宁海县志

13

Chapter 13

The Gem of Library Collection

This chapter has five subjects including ancient rare books (before 1912), books of the Republic of China (1912-1949), old newspapers of Ningbo (1899-1949), local literature (after 1949) and literature edited by the library. More than one hundred artworks are selected to show the characteristics of the literature in Ningbo Library.

Section 1

Ancient Rare Books (Before 1912)

According to the order of Confucian classics, historical records, philosophical writings and miscellaneous works, 27 kinds of ancient rare books of Ningbo Library are introduced respectively.

1. ***The Three Annals of The Spring and Autumn Periods*** **(131 volumes)** written by Zhang Pu of the Ming dynasty; the block-printed edition at the end of the Ming dynasty; 7 books; with the seal prints of Feng Yunhao and Qin Zuze.

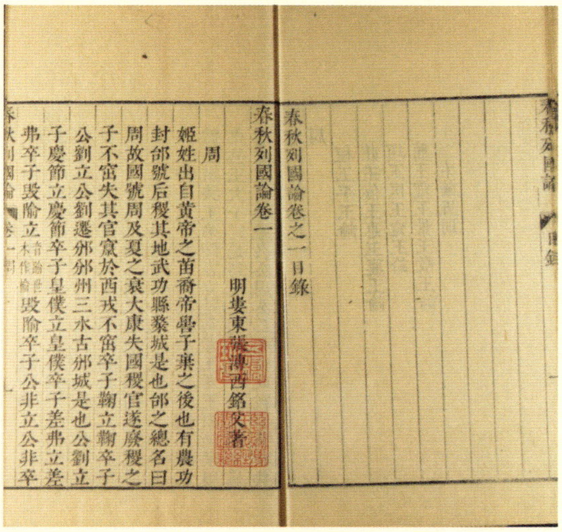
春秋列國論卷之一目錄

春秋列國論卷一

明婁東張溥西銘父著

周

姬姓出自黃帝之苗裔帝嚳子棄之後也有農功
封邰號后稷其地武功縣斄城是也邰之總名曰
周故國號周及夏之衰大康失國稷官遂廢稷之
子不窋失其官竄於西戎不窋卒子鞠立鞠卒子
公劉立公劉遷豳豳州三水古豳城是也公劉立
子慶節立慶節卒子皇僕立皇僕卒子差弗立差
弗卒子毀隃立毀隃卒子公非立公非卒

2. *Records of the Grand Historian* (131 volumes) written by Sima Qian of the Han dynasty; Huang Jiahui's block-printed edition in the Ming dynasty; 20 books; with the seal prints of Qin Zuze.

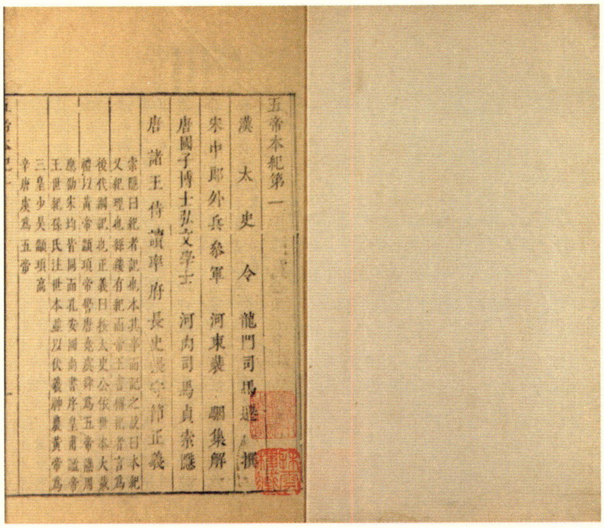
五帝本紀第一
漢 太史令 龍門司馬遷 撰
宋中郎外兵參軍 河東裴駰 集解
唐國子博士弘文學士 河內司馬貞 索隱
唐諸王侍讀率府長史張守節正義

3. *History as a Mirror* (*Zizhi Tongjian*) (294 volumes) written by Sima Guang of the Song dynasty.

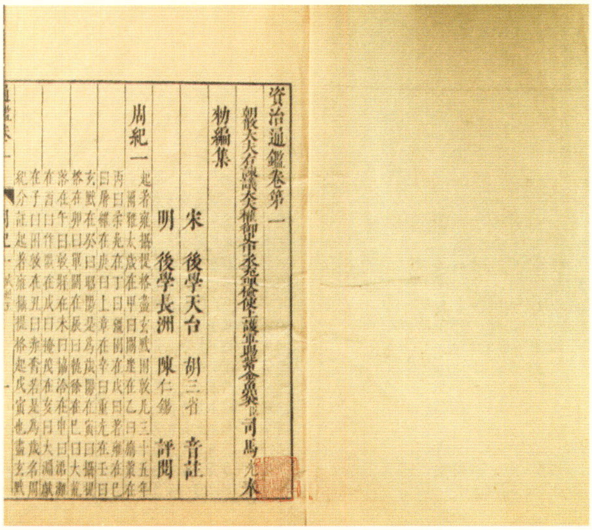
資治通鑑卷第一
宋 後學天台 胡三省 音註
明 後學長洲 陳仁錫 評閱
周紀一

4. *Wang Fengzhou's Official History Whole Series* (24 volumes) written by Wang Shizhen of the Ming dynasty; reviewed by Chen Renxi of the Ming dynasty; 13 books of block-printed edition of the 12th year of Chongzhen period of the Ming dynasty.

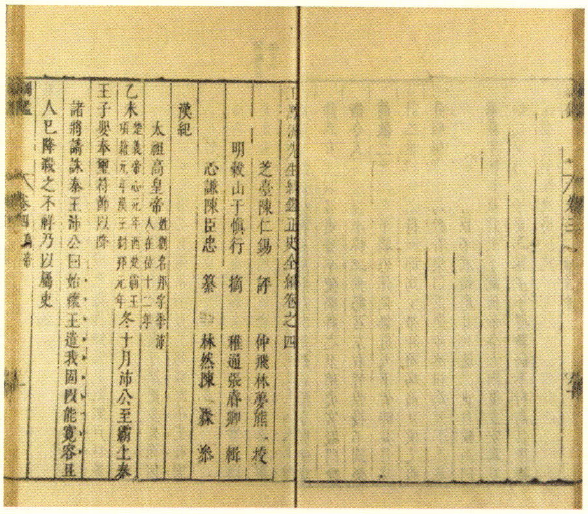

5. *Xiangshan County Chronicles* (24 volumes) compiled by Huang Bingkun and Ma Sicheng of the Qing dynasty; the transcript of the Qing dynasty; the postscript written by Zhang Meiyi; 8 books; with the seal prints of Zhang Meiyi and Li Mi.

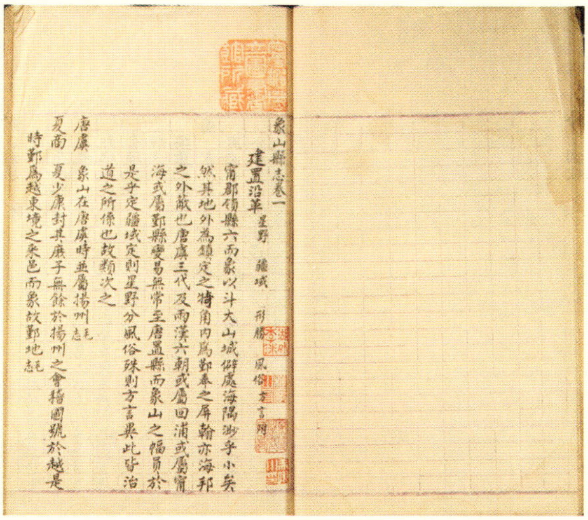

6. ***Songyue Zhi*** **(2 volumes) and** ***Songyue Wenzhi*** **(8 volumes)** written and compiled by Lu Jian of the Ming dynasty; the block-printed edition of the Ming dynasty; lack of the second volume of *Songyue Zhi*; 6 books.

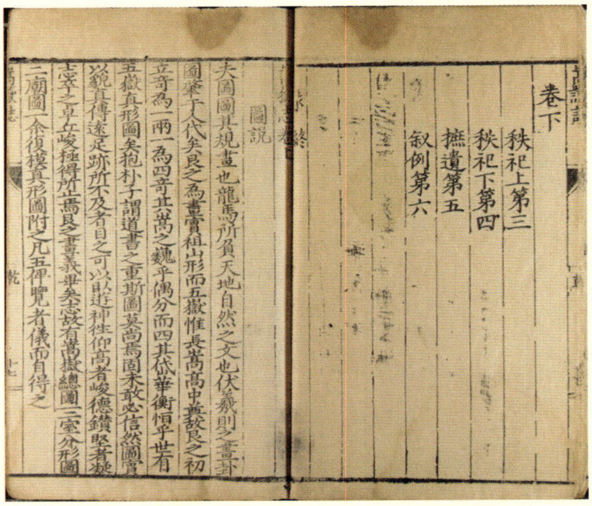
卷下
秩祀上第三
秩祀下第四
摭遺第五
敘例第六

圖說

7. ***Xiansheng Daxun*** **(6 volumes)** compiled by Yang Jian of the Song dynasty; the block-printed edition of the 43th year of Wanli period of the Ming dynasty; 4 books; with the seal prints of Feng Yunhao.

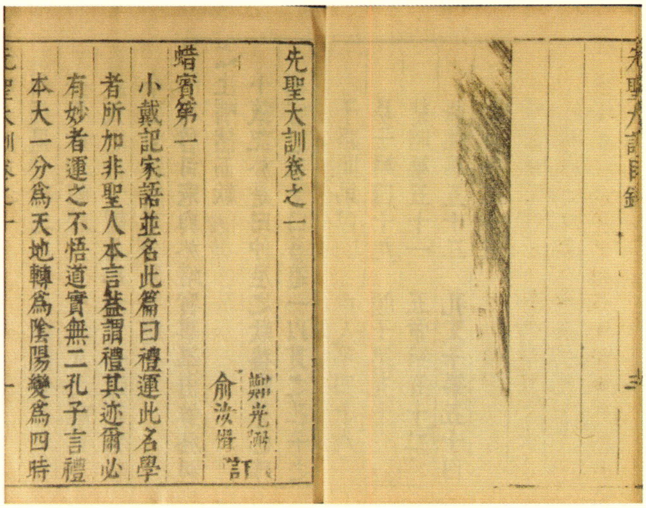
先聖大訓卷之一
鄭光溥
俞汝楫 訂
蜡賓第一
小戴記家語並名此篇曰禮運此名學
者所加非聖人本言蓋謂禮其迹爾必
有妙者運之不悟道實無二孔子言禮
本大一分爲天地轉爲陰陽變爲四時

8. *Rulin Zongpai* (16 volumes) written by Wan Sitong of the Qing dynasty; the transcript of Wang Zicai's Zuijing Study in the Qing dynasty; 5 books; the postscript written by Tu Yongxi.

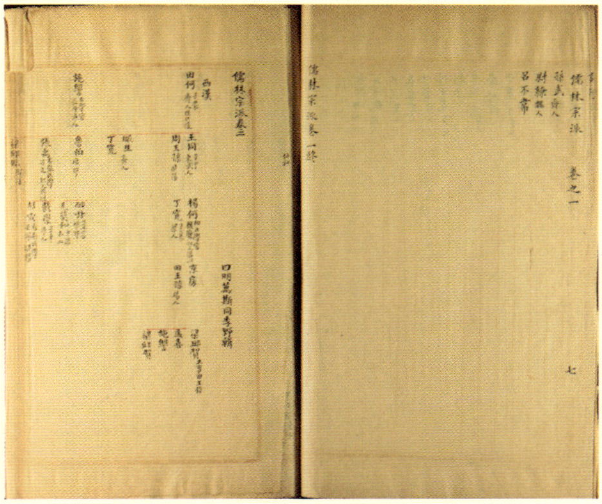

9. *Wanshou Shengdian Chuji* (120 volumes) compiled by Wang Yuanqi of the Qing dynasty; the block-printed edition of the 54th to 56th year of Kangxi period of the Qing dynasty; 34 books; lack of Volumes 40-42; with the seal prints of Feng Yunhao and Qin Zuze.

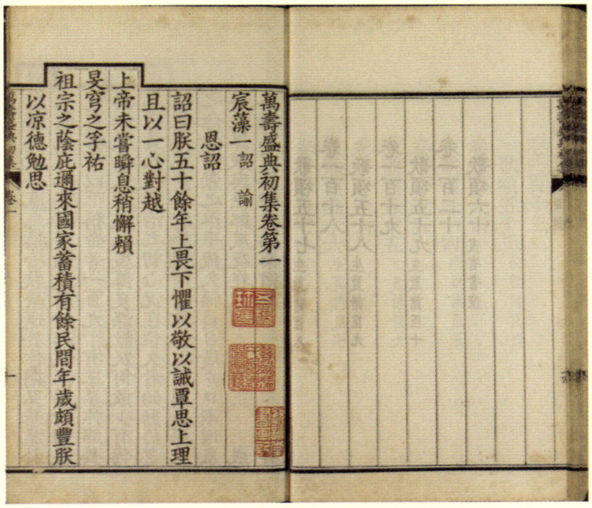
萬壽盛典初集卷第一
宸藻一 詔 諭
恩詔
詔曰朕五十餘年上畏下懼以敬以誠覃思上理
且以一心對越
上帝未嘗瞬息稍懈賴
旻穹之孚祐
祖宗之蔭庇邇來國家蓄積有餘民間年歲頗豐朕
以涼德勉思

10. ***Yu Qingduan's Book on Politics*** **(8 volumes)** written by Yu Chenglong of the Qing dynasty; the block-printed edition of the 46th year of Kangxi period of the Qing dynasty; with the seal prints of Yao Rongyu.

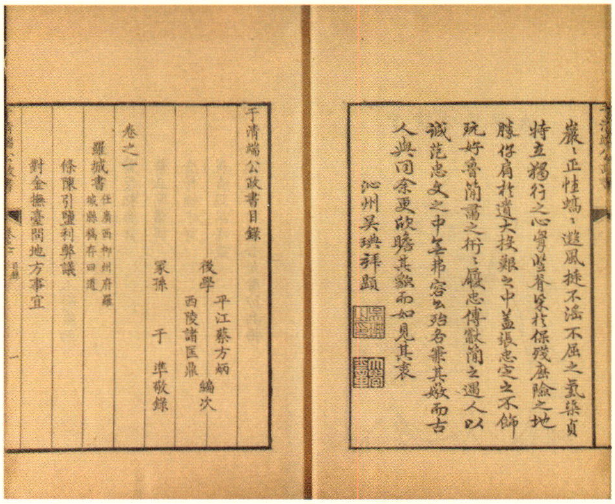

11. ***Panzi Qiurenlu Jiyao*** **(10 volumes)** written by Pan Pingge of the Ming dynasty; 3 books of Mao Wenqiang and Zhen Xing's block-printed editions of the 56th year of Kangxi period of the Qing dynasty.

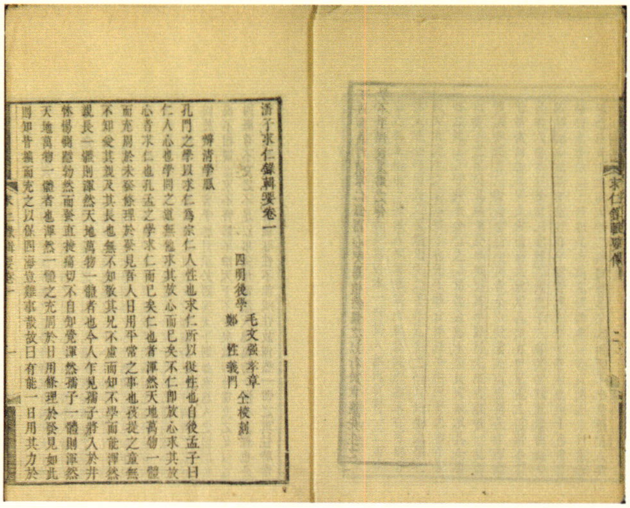

12. *Gujin Yitong Zhengmai Quanshu* written by Wang Kentang of the Ming dynasty; 30 books; with the seal prints of Wang Mingsheng; the postscript written by Wu Zhaosen.

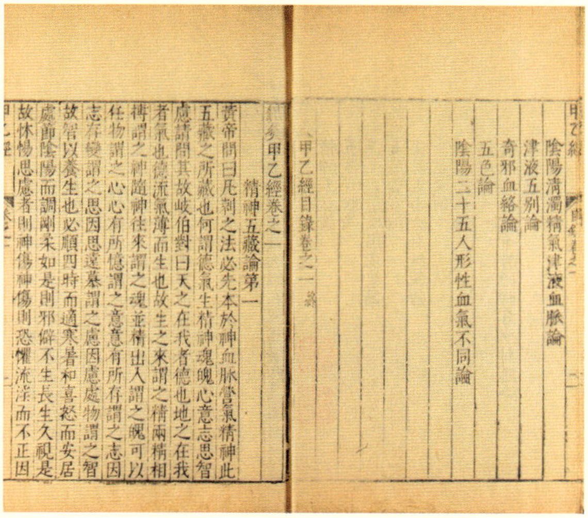

13. *Yideng Xuyan* (21 volumes) written by Cui Jiayan of the Song dynasty; revised by Li Yanwen of the Ming dynasty; explanatory notes added by Pan Ji of the Qing dynasty; reviewed by Wang Youxian of the Qing dynasty.

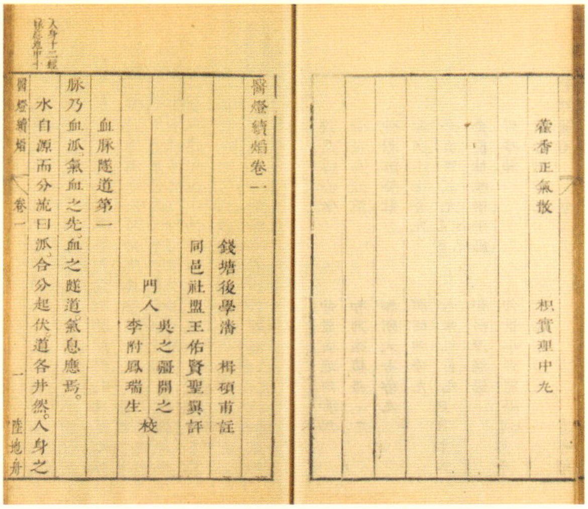

14. ***Xinke Nie Jiuwu Yixue Huihan*** **(13 volumes)** written by Nie Shangheng of the Ming dynasty; 16 books of Daiyue Building's block-printed edition of the Ming dynasty.

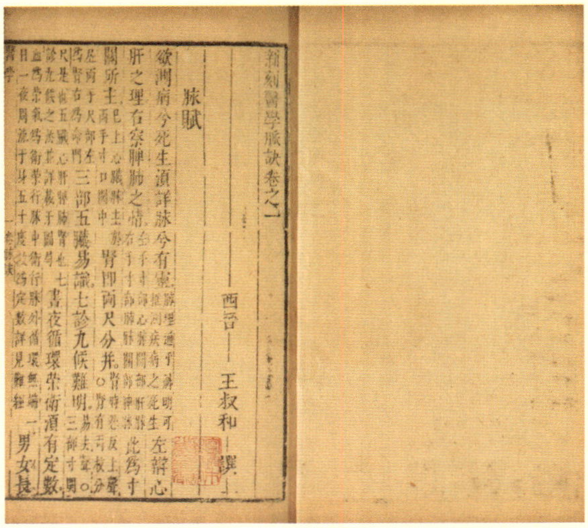
新刻醫學脈訣卷之一
西晉　王叔和　撰
脈賦
欲測病兮死生須詳脈兮有靈左辨心
肝之理右察脾肺之情此爲寸
關所主腎即兩尺分并
三部五臟易識七診九候難明
晝夜循環榮衛須有定數
男女長

15. ***Xue Yue Mei Zhuan*** **(10 volumes including 50 chapters)** written by Chen Lang of the Qing dynasty; Dehuatang's block-printed edition of Qianlong period of the Qing dynasty; 20 books.

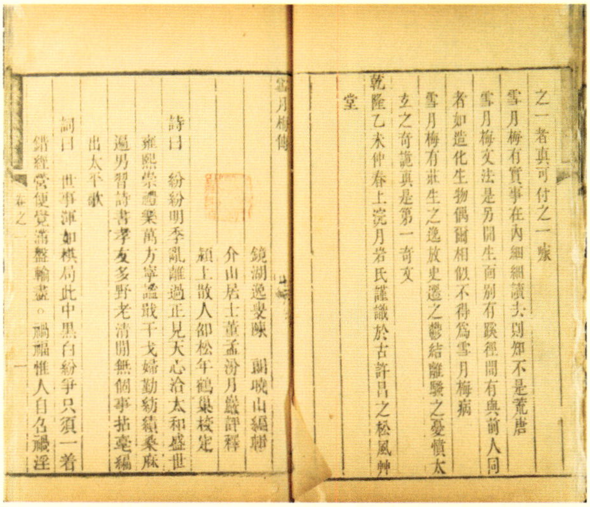
之一者真可付之一喙
雪月梅有實事在內細細讀去則知不是荒唐
雪月梅文法是另開生面別有蹊徑間有與前人同
者如造化生物偶爾相似不得爲雪月梅病
雪月梅有莊生之逸放史遷之鬱結離騷之憂憤太
玄之奇詭真是第一奇文
乾隆乙未仲春上浣月岩氏謹識於古許昌之松風艸
堂

雪月梅傳
鏡湖逸叟陳　朗　曉山編輯
介山居士董孟汾月巖評釋
穎上散人鄒松年鶴巢校定
詩曰　紛紛明季亂離過正見天心洽太和盛世
雍熙崇禮樂萬方寧謐戢干戈婦勤紡績桑麻
遍男習詩書孝友多野老清閒無個事拈毫編
出太平歌
詞曰　世事渾如棋局此中黑白紛爭只須一着
錯經營便覺滿盤輸盡。禍福惟人自召臧淫
卷之一　一

16. ***Xinke Piping Xiuxiang Hou Xiyou Ji*** **(4 volumes including 40 chapters)** reviewed by Tianhua Caizi of the Qing dynasty; the block-printed edition of the Qing dynasty; 10 books.

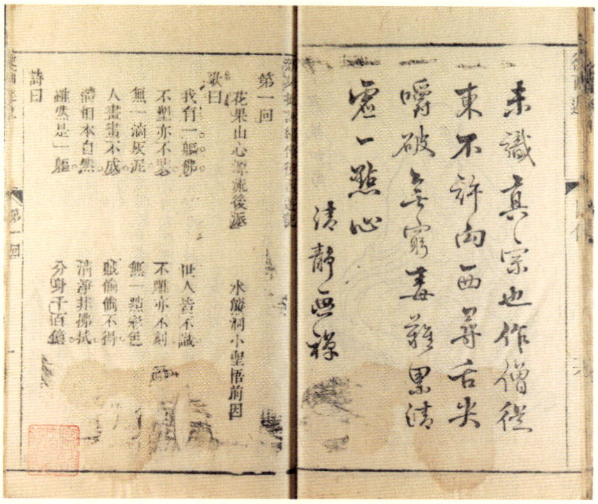

17. ***Tang Leihan*** **(200 volumes + 2-volume catalogue)** collected and compiled by Yu Anqi of the Ming dynasty; the block-printed edition of the 31th year of Wanli period of the Ming dynasty; 40 books.

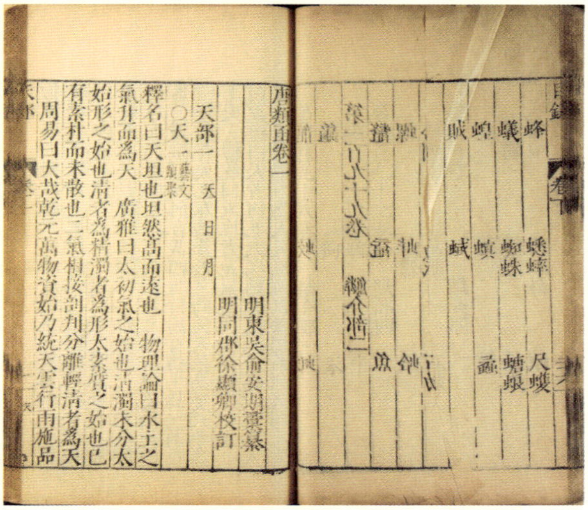

18. *Poets of Wang Jingwengong* (50 volumes) written by Wang Anshi of the Song dynasty; the explanatory notes written by Li Bi of the Song dynasty; the block-printed edition of Zhang Zongsong's Qingyizhai of the 5th to 6th year of Qianlong period of the Qing dynasty; 8 books.

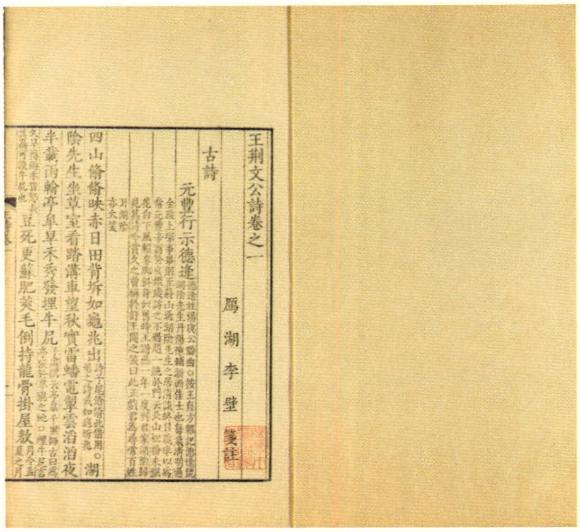

19. *Zixi Wenchao* written by Shu Fen of the Ming dynasty; the block-printed edition of the 48th year of Wanli period of the Ming dynasty; 12 books.

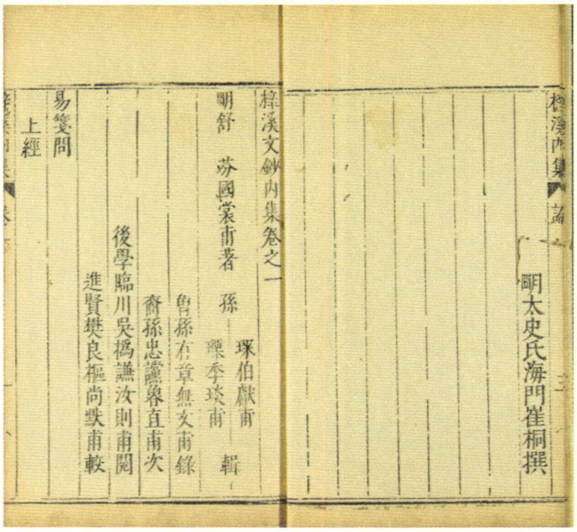

20. *Gudiaotang Chuji* (12 volumes) written by Ma Zhishuang of the Qing dynasty; the block-printed edition of Gudiaotang during Shunzhi period of the Qing dynasty; 2 books.

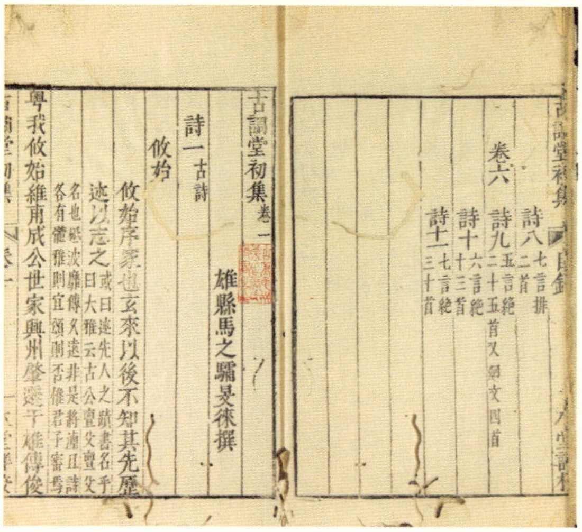

21. *Gaotang Wenchao* (6 volumes) written by Li Yesi of the Qing dynasty; chosen by Huang Zongxi of the Qing dynasty; the block-printed edition of Kangxi period of the Qing dynasty; 6 books.

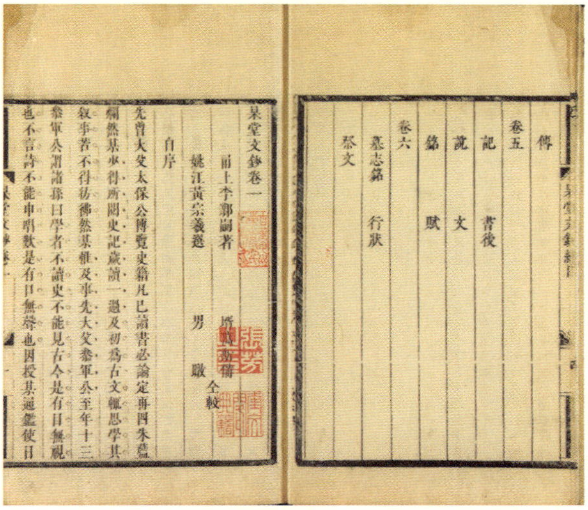

22. *Weijian Shiji* (5 volumes) written by Jiang Chenying of the Qing dynasty; edited and compiled by Tang Zhiyu of the Qing dynasty; the block-printed edition of the second year of Kangxi period of the Qing dynasty; 2 books.

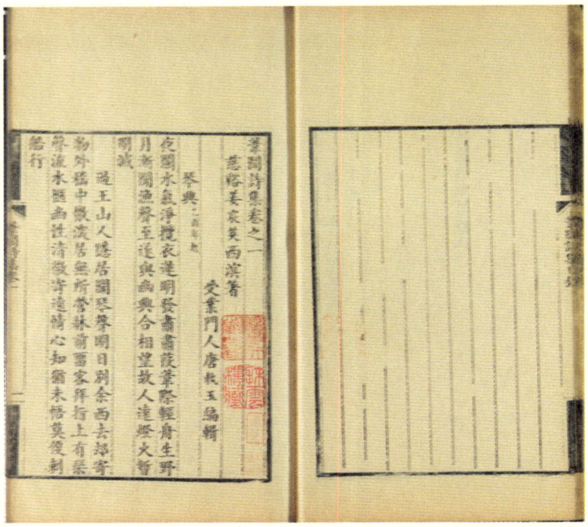

23. *Jingyuanxuan Huibian* written by Shao Ji, Shao Tan and Shao Duo of the Qing dynasty; the block-printed edition of the 47th year of Qianlong period of the Qing dynasty; 5 books.

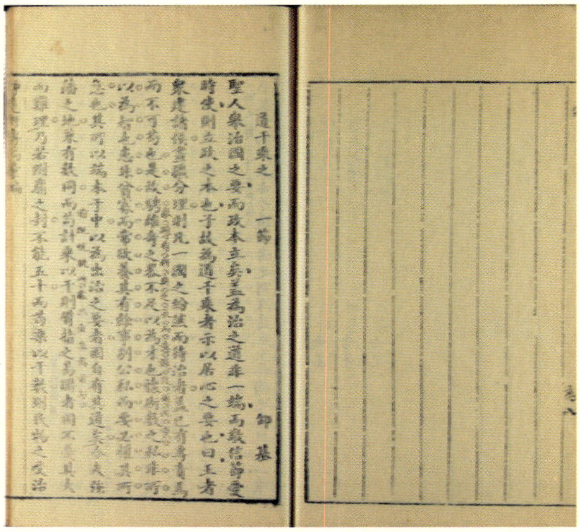

24. *Wenyuan Yinghua Xuanjuan* (28 volumes) chosen by Fu Zhenshang of the Ming dynasty; the block-printed edition of the 6th year of Chongzhen period of the Ming dynasty; 24 books.

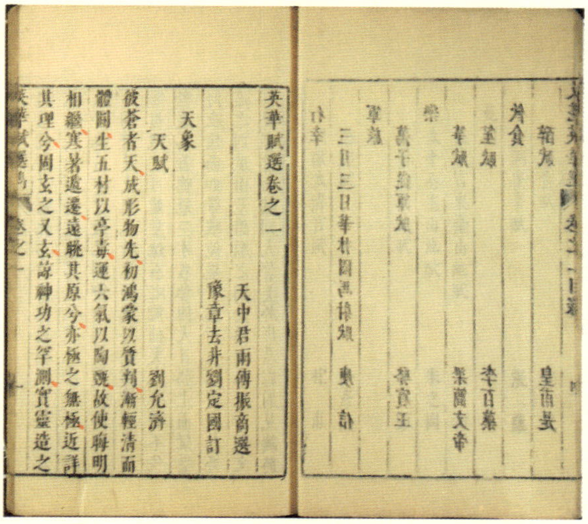

25. *Wenti Mingbian* (48 volumes) written by Xu Shizeng of the Qing dynasty; explained by Shen Fen and Shen Qi of the Qing dynasty; the block-printed edition of the 13th year of Chongzhen period of the Ming dynasty; 20 books.

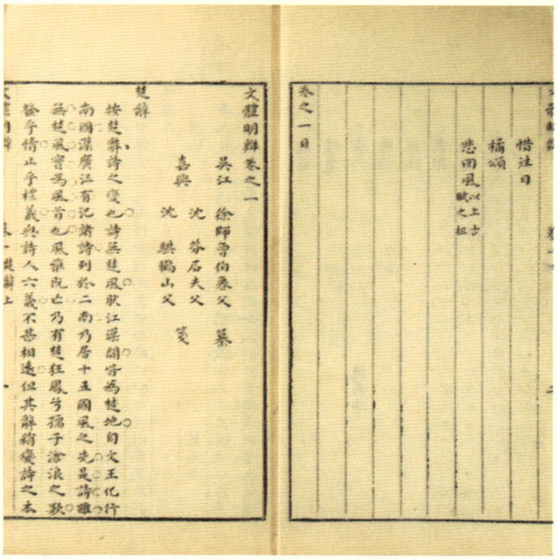

26. *Shuofu* (120 volumes) compiled by Tao Zongyi of the

Ming dynasty; the block-printed edition of the third year of Shunzhi period of the Qing dynasty; 120 books.

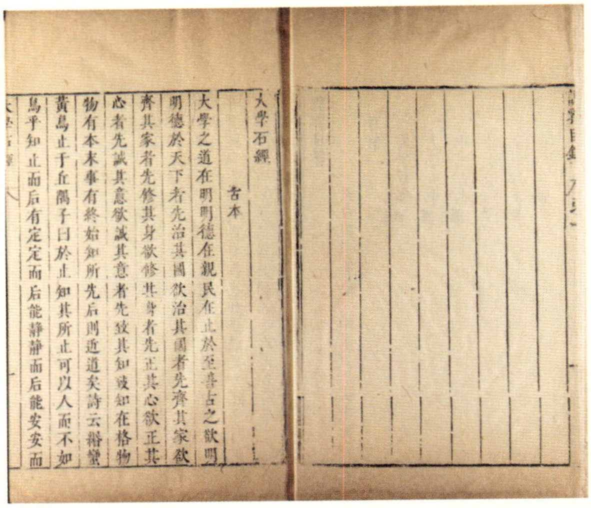

27. *Yanyi Zhilin* (37 items) compiled by Fan Weicheng of the Ming dynasty; 20 books.

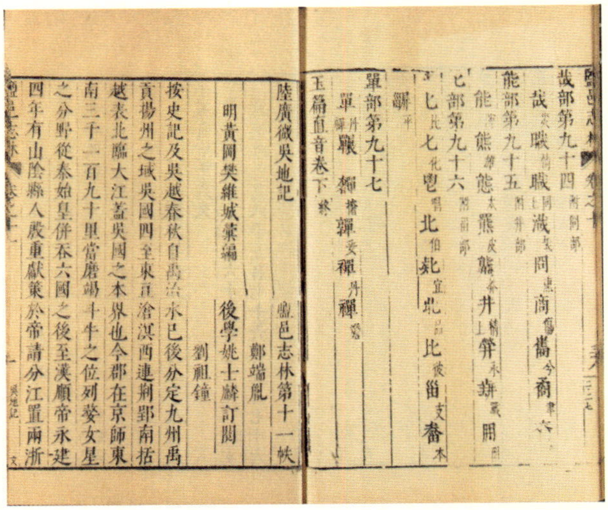

Section 2

Books of the Republic of China (1912-1949)

Ningbo Library is rich in books of the Republic of China and especially features the local literature, which includes two parts, books of local people and of local special literature. Books of local people show the strong atmosphere of writing in Ningbo of the Republic of China. Local special literature including government documents, alumni records, laws and regulations and autograph albums covers politics, education, law, economy and other fields, which reflects the 100-year modernization process of Ningbo and the pragmatic, open and innovative urban spirit represented by modern Ningbo Group. 18 kinds of books of the Republic of China will be introduced in this section.

1. *Introduction of The Analects* (written by Chen Xunzheng)

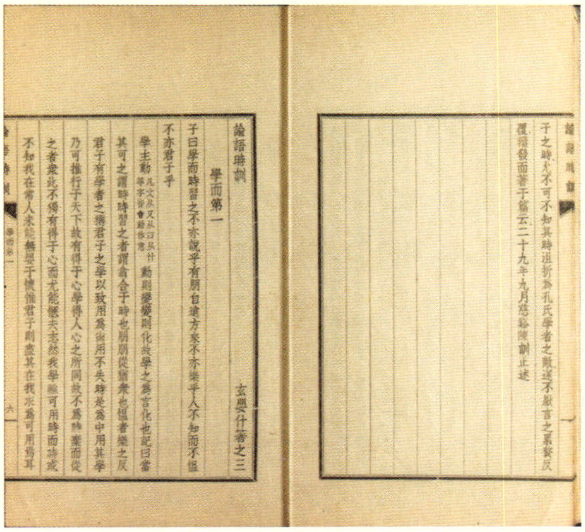
論語時訓
學而第一
子曰學而時習之不亦說乎有朋自遠方來不亦樂乎人不知而不慍
不亦君子乎
其可之謂時時習之者謂適合于時也朋朋從猶衆也慍者樂之反
君子有學者之稱君子之學以致用爲歸用不失時是爲中用其學
乃可推行于天下故有得于心學得人心之所同故不爲時棄而從
不知我在常人未能無慍于懷惟君子則盡其在我求爲可用爲耳

This book is the thread-bound edition of 1941. It is the interpretation of *The Analects*, including the errata and the author's preface.

Chen Xunzheng (1872—1943), whose courtesy name was Wuxie or Qihuai and litereary name was Tianying, was from Cixi County of Ningbo. He was a modern educator and scholar.

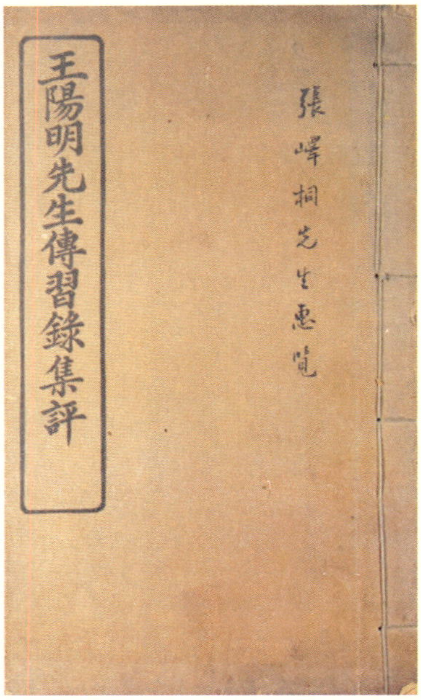

2. *Wang Yangming Chuanxilu Jiping* (4 volumes, compiled and collated by Sun Qiang)

This book is the thread-bound edition of 1914 in Siming Qiqianjuan Building. It is the annotation of *Chuanxilu* which included the quotations and academic letters of Wang Shouren. Wang Shouren (his courtesy name was Bo'an and people called him Mr. Yangming) is a Chinese philosopher of the Ming dynasty. Sun Qifeng, Shi Bangyao, Liu Zongzhou, Huang Zongxi, Tao Xunhuo and Liang Qichao reviewed this book. Sun Qiang and Zhang Shouyong wrote the prefaces. There is also an errata at the end of the book.

Sun Qiang (1856-1932), whose genealogy's name was Liqiang and courtesy name was Zhongming or Yuxian, was from Fenghua, Ningbo. He had the library "Haogu Mountain House" and "Qiqianjuan Library". He collected a lot of books, calligraphy works and paintings.

3. *The Syllabus on the Philosophers* (*Zhuzi Dagang*, taught by Zhang Shouyong)

This book is Yueyuan's thread-bound edition of 1944. The is the textbook for students of Guanghua University, including 12 lessons and a conclusion at the end.

Zhang Shouyong (1876-1945), whose courtesy name was Bosong, literary name was Yongni, was also called Yueyuan. He was an educator, book collector and philologist. He was the founder and first president of Guanghua University. He, the descendant of Zhuang Huangyan, was from Yinxian County.

4. ***The Seventh Report of Ningbo Gaoqiao Orphanage in the 7th Year of the Republic of China*** (edited by Ningbo Gaoqiao Orphanage)

This book includes many photos and the preface of Bao Wende, and it was published in 1919.

The American Presbyterian Church organized Ningbo Gaoqiao Orphanage in January 1909. In February 1910, the orphanage officially opened in Zhou's garden of Yinxi Gaoqiao. The first president Zhu Qiyuan recruited the orphans over 7 years old. There were more than one hundred children in the first year.

5. ***Ningbo Police Survey*** (edited by Ningbo Public Security Bureau)

This book records the situation from January 1933 to December 1935. It has three parts: "General Affairs", including organization, appointment, treatment, documents, equipment, education, police donations and funding; "Administration", including security, normal customs, household registration, transportation, fire control, hygiene and foreign affair; "Justice", including criminal, violating police regulations, fingerprint, condition of detention equipment etc. There are current rules for Ningbo Public Security Bureau at the end of the book.

6. *Current Regulations Compilation of Ningbo Municipal Government* (edited by Ningbo Municipal Government Editorial Committee)

This book includes 59 kinds of regulations such as *Amendment on Ningbo Provisional Regulations*, *Ningbo Building Code*, *Ningbo City Housing Tax Regulations*. The appendix *The Recent Political Program of Zhejiang Province* includes 27 kinds of rules, regulations and statutes. The book was issued by the Secretariat of Ningbo Municipal Government and printed by Ningbo Printing Company. It was published in August 1928.

7. *The Second Report of Ningbo Siming Orphanage* (edited by the staff of Siming Orphanage)

This book includes the constitution of Siming Orphanage, the list of staff, funds, expenses, deposit, etc. It was published in the period of the Republic of China.

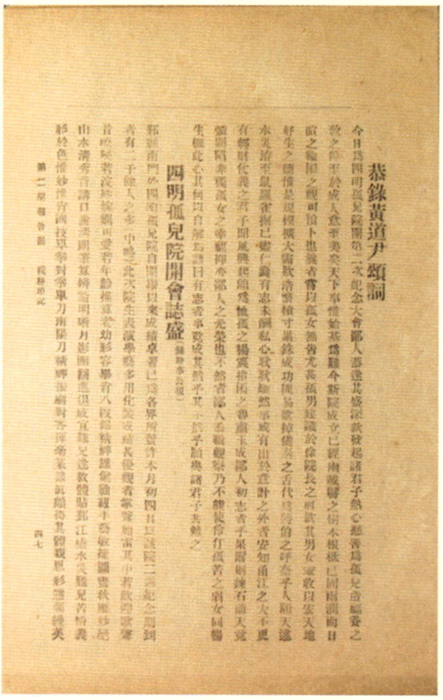
恭錄黃道尹頌詞

四明孤兒院開會誌盛

四七

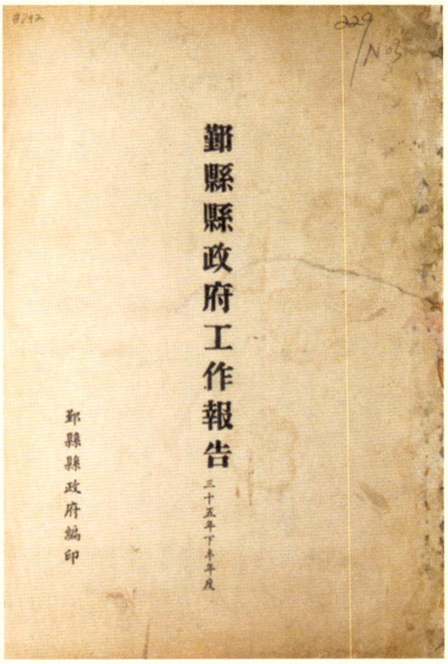

8. *Yinxian County Government Work Report (Next Half Year of the 35th Year of the Republic of China)* (edited by Yinxian County Government)

This book has two parts: one part from July to September and another from October to December. Each part includes 13 aspects: general administration, civil affairs (police affairs), finance, education, construction, land tax, military affairs, society, land affairs, hygiene, accounting, statistics and personnel. The book was published in 1947.

9. *The Chinese General Chamber of Commerce of Shanghai—Commenoration of the Formal Opening of Its Assembly Hall (Chinese-English)* (edited by the Chinese General Chamber of Commerce of Shanghai)

This book includes chronicle of events of the Chinese General Chamber of Commerce (Chinese-English), photos and profiles of the founder of the Chinese General Chamber of Commerce of Shanghai Yan Xinhou, previous general assistant managers and current president and vice president (there are a number of Ningbo's people), and the photos of the Assembly hall. The book was printed by The Commercial Press of Shanghai and published in 1916.

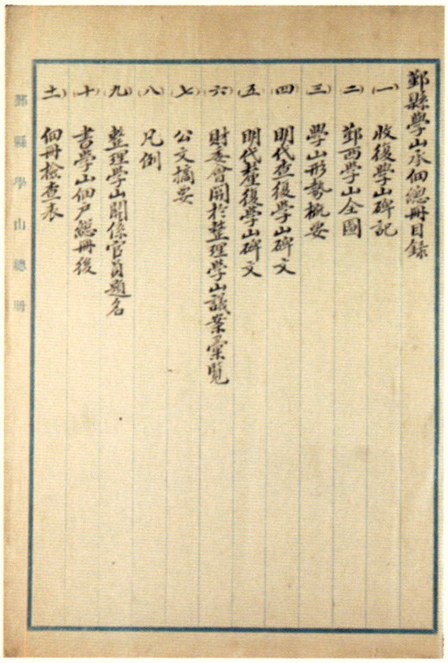
鄞縣學山承佃總册目錄
(一)收復學山碑記
(二)鄞西學山全圖
(三)學山形勢概要
(四)明代查復學山碑文
(五)明代釐復學山碑文
(六)財委會關於整理學山議案彙覽
(七)公文摘要
(八)凡例
(九)整理學山關係官員題名
(十)書學山佃戶總册後
(十一)佃册檢查表

鄞縣學山總册

10. ***The General Record of Land Renting of Xueshan of West Yinxian County*** (4 volumes) (edited by Xueshan Office of Yinxian County Government Finance Committee)

Xueshan is located in the Guanding Mountain, 35 km southwest of Yinxian County. After 1018, Xueshan belonged to schools and Pujing Temple paid the rent every year. Since the Yuan dynasty, the school-owned land had been occupied by monks in the temple or local villagers. In 1932, Chen Baolin, the chief of Yinxian County set up the Xueshan Arrangement Office. The content of this book includes the tablets about Xueshan recovery, the relief map of Xueshan, some official documents and the records of tenants in Xueshan, etc. The book was published in 1939.

11. ***The Past and Today's View of Tianyi Pavilion*** (edited by Tianyi Pavilion Reconstruction Committee)

The book includes 9 photos such as *Tianyi Pavilion without Repair*, *The Dilapidated East Wall of the Pavilion*, *The Repair Work of Tianyi Pavilion* and *Tianyi Pavilion to Be Completed Soon.* Ningbo Junhe Printing Company printed and issued the book in 1934. Tianyi Pavilion Reconstruction Committee was set up in Ningbo Zhongshan Park Literature Committee of Yinxian County.

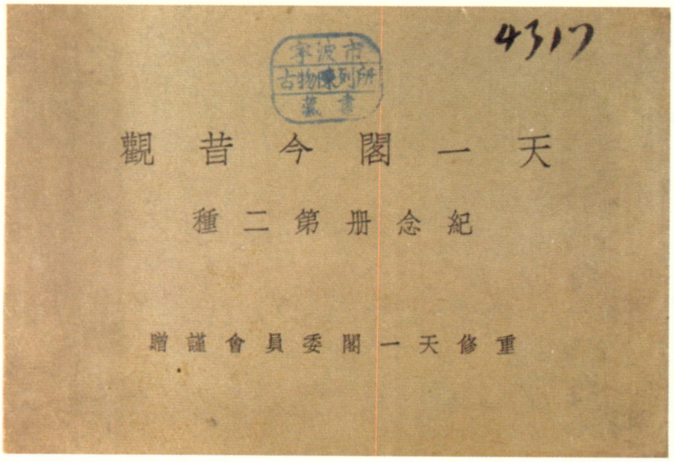

天一閣今昔觀
紀念册第二種
重修天一閣委員會謹贈

12. ***The Reality of Primary Education*** (edited by Zhouhan Private Primary School of Yinxian County)

This book is the 10th anniversary book of Zhouhan Private Primary School. The book mainly records school administration, teaching, discipline, children's autonomy, mass education, teaching research and commemoration after 1930. The book includes the photos of 10th anniversary, some leaders and the school. The Chinese Printing House on Park Road of Ningbo published the book in 1935.

13. ***Xiaoshi*** (edited by the alumni association of Ningbo Xiaoshi School)

This book is the association publication including introduction (school motto), history of school, constitution, directories, academic research (academic articles written by members), communication, Wenyuan (5 articles and 22 poems), report (expenses and receipts) and appendix. There are pictures of Xiaoshi School and Feng Jian's preface before the text. The book was published in 1915.

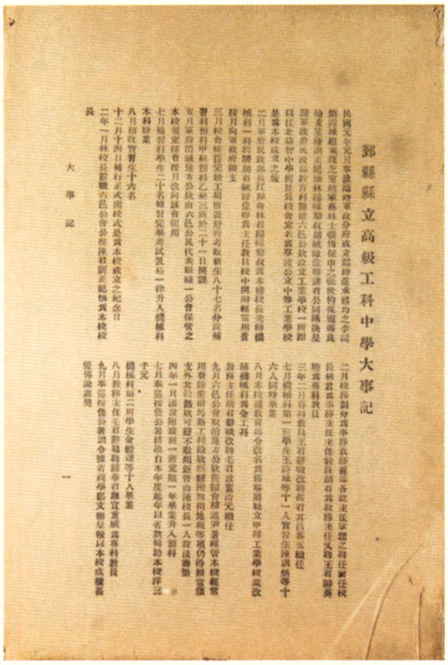
鄞縣縣立高級工科中學大事記

大事記

14. ***The 20th Anniversary Commemorative Album of Yinxian County Senior High School of Engineering Course*** (edited by the Editorial Department of Yinxian County Senior High School Engineering Course 20th Anniversary Preparatory Committee)

This book includes chronicle of events, outline of organization, rules and regulations, school affairs, syllabus, charts, alumni records, etc. The book was printed and published by Ningbo Junhe Printing Company in 1931.

15. ***Yinxian County Primary School Local Textbook*** (edited by Huang Guocai)

This book introduces the geography, history, construction, enterprise and other information of Yinxian County and there are 50 items, including the names and history of Yinxian County, its geography, the four famous mountains, the rivers and Dongqian Lake, etc. There are also some pictures in the front of the book. The book has prefaces of Chen Baolin, Ye Qianliang and Huang Guocai.

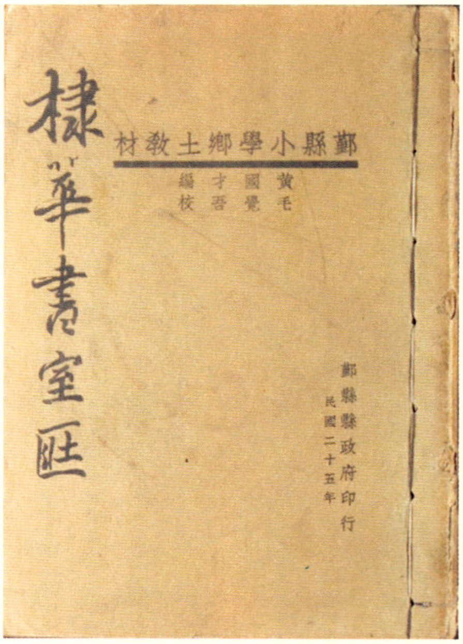

16. *Zhejiang Provincial Ningbo Middle School Alumni Record* (edited by Zhejiang Provincial Ningbo Middle School)

This book includes the name, nickname, gender, age, native place, current position and address of the staff; the name, gender, age, native place and address of students of each grade. Weng Zihua designed the front cover. The book was printed by Ningbo Science Press in 1944.

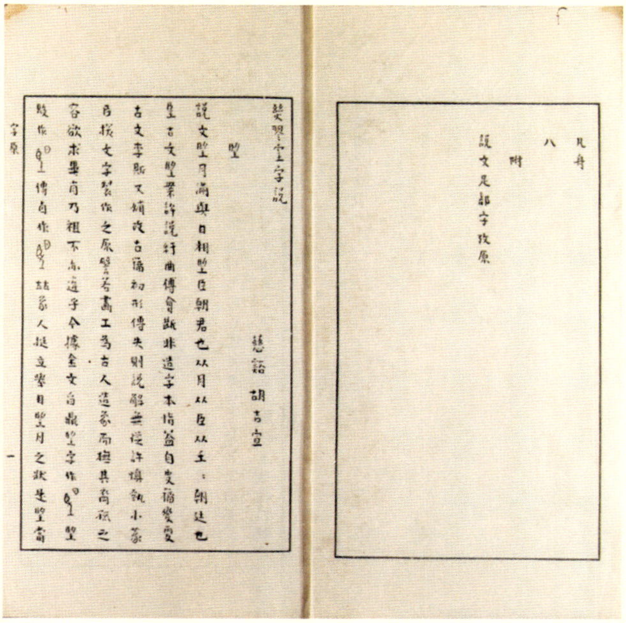

17. *Character Analysis of Youqiu Room* (1 volume) (written by Hu Jixuan)

The book is also called *Zi Yuan*, recording the textual criticisms and explanations of oracle bone inscriptions and Jin words. The book has 15 chapters such as Shi Wang, Shi Jian and Shi Shen. Guo Moruo wrote the foreword for the book.

Hu Jixuan (1895-1984), whose courtesy name was Zixun, was from Cixi. His works include *Ziyuan*, *Zijian*, *Yupian Yinshu Kaoyi* and *Liuchao Shuowen Jizhu*.

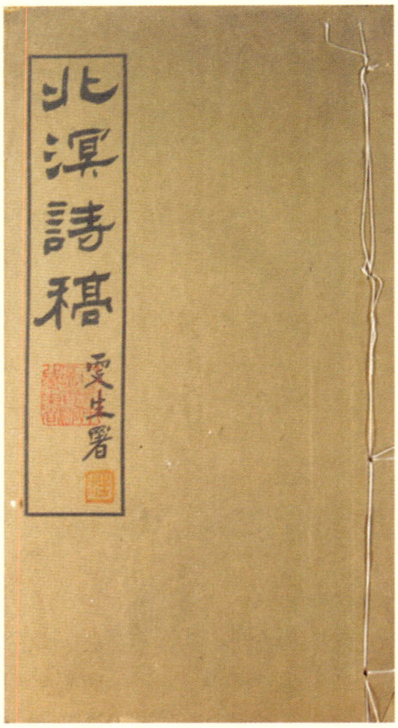

18. ***Beiming's Poetry*** **(2 volumes + 1-volume addendum + Head Volume + End Volume)** (written by Jiang Qikun)

The book is the thread-bound edition of 1933. This book collects 206 poems from 1914 to 1925. The addendum collects 22 poems. Jiang Wumin and Jiang Neimin wrote the prefaces and Jiang Shengjun wrote the postscript.

Jiang Qikun (1864-1925), whose courtesy name was Beiming, also known as Pumin, was from Fenghua. He served as the principal of Fenghua Longjin School, the supervisor of Ningbo Middle School, the principal of Cixi Jintang School and the supervisor of Jintang Agricultural School.

Section 3

Old Newspapers and Periodicals of Ningbo (1899-1949)

In collection-time order, 24 kinds of old newspapers and periodicals of Ningbo will be introduced in this section.

1. *Deshang Yongbao*

Defeng Firm set up *Deshang Yongbao* on November 28, 1898. Wang Gongshou from Cixi edited the newspaper and the German businessperson Bai Naisi issued it. It spreads lots of business information including commercial advertisements and relatively less social news and editorials. It is the earliest business newspaper of Ningbo. Ningbo Library collects 54 issues of original newspaper of 1899.

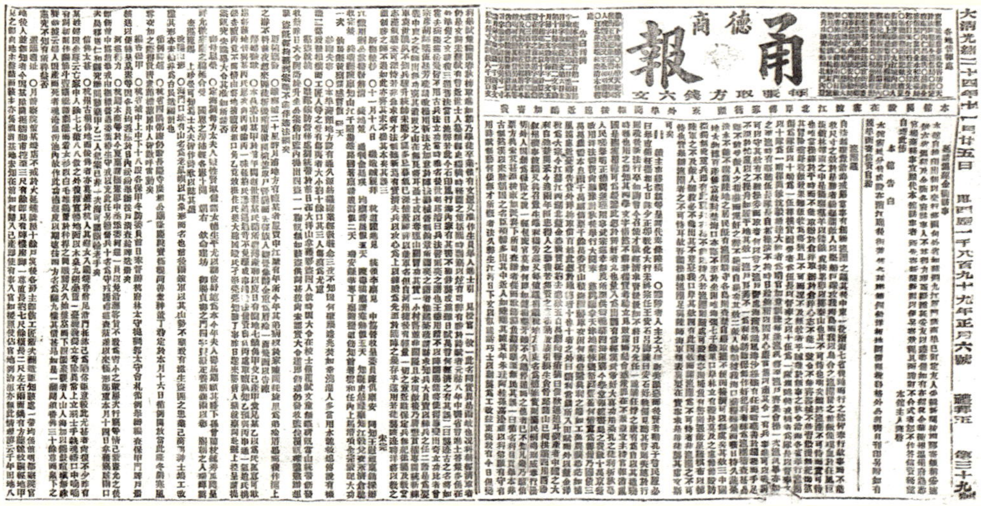

Deshang Yongbao is a daily newspaper. It has the basic style of modern newsprint. The newspaper was issued in many places including Ningbo's counties, Taizhou, Haimen, Dinghai and the newspaper was also sold in Beijing, Shanghai, Hangzhou, Suzhou, Tianjing and other places. *Deshang Yongbao* stopped issuing in December 1899.

2. *Siming Daily*

Cai Qinsun set up *Siming Daily* on June 30, 1910. Newspaper office was located in Yangchuan Lane on the north bank of the river. The shareholders were famous merchants of Ningbo. Wang Luo, Zhang Pusheng, Zhang Jumo, Zhuang Yumei (agent editor), Wu Tiehua, Ye Wan, Chen Bulei and Li Guanqing served as the chief editor successively.

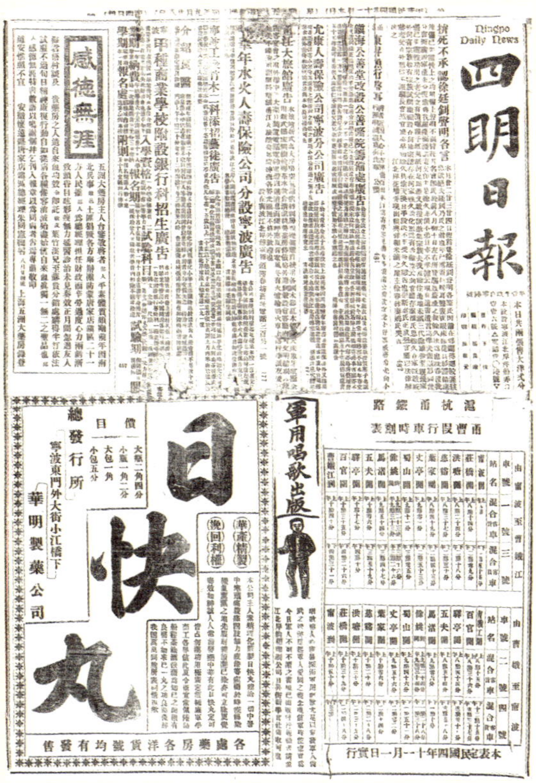
Ningbo Daily News
四明日報
感德無涯
永年水火人壽保險公司分設寧波廣告
日快丸
總發行所
寧波東門外大街小江橋下
華明製藥公司

The first section of *Siming Daily* published advertisements; the second and third sections published the domestic and foreign news and reviews. It set up *Special Telegram*, *Hui Telegram*, *Critical News*, *Overseas News*, *Provincial News*, *News of This Province*, *County News*, *Scraps of Information* and other columns. Later, it set up some supplements including *Siming Art Garden*, *Siming Club*, *Tansou*, *Yuxia* and *Xintanzhu*. In October 1924, Wang Renshu became the editor of *Literary*. Xie Chuanmao, Wang Ziwang and Cao Jingyuan, the members of the Socialist Youth League who worked in the newspaper office, became the editors of comments and news. The supplement set up columns like *Minzhi* and *Youth* to publicize the national revolution. Ningbo Library collects part of the newspaper from 1910 to 1930.

3. *News Bulletin*

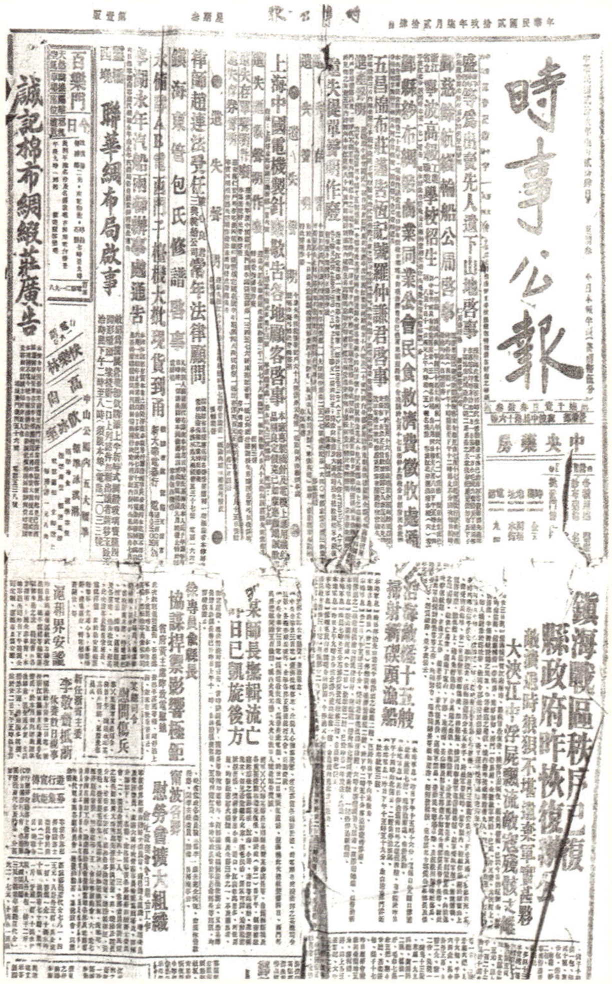
時事公報

Jin Zhenxiang set up *News Bulletin* on June 1, 1920. Yu Youren wrote the name of the newspaper. The initial circulation was 967 copies. In winter of 1940, *News Bulletin* issued 15, 000 copies, which set a new record of newspaper circulation in Eastern Zhejiang at that time. After Japanese army occupied Ningbo in April 1941, *News Bulletin* was plundered by Japanese puppet regime. On February 11, 1946, the newspaper was renamed as *Ningbo News Bulletin* and reissued. On October 24, 1948, Kuomintang authorities ordered to stop the issue. Ningbo Library collects part of the newspaper from 1922 to 1948.

4. *Jianwen*

Jianwen is the supplement of *Siming Daily*. It was published by Chen Buxin in 1928. It was published every 2 days. It is a tabloid newspaper for leisure that mainly published essays and other interesting texts. Ningbo Library collects part of the newspaper of 1928.

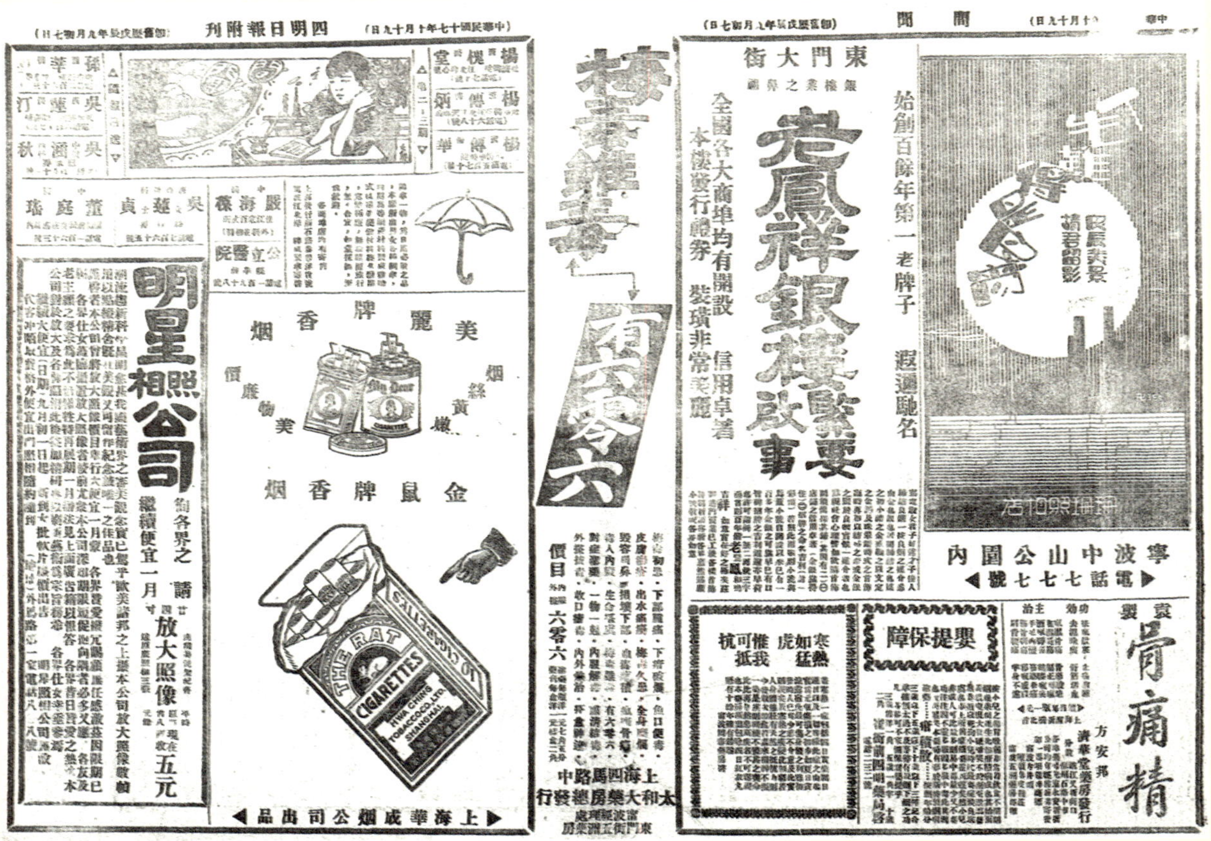
四明日報附刊
明星相照公司
放大照像
美麗牌香烟
金鼠牌香烟
上海華成烟公司出品
有六零六
上海四馬路中
太和大藥房總發行
簡聞
東門大街
老鳳祥銀樓緊要啟事
始創百餘年第一老牌子 遐邇馳名
全國各大商埠均有開設
本樓發行禮券 裝璜非常美麗 信用卓著
寧波中山公園內
電話七七七號
要提保障
骨痛精

5. *Ningbo Times*

Ningbo Times was set up on April 1, 1931. It is a daily newspaper. Zhang Ruiyu and Zhou Shuxiao sponsored the newspaper and Yu Youren wrote its name. It stopped publishing in the issue of 112. The content of the newspaper included news, comments and advertisements. It was a tabloid newspaper mainly publishing news. Ningbo Library collects part of the newspaper of 1931 and from 1950 to 1951.

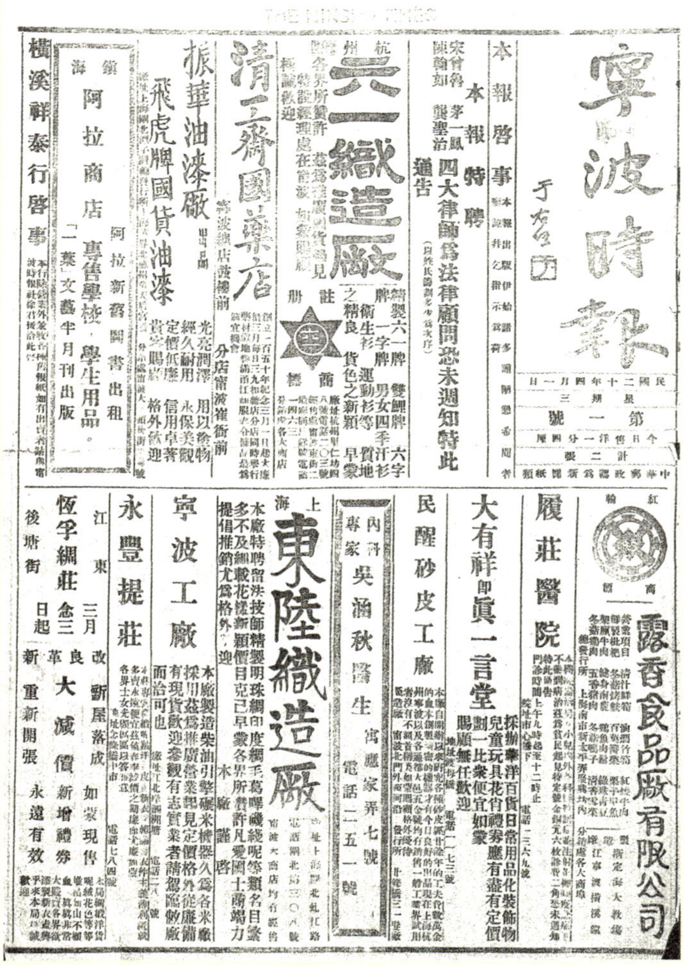

寧波時報
于右任
民國二十年四月一日 星期三
第一號
每日售洋一分四厘
計二張
中華郵政認爲新聞紙類

本報啓事

本報特聘
宋曾鈞 陳翰如 茅一風 龔聖治
四大律師爲法律顧問恐未週知特此通告
（以姓氏筆劃多少爲次序）

杭州
六一織造廠
特製六一牌 衛生衫
雙鯉牌 男女四季 汗衫
註册商標

清一齋國藥店

振華油漆廠
飛虎牌國貨油漆
光亮潤澤 用以塗物
經久耐用 永保美觀
定價低廉 信用卓著
貴客賜顧 格外歡迎

鎮海
阿拉商店
專售學校、學生用品。
阿拉新舊圖書出租
「二葉」文藝半月刊出版

橫溪祥泰行啓事

紅輪商標
露香食品廠有限公司

履莊醫院

大有祥即眞一言堂
採辦華洋百貨日常用品化裝飾物
兒童玩具花色禮券應有盡有定價
劃一比衆便宜如蒙
賜顧無任歡迎

民醒砂皮工廠

內科專家
吳涵秋醫生
寓應家弄七號
電話二一五一號

上海
東陸織造廠

寧波工廠

永豐提莊

江東
恆孚綢莊
三月念三日起
改良革新
新屋落成 大減價 重新開張
如蒙現售 新增禮券 永遠有效
後塘街

6. *Ningbo Gossip*

Ningbo Gossip was set up in December 1932. It is a daily newspaper. Editorial office was set in the office of *The Republican Daily* with Swan as the leader. In addition to selling alone, it was also attached with *The Republican Daily*. It mainly published essays, casual literary notes and other leisure texts. Ningbo Library collects part of the newspaper of 1933.

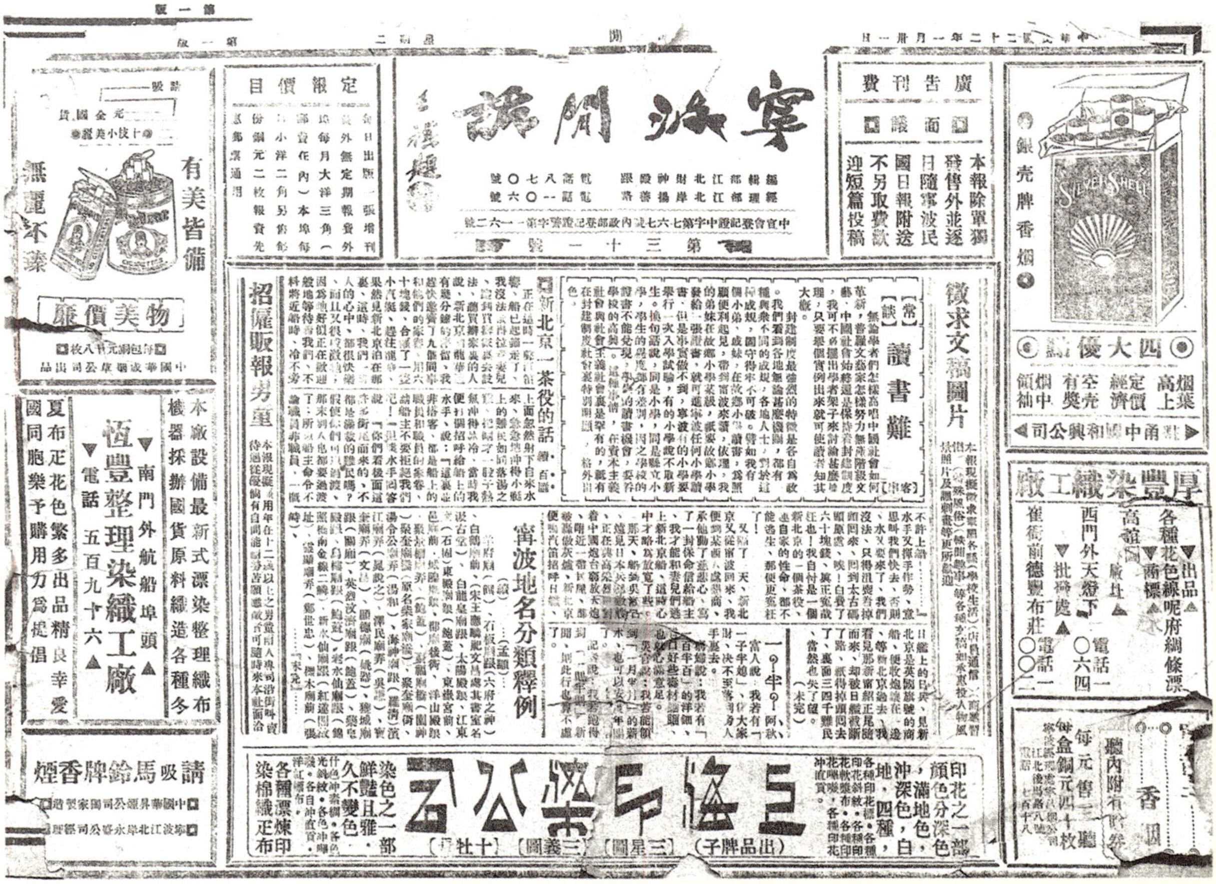
寧波閒話

定報價目

廣告刊費

銀壳牌香烟

讀書難

徵求文稿圖片

北京一茶役的話

寧波地名分類釋例

招雇販報男童

四大優點

厚豐染織工廠

恆豐整理染織工廠

物美價廉

請吸馬鈴牌香煙

上海印染公司

7. *Shanghai Ningbo Daily*

Zhang Jinglu and Hong Yanbing set up *Shanghai Ningbo Daily* on August 15, 1933. It is a daily newspaper. The office was located at No. 91, Wangping Street, Sima Road, Shanghai. Zhang Jinglu wrote the foreword to the periodical. It published the local news, the domestic and foreign news, comments and advertisements. It had supplements like *Literary Weekly*, *Film Weekly* and *Little Ningbo*. It stopped publishing in August 1934. Ningbo Library collects part of the newspaper of 1933 and 1934.

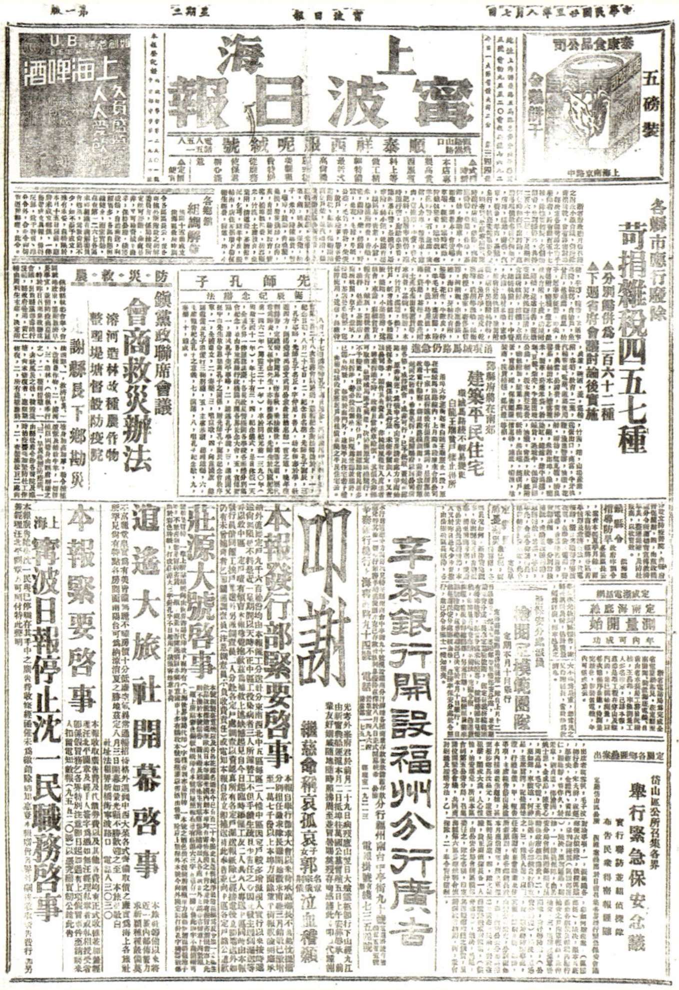

上海寧波日報

順泰祥西服呢絨號

泰康食品公司

五磅裝

上海啤酒

各縣市應行廢除

苛捐雜稅四五七種

先師孔子

防災救荒

鎮黨政聯席會議

會商救災辦法

建築平民住宅

叩謝

本報發行部緊要啓事

辛泰銀行開設福州分行廣告

滬源大號啓事

逍遙大旅社開幕啓事

本報緊要啓事

上海寧波日報停止沈一民職務啓事

舉行緊急保安會議

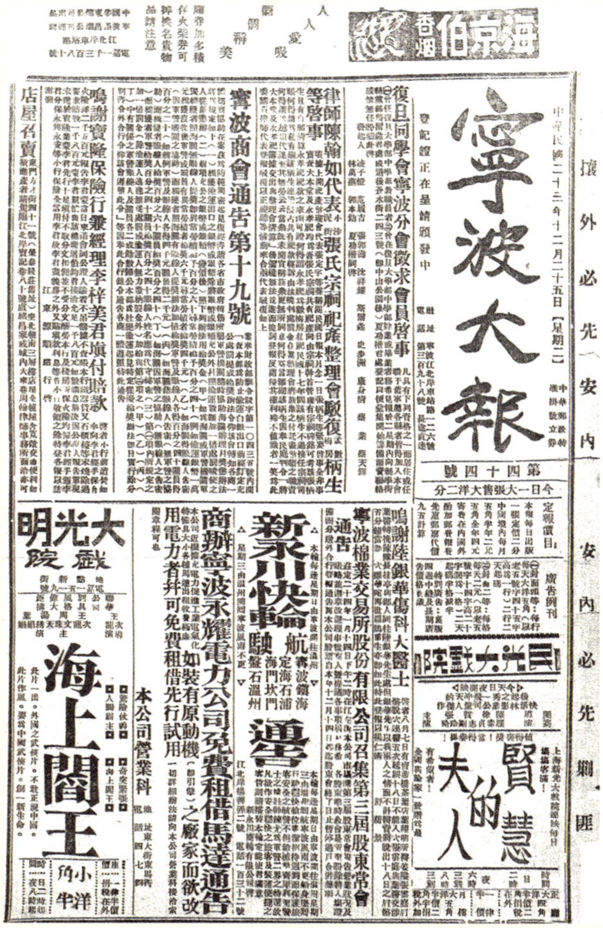

8. ***Ningbo Big Newspaper***

Jiang Bojie, Weng Xian'ou and Zhang Songnian set up the newspaper on September 16, 1934. It is a daily newspaper. The first and second sections published statements, notices and advertisements; the third published the local, domestic and foreign news; the fourth was the supplement publishing novels, proses, essays, notes and serials. It stopped publishing in April 1941 and re-started in June 1947. Its office was located in Sanwan Lane on the north bank of the river. Chen Yinglie was the chief editor of the newspaper and Shen Youmei was the issuer. It merged with *Ningbo Daily* in January 1948. Ningbo Library collects part of the newspaper of 1934, 1936 and 1937.

9. *New Cixi Newspaper*

Mu Senru, Lu Haiping and Yin Lianying set up the newspaper on August 21, 1934. It was published every 3 days and became a daily newspaper on June 11, 1937. The content of the newspaper mainly includes local news and the domestic and foreign current affairs. It has two supplements, *Wenxi* and *Wulei Shan*. It stopped publishing in 1938. Ningbo Library collects part of the newspaper of 1935 and 1937.

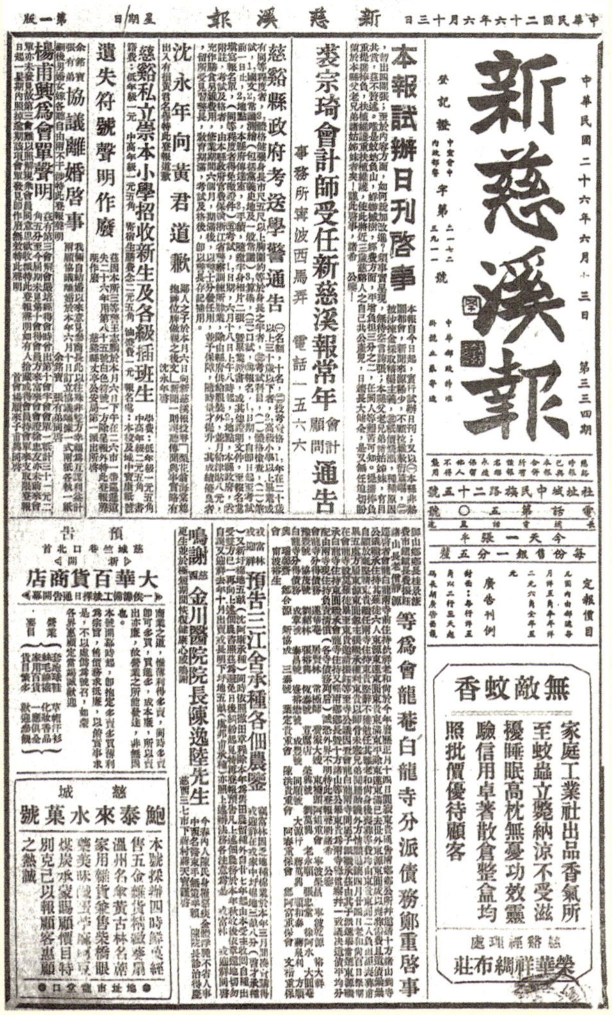
中華民國二十六年六月十三日 新慈溪報 星期日 第一版

新慈溪報

第三三四期

本報試辦日刊啓事

裘宗琦會計師受任新慈溪報常年會計顧問通告

事務所寧波西馬弄 電話一五六六

慈谿縣政府考送學警通告

沈永年向黃君道歉

慈谿私立崇本小學招收新生及各級插班生

遺失符號聲明作廢

協議離婚啓事

楊甬興爲會單聲明

等爲會龍菴白龍寺分派債務鄭重啓事

鳴謝金川醫院院長陳逸陸先生

預告三江舍承種各佃農鑒

大華百貨商店

鮑泰來水菓號

無敵蚊香

家庭工業社出品香氣所至蚊蟲立斃納涼不受滋擾睡眠高枕無憂功效靈驗信用卓著散倉盤盒均照批價優待顧客

總經理處 榮華祥綢布莊

10. *Ningbo Business*

Ningbo Business is a daily newspaper. It was set up in December 1925, and Yuan Shilin issued it. The office president was Li Weiyin and the chief editor was Fang Peigang (or Ye Boyun). It stopped publishing on April 23, 1926. In the spring of 1931, Li Yunzhi used this name to publish newspaper until the 109th issue. In March 1932, Jin Menglin and Hong Chensheng raised funds to continue issuing this newspaper.

Since October 1, 1937, the newspaper had published short-wave telecommunication to report the news about the War of Resistance against Japan. From February to March of 1938, the branch of Ningbo Business of the CPC was set up and it stopped issuing when Ningbo fell into Japanese army's hands. It was re-issued by Ningbo Chamber of Commerce in January 1948. The chief editor was Zhao Guangyu and Swan issued the newspaper. The circulation was 8, 000. It had colunms including *High Streets and Back Lanes*, *Economic Little Speech* and *Shanghai Business*, and supplements including *Business Forum* (*Shangtan*) and *Yongjiang River*. It stopped publishing in July 1948. Ningbo Library collects part of the newspaper of 1935 and 1938.

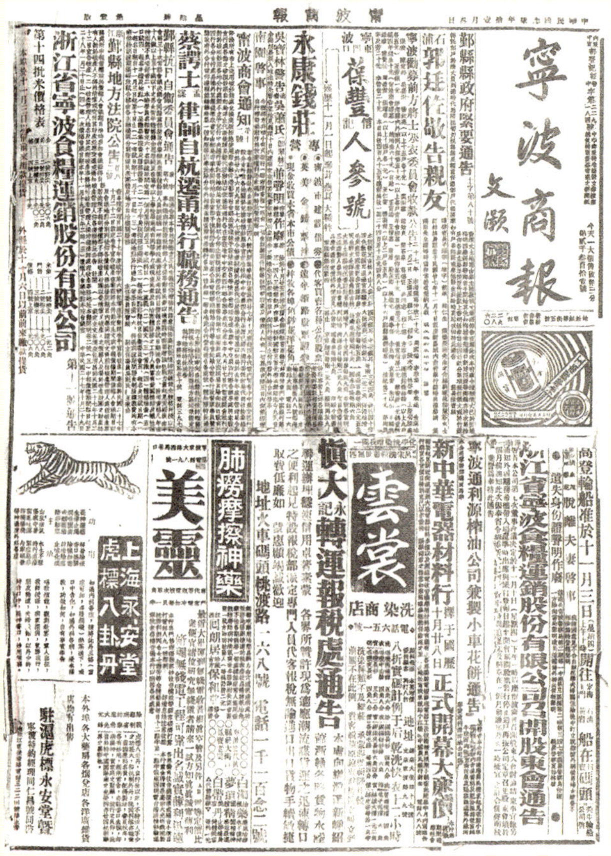
寧波商報

11. *Business Daily*

Yuan Guanfu set up *Business Daily* on September 15, 1930. It was a daily newspaper. In November 1936, Zhuang Yumei served as the chief editor to encourage people to protest against Japanese aggression and the civil war. From the 14th to 15th of December in 1936, Ningbo authorities of Kuomintang successively arrested 12 members of the Anti-Japanese Association of Ningbo. The newspaper reported it timely with attack. In January 1937, the authorities arrested Zhuang Yumei, two editors and the president of the newspaper office and sealed the newspaper. Ningbo Library collects part of the newspaper of 1936.

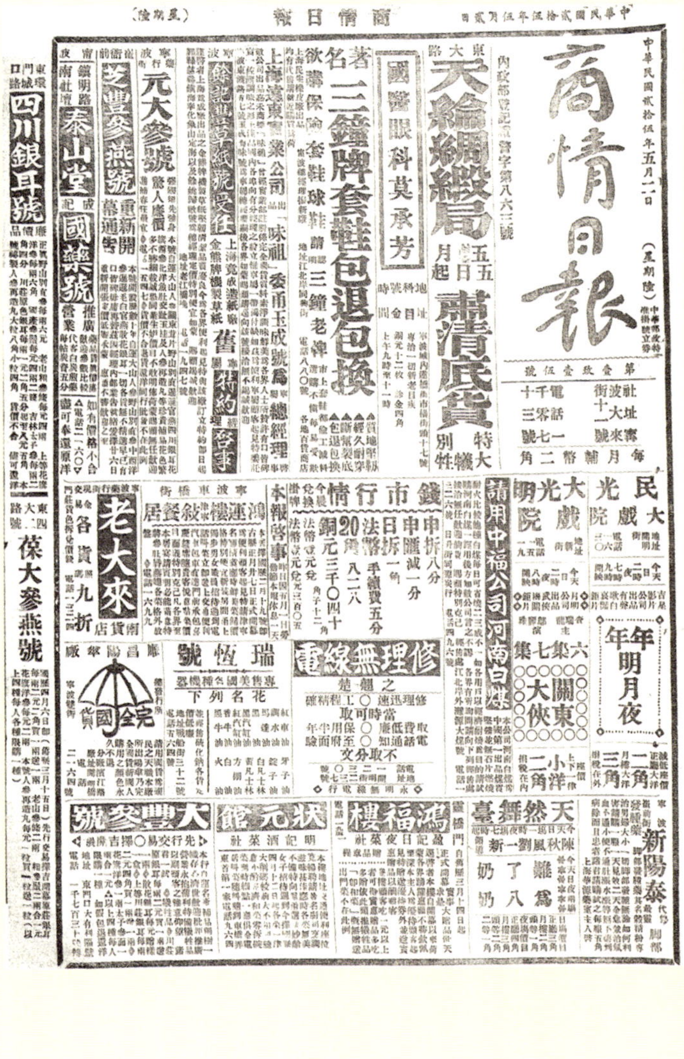
商情日報
中華民國貳拾伍年五月二日
天綸綢緞局
國醫眼科莫承芳
三鐘牌套鞋包退包換
元大參號
四川銀耳號
泰山堂
國藥號
錢市行情
修理無線電
瑞恆號
老大來
鴻運樓
民光大戲院
光明大戲院
大豐參號
狀元館
鴻福樓
天然舞臺
新陽泰

12. *Cixi Daily*

It was set up in 1935 (the initial publication time is unknown). It became a daily newspaper on June 11, 1937. It stopped issuing when Japanese army occupied Ningbo. Ningbo Library collects part of the newspaper of 1938.

中華民國二十七年七月十一日　慈谿日報　星期一　第一版

慈谿日報

陸耀宗緊要啟事

李同安長兒樹勳 陳王氏為次女秀玉訂婚啟事

小教暑期服務第一中隊第三小隊招收民衆戰時常識訓練班隊員通告

浙江省寧波食糧運銷股份有限公司通告 第七號

第九批米價格表

第八批米價格表

義和當夏季新印滿貨賤價發賣

破獲私烟機關

嚴查不肖敲詐

今晨行始業式

昨日報到編隊

遺產毒 續訊

糾正役政

各鄉征優會限月中成立

13. *Shanghai Ningbo Bulletin*

The association of Ningbo's natives who immigrated to Shanghai set up *Shanghai Ningbo Bulletin* on April 27, 1938. It was a daily newspaper. Wang Beiping was the chief editor. In 1944, it has became a weekly newspaper. *Shanghai Ningbo Bulletin 2nd Anniversary Commemorative Issue* and *Shanghai Ningbo Bulletin 3rd Anniversary Commemorative Issue* were published. Ningbo Library collects part of the newspaper from 1941 to 1945.

NINGPO KUNG PAO SATURDAY 31 NOVEMBER 1941

上海寧波公報

中華民國三十年十一月一日（星期六）

NINGPO KUNG PAO

車軌被拆卸運滬

日方對旅客的限制

嚴禁搬出

寧波貝母價猛漲

信大金號

經濟新聞

形勢緊後回平

現紗形勢混亂

純大紗號今日開幕

陳日省擇日老館

陳春陽診例通告

永餘申莊

泰豐錢莊收匯款

元利錢莊

匯欸 久和申莊

協源申莊

寧波旅客注意

同仁服務社啟

義泰祥鐘表總行

慶豐銀號通知客戶緊要啟事

大華銀號

茂康錢莊

宏興銀號

14. *Eastern Zhejiang Daily*

It was a daily newspaper set up on May 15, 1938. Some members of Yuyao County Anti-Japanese Self-defense Committee set it up. Guo Jingtang was the leader, Jiang Zhixian was the president and Du Tianmi was the chief editor. In fact, the editor-in-chief was Cui Xiaoli, the member of Communist Party of China (CPC), who had studied in the Soviet Union and was fluent in Russian, English and Japanese. He was assassinated by Yu Jimin later. The member of CPC Xiong Daren was responsible for the supplement *Main Road* but he died in the Southern Anhui Incident later. In November 1938, it merged with *Eastern Zhejiang Bulletin*. Ningbo Library collects the newspaper from 1942 to 1943, and part of the newspaper of 1946.

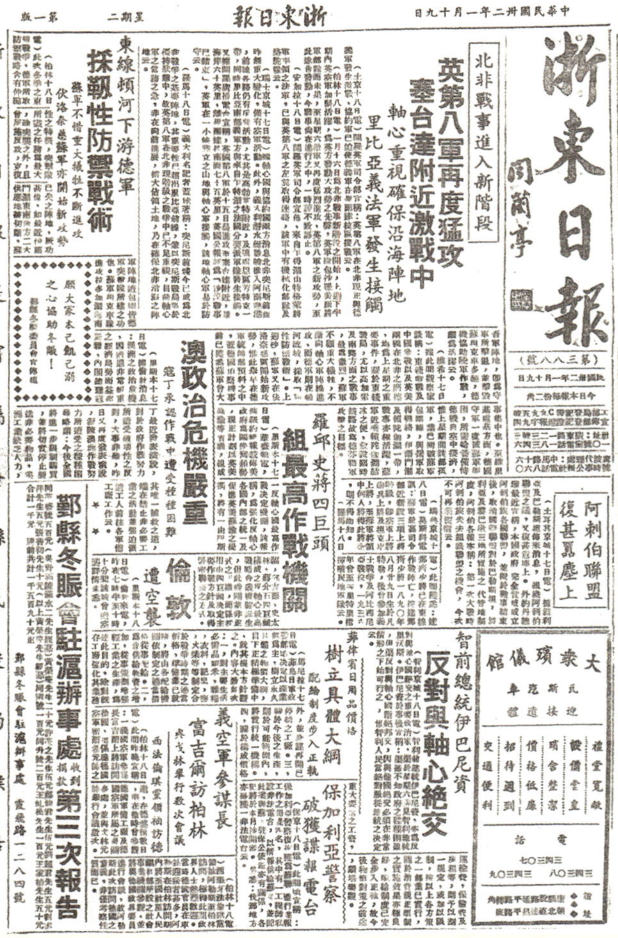
中華民國卅二年一月十九日　浙東日報　星期二　第一版

浙東日報

（第三八八號）

今日本報每份二角

北非戰事進入新階段

英第八軍再度猛攻

泰台達附近激戰中

軸心重視確保沿海陣地

里比亞義法軍發生接觸

東線頓河下游德軍

採韌性防禦戰術

蘇軍不惜重大犧牲不斷進攻

伏洛奈慈蘇軍亦開始新攻勢

願大家本己飢己溺之心協助冬賑！

鄞縣冬賑委員會啓

澳政治危機嚴重

寇丁承認作戰中遭受種種困難

羅邱史蔣四巨頭

組最高作戰機關

阿刺伯聯盟

復甚囂塵上

倫敦遭空襲

鄞縣冬賑會駐滬辦事處收到捐款第三次報告

智前總統伊巴尼資

反對與軸心絕交

樹立具體大綱

菲律賓日用品價格配給制度步入正軌

義空軍參謀長

富吉爾訪柏林

西法倫琪黨領袖訪德

與戈林舉行數次會議

保加利亞警察

破獲諜報電台

大衆殯儀館

浙東日報是甯屬各縣民衆的喉舌！

15. *Ningbo Daily*

Ningbo Newspaper was set up in January 1942. In the spring of 1943, *Ningbo Newspaper* changed into *Ningbo Daily* in Ninghai. In November, it officially started issuing. Yao Yiqun was the president of newspaper office and Ni Fanfu was the chief editor. In September 1945, its office moved to Ningbo urban area. In the spring of 1946, the Yinxian County Kuomintang Party Committee organized the newspaper. Shen Mingcai and Shen Youmei were the president successively. It stopped issuing on May 23, 1949. The maximum daily circulation was 10, 000 copies. Ningbo Library collects part of the newspaper from 1944 to 1949.

寧波日報
時事公報 寧波日報 聯合啓事
浙江省第六區行政督察專員公署佈告
律師毛翼虎鍾乃可代表葛二多女士通告盧五美緊要啟事
孫信贈律師受任柴橋興業投資公司籌備處法律顧問
永耀電力公司通告
汪傑辭職聲明
鄞縣私立益三初級中學招生
警告永泰宕胡仲學
謝春明律師受任正大火柴股份有限公司常年法律顧問通告
胡葆光 男女小兒內科
新福興皮鞋商店 新年大減價十天 全部皮鞋一律照碼八折
謝春明律師受任裕大烟號暨經理莊裕定君常年法律顧問通告
遺失圖章聲明
浙海關布告
鄞縣房客協會整理委員會展延徵求會員通告
鄞縣城區糞便承辦分處聯合啓事
鳴謝兒科劉彭年醫師
遺產聲明
遺失證章聲明

16. *Cixi Newspaper*

It was a daily newspaper set up on May 5, 1946. Hu Jiexin was the issuer. The content of the newspaper includes domestic, foreign and local news, with a supplement *Cifeng*. The circulation of each issue was from 700 to 1, 000 copies. It stopped publishing in May 1949. Ningbo Library collects part of the newspaper of each year.

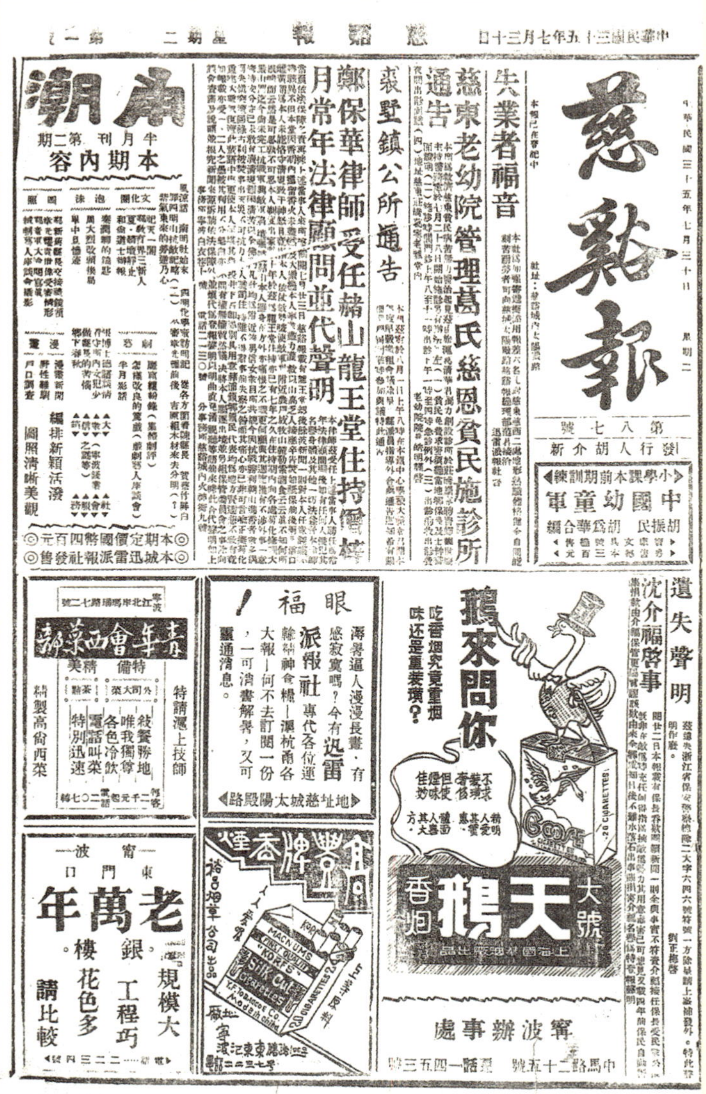
中華民國三十五年七月三十日 慈谿報 星期二 第一張

慈谿報

第八七號 發行人胡介新

失業者福音

慈東老幼院管理葛氏慈恩貧民施診所通告

裘墅鎮公所通告

鄭保華律師受任赭山龍王堂住持僧常年法律顧問並代聲明

南潮 半月刊 第二期

本期內容

◎本期定價國幣四百元◎

◎本城迅雷派報社發售◎

中國幼童軍

眼福

迅雷派報社

青年會西菜部

遺失聲明

沈介福啓事

鵝來問你

天鵝 大號 香烟

寧波辦事處

老萬年 銀樓 規模大 工程巧 花色多 請比較

17. *Ningbo Morning*

It was a daily newspaper set up on March 1, 1947. Hu Weisheng of Trendy News Agency managed the newspaper. It stopped issuing soon. On February 26, 1949, it was re-published. Cai Zhuping was the honorary president and Ying Feizhang was the chief editor. The circulation was from 5, 000 to 6, 000 copies. The first section was advertisements, the second was national and international news, the third was local news and the fourth was the supplement *Dawn* and advertisements. In April 1949, it was sealed by the Kuomintang Ningbo Garrison Command. Ningbo Library collects part of the newspaper of 1947 and 1949.

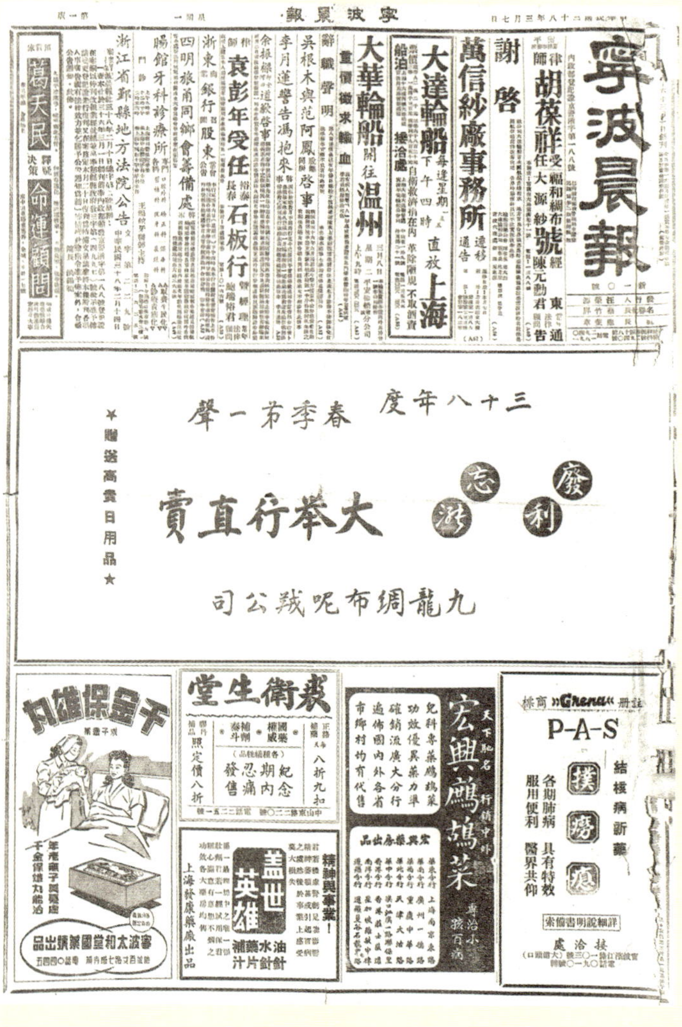
寧波晨報

寧波晨報
律師 胡葆祥 受任大源紗號 經理陳元勳君 法律顧問 通告
謝啓
萬信紗廠事務所 遷移通告
大達輪船 每逢星期一、五 下午四時 直放上海
接洽處
大華輪船 開往溫州
重價徵求輸血
辭職聲明
吳根木與范阿鳳 啓事
李月蓮警告馮抱來
余振縣 道歉啓事
律師 袁彭年受任 石板行
浙東銀行股東 公告
四明旅甬同鄉會籌備處
腸館牙科診療所
浙江省鄞縣地方法院公告
葛天民 命運顧問

三十八年度 春季第一聲
大拳行直賣
廢 利 忘 濟
九龍綢布呢絨公司
★贈送高貴日用品★

千金保雄丸
袁衛生堂
宏興鷓鴣菜
P-A-S 結核病新藥
蓋世英雄
補藥水油 針片汁
上海餘康藥廠出品

18. *Ningbo Evening News*

It was a daily newspaper set up on August 1, 1947. Ni Zhang was the president, and the person who issued the newspaper was Wang Bochuan. The circulation was from 2, 000 to 6, 000 copies. The first section had columns like *Feature*, *Night Talk* and *World Events*; the second had columns like *Local Today's Situation*, *Shanghai Business News*, *Zhishang Tanbing*, *Lanyu Pian*, *Changbian Luanhua*, serial literature, etc. It stopped publishing on September 1, 1947. Ningbo Library collects part of the newspaper of August 1947.

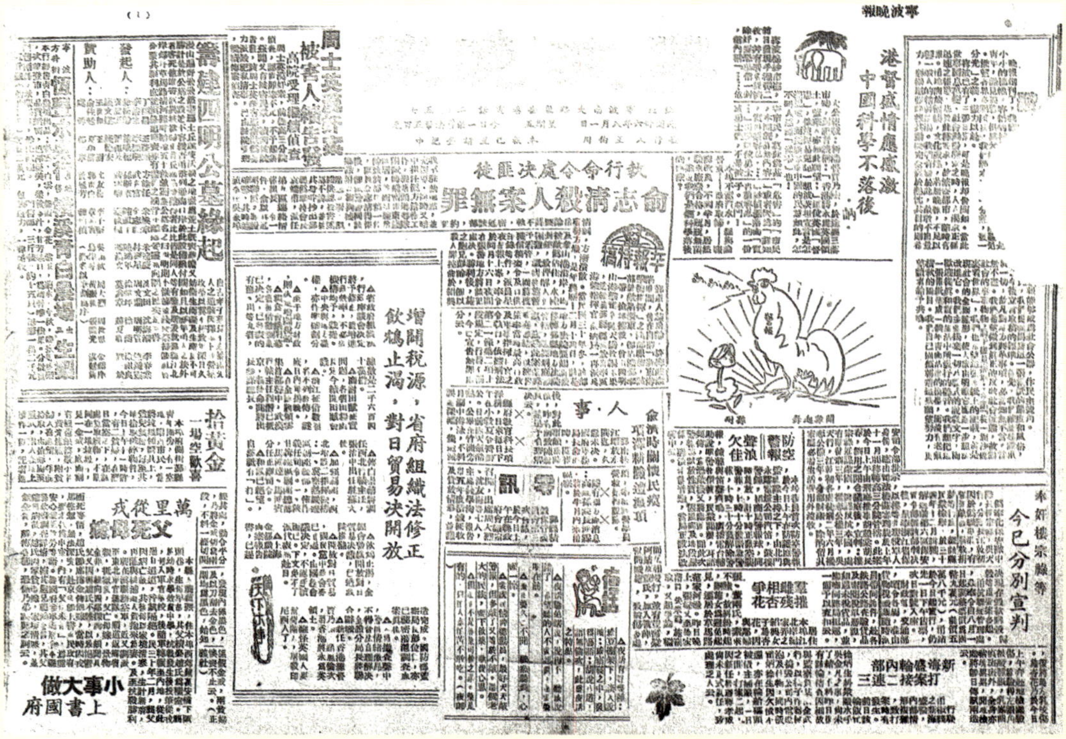
寧波晚報

港督感情應感激 中國科學不落後

執行命令處決匪徒
俞志清殺人案無罪

增闢稅源，省府組織法修正
飲鴆止渴，對日貿易決開放

人·事

拾黃金

今已分別宣判

19. *Voices from People*

It was a daily newspaper set up on August 26, 1947. The person who issued the newspaper was Ma Qian and the chief editor was Lin Guo. Ningbo Library collects part of the newspaper of 1947.

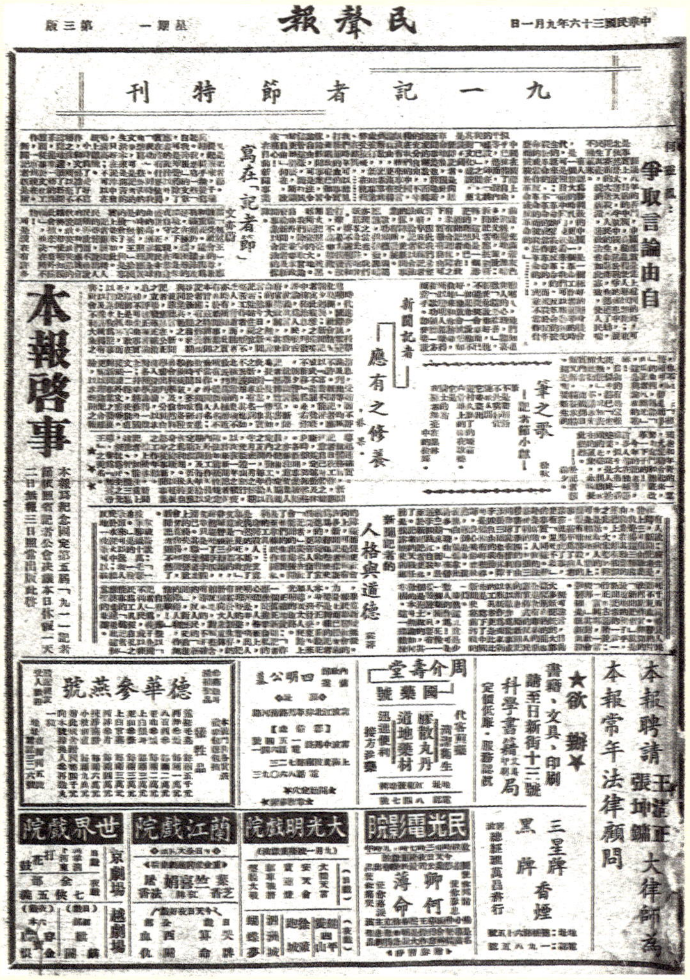

民聲報

九一記者節特刊

爭取言論自由

寫在「記者節」

本報啓事

應有之修養

筆之歌

人格與道德

20. *Ningbo People Newspaper*

It was a daily newspaper set up on August 1, 1949. The chairman was Xue Ju, the president was Zhuang Yumei and the chief editor was Zhou Kangjing. The first and fourth sections were domestic and local news, the second was economic news and advertisements and the third was international news and the supplement of *Life*. It had relatively complete report on the incident that the Kuomintang air force bombed Ningbo in early liberation. The daily circulation was from 6,000 to 7,000 copies. It merged with *Yongjiang Daily* on May 29, 1950 to set up Ningbo Times Office. Ningbo Library collects part of the newspaper of 1949 and 1950.

中華民國三十八年八月一日　寧波人報　星期一　第一版

寧波人報

我們是能夠克服困難的
—紀念中國人民解放軍的二十二週年—

社論

迎接「八一」建軍節
湘西重鎮常德解放
濱湖城鎮大部底定
陝甘邊區連下六城

創刊詞

華爾街在玩火！
杜魯門製造戰爭危機
要求國會授權武裝外國
遭到美國人民嚴厲抨擊

本報啓事

全國總工會發出號召
展開「八一」節約勞軍

本報服務部開幕
廉價三天
全部圖書雜誌一律八折優待

21. *Yongjiang Daily*

It was set up on August 8, 1949. The editor-in-chief was Zheng Hanjie. It was the official newspaper of Ningbo Committee of the CPC. The first and second sections were Xinhua telecommunications and local news, the third was the economic news of counties and areas, and the fourth was the supplement. It merged with *Ningbo People Newspaper* to set up *Ningbo Times*. The collection of *Yongjiang Daily* in Ningbo Library is relatively complete.

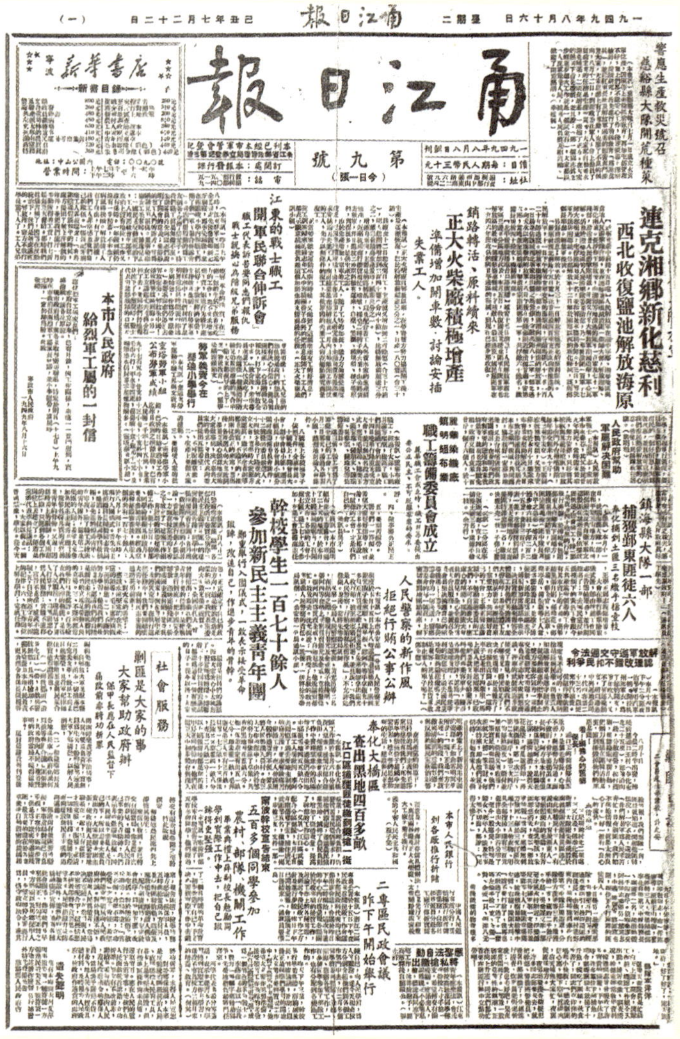

一九四九年八月十六日 星期二 甬江日報 己丑年七月二十二日 (一)

甬江日報

第九號

響應生產救災號召 慈谿縣大隊開荒種菜

連克湘鄉新化慈利 西北收復鹽池解放海原

銷路轉活、原料續來 正大火柴廠積極增產 準備增加開車數，討論安插失業工人

江東的戰士職工 開軍民聯合伸訴會

本市人民政府 給烈軍工屬的一封信

職工籌備委員會成立

鎮海縣大隊一部 捕獲鄞東匪徒六人

幹校學生一百七十餘人 參加新民主主義青年團

人民警察的新作風 拒絕行賄 公事公辦

社會服務

剿匪是大家的事 大家幫助政府剿

奉化大橋區 查出黑地四百多畝

五百多個同學參加 農村、部隊、機關工作

二專區民政會議 昨下午開始舉行

22. *City Daily*

It was a daily journal set up in April 1925. The chief editor was Bi Wei'e. It mainly published advertisements, commercial ports of Ningbo, the various industries' situations of Shanghai and occasionally published business review, travel plans and simple calendars. Ningbo Library collects part of the journal from 1934 to 1936.

中華民國念伍年柒月拾日 市情日刊 星期伍 第壹版

市情日刊

本刊啓事一

本刊啓事二

勿怕比較 綢緞之宮

天綢寶緞局

已於六月廿五日

正式開幕

傅方來診療所

國醫眼科專家 莫承芳

萬利元票行

王氏眼科醫室 沙眼總檢驗

永興理髮所遷移重新開幕通告

錢市行情

七月十日星期五

老大來

華華綢緞局

無綫電工程師

甬興酒菜館

中央洗染廠

趙大有

航空牌蚊香

立愈白濁丸

掃毒丸

立止夢遺丸

善利全

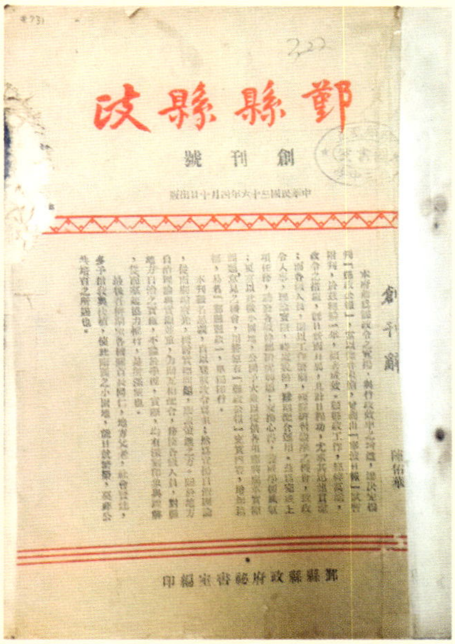
鄞縣縣政
創刊號
鄞縣縣政府秘書室編印

23. *Yinxian County Administration*

It was a semimonthly magazine set up in 1947 and printed by Yinxian County Government Secretariat. It mainly published government decrees. Ningbo Library collects part of the magazine of 1937.

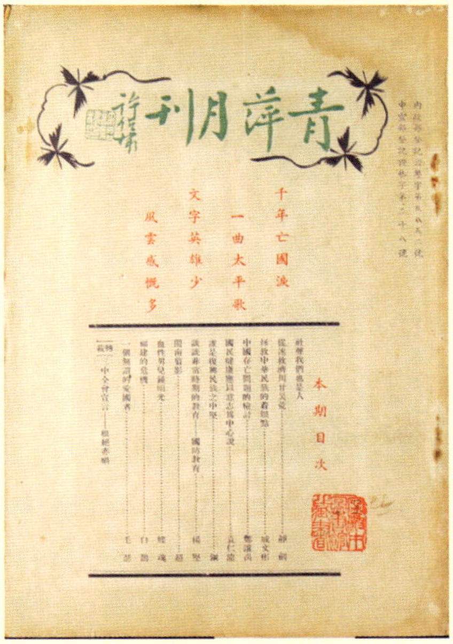
青萍月刊
千年亡國淚
一曲太平歌
文字英雄少
風雲感慨多
本期目次

24. *Duckweed Monthly Magazine*

It was set up in 1936 in Ningbo. The chief editor was Yu Shengqi. Ningbo Duckweed Monthly Magazine Office published it. It stopped publishing in May 1937. In May 1937, it published the fourth issue of the second volume and it published 6 issues in total and the content was about improving the education method of primary schools. Ningbo Library collects the issue of April 1937.

Section 4

Local Literature (After 1949)

This section selects 21 kinds of local literature of Ningbo to introduce.

1. *Ningbo City Annals* (Yu Fuhai as the chief editor, Beijing, Chung Hwa Book Company, January 1995)

The annals reflect Ningbo's history and present situation. It is an informative book with distinctive characteristics of times and local features for research and collection.

2. *Yinxian County Annals* (edited by Yinxian County Local Annals Editorial Board, Beijing, Chung Hwa Book Company, September 1996)

The annals including 40 parts record the historical development of Yinxian County.

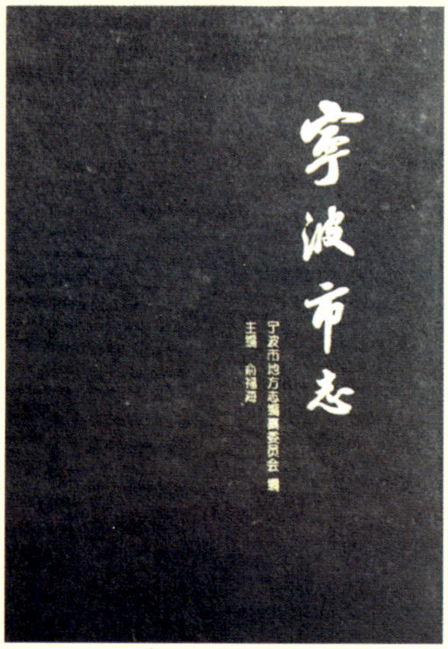

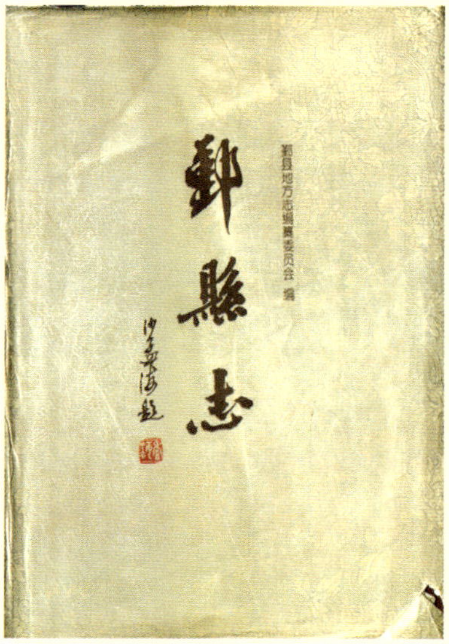

3. *Fenghua City Annals* (Hu Yuanfu as the chief editor, Beijing, Chung Hwa Book Company, January 1994)

The annals including 27 parts and an appendix record politics, economy, culture, education, hygiene and other aspects of Fenghua.

4. *Ninghai County Annals* (edited by Ninghai County Local Annals Editorial Board, Hangzhou, Zhejiang People's Publishing House, 1993)

The book including 25 parts records the establishment, natural environment, demographics and economic review, etc.

5. *Cixi County Annals* (edited by Cixi City Local Annals Editorial Board, Hangzhou, Zhejiang People's Publishing House, June 1992)

The book has 11 chapters including the establishment, natural environment, demographics, economy, politics, military affairs, education, science and technology, hygiene, people's livelihood and personage.

6. *Yuyao City Annals* (edited by Yuyao City Local Annals Editorial Board, Hangzhou, Zhejiang People's Publishing House, March 1993)

The book records the history of Yuyao from ancient time to 1987. It has 32 parts including the summary, chronicle of events, natural geography, economy, etc.

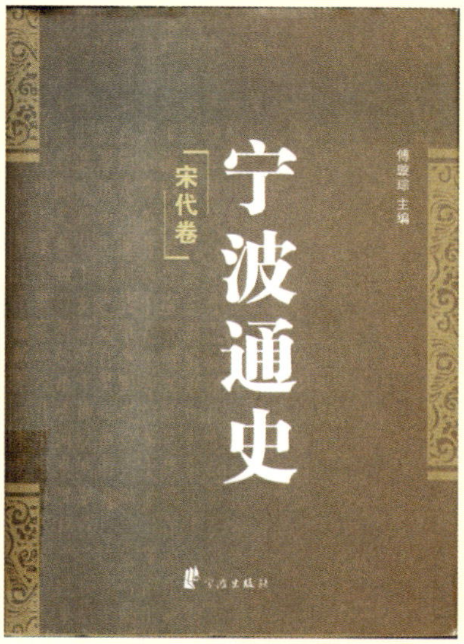

7. ***The General History of Ningbo*** (Fu Xuancong as the chief editor, Ningbo, Ningbo Publishing House, 2009)

This book has about 2, 100, 000 words and records the history of Ningbo from the prehistoric period to the Republic of China era. It shows a panoramic view of the development of Ningbo from politics, economy, culture, social life and other aspects, and analyzes the gains and losses in the course of development.

8. ***The History of Ningbo*** (written by Xu Jizi, Zheng Xuepu and Yuan Yuanlong, Hangzhou, Zhejiang People's Publishing House, April 1986)

The book which includes 14 chapters explains the historical process of Ningbo.

9. *Old Pictures of Ningbo* (Zhefu as the chief editor, Ningbo, Ningbo Publishing House, 2011)

In the form of album with concise texts, the book demonstrates the scenes of Ningbo after the Opium War from the ancient buildings, city life, food and other aspects.

10. *The History of Economic and Cultural Exchange between Ningbo and Japan* (written by Wang Mumin, etc. Beijing, China Ocean Press, 2006)

This book records the facts of economic and cultural exchange between Ningbo and Japan in different periods.

11. *Ningbo Port History* (Zheng Shaochang as the chief editor, Beijing, China Communications Press, February 1989)

This book is divided into 3 parts including The Ancient Times, Before 1919 and After 1919, and 16 chapters.

12. *A Collection of Cultural Relics in Ningbo* (Dong Yi'an as the chief editor, Beijing, Huaxia Publishing House, November 1996)

This book records the results and achievements of decades of archaeological activities and activities of cultural relics protection in the eastern part of the Ningshao Plain. It includes three parts: the cultural relics of Yuyao Hemudu Site, the archaeological research achievements of celadon kiln in Eastern Zhejiang from the Eastern Han dynasty to the Tang and Song dynasties, Fan's Tianyi Pavilion and its book collection.

13. ***Dongqian Lake Stone Inscription*** (written by Ma Chengzhao and Xie Guoqi, Beijing, China Federation of Literary and Art Circles Publishing House, 2003)

This book includes four parts: the introduction of Dongqian Lake stone inscriptions, stone inscriptions before Shi' tomb of the Southern Song dynasty, stone inscriptions before other tombs of the Song and Ming dynasties, and the legend of Dongqian Lake stone inscriptions. It introduces stone inscriptions in the Song and Ming dynasties and Dongqian Lake stone inscriptions.

14. ***Entering Ningbo*** (written by Chen Zufen, Beijing, Central Compilation and Translation Press, 2011)

This book introduces the history of logistics development in Ningbo. Through a lot of pictures and charts, it gives a vivid description of Ningbo ocean transportation, inland waterway transportation, railway transportation, highway transportation, air transportation, pipeline transportation, and contemporary logistics activities, industry and talent training, etc.

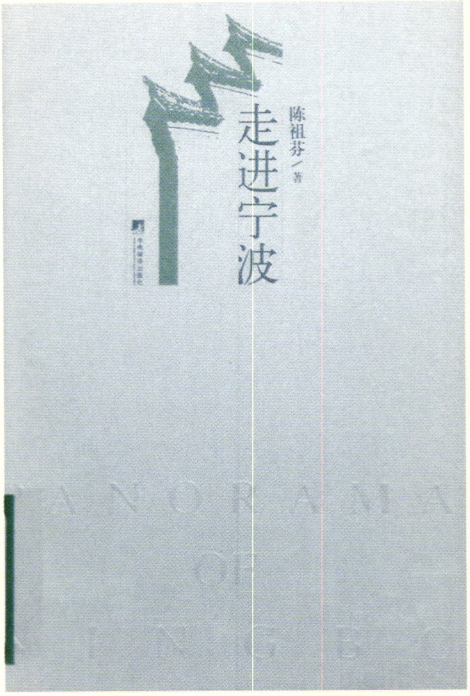

15. ***The Old Wall Doors of Ningbo*** (written by Zhou Shifen and Xiang Dong, Ningbo, Ningbo Publishing House, December 2008)

This book describes the building history of the old wall doors of Ningbo, including the old wall doors and the traditional life style of Ningbo natives; wall doors, decorative windows and halls; furniture, the prop of mundane life of old wall doors, etc.

16. ***Ningbo Couplet Collection*** (edited by Ningbo Municipal CPPCC Literature and History Committee, Ningbo Poets Society, Ningbo, Ningbo Publishing House, December 2011)

This book records local couplets art through the form of calligraphy, collecting the good couplets left by all previous celebrities in Ningbo areas (including areas, counties and cities).

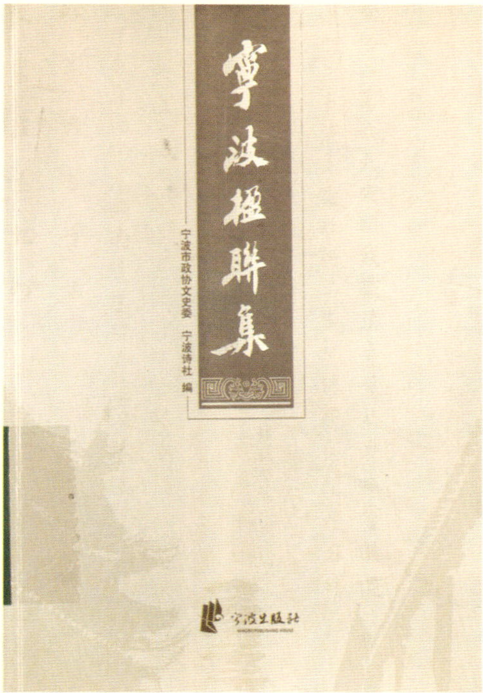

17. ***Ningbo Calligraphy and Painting Collection of Previous Dynasties*** (Shi Renhe as the chief editor, Ningbo, Ningbo Publishing House, 2006)

This book includes 267 pieces of calligraphy and painting works and 89 stamps of painters who were born in Ningbo from 618 to 1949, comprehensively and systematically showing the brilliant achievements and developing process of calligraphy and painting in Ningbo and styles of calligraphers and painters in Ningbo.

18. ***Collection of Ningbo's Traditional Folk Art — Volume of Siming Nanci*** (written by Zhou Jingshu, Ningbo, Ningbo Publishing House, 2006)

The book includes famous traditional folk art works of Ningbo.

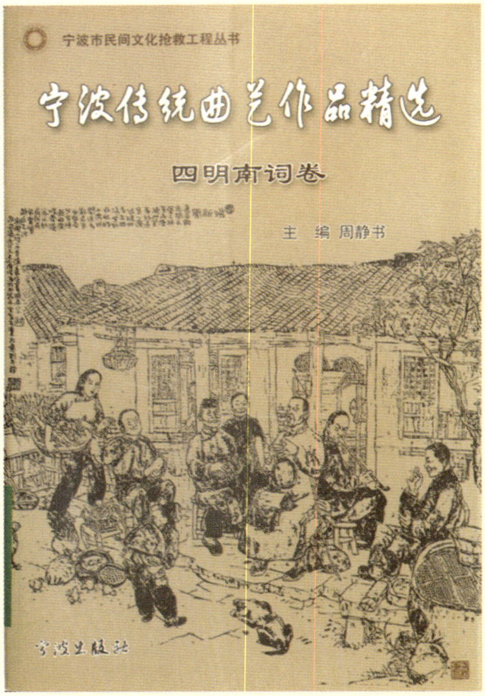

19. ***The Selection of Poetry of Ningbo's Contemporary Poets*** (Rong Rong as the chief editor, Ningbo, Ningbo Publishing House, 2007)

The book is divided into two parts. It collects the works of Ningbo's poets, and especially young poets.

20. ***Ningbo Zhuzhi Ci*** (edited by Ningbo Poets Society, Ningbo, Ningbo Publishing House, September 1999)

This book selects more than 600 ancient and modern Zhuzhi Ci (a kind of special Chinese poetry) of Ningbo downtown, Zhenhai, Xinxian, Cixi, Fenghua, Xiangshan, Ninghai, Yuyao and other counties and districts. The language of these poems is easy to understand and shows strong local colors. The authors of different times in Ningbo vividly describe the local features, beautiful scenery and life scenes of Ningbo from the Ming and Qing dynasties as well as the economic achievements of recent 30 years in the form of folk songs.

21. *Study on Modern Writers in Ningbo* (Nan Zhigang as the chief editor, Beijing, China Ocean Press, 2010)

The main content of this book includes Ningbo's writers and the left wing literature of China, etc.

Section 5

The Literature Edited by the Library

According to the order of the new versions of old books, local literature, library annals, symposia, publications of Ningbo Library, there are 11 kinds of literature in this section.

1. *Shuohai Rare Edition Series* (copied by Ningbo Library, 1985)

In 1985, Ningbo Library copied four famous books of *Shuohai Rare Edition Series*. It is the first time for Ningbo Library to copy large ancient books series.

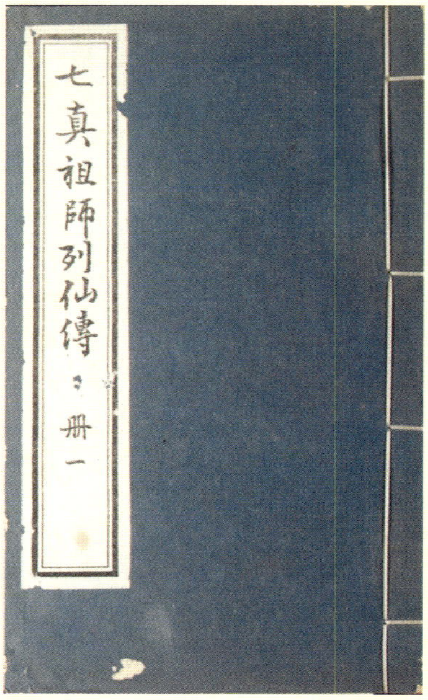

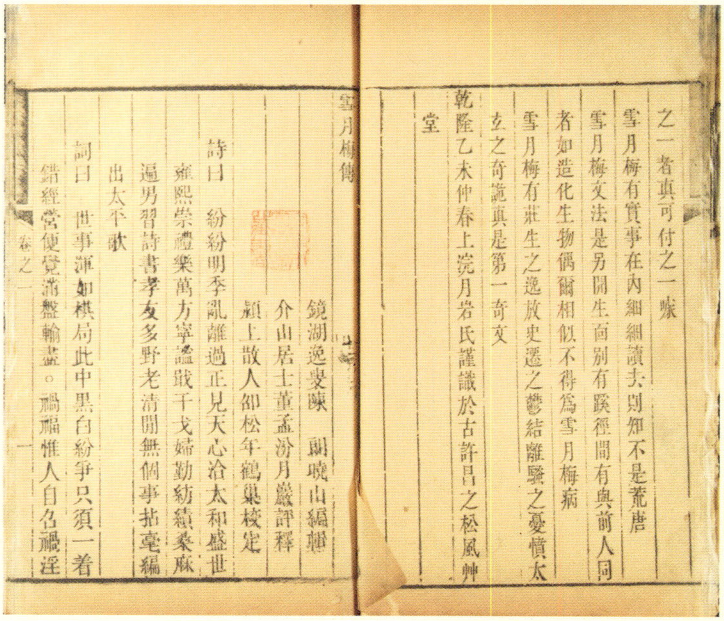
之一者真可付之一喙
雪月梅有實事在內細細讀去則知不是荒唐
雪月梅文法是另開生面別有蹊徑間有與前人同
者如造化生物偶爾相似不得爲雪月梅病
雪月梅有莊生之逸放史遷之鬱結離騷之憂憤太
玄之奇詭真是第一奇文
乾隆乙未仲春上浣月岩氏謹識於古許昌之松風艸
堂

雪月梅傳

鏡湖逸叟陳　朗曉山編撰
介山居士董孟汾月巖評釋
潁上散人卻松年鶴巢校定
詩曰　紛紛明季亂離過正見天心洽太和盛世
雍熙崇禮樂萬方寧謐戢干戈婦勤紡績桑麻
遍男習詩書孝友多野老清閒無個事拈毫編
出太平歌
詞曰　世事渾如棋局此中黑白紛爭只須一着
錯經營便覺滿盤輸盡。禍福惟人自名祿淫

卷之一　一

2. *Family of Books* (edited by *Family of Books* Editorial Board of Ningbo Library, Beijing, China Literature and History Press, 2004)

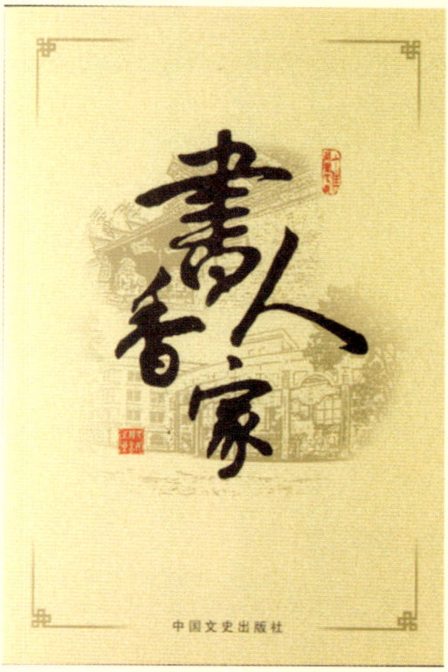

The fifty essays in this book praise the humanistic spirit of collecting books, reading books and using books by describing stories of thirty good book-collection families and twenty good farmers who love books in Ningbo.

3. *Ningbo Library Annals* (edited by *Ningbo Library Annals* Editorial Board, Ningbo, Ningbo Publishing House, July 1997)

The book records the development and reform of the librarianship in Ningbo.

Ningbo Library Annals (*1991-2000*) are the sequel of the first *Ningbo Library Annals* in 1997. It records the library from January 1991 to the end of 2000.

4. ***Ningbo Library Digest*** (edited by Chen Ningxiong and Zhang Shusheng, Ningbo, Ningbo Publishing House, November 1997)

This book collects the research results of the members of Ningbo Library Society and librarians. It has nine parts: Reform and Development, Legislation and Architecture, Scientific Management, Information Service, Rural Libraries, Theoretical Exploration, Literature Retrieval, School Libraries and Book Collection and Ancient Books. It includes 55 dissertations.

Ningbo Library Digests (*II*) edited by Ningbo Library and Ningbo Library Society was published by Ningbo Publishing House in December 2002.

This book includes five parts: Reform and Development, Management and Personnel, Technology and Innovation, Service and Enhancement, Discussion and Research. It includes 43 dissertations.

5. *Tianyi Lecture* Series (Beijing, China Literature and History Press)

Tianyi Lecture is a public cultural lecture set up by Ningbo Library in 2006. This book collects some speeches of famous scholars in Tianyi Lecture. From 2006 to 2013, it was issued each year and eight issues have been published.

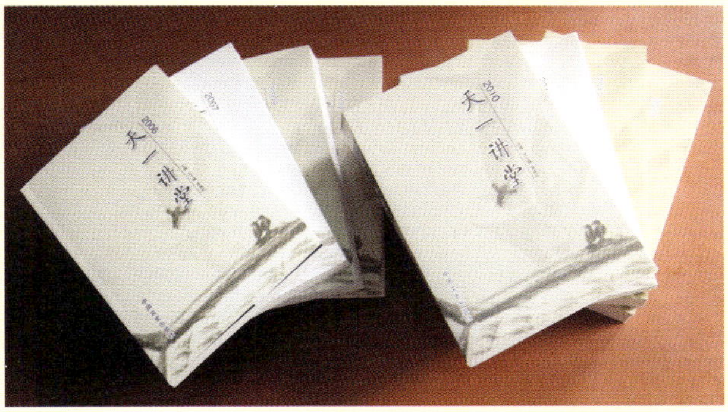

6. *Tianyi Digest* (semi-monthly magazine, edited by Ningbo Library, from 2012 to now)

In April 2012, Ningbo Library launched the information digest publication *Tianyi Digest*. This journal comprehensively collects major media's reports and comments about urban construction, cultural development and the development of Ningbo, providing information for the city development decision-makers and researchers. By the end of December 2014, the library has edited and published 84 issues, with more than 5, 100 excerpted articles. At present, it publishes 2, 000 copies of each issue.

Postscript

The year of 2017 is the 90th anniversary of Ningbo Library. In 2017, the new Ningbo Library located in the Eastern New Town will be completed. Editing the book at this time is reviewing the past 90 years of developing history, and more importantly, thinking about how the library services meet the demands of cities and readers.

I want to thank Tianjin University Press for its publishing plan. At the first editorial meeting in Hangzhou at the beginning of 2014, Wang Zongyi talked about the compiling principle—reflecting praise and criticism through recording events. Narrating in objective and simple style with data rather than with the purpose of publicity becomes our goals in the process of editing.

After the meeting, we immediately began to prepare the material and write the table of contents. The first problem was the inequality of material in each chapter. In this series, each library includes three parts: Inheritance, Collection and Function. For Ningbo Library, *Ningbo Library Annals* and its sequel are the basis of Inheritance Part, various archival materials, statistical data of the library in recent years are the basis of Function Part, but the material of Collection Part is relatively little. It needed us to analyze the existing collection and select one hundred kinds of characteristic collection to introduce. It was not easy to make a collection evaluation. It was the first attempt to evaluate over 1, 800, 000 paper documents in Ningbo Library. However, it was meaningful to arrange library literature and think about the rationality of the library collection structure.

We also benefit a lot in the process of editing the book. For example, when we arranged books of the Republic of China, colleagues in Reading Department found old photos of Xuelou Building in Zhongshan Park and Yinxian County Library in Fuqiao Street. These two old photos reflect the appearance of Ningbo Library in the first half of the twentieth century. Besides, when we read the 70th anniversary celebration file of Ningbo Library, we found the handwritten text of senior librarians and realized that it was not easy to establish today's library.

Many library scholars and librarians offered help in the process of writing. They reviewed the manuscript repeatedly and made suggestions for revision. Workers in various departments of the library also offered assistance. They provided material, proofread the data and improved the text to try to reflect the real state of the present library. I would also like to thank the readers of this book. If readers want to go to Ningbo Library or know more about how to access information after reading the book, that will be the greatest happiness of editors.

Although the book has been repeatedly revised, errors are unavoidable. We are willing to listen to comments and criticism from readers.

Ningbo Library

April, 2016